Maschinelles Lernen
und Wissensbasierte Systeme

Springer

Berlin
Heidelberg
New York
Barcelona
Budapest
Hongkong
London
Mailand
Paris
Santa Clara
Singapur
Tokio

Jürgen Herrmann

Maschinelles Lernen und Wissensbasierte Systeme

Systematische Einführung
mit praxisorientierten Fallstudien

 Springer

PD Dr. Jürgen Herrmann

FB Informatik, Lehrstuhl 1
Universität Dortmund
Otto-Hahn-Str. 16
D-44221 Dortmund

Mit 68 Abbildungen und 12 Tabellen

ISBN-13:978-3-540-61302-2

Die Deutsche Bibliothek – CIP-Einheitsaufnahme

Herrmann, Jürgen:
Maschinelles Lernen und wissensbasierte Systeme:
systematische Einführung mit praxisorientierten Fallstudien/Jürgen Herrmann. –
Berlin; Heidelberg; New York; Barcelona; Budapest; Hongkong;
London; Mailand; Paris; Santa Clara; Singapur; Tokio: Springer,
1997
   ISBN-13:978-3-540-61302-2   e-ISBN-13: 978-3-642-60452-2
   DOI: 10.1007/978-3-642-60452-2

Umschlaggestaltung: Künkel & Lopka Werbeagentur, Heidelberg
Satz: Reproduktionsfertige Vorlagen des Autors
SPIN: 10521105   45/3142– 5 4 3 2 1 0

Inhaltsverzeichnis

1	**Einleitung**	1
2	**Lebenszyklus einer Wissensbasis**	5
2.1	Lebenszyklusmodelle für konventionelle Software-Systeme	5
2.2	Herkömmliche Lebenszyklusmodelle für wissensbasierte Systeme	6
2.3	Neue Phaseneinteilung für den Lebenszyklus einer Wissensbasis	9
2.4	Bedeutung der Wissensbasispflege	12
3	**Maschinelles Lernen**	15
3.1	Zum Begriff des maschinellen Lernens	15
3.2	Klassifikation maschineller Lernsysteme	16
3.3	Multistrategiesysteme	17
4	**Wissensmodellierung**	22
4.1	Wissensmodellierung für wissensbasierte Systeme	22
4.2	Wissensmodellierung für maschinelle Lernsysteme	26
4.3	Kooperative Wissensmodellierung mit dem Lernsystem MOBAL	31
4.4	Verfeinerung der Modellierung durch das Lernen neuer Deskriptoren	38
4.5	Automatische syntaktische Anpassung der Repräsentationssprachklasse	46
5	**Wissensbasisinitialisierung**	50
5.1	Wissensbasisinitialisierung als Phase	50
5.2	Lernen von Entscheidungsbäumen mit ID3	51
5.3	Lernen einer Menge von Hornklauseln mit FOIL	57
5.4	Bewertung des Einsatzes von maschinellem Lernen	62
6	**Wissensbasiseinsatz**	64
6.1	Wissensbasiseinsatz und integrierte Lernarchitekturen	64

6.2   Verschiedene Möglichkeiten der Integration von Lernen und
       Problemlösen... 66
6.3   Entwurf und Repräsentation integrierter Lernarchitekturen 70

7   **Wissensbasiserweiterung**.. 72

7.1   Wissensbasiserweiterung als Phase... 72
7.2   Maschinelle Lernsysteme zur Erweiterung einer Wissensbasis 73
7.3   Generieren und Testen von Regeln zur Erweiterung einer
       unvollständigen Theorie... 74
7.4   LEDA: Induktives Lernen von Makrooperatoren 76
7.5   Erklärungsbasiertes Lernen 85
7.6   Fallbasiertes Lernen... 90
7.7   Entdeckungslernen in Datenbanken... 91
7.8   Schlußbemerkungen 93

8   **Wissensbasismodifikation**... 95

8.1   Wissensbasismodifikation als Phase.. 95
8.2   Verifikation und Validierung von Wissensbasen......................... 100
8.3   Beseitigung von Fehlern, Inkonsistenzen und von
       Unvollständigkeit.. 104
8.3.1 Verfeinerung einer Wissensbasis.. 105
8.3.2 Revision einer Wissensbasis.. 112
8.3.3 Weitere Ansätze zur Beseitigung von Fehlern, Inkonsistenzen
       und von Unvollständigkeit 120
8.4   Restrukturierung einer Wissensbasis zur Verbesserung der
       Verständlichkeit.. 121
8.5   Verbesserung der Problemlösungsgeschwindigkeit 126
8.6   Optimierung einer Wissensbasis zur Qualitätsverbesserung der
       Ergebnisse 127
8.6.1 LEO: Optimierung von Fuzzy-Controllern............................... 127
8.7   Abschließende Bemerkungen.. 141

9   **Globale Adaptierung der Wissensbasis**.............................. 142

9.1   Globale Adaptierung als Phase... 142
9.2   Anforderungen an ein maschinelles Lernsystem für die globale
       Adaptierung 145

10   **Multistrategiesysteme zur Unterstützung verschiedener
       Lebenszyklusphasen**.. 148

10.1   Verwandte Arbeiten zum Multistrategielernen 149
10.1.1 PROTOS und KI.. 149
10.1.2 AKARS-1... 151
10.1.3 WHY 151
10.1.4 MOBAL.. 153

10.2	COSIMA: Unterstützung verschiedener Lebenszyklusphasen für die Anwendung „komplexes Entwerfen"	155
10.2.1	Motivation für die Entwurfsentscheidungen	156
10.2.2	Wissensrepräsentation	158
10.2.3	Kombination verschiedener Lernstrategien	160
10.2.4	Selektive induktive Generalisierung mit dem mehrstufigen Abgleich	161
10.2.5	Selektive induktive Spezialisierung	171
10.2.6	Konstruktive Induktion	174
10.2.7	Justierung von Prädikatgewichten	180
10.2.8	Organisation als lernendes Assistenzsystem	180
10.2.9	Beitrag zu den verschiedenen Lebenszyklusphasen	182
10.2.10	Gründe für die gewählte Kombination von Lernstrategien	182
10.2.11	Vergleich mit anderen Werkzeugen für Floorplanning	185
10.2.12	Vergleich mit der Anwendung von MOBAL für das Floorplanning	185
10.2.13	Experimentelle Ergebnisse	188
10.2.14	Diskussion	192
10.3	LIMES: Umfassende Unterstützung des Lebenszyklus einer Wissensbasis	193
10.3.1	Abschätzungen — die unterstützte Problemklasse	193
10.3.2	Konzept des Abschätzers	199
10.3.3	Nichtinkrementelle Wissensbasisinitialisierung	201
10.3.4	Einsatz der Wissensbasis für die Abschätzung	208
10.3.5	Inkrementelle Erweiterung der Wissensbasis	209
10.3.6	Modifikation der Wissensbasis: Aufdecken und Beheben von Schwachstellen	213
10.3.7	Aktives Experimentieren	215
10.3.8	Globale Adaptierung der Wissensbasis	216
10.3.9	Globale Adaptierung als Prozeß der Identifikation im Grenzwert	221
10.3.10	Analyse des lernenden Abschätzers	232
10.3.11	Verwandte Arbeiten zu den verschiedenen Lernstrategien	238
10.3.12	Diskussion der Lebenszyklus-orientierten Integration von Lernstrategien	240
10.3.13	Abschließende Diskussion	232
11	**Zusammenfassung und Ausblick**	245
Anhang 1: Logische Terminologie		249
Anhang 2: Optimierungsprozeß zu einem Fuzzy-Controller für das invertierte Pendel		250
Literatur		256
Sachverzeichnis		270

1. Einleitung

Wissensbasierte Systeme stehen heute nicht mehr so sehr im Blickpunkt der Öffentlichkeit wie noch vor zehn Jahren. Es gibt jedoch zahlreiche, auch industrielle Anwendungen für wissensbasierte Systeme, die in verschiedenen anwendungsorientierten Tagungsreihen und Zeitschriften vorgestellt und diskutiert werden. Das bedeutet nicht etwa, daß der Entwurf wissensbasierter Systeme zu einem Routineprozeß geworden ist, der für beliebige Anwendungen nach einem festen Schema ablaufen kann. Er ist vielmehr häufig immer noch mit Schwierigkeiten verbunden und erfordert einen erheblichen Aufwand. Konzeption, Entwicklung und Pflege wissensbasierter Systeme sind also weiterhin wichtige Forschungsthemen mit großer Bedeutung für die Praxis.

Die Möglichkeit des Einsatzes von *maschinellem Lernen* für die Wissensakquisition ist seit langem bekannt. In den letzten Jahren wird auch zunehmend über erfolgreiche industrielle Anwendungen berichtet [Morik, 1992; Kodratoff und Langley, 1993; Kodratoff, 1994]. In diesem Buch geht es um eine differenzierte Betrachtungsweise der Einsatzmöglichkeiten maschinellen Lernens, bei der die Gegebenheiten des jeweiligen Anwendungsgebietes sowie der verschiedenen Phasen des Lebenszyklus einer Wissensbasis berücksichtigt werden. Die im nächsten Kapitel vorgestellten Phasen des Lebenszyklus sind Wissensmodellierung, Initialisierung, Einsatz, Erweiterung, Modifikation und globale Adaptierung einer Wissensbasis.

Als zentrale Ergebnisse – sowohl für das maschinelle Lernen als auch für das jeweilige Anwendungsgebiet – werden vier Systeme vorgestellt, die jeweils völlig unterschiedliche Lernaufgaben mit verschiedenen Lernalgorithmen durchführen. Trotz der Unterschiede besitzen die vier Systeme eine Gemeinsamkeit: Alle vier sind integrierte Lernsysteme, d.h. sie realisieren eine (auf die Anwendung zugeschnittene) Integration von Lernstrategie(n) und Problemlösungskomponente. Damit spiegeln sie die in letzter Zeit sich zunehmend durchsetzende Überzeugung wider, daß eine separate Bearbeitung von Lernen und Problemlösen nicht erfolgversprechend ist. Zwei der Systeme, COSIMA und LEFT, zeichnen sich ferner durch die Integration der Problemlösungskomponente mit mehreren Lernstrategien (Multistrategielernen) aus.

Aufgrund der neuen Ergebnisse und Systeme ist das vorliegende Buch zum einen für Forscher und Anwender von Interesse. Durch die neue Systematik zur Darstellung des Themengebietes ist es ferner gleichermaßen als Lehrbuch geeignet. Der Lebenszyklus einer Wissensbasis erweist sich als geeignetes Gliederungsprinzip, anhand dessen sich die Darstellung vorhandener und neuer Arbeiten strukturieren und in einen größeren Kontext einordnen läßt. Damit wird dem Leser ein Methodenrepertoire für die verschiedenen Phasen des Lebenszyklus einer Wissensbasis zur Verfügung gestellt. Jeder Phase ist ein eigenes Kapitel gewidmet, in dem der Stand der Technik im Bereich des maschinellen Lernens dargestellt wird. Außerdem wird gezeigt, welche unterschiedlichen Anforderungen an maschinelle Lernsysteme für die verschiedenen Phasen bestehen.

Um den ohnehin weit gesteckten thematischen Rahmen nicht zu sprengen, werden schwerpunktmäßig Ansätze vorgestellt und diskutiert, die durch eine symbolische Repräsentation und Verarbeitung von Wissen charakterisiert sind. Lernstrategien, die numerische Repräsentationsformen nutzen, insbesondere Evolutionsstrategien [Schwefel, 1981], neuronale Netze [Rosenblatt, 1958; Kosko, 1992] und Fuzzy-Systeme [Zadeh, 1965; Reusch, 1994], werden hier also nicht behandelt.

- Das System LEDA[1] zum Lernen von Makrooperatoren unterstützt die Datenpfadsynthese innerhalb des Entwurfs integrierter Schaltungen. Dabei wird mit dem induktiv gelernten Wissen eine funktionale Hardware-Beschreibung in eine strukturelle übersetzt. Während herkömmliche Arbeiten zum Lernen von Design-Wissen auf Makrooperatoren für die schrittweise Verfeinerung der eingegebenen Beschreibung beschränkt sind, werden bei LEDA erstmals Makrooperatoren für den mächtigeren Transformationsansatz akquiriert. Ferner zeichnet sich LEDA durch eine explizite Repräsentation und Verarbeitung von Optimierungszielen (Objectives) innerhalb der Performanzkomponente aus. Die Berücksichtigung solcher Ziele ist eine unverzichtbare Forderung für viele komplexe Design-Probleme. LEDA unterstützt primär die Phase der Wissensbasiserweiterung und trägt darüber hinaus zu den Phasen Wissensbasiseinsatz und -initialisierung bei.

- LEO ist ein maschinelles Lernsystem für die Optimierung von Fuzzy-Controllern. Das System modifiziert eine initiale Controller-Beschreibung schrittweise, um ein verbessertes Verhalten für die Regelung dynamischer Prozesse zu erzielen. Bei LEO wurde eine Architektur für das Entdeckungslernen eingesetzt, die sich durch eine explizite (kombinierte symbolisch-numerische) Repräsentation des Optimierungswissens und -prozesses auszeichnet. Neben den Optimierungsoperatoren werden die zu behebenden Schwachstellen des betrachteten Controllers, ihre möglichen Ursachen, Experimente zu ihrer Beseitigung sowie die Historie des Optimierungsprozesses explizit dargestellt. Durch diese Repräsentation ist die Vorgehensweise bei der Optimierung verständlicher und damit besser nachvollziehbar als bei herkömmlichen Ansätzen. Dieser Aspekt ermöglicht die Kontrolle und Bewertung der Optimierung durch den Benutzer und ist deshalb von besonderer Bedeutung.

---

[1] nicht zu verwechseln mit der Bibliothek kombinatorischer und geometrischer Algorithmen LEDA (Library of Efficient Data Types and Algorithms) von K. Mehlhorn und Mitarbeitern, Max-Planck-Institut für Informatik, Saarbrücken.

Als weitere Eigenschaft von LEO ist die permanente Veränderung der Optimierungswissensbasis hervorzuheben. Auf der Grundlage der in bisherigen Optimierungsläufen gesammelten Erfahrungen werden die Heuristiken zur Behebung von Schwachstellen so verfeinert, daß eine Beschleunigung des Optimierungsprozesses möglich wird. LEO unterstützt die Phase der Wissensbasismodifikation und trägt auch zum Wissensbasiseinsatz (hier zur Anwendung des Controllers) bei.

- COSIMA ist ein lernendes Assistenzsystem für Floorplanning, eine Teilaufgabe des Entwurfs integrierter Schaltungen. Floorplanning ist ein komplexes Entwurfsproblem, für das nur beschränktes, unvollständiges Hintergrundwissen verfügbar ist. Es werden Regeln für die schrittweise Generierung eines Floorplans gelernt. Hierbei verwendet COSIMA eine neue induktive Generalisierungsstrategie. Der sogenannte mehrstufige Abgleich ist auf große Beispielbeschreibungen anwendbar und enthält eine heuristische Bewertung für Generalisierungen und Zwischengeneralisierungen.

  COSIMA ist ein Multistrategiesystem, das eine neuartige Kombination von induktiven, inkrementellen Lernstrategien enthält. Die Strategien sind in einen Problemlöser eingebettet, der auf die Gegebenheiten des Anwendungsgebietes abgestimmt ist. Auf diese Weise werden die Problemlösungsfähigkeiten eines intelligenten Assistenzsystems verbessert. COSIMA unterstützt die Phasen Wissensbasisinitialisierung, -einsatz, -erweiterung und -modifikation und trägt zudem zur Wissensmodellierungsphase bei.

- LIMES ist ebenfalls ein Multistrategiesystem. Das System erwirbt induktiv Wissen für die Flächenabschätzung von Modulen integrierter Schaltungen. LIMES ist nach dem neuen Lebenszyklus-orientierten Integrationsansatz für Lernstrategien organisiert: Bis auf die Wissensmodellierung existiert für jede Lebenszyklusphase einer Wissensbasis eine separate Lernstrategie, die auf die Unterstützung dieser Phase zugeschnitten ist. Es kann damit gezielt auf die Erfordernisse jeder Phase eingegangen werden.

  Eine Sonderstellung innerhalb des Lebenszyklus einer Wissensbasis nimmt die globale Adaptierung ein, eine bisher wenig beachtete, aber außerordentlich wichtige Phase. Hierbei geht es um die Anpassung einer bereits vorhandenen Wissensbasis an geänderte technologische Randbedingungen (oder andere Eigenschaften des Anwendungsgebietes), die nicht explizit oder nur unvollständig innerhalb der Wissensbasis modelliert werden können. Gerade moderne Technologien sind häufigen Änderungen bzw. Weiterentwicklungen unterworfen. Als Konsequenz solcher Veränderungen ergibt sich die Notwendigkeit für ein verändertes Ein-/Ausgabeverhalten des wissensbasierten Systems: Für (fast) alle möglichen Eingaben muß eine andere Ausgabe vom System erzeugt werden. Das bedeutet, daß praktisch sämtliche bisher vom System bearbeiteten Beispiele ungültig werden, da sie nicht dem zu verändernden Ein-/Ausgabeverhalten des Systems entsprechen. Somit kann ein großer Teil oder sogar die gesamte Wissensbasis ungültig werden. Die globale Adaptierung ist der Prozeß, bei dem alle betroffenen Teile der Wissensbasis an die Technologieänderungen angepaßt werden. LIMES ist das erste System, das die Durchführung der globalen Adaptierung mittels einer Lernstrategie ermöglicht und damit eine komplette Neuentwicklung der Wissensbasis vermeidet.

Das Buch ist folgendermaßen gegliedert: In Kap. 2 wird eine neue Phaseneinteilung für den Lebenszyklus einer Wissensbasis vorgestellt. Dabei wird die Bedeutung der Wissensbasispflege für den Einsatz wissensbasierter Systeme hervorgehoben. Kapitel 3 gibt eine kurze Einführung in das maschinelle Lernen. Nach einer Klassifikation von Lernstrategien wird die Integration von Strategien in Multistrategiesysteme angesprochen.

In Kap. 4 bis 9 werden die verschiedenen Phasen des Lebenszyklus einer Wissensbasis einzeln vorgestellt. Kapitel 4 erläutert, wie maschinelles Lernen zur *Wissensmodellierung* beitragen kann. Lernstrategien können mit dem Benutzer[2] bei der Modellentwicklung kooperieren oder ein vorhandenes Modell verfeinern. Die Unterstützung der *Wissensbasisinitialisierung*, bei der eine erste Version einer Wissensbasis aufgebaut wird, ist Thema von Kap. 5. Dem *Wissensbasiseinsatz*, also der Anwendung der Wissensbasis für eine Problemlösung, ist Kap. 6 gewidmet. Verschiedene Möglichkeiten für eine Integration von Lernen und Problemlösen werden angesprochen. Bei der in Kap. 7 behandelten *Wissensbasiserweiterung* wird der Wissensbasis neues Wissen hinzugefügt. In diesem Kapitel wird das oben erwähnte System LEDA vorgestellt, das eine Wissensbasis um gelernte Makrooperatoren erweitert. Unter dem in Kap. 8 eingeführten Begriff *Wissensbasismodifikation* sind vielfältige verschiedene Ansätze und Zielrichtungen für die Änderung einer bestehenden Wissensbasis zusammengefaßt. Eine wichtige Form der Modifikation ist die Optimierung einer Wissensbasis, wie sie von dem in diesem Kapitel vorgestellten System LEO durchgeführt wird. Kapitel 9 führt in die Problematik der *globalen Adaptierung* ein. Es zeigt, welche Anforderungen an ein maschinelles Lernsystem zu stellen sind, das diese wichtige Aufgabe unterstützen soll.

Kapitel 10 beschreibt *Multistrategielernsysteme* zur Unterstützung verschiedener Phasen des Lebenszyklus einer Wissensbasis. Insbesondere die beiden Systeme COSIMA und LIMES werden hier ausführlich vorgestellt und diskutiert. Zusammenfassung und Ausblick schließen den Hauptteil des Buches ab. Anhang 1 gibt eine kurze Einführung in die Terminologie der Prädikatenlogik. Anhang 2 beschreibt die Schritte eines vom System LEO durchgeführten Optimierungsprozesses, bei dem ein Fuzzy-Controller zur Regelung des invertierten Pendels schrittweise optimiert wird.

---

[2] Um eine flüssige Lesbarkeit dieses Buches zu unterstützen, wird bei der Erwähnung von Personengruppen grundsätzlich nur die männliche Form verwendet. Damit sind selbstverständlich immer auch Benutzerinnen, Expertinnen usw. gemeint.

2. Lebenszyklus einer Wissensbasis

In diesem Kapitel wird der Lebenszyklus einer Wissensbasis und seine Struktur vorgestellt. Nach einer kurzen Betrachtung von Lebenszyklusmodellen für konventionelle Software-Systeme wird genauer auf wissensbasierte Systeme eingegangen. Dabei liegt die besondere Betonung auf den Phasen nach der initialen Erstellung der Wissensbasis und den mit diesen Phasen verbundenen Problemen.

2.1 Lebenszyklusmodelle für konventionelle Software-Systeme

Der *Lebenszyklus eines Software-Systems* umfaßt alle Aktivitäten, die einen Einfluß auf das System haben, angefangen bei der Planung und Definition des Systems bis hin zu dessen Wartung. Die verschiedenen Aktivitäten werden typischerweise in Phasen zusammengefaßt. Eine *Phase* beschreibt dabei eine Menge von Aktivitäten, die jeweils zur gleichen Aufgabenstellung, der Aufgabe der Phase, beitragen.

Der Lebenszyklus eines konventionellen Software-Systems wird häufig nach dem *Wasserfallmodell* organisiert. Dabei handelt es sich um eine lineare Abfolge von klar abgegrenzten Phasen, wobei jeweils die Ergebnisse einer Phase als Eingabe in die darauf folgende einfließen. Abbildung 2-1 zeigt ein Beispiel für ein Wasserfallmodell [Dißmann und Zurwehn, 1988].

In der Planungsphase dieses Modells findet die Vorbereitung der Produktentwicklung statt. Die eigentliche Systementwicklung wird in der Definitions-, der Entwurfs- und der Implementierungsphase durchgeführt. Die nachfolgenden Phasen für Abnahme und Einführung sowie Betrieb beinhalten die Übergabe des Produktes an den Auftraggeber und die Pflege des Produktes während des Betriebs.

Nicht nur bei der Entwicklung wissensbasierter Systeme (s.u.), sondern auch bei konventioneller Software gibt es Tendenzen, von einer starren, streng sequentiellen Phaseneinteilung wie beim Wasserfallmodell abzurücken. Lin und Levary [Lin und Levary, 1989] betonen die Dynamik des Software-Entwicklungsprozesses. Sie stellen diesen dynamischen Prozeß als eine Reihe von zeitlich variierenden, interagierenden Entwicklungsphasen dar.

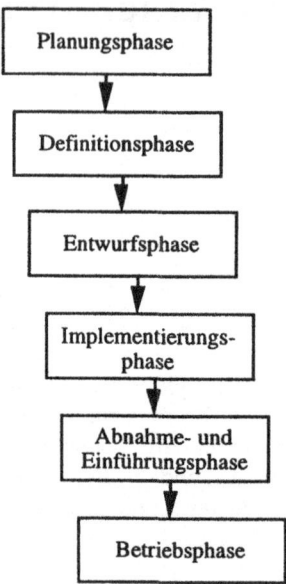

Abb. 2-1. Wasserfallmodell für die Entwicklung eines Software-Systems

Eine Alternative zum Wasserfallmodell für die Software-Entwicklung mit mehr Dynamik ist das *Prototyping*, bei dem verschiedene Entwicklungsphasen mehrfach durchlaufen werden. Damit ergibt sich die Möglichkeit, Fehler oder Schwächen bei den Ergebnissen einer Phase, die sich erst in einer späteren Entwicklungsphase zeigen, durch Rücksprung zu der früheren Phase und erneutes Durchlaufen der folgenden Phasen zu beheben.

2.2 Herkömmliche Lebenszyklusmodelle für wissensbasierte Systeme

Der Entwurf wissensbasierter Systeme weist eine Reihe von Besonderheiten auf, die sich in einem geeigneten Lebenszyklusmodell niederschlagen müssen, darunter die folgenden:

- *Orientierung an der Vorgehensweise eines Experten*
  Ein wesentliches Ziel für wissensbasierte Systeme ist eine Modellierung der Vorgehensweise zur Problemlösung, die sich an der Arbeitsweise eines Experten für das betrachtete Anwendungsgebiet orientiert. Damit sollen Problemklassen gelöst oder unterstützt werden, für die es keine Standardverfahren gibt, für die also die Entwicklung eines konventionellen Algorithmus schwierig oder unmöglich ist. Deshalb spielt die *Akquisition und Modellierung von Expertenwissen* eine entscheidende Rolle für die Systementwicklung.

- *Verwendung von heuristischem, fehlerbehaftetem Wissen*
  Wissensbasierte Systeme werden typischerweise für schlecht strukturierte Anwendungsgebiete eingesetzt. Hierfür ist es häufig nicht möglich, mittels Wissensakquisition, -modellierung und -repräsentation eine Wissensbasis aufzubauen, die die betrachtete Problemklasse in *jedem* Fall richtig bearbeitet. Da bei solchen Anwendungsgebieten die Vorgehensweise des Experten durch Heuristiken bestimmt wird, sind Fälle unvermeidbar, bei denen die Wissensbasis zu falschen Ergebnissen kommt. Als Folgerung ergibt sich, daß regelmäßig während der gesamten Lebensdauer des Systems *Korrekturen der Wissensbasis* notwendig sind. Solche Änderungen fallen also auch *nach* dem Beginn des Systemeinsatzes an.

- *Unvollständigkeit der Wissensbasis*
  Ähnliche Gründe wie für die Fehlerhaftigkeit einer Wissensbasis sind für die Unvollständigkeit einer Wissensbasis verantwortlich. Es kann nicht erwartet werden, daß die Ergebnisse der Wissensakquisition alle in der Problemklasse auftretenden Fälle abdecken. Nicht berücksichtigte Fälle zeigen sich häufig erst während des Einsatzes einer Wissensbasis. Zum anderen können durch Änderungen im Anwendungsgebiet, z.B. durch technische Weiterentwicklungen, weitere, noch nicht berücksichtigte Fälle hinzukommen. Deshalb ist die *Erweiterbarkeit einer Wissensbasis* während der gesamten Lebensdauer eine Notwendigkeit für wissensbasierte Systeme.

- *Anpassung an veränderte externe Anforderungen und Charakteristika des Anwendungsgebiets*
  Da das Wissen in einer Wissensbasis sich typischerweise nicht auf wohlbekannte, allgemeine Standardprozeduren bezieht, sondern von externen Anforderungen und Problemcharakteristika (und der darauf abgestimmten Vorgehensweise des Sachgebietsexperten) abhängt [Wrobel und Sommer, 1994], ergibt sich für Expertensysteme ein im Vergleich zu konventionellen Software-Systemen erhöhter Wartungsbedarf. Die Übereinstimmung der Wissensbasis mit diesen sich wandelnden externen Einflußfaktoren muß kontinuierlich sichergestellt werden. Dabei kann sogar in bestimmten Fällen eine globale Anpassung sämtlicher Einträge der Wissensbasis notwendig werden (s. Abschn. 2.3 und 9).

- *Transparenz der Problemlösung*
  Die oben aufgeführten Aspekte Fehlerhaftigkeit und Unvollständigkeit implizieren, daß die Ergebnisse eines wissensbasierten Systems nicht in jedem Fall korrekt sind. Damit es trotzdem von praktischem Nutzen ist, müssen die Ergebnisse durch den Benutzer kontrolliert werden. Dazu muß der Lösungsweg für ihn nachvollziehbar sein. Um das zu ermöglichen, ist die *Systemtransparenz* eine wichtige Forderung. Zum Erreichen dieses Zieles gibt es zwei sich ergänzende Strategien: Der Entwurf von verständlichen, durchschaubaren, inhärent transparenten Systemen und die dynamische Generierung von Erklärungen für Systemaspekte, die nicht direkt verständlich sind [Herrmann et al., 1996].

- *Getrennte Repräsentation von Wissen, Inferenzmechanismus und Daten*
  Typisch für wissensbasierte Systeme ist die Trennung von anwendungsspezifischem Problemlösungswissen und Inferenzmechanismus (bzw. Kontrolle). Während ersteres zusammen mit den Daten in der Wissensbasis enthalten ist, wird der Inferenzmechanismus als Kontrollkomponente getrennt realisiert. Dabei spielt die symbolische,[1] deklarative Repräsentation von Problemlösungswissen (häufig kombiniert mit numerischen Beschreibungen) eine wichtige Rolle. Die Trennung von anwendungsspezifischem Problemlösungswissen und Inferenzmechanismus sowie die explizite, deklarative Repräsentation des Problemlösungswissens erleichtern die oben geforderte Änderbarkeit und Erweiterbarkeit der Wissensbasis wesentlich. Die Modifikation des Problemlösungswissens ist damit häufig einfacher als die Veränderung eines konventionellen Programms, bei dem Problemlösungswissen und Kontrolle in einem Algorithmus zusammengebunden sind. Damit bieten wissensbasierte Systeme einen guten Ansatzpunkt für automatische Wartungstechniken [Wrobel und Sommer, 1994]. Als Voraussetzung dafür ist eine klare Trennung von Sachbereichs- und Kontrollwissen notwendig, es ergeben sich also bestimmte Anforderungen an die Wissensmodellierung (s. Kap. 4).

Die aufgelisteten Besonderheiten des Entwurfs wissensbasierter Systeme sind wiederum in verschiedenartige Lebenszyklusmodelle für diese Klasse von Systemen eingeflossen. Bei den ersten Entwicklungen stand das *Rapid Prototyping* im Vordergrund. In [Buchanan et al., 1983] wird etwa ein Modell mit den fünf Phasen Problemidentifikation, Konzeptualisierung, Formalisierung, Implementation und Testen vorgeschlagen, bei dem nach der Testphase in Abhängigkeit von ihren Resultaten zu einer der vier Vorgängerphasen zurückgesprungen wird. Der hochgradig experimentelle Charakter dieser ersten Entwicklungen wissensbasierter Systeme erzwang ein Modell, das im Extremfall eine Versuch-und-Irrtum-Vorgehensweise zuläßt. Für ein stärker strukturiertes Vorgehen fehlten hingegen noch standardisierte Software-Techniken, die für die Entwicklung wissensbasierter Systeme einschließlich einer systematischen, umfassenden Wissensakquisition und -modellierung geeignet sind.

Jüngere Arbeiten propagieren eine umfassende, implementationsunabhängige Modellierung des akquirierten Wissens vor einer Implementierung. So wurde im Rahmen des KADS-Projektes ein Wasserfallmodell für die Entwicklung wissensbasierter Systeme vorgeschlagen. Später erwies sich auch bei diesem Ansatz die Notwendigkeit zum Aufweichen der starren Phasenfolge, um dynamisches Rückspringen zu früheren Phasen zuzulassen [Schreiber et al., 1993]. Für wissensbasierte Systeme hat sich damit die Notwendigkeit einer dynamischen Systementwicklung, bei der vor der Fertigstellung des angestrebten Systems Vorläufer oder Prototypen entwickelt werden, herausgestellt. Hierbei wird u.a. nach den Methoden des oben erwähnten Rapid Prototyping oder der *explorativen Programmierung* verfahren [Sommerville, 1992]. Während bei der ersten Methode

---

[1] Eine Diskussion der "Physical Symbol System Hypothesis" von Newell [Newell, 1980], die (grob vereinfacht) besagt, daß die Lösung von Problemen der realen Welt durch Schlußfolgerungen, die auf einer symbolischen Wissensrepräsentation aufsetzen, erzielt werden kann, würde den Rahmen dieses Buches sprengen.

eine Folge von Prototypen erstellt wird, deren Implementationen weitgehend unabhängig voneinander sein können, geht die explorative Programmierung anders vor. Hier wird eine unvollständige Implementierung ständig weiterentwickelt, bis die Funktionalität den gewünschten Stand erreicht hat. Bei der in Abschn. 4.3 vorgestellten *ungenauen Modellierung* (Sloppy Modeling) [Morik, 1989 und 1991] wird sogar davon ausgegangen, daß ein Modell *nie* vollständig ist. Modellierung wird deshalb als ein potentiell unendlicher Prozeß betrachtet.

Die meisten Lebenszyklusmodelle für wissensbasierte Systeme gehen nur unzureichend auf die Aktivitäten nach dem Beginn des praktischen Systemeinsatzes ein. Die klare Betonung liegt bei ihnen auf den Phasen bis zur Erlangung eines einsetzbaren Software-Werkzeugs. (Eine Ausnahme bildet hier die erwähnte ungenaue Modellierung.) Aus den oben aufgelisteten Besonderheiten wissensbasierter Systeme geht aber hervor, wie wichtig für den erfolgreichen Einsatz die Pflege und Weiterentwicklung einer Wissensbasis ist. Deshalb liegt der Schwerpunkt dieses Buches in diesem Aufgabenbereich.

Hingegen soll im weiteren nicht auf die Frage der Abfolge verschiedener Entwicklungsphasen eingegangen werden, sondern mit Blick auf die Anwendbarkeit von Methoden des maschinellen Lernens vor allem auf die Frage, *welche* Phasen beim Lebenszyklus eines wissensbasierten Systems von Bedeutung sind. Es geht also darum, die verschiedenen Klassen von Aktivitäten, die für den Lebenszyklus benötigt werden, zu identifizieren und mit maschinellen Lernmethoden zu unterstützen.

Als weitere Einschränkung betrachten wir im folgenden nur den Lebenszyklus einer *Wissensbasis*. Die Entwicklung anderer Komponenten eines wissensbasierten Systems, wie z.B. die Benutzungsschnittstelle oder die Inferenzkomponente, werden nicht berücksichtigt, es sei denn indirekt durch Informationen in der Wissensbasis, die zu ihrer Steuerung bzw. Beeinflussung dienen.

2.3 Neue Phaseneinteilung für den Lebenszyklus einer Wissensbasis

Wie oben erwähnt sollen im Rahmen dieses Buches vor allem die Aktivitäten nach dem Beginn des praktischen Einsatzes eines wissensbasierten Systems genauer betrachtet und unterstützt werden. Entsprechend werden im folgenden Modell die Aktivitäten vor der initialen Erstellung der Wissensbasis, also die Wissensakquisition und die Wissensmodellierung, deren genaue Analyse und Strukturierung in anderen Arbeiten wie z.B. im KADS-Projekt [Schreiber et al., 1993] bereits ausführlich behandelt wurde, nur grob betrachtet und in einer Phase zusammengefaßt.

Die im folgenden vorgestellten Phasen sind nicht zwangsläufig disjunkt. Es kann einzelne Aktivitäten (bzw. Operationen) auf einer Wissensbasis geben, die sich verschiedenen Phasen zuordnen lassen. So kann z.B. ein Eintrag in eine bestehende Wissensbasis gleichzeitig als Wissensbasiserweiterung und -modifikation wirken. Ferner können die Aktivitäten verschiedener Phasen gleichzeitig ausgeführt werden, die Phasen müssen also nicht immer zeitlich voneinander getrennt ablaufen. Dies spiegelt die notwendige Dynamik für den Lebenszyklus wider [Lin und Levary, 1989]. Je nach der Organisation des wissensbasierten

Systems können einzelne Phasen wegfallen oder miteinander gekoppelt sein. Das Charakteristische an einer Phase ist hingegen, daß sie eine Klasse von Aktivitäten beschreibt, deren Wirkung auf die Wissensbasis ein *gemeinsames Ziel* verfolgt. Bis auf die Phase des Wissensbasiseinsatzes besteht diese Wirkung bei jeder der definierten Phasen aus einer bestimmten Form der Wissensbasismanipulation.[2]

Die folgenden Phasen werden im Rahmen des Buches unterschieden:

Wissensmodellierung. Bevor eine Wissensbasis tatsächlich erzeugt, also mit Wissen gefüllt werden kann, sind umfangreiche Vorarbeiten zu leisten. Insbesondere muß das benötigte Wissen vor der Festlegung der Repräsentation (oder im Zusammenhang damit) modelliert werden. (Die KADS-Methodologie [Schreiber et al., 1993] beinhaltet sogar eine Abfolge verschiedener Modelle, die unterschiedlich stark von der späteren Realisierung der Wissensbasis abstrahieren.) Bei der Modellierung sind umfangreiche Arbeiten zur Wissensakquisition durchzuführen. Wissensakquisition spielt aber auch bei anderen Lebenszyklusphasen wie z.B. der Wissensbasiserweiterung eine Rolle. Für die Realisierung des Wissensmodells in der Wissensbasis muß eine auf den Aufgabenbereich und die Problemklasse zugeschnittene Wissensrepräsentation entwickelt werden.

Wissensbasisinitialisierung. In dieser Phase beginnt die eigentliche Erstellung der Wissensbasis. Eine zunächst leere Wissensbasis wird mit Wissen über das Anwendungsgebiet und die bearbeitete Problemklasse gefüllt. Die Einträge in die Wissensbasis werden gemäß der in der vorigen Phase erstellten Repräsentation formalisiert. Wir werden in Kap. 5 sehen, daß die Wissensbasisinitialisierung eine typische Aufgabe für maschinelle Lernsysteme darstellt, daß hierfür also (beim Vorliegen einer geeigneten Wissensrepräsentation) entsprechende Unterstützung verfügbar ist.

Wissensbasiseinsatz. Das in der Wissensbasis enthaltene Wissen wird in dieser Phase zur Problemlösung eingesetzt. Die resultierenden Ergebnisse können zur Bewertung des Wissens herangezogen werden und dienen somit als Grundlage für andere Phasen wie z.B. die Wissensbasismodifikation. Häufig sind sogar Wissensbasiseinsatz und -modifikation direkt miteinander gekoppelt (s. Kap. 6).

---

[2] Eine andere Klassifikation von Aktivitäten zur Pflege von Wissensbasen findet sich in [Wrobel und Sommer, 1994]. Dort wird zwischen (a) Aktivitäten zur Verbesserung von Systemeigenschaften (bei gleichbleibender Antwortmenge) und (b) Aktivitäten zur Veränderung der Antwortmenge, um die Ableitung bisher fehlender Antworten sicherzustellen oder die Ableitung falscher Antworten zu unterbinden, unterschieden. Hier ist also der Einfluß auf die Antwortmenge eines wissensbasierten Systems, also die Menge der Schlußfolgerungen, die ein System aus seiner Wissensbasis ziehen kann, das entscheidende Klassifikationskriterium. In dem vorliegenden Buch wird hingegen nach dem Einfluß einer Aktivität auf die Einträge der Wissensbasis klassifiziert. Die Erweiterung der Wissensbasis um zusätzliche Einträge, etwa um eine bisher fehlende Antwort sicherzustellen, gehört demnach zu einer anderen "Phase" als die Veränderung vorhandener Einträge, etwa mit dem Ziel der Unterbindung falscher Antworten.

Wissensbasiserweiterung. Auch nach dem Beginn des Wissensbasiseinsatzes ist ihre Erweiterung, gerade bei Systemen für schlecht formalisierbare Aufgabenstellungen, typischerweise unverzichtbar. Bei der Wissensbasiserweiterung wird der Wissensbasis zusätzliches Wissen permanent, d.h. nicht nur für den aktuellen Problemlösungsprozeß, hinzugefügt. Hierbei kann es sich z.B. um Fakten oder Regeln zum betrachteten Anwendungsgebiet handeln. Die Wissensbasiserweiterung zielt damit auf eine Vergrößerung des Wissensbestandes ab, um z.B. bisher nicht abgedeckte Problemfälle mit dem wissensbasierten System lösen zu können oder eine Lücke im Wissen zu einem bereits bekannten Problemfall zu schließen. Es geht hier also nicht um eine Modifikation oder Revision des bereits vorhandenen Wissens. Dieses ist das Ziel der Wissensbasismodifikationsphase. Kapitel 7 geht genauer auf die Wissensbasiserweiterung ein.

Wissensbasismodifikation. Eine Modifikation der Wissensbasis wird notwendig, wenn sich Fehler oder Schwächen in ihrem aktuellen Inhalt gezeigt haben. Das kann z.B. durch zusätzliche vom Experten vorgegebene Beispiele oder anhand der Ergebnisse des Wissensbasiseinsatzes geschehen. Es gibt eine Vielzahl verschiedener Vorgehensweisen für die Modifikation, angefangen bei einer minimalen, lokalen Revision bis zu einer globalen Reorganisation der Wissensbasis, bei der auch deren Struktur verändert wird.

Es gibt ferner unterschiedlich geartete Fehler und Schwächen, die durch eine Modifikation behandelt werden sollen. So kann eine Wissensbasis z.B. so modifiziert werden, daß ein falsch klassifiziertes Beispiel beim nächsten Mal korrekt zugeordnet wird. Eine andere Modifikationsart zielt auf die Geschwindigkeitsoptimierung des wissensbasierten Systems ab, indem z.B. redundante Regeln entfernt werden oder häufig benutzte Regeln eine höhere Priorität bei der Regelauswahl erhalten. In Kap. 8 wird die Wissensbasismodifikation ausführlich diskutiert.

Globale Adaptierung der Wissensbasis. Viele Wissensbasen hängen von Eigenschaften des Anwendungsgebiets ab, die nicht explizit oder nur unvollständig modelliert sind. Das ist gerade bei technischen Anwendungen der Fall, bei denen die betrachtete Aufgabenstellung von technologischen Gegebenheiten abhängt, deren exakte Modellierung den Rahmen eines wissensbasierten Systems sprengen würde. Leider sind gerade moderne Technologien häufigen Änderungen bzw. Weiterentwicklungen unterworfen. Als Konsequenz solcher Veränderungen ergibt sich die Notwendigkeit für ein verändertes Ein-/Ausgabeverhalten des wissensbasierten Systems: Für (fast) alle möglichen Eingaben muß eine andere Ausgabe vom System erzeugt werden. Das bedeutet, daß praktisch sämtliche bisher vom System bearbeiteten Beispiele ungültig werden, da sie nicht dem zu verändernden Ein-/Ausgabeverhalten des Systems entsprechen. Somit kann ein großer Teil oder sogar die gesamte Wissensbasis ungültig werden. Die globale Adaptierung ist der Prozeß, bei dem alle betroffenen Teile der Wissensbasis an die Technologieänderungen angepaßt werden, um das benötigte veränderte Ein-/Ausgabeverhalten des Systems zu erzielen. Eine genauere Charakterisierung der globalen Adaptierung erfolgt in Abschn. 9.1.

Ein Beispiel für eine technologieabhängige Aufgabenstellung ist die Diagnose von Automobilen. Falls eine neue Motorentechnologie eingeführt wird, müssen wesentliche Teile der entsprechenden Wissensbasis geändert werden.

Für die globale Adaptierung einer Wissensbasis an geänderte technologische Gegebenheiten fehlte bisher die Unterstützung durch Methoden des maschinellen Lernens.

Das in Abschn. 10.3 vorgestellte maschinelle Lernsystem LIMES ermöglicht als erstes System die Durchführung der globalen Adaptierung mittels einer Lernstrategie und vermeidet damit eine komplette Neuentwicklung der Wissensbasis. LIMES adaptiert eine Wissensbasis, die durch Änderungen in der Fertigungstechnologie für integrierte Schaltungen ungültig geworden ist.

Die für dieses Buch vor allem interessanten Aktivitäten, die Wissensbasiserweiterung, -modifikation und -adaptierung, beziehen sich jeweils auf die Manipulation einer vorhandenen Wissensbasis. Sie werden unter dem Begriff *Wissensbasispflege* zusammengefaßt.

2.4 Bedeutung der Wissensbasispflege

Die große Bedeutung der Wissensbasispflege für ein sich im Einsatz befindliches System läßt sich an einigen in der Literatur beschriebenen Studien verdeutlichen.

O'Neill und Morris [O'Neill und Morris, 1989] publizierten 1989 eine Studie zu Expertensystementwicklungen in Großbritannien, die sich auf Befragungen von 42 Software-Häusern stützt. Bemerkenswert an den Ergebnissen aus der Sicht der Wissensbasispflege ist vor allem, daß die Mehrzahl der befragten Firmen ab einem bestimmten Zeitpunkt die Verantwortung für die Systempflege an den Kunden übergeben, der damit für die Wissensbasiserweiterung und -modifikation selbst verantwortlich wird. Daraus ergibt sich, daß die Wissensbasispflege von Personen durchgeführt wird, die nicht an der Systemrealisierung beteiligt waren. Diese Konstellation kann zu besonderen Schwierigkeiten bei der Pflege führen. Zum anderen zeigen die Ergebnisse der Studie, wie wichtig eine *systematische Unterstützung* für alle Aktivitäten der Wissensbasispflege ist.

Barker und O'Connor [Barker und O'Connor, 1989] berichten über die seit 10 Jahren andauernde Entwicklungsgeschichte des Systems XCON, dem ersten wissensbasierten System, das in den täglichen industriellen Einsatz übernommen wurde. Das von der Firma Digital Equipment Corporation entwickelte System wird ständig gewartet und weiterentwickelt. Neu verfügbare Rechnerkomponenten (mehrere hundert pro Jahr) werden regelmäßig in die Wissensbasis, die mehr als 10 000 Regeln enthält, eingearbeitet. Viermal pro Jahr wird eine neue Systemversion firmenintern herausgegeben. Zwischen zwei Versionswechseln wird jeweils mindestens eine weitere kleinere Systemaktualisierung herausgegeben, um die Wissensbasis auf dem Stand der Hardware-Technik zu halten. Aber nicht nur die technischen Entwicklungen führen zu Veränderungen der Wissensbasis. Weitere Gründe sind Benutzerwünsche bezüglich einer veränderten Systemfunktionalität und der Gestaltung der Mensch-Maschine-Interaktion. Ein Team von 27 Entwicklern bei der Digital Equipment Corporation ist ausschließlich mit der

Erweiterung und Modifikation von XCON und fünf weiteren wissensbasierten Systemen beschäftigt.[3] Damit wird an dieser Fallstudie der große quantitative Aufwand, der für eine Wissensbasispflege erforderlich sein kann, deutlich.

Eine weitere Studie beschreibt die vier Jahre lang durchgeführte Pflege des wissensbasierten Systems GARVAN-ES1 [Compton und Janson, 1990] nach dessen Übernahme in den regelmäßigen Einsatz. GARVAN-ES1 ist eines der ersten vier wissensbasierten Systeme, die routinemäßig in der Medizin eingesetzt wurden oder werden. Ein wichtiges Ziel der Wissensbasispflege war die Verbesserung der Systemperformanz, in diesem Fall eine Verringerung der Fehlerrate bei der Interpretation von medizinischen Labordaten. Bemerkenswert ist hier, daß eine relativ geringe Verbesserung der Performanz (von 96% zu 99,7%) zu einer verdoppelten Größe der Regelbasis führte. Der Grund dafür liegt in den Problemen beim Einfügen neuer Regeln in die Wissensbasis. Die Aufnahme neuer Regeln erforderte die z.T. komplizierte Revision vorhandener. Damit wurden vorher einfache Regeln deutlich komplexer, da die jetzt zusätzlich von der Wissensbasis berücksichtigten Problemfälle im Bedingungteil vorhandener Regeln explizit ausgeschlossen werden mußten. Hieraus ersieht man, wie kompliziert und aufwendig Wissensbasispflege sein kann. Ferner wird damit nochmals der Unterschied zwischen Wissensbasiserweiterung und -modifikation aufgezeigt. Während bei der ersten das in der Wissensbasis vorhandene Wissen (i.w.) unverändert bleibt, ist für die Modifikation, wie oben bei GARVAN-ES1 beschrieben, gerade die Veränderung des bisherigen Wissensbasisinhalts charakteristisch. Da es häufig Alternativen für eine Modifikation mit unterschiedlichen Eigenschaften gibt, kann die Bestimmung der bezüglich vorgegebener Bewertungskriterien besten Modifikation ein komplexes Problem darstellen.

Die drei vorgestellten Arbeiten verdeutlichen also einige der Schwierigkeiten, die bei der Wissensbasispflege auftreten können:

- Die Wissensbasispflege wird häufig beim Kunden unabhängig vom Entwicklungsteam durchgeführt.
- Die Wissensbasispflege kann einen sehr großen Umfang annehmen.
- Die Wissensbasispflege kann ein komplexes Problem darstellen.

Hinzu kommt, daß es hierfür bisher nur mangelhafte Unterstützung durch Software-Werkzeuge gibt. Insbesondere die Wissensbasispflege stellt einen wichtigen potentiellen Anwendungsbereich für maschinelles Lernen dar. Dieses Anwendungspotential wurde bisher jedoch nur wenig ausgeschöpft. Buchanan [Buchanan, 1989] weist darauf hin, daß mit Ausnahme einfacher Klassifikationssysteme wissensbasierte Systeme noch keine Lernkomponenten besitzen, die Teile der Wissensbasis anhand einer Bibliothek mit bereits gelösten Fällen konstruieren können. Hinkelmann, Meyer und Schmalhofer [Hinkelmann et al., 1994] führen aus, daß reale Anwendungen ganz andere Charakteristika besitzen als die Spielwelten, mit denen heutzutage neue Lerntechniken häufig demonstriert werden. Als solche Charakteristika werden Komplexität, kontinuierliche Innovatio-

---

[3] In diesem Fall ist also der für Systementwicklung und Wissensbasispflege verantwortliche Hersteller auch gleichzeitig der Systemanwender.

nen und unvollständiges sowie widersprüchliches Wissen genannt. Wrobel und Sommer [Wrobel und Sommer, 1994] weisen darauf hin, daß automatische Wartungstechniken (bis auf sehr wenige Ausnahmen) bisher noch keinen Eingang in kommerzielle Expertensystemwerkzeuge gefunden haben.

Das vorliegende Buch soll Ansätze, Voraussetzungen und Wege für den erfolgreichen Einsatz maschinellen Lernens für den Lebenszyklus einer Wissensbasis unter besonderer Berücksichtigung der Wissensbasispflege aufzeigen. Dabei sollen auch die Schwächen und Grenzen der verschiedenen vorgestellten Ansätze diskutiert werden. Bevor dazu in Kap. 4 bis 9 die einzelnen Phasen des Lebenszyklus genauer betrachtet werden, folgt nun in Kap. 3 eine kurze Einführung in Strategien des maschinellen Lernens.

3. Maschinelles Lernen

Das Ziel dieses Kapitels ist es, eine kurze Einführung in das Themengebiet des maschinellen Lernens zu geben.[1] Die Abschn. 3.1 und 3.2 behandeln grundlegende Aspekte: Nach einer Begriffsbestimmung wird eine Klassifikation von Lernsystemen gegeben. Ferner werden in Abschn. 3.3 verschiedene Möglichkeiten der Integration von Lernstrategien in ein Multistrategielernsystem diskutiert. Diese zunehmend an Bedeutung gewinnende Klasse von Lernsystemen spielt in diesem Buch eine besondere Rolle.

3.1 Zum Begriff des maschinellen Lernens

Wie bereits in [Herrmann, 1989, Kap. 1] ausführlich erörtert, ist es schwierig, eine exakte Definition für den allgemeinen Begriff *Lernen* zu finden, da eine Vielzahl verschiedener Phänomene darunter zusammengefaßt sind. Wir betrachten deshalb im folgenden nur kurz zwei Charakterisierungen des Begriffs *maschinelles Lernen*, die sich in zwei Standardwerken zu dem Themengebiet finden.

Carbonell, Michalski und Mitchell geben in Machine Learning Vol. I [Carbonell et al., 1983] folgende Definition:[2]

„Das Studium und die Computer-Modellierung von Lernprozessen in ihren mannigfaltigen Ausprägungen bildet den Gegenstand des maschinellen Lernens."

Es geht also darum, Lernverfahren auf dem Rechner verfügbar zu machen. Hier ist erläuternd zu ergänzen, daß Computer-Modellierung sicherlich nicht nur im Sinne der kognitiven Modellierung, also der möglichst genauen Nachbildung menschlichen Lernverhaltens, aufzufassen ist, sondern auch Lernprogramme mit ganz anderen Vorgehensweisen eingeschlossen sind.

In Machine Learning Vol. III [Michalski und Kodratoff, 1990] wird die Forschung zu maschinellem Lernen wie folgt charakterisiert:

„Die Forschung zu maschinellem Lernen beschäftigt sich mit der Entwicklung von Computer-Programmen, die in der Lage sind, durch die Benutzung von Eingabeinformationen neues Wissen zu konstruieren oder bereits vorhandenes Wissen zu verbessern."

---

[1] Eine ausführliche Erörterung findet sich in [Herrmann, 1994a].
[2] Die Zitate aus englischsprachigen Werken wurden vom Autor übersetzt.

Maschinelle Lernsysteme dienen demnach also zur Akquisition von Wissen. Hier wird ferner deutlich, daß maschinelle Lernsysteme häufig nicht nur Eingabeinformationen, sondern auch bereits vorhandenes (Hintergrund-) Wissen benutzen bzw. dieses verfeinern. Ergänzend soll hier darauf hingewiesen werden, daß neben der Wissensakquisition und -verfeinerung auch die allgemeine Erforschung von Prinzipien des Lernens sowie die kognitive Modellierung von Lernprozessen weitere Forschungsziele für maschinelles Lernen sind.

3.2 Klassifikation maschineller Lernsysteme

Lernsysteme lassen sich nach verschiedenen Kriterien klassifizieren.[3] Wichtige Kriterien sind z.B. die Art der Eingabe für das System (klassifizierte Beispiele, unklassifizierte Beobachtungen, ...) sowie die Art der Repräsentation (aussagenlogische Repräsentation, prädikatenlogische Repräsentation, ...).

Im folgenden wird die „klassische" Klassifizierung anhand der *Lernstrategien* dargestellt, die auf [Carbonell et al., 1983] basiert und in [Michalski, 1986] erweitert wurde. Eine Lernstrategie ist dabei durch die Art der verwendeten Inferenz sowie die Art der Eingabe für das System charakterisiert.

1) *Auswendiglernen oder direkte Eingabe neuen Wissens*
   Hier sind keine Schlußfolgerungen oder Transformation von Wissen erforderlich. Beispiele für diese Strategie sind das Lernen durch Einprogrammierung und Lernen durch Speichern von Informationen.

2) *Lernen nach Anweisung*
   Akquirierung von Wissen von einem Lehrer oder einer vergleichbaren „Quelle", wobei die Umformung in eine interne Darstellung und die Verknüpfung mit dem Vorwissen erforderlich wird.

3) *Lernen durch Deduktion*
   Bei dieser Art des Lernens werden deduktive Schlußfolgerungen auf vorhandenem oder eingegebenem Wissen durchgeführt. Diese Schlußfolgerungen dienen zur Reorganisation des vorhandenen Wissens oder zur Bestimmung von wichtigen Konsequenzen aus dem Wissen. Eine Form von Lernen durch Deduktion ist das *analytische* oder *auf Erklärungen basierende Lernen* (explanation-based learning) [Mitchell et al., 1986; DeJong und Mooney, 1986].

4) *Lernen durch Analogie*
   Neues Wissen wird durch Transformation oder Anreicherung bestehenden Wissens, das den gewünschten Lernergebnissen schon ähnlich ist, akquiriert.

---

[3] Michalski und Kodratoff versuchen in [Michalski und Kodratoff, 1990], die vier verschiedenen Kriterien *primäres Ziel, Eingabetyp, primärer Inferenztyp, Einsatz von Vorwissen* in einer einzigen Klassifikation zu integrieren. Das Ergebnis ist ein Graph mit 28 Knoten, für dessen Verständnis erhebliche Vorkenntnisse bzw. Erläuterungen benötigt werden. Durch die vielen im Graphen enthaltenen Klassen entsteht keine prägnante Klassifikation des Forschungsgebietes. Deshalb wird hier auf eine Abbildung und Erörterung dieser Klassifikation verzichtet.

Das bestehende Wissen wird dabei so verändert, daß es für die neue Situation nutzbar gemacht werden kann.

5) *Lernen aus Beispielen*

Dies ist eine spezielle Form des *induktiven Lernens*. (Induktives Lernen bezeichnet Vorgänge, bei denen aus einer Menge von Fakten, die von einem Lehrer, dem Lernenden selbst oder aus einer externen Umgebung stammen, induktive Inferenzen gezogen werden.)

Beim Lernen aus Beispielen wird aus einer Menge von Beispielen (und Gegenbeispielen) eine allgemeine Konzeptbeschreibung entwickelt, die alle positiven Beispiele einschließt (und alle negativen Beispiele ausschließt).

6) *Lernen durch Beobachtung und Entdeckung*

Dies ist eine andere Form des induktiven Lernens. Hier wird der Lernende nicht mit speziell für ihn geeigneten Daten versorgt. Statt dessen beobachtet und analysiert er seine Umgebung ohne Steuerung durch einen „Lehrer" und ohne die Vorgabe bereits klassifizierter Beispiele. Es wird ferner unterschieden zwischen passivem Beobachten und aktivem Experimentieren. Bei letzterem erweitert und verändert das System seine Umgebung, z.b. durch selbständiges Erzeugen von Beobachtungen.

Die hier dargestellten Typen sind entsprechend des Anteils, den der Lernende zum Lernprozeß beiträgt, angeordnet [Michalski, 1986]. In fortschreitender Reihenfolge sinkt der Anteil des Lehrenden, und die vom Lernenden erwartete Leistung steigt.

Eine weitere, wichtige Klassifikation für maschinelle Lernsysteme [Carbonell et al., 1983] orientiert sich an dem einem System zugrunde liegenden Lernparadigma. Danach können Lernsysteme grob in drei Klassen eingeteilt werden:

a) Systeme, die auf *neuronalen Netzen* und anderen *numerischen Ansätzen* basieren,

b) Systeme, die *symbolische Begriffsbeschreibungen* lernen,

c) *wissensintensive, anwendungsspezifische* Lernsysteme.

Für die in den weiteren Kapiteln beschriebene Unterstützung des Lebenszyklus einer Wissensbasis spielen Systeme der Klassen b) und c) die entscheidende Rolle. Es gibt aber auch Ansätze zur Anwendung von neuronalen Netzen bei der Pflege einer Wissensbasis [Fu, 1991].

3.3 Multistrategiesysteme

In den letzten Jahren hat sich die Erkenntnis durchgesetzt, daß für die Akquisition von Wissen zu einem praxisrelevanten Problemgebiet häufig eine einzelne Lernstrategie nicht ausreicht.[4] Deshalb gewinnen *Multistrategielernsysteme*

---

[4] Eine ähnliche Überlegung findet sich aber auch schon in [Polya, 1954]. Hier wird ein Ansatz für die Formalisierung der Vorgehensweise bei mathematischen Entdeckungen vorgestellt. Hierfür wird die Notwendigkeit des Zusammenspiels von induktiver Generalisierung, Spezialisierung und Analogieschluß erörtert.

zunehmend an Bedeutung [Michalski, 1993; Saitta et al., 1993; Morik, 1993; Tecuci, 1993; Pazzani, 1993; Michalski und Tecuci, 1994; Veloso und Carbonell, 1994]. Sie beinhalten eine Kombination von mehreren Lernstrategien, die kooperativ Wissen zu dem betrachteten Problemgebiet akquirieren. Michalski [Michalski, 1993] charakterisiert diese Klasse von Systemen folgendermaßen:

„Mit zunehmendem Verständnis der Möglichkeiten und Grenzen von Monostrategiemethoden ist ein zunehmendes Interesse an Multistrategielernsystemen, die zwei oder mehr Inferenztypen und/oder Berechnungsmechanismen verwenden, entstanden. Multistrategiesysteme haben das Potential für mehr Kompetenz, d.h. die Möglichkeit, einen viel größeren Bereich von Lernproblemen zu lösen als Monostrategiesysteme, da sie die Vorzüge der gegenseitigen Ergänzung der individuellen Lernstrategien nutzen können. Andererseits sind sie auch potentiell wesentlich komplexer, und deshalb stellt ihre Implementierung eine wesentlich größere Herausforderung dar."

Statt „Lernproblem" wird im folgenden auch häufig der Begriff „Lernaufgabe" verwendet. Bei Multistrategiesystemen wird die Lernaufgabe durch eine Kombination von Lernstrategien gelöst. Dabei ergeben sich in Abhängigkeit von der Lernaufgabe verschiedene Alternativen für eine solche Kombination, wie unten ausgeführt wird. Der Begriff der Lernaufgabe wird in [Michalski, 1993] folgendermaßen charakterisiert:

„Eine *Lernaufgabe*[5] besteht aus drei Bestandteilen: Die dem Lernenden zur Verfügung gestellte Information (d.h. die *Eingabe* für den Lernprozeß), die für das Lernziel relevante Information, die dem Lernenden bereits bekannt ist (d.h. das *Hintergrundwissen*), und dem, was der Lernende lernen möchte (d.h. das *Lernziel* oder die *Lernziele*)."

Michalski weist in [Michalski, 1993] darauf hin, daß Lernziele sehr generell und unabhängig von der betrachteten Anwendung beschrieben werden oder spezieller und anwendungsspezifisch sein können. Lernziele können aus Teilzielen bestehen. So ist z.B. das Ziel „lerne Wissen über Blinddarmerkrankungen" ein Teilziel des übergeordneten Ziels „lerne Wissen über die Diagnose von Bauchentzündungen". Aus der Zerlegung des Lernziels in Teilziele ergibt sich auch eine Aufteilung der Lernaufgabe in Teilaufgaben, mit denen jeweils eines der Teilziele verfolgt wird.

Die Abhängigkeit von Zielen läßt sich in einem *Zielabhängigkeitsnetzwerk* (Goal Dependency Network) darstellen. Als allgemeinstes, anwendungsunabhängiges Ziel (dargestellt durch den Knoten im Netzwerk ohne eingehende Kante) gibt Michalski folgendes an: „Lege jede vorgegebene Eingabe im Speicher ab sowie jede plausible Information, die sich daraus ableiten läßt." Als generelles Lernziel wird in dem vorliegenden Buch betrachtet: Wissensakquisition für wissensbasierte Systeme, d.h. Akquisition von Wissen für eine vorgegebene Aufgabenstellung (ein zu lösendes Problem), das in einer Wissensbasis abgelegt wird. Dieses im folgenden relevante Ziel stellt eine Spezialisierung von Michalskis sehr generellem allgemeinsten Lernziel dar. Andererseits sind kon-

---

[5] Ein *Lernverfahren* ist ein Verfahren zu Lösung einer Klasse von Lernaufgaben. Ein präzise definiertes, maschinell ausführbares Lernverfahren wird als *Lernalgorithmus* bezeichnet.

krete maschinelle Lernsysteme häufig auf Spezialisierungen dieses generellen, hier betrachteten Lernziels ausgerichtet.

Multistrategielernsysteme sind für dieses Buch von besonderem Interesse, da sie sich, wie in Kap. 10 ausgeführt, zu einer umfassenden Unterstützung des Lebenszyklus einer Wissensbasis eignen. Es gibt verschiedene Ansätze für die Integration und Kooperation der Strategien in einem Multistrategiesystem. Tecuci [Tecuci, 1993] unterscheidet die folgenden drei Ansätze:

- eine Kaskade von Monostrategielernsystemen,
- ein globales Kontrollmodul mit einer „Werkzeugkiste" (Toolbox) von Mono- strategielernmodulen,
- die Integration verschiedener Inferenztypen, die individuelle Lernstrategien erzeugen.

Diese Klassifikation orientiert sich an den verschiedenen Mechanismen für die Integration der Lernstrategien. Alternativ dazu lassen sich Integrationsansätze für Lernstrategien anhand der Strukturierung des generellen Lernziels klassifi- zieren. Es gibt unterschiedliche Möglichkeiten für diese Strukturierung, aus denen sich verschiedene Alternativen für die Integration von Lernstrategien ableiten lassen. Eine Lernstrategie wird hier jeweils einem bestimmten Lernteil- ziel zugeordnet. (Ggf. verfolgen verschiedene Strategien dasselbe Ziel.) Die neue Klassifikation von Multistrategiesystemen in diesem Buch richtet sich also nach den verschiedenen Möglichkeiten für die Zerlegung von Lernzielen in Teilziele. Durch diese Klassifikation wird verdeutlicht, auf welche Art sich die verschie- denen Strategien jeweils ergänzen: Sie sind auf unterschiedliche Teilziele ausge- richtet. Erst durch ihre Kombination wird das generelle Lernziel erreicht.

Die in der Literatur vorhandenen Arbeiten zur Integration von Lernstrategien lassen sich in die folgenden drei Klassen einteilen [Herrmann, 1997], denen jeweils eine bestimmte Strukturierung des betrachteten Lernziels zugrunde liegt:

1) Das Lernziel wird gemäß einer Dekomposition der Problemlösungsaufgabe in Teilaufgaben strukturiert. Für verschiedene Teilaufgaben werden verschie- dene Lernziele definiert, für die jeweils eine bestimmte Strategie eingesetzt wird. Dieser Integrationsansatz entspricht der Makroperspektive für Multi- strategielernen von Reich [Reich, 1994].

   Beispiel: Eine vorgegebene Aufgabe lasse sich etwa in die beiden Teilauf- gaben „Teile" und „Herrsche" zerlegen. Die beiden Teilziele sind damit die Akquisition von Wissen für die erste Teilaufgabe und für die zweite. Dafür werden zwei verschiedene Lernstrategien eingesetzt.

2) Hier liegt keine (nichttriviale) Strukturierung des Lernziels vor. Verschiede- ne Lernstrategien beziehen sich auf das gleiche Ziel für die zu bearbeitende Lernaufgabe und akquirieren kooperativ Wissen dafür. Die Strategien sind damit stärker integriert als bei 1) und ergänzen sich direkt während ihrer Ausführung, d.h. die Akquisition eines Eintrags der Wissensbasis wird von mehreren Strategien gemeinsam durchgeführt. So kann z.B. eine zu lernende Begriffsbeschreibung von einer induktiven Generalisierungsstrategie und ei- ner Spezialisierungsstrategie solange gemeinsam verfeinert werden, bis sie

konsistent und vollständig zur Trainingsmenge ist. Dieser Integrationsansatz ist die sogenannte Integration von Strategien auf der Mikroebene [Reich, 1994]. Beispielsysteme dafür finden sich auch in [Tecuci, 1993; Herrmann et al., 1994].

3) Das Lernziel wird in Lernteilziele gemäß der verschiedenen Arten von Wissen, die in der Wissensbasis repräsentiert sind, zerlegt. Verschiedene Strategien lernen jeweils verschiedene Wissensarten. Da verschiedene Arten von Wissen häufig für die gleiche Problemlösungsteilaufgabe benötigt werden, unterscheidet sich diese Integrationsart von der Strategieintegration gemäß der oben beschriebenen Makroperspektive. Ein Beispiel für ein System, dem dieser Integrationsansatz zugrunde liegt, ist MOBAL [Morik et al., 1993]. Das System hat verschiedene Lernstrategien, die als Lernziele die Akquisition von Regeln, Regelmodellen, Prädikattopologien, Sortentaxonomien etc. verfolgen.

Eine neue, weitere Integrationsart für Lernstrategien [Herrmann, 1997] orientiert sich an den verschiedenen Phasen des Lebenszyklus einer Wissensbasis. Sie wird im folgenden als *Lebenszyklus-orientierter Integrationsansatz* bezeichnet und ist wie folgt charakterisiert:

4) Die Strukturierung des generellen Lernziels (Akquisition von Wissen für eine vorgegebene Aufgabenstellung, das in einer Wissensbasis abgelegt wird) erfolgt gemäß den verschiedenen Phasen des Lebenszyklus der Wissensbasis. Der Begriff der Wissensakquisition bezieht sich generell nicht nur auf die initiale Erhebung von Wissens, sondern z.B. auch auf die Anpassung bereits akquirierten Wissens an neu gewonnene Erkenntnisse. Ein Teilziel des globalen Lernziels ist hier z.B. die Revision vorhandenen Wissens gemäß neuer Eingaben, die Erweiterung der Wissensbasis um zusätzliche Problemfälle abzudecken oder die globale Adaptierung der Wissensbasis gemäß einer eingegebenen neuen Beispielmenge, mit der gleichzeitig alle bisherigen Beispiele ungültig werden. Für die einzelnen Phasen des Lebenszyklus werden also jeweils spezielle Strategien eingesetzt.

Diese verschiedenen Integrationsarten unterscheiden sich darin, auf welche Art das globale Lernziel in Teilziele zerlegt wird, denen jeweils eine Lernstrategie zugeordnet ist. Bis auf die Integrationsart 2) gibt es bei den Integrationsarten jeweils eine bijektive Abbildung von der Menge der Teilziele in die Menge der verwendeten Strategien.

Bei der Realisierung eines Multistrategielernsystems können auch mehrere dieser Integrationsarten zusammenspielen. So kann z.B. ein System, dessen generelles Lernziel gemäß den verschiedenen Phasen des Lebenszyklus der Wissensbasis strukturiert ist, für einzelne Phasen jeweils eine spezielle Kombination von Strategien nutzen, die auf der Mikroebene integriert sind.[6] Die Wahl der Inte-

---

[6] Auch bei MOBAL gibt es unterhalb der Zerlegung des globalen Lernziels in Lernteilziele gemäß den verschiedenen Arten von Wissen noch eine andere Integrationsart für Lernstrategien. So gibt es z.B. mit RDT und KRT verschiedene Lernstrategien für die Erzeugung neuer Regeln (Wissensbasiserweiterung) und die Revision vorhandener

grationsart(en) und der beteiligten Strategien läßt sich häufig nicht unabhängig von der betrachteten Problemklasse treffen. Gemäß diesen und weiteren Aspekten müssen viele maschinelle Lernsysteme, insbesondere für praxisrelevante Probleme, auf die Aufgabenstellung zugeschnitten sein. Ob also der neue Lebenszyklus-orientierte Integrationsansatz vorteilhaft ist, hängt von der betrachteten Problemlösungsaufgabe ab. In Abschn. 10.3 wird deutlich werden, warum für die von LIMES unterstützte Klasse der Abschätzungen dieser Ansatz adäquat ist. Ferner werden generelle Kriterien für die Anwendbarkeit dieses Ansatzes erörtert.

Ein wichtiger weiterer Punkt (neben der Strategieintegration) ist die Wahl der Wissensmodellierung und Wissensrepräsentation, die ebenfalls nicht anwendungsunabhängig getroffen werden kann. Auf diese erste Phase des Lebenszyklus einer Wissensbasis wird im nun folgenden Kap. 4 genauer eingegangen.

(Wissensbasismodifikation). Damit ist das Lernteilziel „Akquisition von Regeln" in weitere Teilziele gemäß verschiedenen Phasen des Lebenszyklus einer Wissensbasis zerlegt (Lebenszyklus-orientierter Integrationsansatz).

4. Wissensmodellierung

In diesem Kapitel wird zunächst der Begriff der Wissensmodellierung kurz charakterisiert und seine Bedeutung für die Entwicklung wissensbasierter Systeme erläutert. Es wird ferner der Bezug zwischen maschinellem Lernen und der Wissensmodellierung hergestellt. Zum einen wird diskutiert, welche Voraussetzungen von ihr erfüllt werden müssen, damit Techniken des maschinellen Lernens zum Einsatz kommen können. Zum anderen wird aufgezeigt, auf welche Weise diese Phase des Lebenszyklus einer Wissensbasis durch Lerntechniken unterstützt werden kann.

4.1 Wissensmodellierung für wissensbasierte Systeme

Die kritische Rolle der Wissensakquisition bei der Entwicklung wissensbasierter Systeme ist oft beschrieben worden. Feigenbaum hat hierfür den Begriff des Flaschenhalses geprägt (Knowledge Acquisition Bottleneck). Es erweist sich häufig als sehr schwierig, das Wissen eines Experten über die effektive und effiziente Durchführung einer Aufgabe so zu „extrahieren", daß es auf dem Rechner formalisiert werden kann. Für den Prozeß der Wissensakquisition gibt es verschiedene, alternative Sichtweisen [Schreiber et al., 1993]:

Transfer-Sichtweise. Hier geht man davon aus, daß das benötigte Wissen beim Experten vorhanden ist, direkt extrahiert und daraufhin in die Wissensbasis transferiert werden kann. Die gesamten Problemlösungsfähigkeiten des Experten lassen sich danach auf explizit vorhandenes Wissen zurückführen.
Als Voraussetzung für einen solchen Transferprozeß müssen Experte, Wissensingenieur und das wissensbasierte System die gleiche Sichtweise des Problemlösungsprozesses und ein gemeinsames Vokabular haben. Andernfalls kann ein solcher Transfer nicht funktionieren. Da aber selbst verschiedene Experten desselben Fachgebietes in diesen Punkten uneinig sind, ergeben sich aus dieser Forderung erhebliche Probleme.
Gegen diese Sichtweise spricht auch die Auffassung, daß man zwischen dem Wissen und dem Können des Experten zu unterscheiden hat [Becker et al., 1991; Morik, 1991]. Während dabei Wissen explizierbare, repräsentierbare Informationen darstellt, bezeichnet Können die sich erst im Handeln des Experten offen-

barenden Fähigkeiten. Diese können demnach nicht einfach durch einen Transferprozeß akquiriert werden.

Modellierungs-Sichtweise. Hier wird Wissensakquisition als ein konstruktiver Prozeß gesehen. Da es nicht immer oder nicht umfassend möglich ist, vorhandenes Expertenwissen in einen vorgegebenen Mechanismus zu transferieren, muß das benötigte Wissen erst erzeugt werden. Dieser Erzeugungsprozeß, die *Modellierung*, läßt sich als explizite Beschreibung von Kompetenz für ein Aufgabengebiet charakterisieren [Morik, 1989 und 1991; Morik et al., 1993]. Kompetenz umfaßt dabei sowohl Wissen als auch Können. Der Modellierungsprozeß läßt sich demnach mit der Konstruktion einer wissenschaftlichen Theorie über die Fähigkeiten in einem Aufgabenbereich vergleichen.

Neben der Festlegung der *Inhalte* der zu entwickelnden Wissensbasis durch die Beschreibung von Kompetenz ist als zweite zentrale Aufgabe der Modellierung die Festlegung der „Form" der Wissensbasis, also die Wahl einer adäquaten *Repräsentationssprache* für die Inhalte, zu treffen. Diese Festlegung wird im Zusammenhang mit maschinellen Lernsystemen auch als *Repräsentationsvoreinstellungen (Representation Bias)* [Utgoff, 1986] bezeichnet. Dabei wird zum einen die Sprach*klasse* (oder -familie) für die Repräsentation festgelegt, also der Repräsentationsformalismus für die Wissensbasis. Es muß u.a. entschieden werden, ob z.B. eine aussagenlogische, prädikatenlogische, objektorientierte oder eine hybride Repräsentation für die Kompetenzbeschreibung in der Wissensbasis geeignet ist. Zum anderen müssen die einzelnen Deskriptoren (Attribute, Prädikate, Objektklassen o.ä.) für die Sprache festgelegt werden, also das Vokabular für die Wissensrepräsentation. Die Wahl einer geeigneten Repräsentationssprache wird in Abschn. 4.2 im Zusammenhang mit der Unterstützung der Wissensmodellierung durch maschinelle Lernsysteme diskutiert.

Die Festlegung der beiden Bestandteile des Modells, also die Beschreibung von Inhalten und die Bestimmung der Repräsentationssprache für die Wissensbasis, kann gemeinsam erfolgen wie z.B. bei der in Abschn. 4.3 beschriebenen kooperativen Modellierung. Alternativ können die Bestandteile getrennt behandelt werden.

Es finden sich in der Literatur auch Beispiele für Modellierungen, die sich auf einen der beiden Bestandteile konzentrieren und den anderen nur ansatzweise behandeln. Soll etwa die Wissensbasis im Rahmen der Wissensbasisinitialisierungsphase unter Benutzung eines maschinellen Lernsystems mit Wissen „gefüllt" werden, so wird ein Teil der Inhalte erst durch das Lernsystem konstruiert. Damit bleibt hier die Kompetenzbeschreibung während der Modellierungsphase unvollständig.

Bei der KADS-Methodologie [Schreiber et al., 1993], einer bekannten Methodik für die Entwicklung wissensbasierter Systeme, werden zunächst nur die inhaltlichen Aspekte der Modellierung behandelt. Erst gegen Ende der mehrphasigen Vorgehensweise kommen die Repräsentationsaspekte hinzu. In der KADS-Methodologie werden sieben verschiedene Modelle aufgeführt, die im Laufe des Modellierungsprozesses konstruiert werden. Jedes einzelne davon betont gewisse Aspekte des zu entwickelnden Systems und abstrahiert von anderen. Während die ersten dieser Modelle informellen Charakter und eher die Rolle einer Spezifikation der Kompetenz haben, erfolgt durch den Übergang zum letzten Modell aus der Reihe, dem Design-Modell, eine Operationalisierung der Kompetenzbeschreibung. Von zentraler Bedeutung für die Methodologie ist das vor dem Design-Modell angesiedelte *konzeptuelle Modell*, das noch unabhängig von einer operationalen Formalisierung ist. Die Expertise, also das Expertenwissen, und die Benutzer-System-Kooperation für das zu entwickelnde System werden hier repräsentationsunabhängig modelliert. Ein konzeptuelles Modell für die Expertise besteht aus den folgenden vier Ebenen:

- Die *Sachbereichsebene* (domain layer) beschreibt das statische Wissen des Anwendungsgebietes als Menge von Begriffen, Attributen und Relationen auf den Begriffen.

- Die *Inferenzebene* (inference layer) spezifiziert die Schlußfolgerungen auf den Elementen der Sachbereichsebene, die für die Problemlösung benötigt werden. Sie besteht aus „Metaklassen" und „Wissensquellen", die zusammen die Inferenzstruktur festlegen.

- Die Grundelemente der *Aufgabenebene* (task layer) sind Aufgaben und Ziele. Aufgaben beschreiben, auf welche Weise Wissensquellen kombiniert werden können, um ein bestimmtes Ziel zu erreichen. Die Struktur einer Aufgabe realisiert damit jeweils eine Strategie für die Lösung einer Problemklasse.

- Auf der *Strategieebene* (strategic layer) wird die Ausführung von verschiedenen Aufgaben kontrolliert und überwacht. Sackgassen im Problemlösungsprozeß werden diagnostiziert und beseitigt.

Beispiel (nach [Schreiber et al., 1993]). Für die Modellierung einer technischen Diagnoseaufgabe im Bereich der Unterhaltungselektronik werden auf der Sachbereichsebene Begriffe wie *Verstärker, Schaltung, Audiosystem* und *Differenzstufe* benötigt. Den einzelnen Begriffen werden Attribute wie z.B. *Verstärkungsleistung* zugewiesen. Durch Relationen kann man Oberbegriffe und Unterbegriffe einander zuordnen, z.B.

is-a(Verstärker, Schaltung).

Die Formulierung des Modells ist noch nicht als Festlegung der Repräsentation für die Wissensbasis gedacht. Dafür werden später ggf. andere Repräsentationsformalismen verwendet. Durch Relationen läßt sich ferner beschreiben, aus welchen Teilen das durch einen Begriff repräsentierte Objekt zusammengesetzt ist:

is-part-of(Differenzstufe, Verstärker)
is-part-of(Verstärker, Audiosystem)

Auf der Inferenzebene gibt es u.a. die Metaklassen *Systemmodell* und *Hypothese*, die Platzhalter für konkrete Objekte der Sachbereichsebene darstellen. So kann *Systemmodell* z.B. mit *Audiosystem* identifiziert werden und *Hypothese* mit *Verstärker*. Die Hypothese gibt in diesem Fall die fehlerhafte Komponente des Audiosystems an. Inferenzen werden von der Wissensquelle *Dekomposition* durchgeführt. Diese Wissensquelle generiert eine neue Hypothese durch die Anwendung von Dekompositionswissen.

Eine in der Aufgabenebene beschriebene Aufgabe ist z.B. die *Systematische Diagnose*, die als eine Teilaufgabe den *Hypothesentest* besitzt. Diese stützt sich wiederum auf die Wissensquellen der Inferenzebene ab. Die *Systematische Diagnose verfolgt* das Ziel, die kleinste[1] Komponente mit fehlerhaftem Verhalten zu finden.

Die Strategieebene kann benutzt werden, um die Durchführung von Aufgaben wie der *Systematischen Diagnose* flexibel zu planen. Liegt jedoch eine feste Struktur für die zu bearbeitenden Aufgaben vor, kann auf die Strategieebene verzichtet werden.

In einem Operationalisierungsprozeß wird das konzeptuelle Modell bei KADS in das Design-Modell überführt.

Die schrittweise Erzeugung und Verfeinerung von zunächst sehr abstrakten Modellen spiegelt die in KADS angelegte Systementwicklung nach dem *Wasserfallmodell* wider (vgl. Kap. 2). Bei einer solchen starren Abfolge von Phasen ergeben sich Probleme für die praktische Durchführung der Modellierungsarbeit. Die Notwendigkeit einer zyklischen, iterativen Modellierung bleibt unberücksichtigt. In der Praxis sind aber Änderungen eines bereits formulierten Modells unvermeidbar.[2] Insbesondere ist zu erwarten, daß sich der Änderungsbedarf erst bei der Erstellung später folgender Modelle oder der Realisierung zeigt. Damit müssen dann die Konsequenzen der Änderungen im früheren Modell per Hand nachvollzogen werden. Nach einer Modifikation des konzeptuellen Modells muß z.B. auch das ggf. schon vorhandene Design-Modell modifiziert werden. Ferner ist der Benutzer für die Erhaltung bzw. Wiederherstellung der Konsistenz innerhalb des modifizierten Modells verantwortlich. Ein Ansatz zum Schließen der Lücke zwischen dem konzeptuellen Modell und einem operationalen Modell ist MODEL-K [Karbach und Voss, 1993].

Die Erstellung eines strukturierten Wissensmodells wie des konzeptuellen Modells bei KADS unterstützt ferner eine klare Trennung von Sachbereichswissen und Kontrollwissen. Falls diese Trennung auch bei der Realisierung des Modells in einem operationalen System erhalten bleibt, ergeben sich damit gute Voraussetzungen für die automatische Wartung der Wissensbasis. Damit wird also der Einsatz maschineller Lerntechniken für die Phasen der Wissensbasiserweiterung und -modifikation unterstützt.

Alternative Ansätze für die Wissensmodellierung sind z.B. die *Generic Tasks* von Chandrasekaran [Chandrasekaran, 1986] und die *Components of Expertise* von Steels [Steels, 1990]. Ein Vergleich der KADS-Methodologie mit anderen Modellierungsansätzen findet sich in [Karbach et al., 1990]. Die den Generic Tasks, der KADS-Methodologie und anderen Ansätzen zugrunde liegenden Sichtweisen für den Modellierungsprozeß werden in [Morik, 1991] miteinander verglichen. Die dort vorgeschlagene ungenaue Modellierung (Sloppy Modeling),

---

[1] „Kleinste" bezieht sich auf die Halbordnung, die durch die Zerlegung von Komponenten in Teilkomponenten gemäß der Is-part-of-Hierarchie gegeben ist.
[2] Eine Begründung für die Notwendigkeit einer schrittweisen, mit Revisionen verbundenen Modellierung wird in Abschn. 4.3 im Zusammenhang mit der Erörterung der kooperativen Modellierung gegeben.

die von einem zyklischen, inkrementellen Modellierungsprozeß ausgeht, wird in Abschn. 4.3 im Zusammenhang mit der kooperativen Wissensmodellierung vorgestellt. Bei der kooperativen Wissensmodellierung werden maschinelle Lernstrategien zur Unterstützung der ungenauen Modellierung eingesetzt.

In den weiteren Abschnitten des Kapitels werden wir uns vor allem auf die Konstruktion eines operationalen Modells konzentrieren, d.h. eines formalen Modells, das einer Verarbeitung auf dem Rechner zugänglich ist und sowohl die inhaltlichen als auch die Repräsentationsaspekte der Modellierung berücksichtigt. Diese Modelle sind im Zusammenhang mit dem Einsatz von maschinellen Lerntechniken besonders relevant.

4.2 Wissensmodellierung für maschinelle Lernsysteme

Die Wahl der Wissensmodellierung hat entscheidenden Einfluß auf die Anwendbarkeit von Methoden des maschinellen Lernens für die betrachtete Wissensbasis. Inhaltliche Aspekte der Modellierung beziehen sich auf die Festlegung des benötigten Hintergrundwissens für den Lernalgorithmus. Zum anderen spielt die der Modellierung zugrunde liegende Repräsentationssprachklasse eine tragende Rolle. Da jedes maschinelle Lernsystem nur jeweils auf eine bestimmte Klasse von Repräsentationssprachen anwendbar ist (diese kann ggf. in mehrere Teilklassen unterteilt sein), führt die gewählte Modellierung also unmittelbar zu einer Vorauswahl unter den vorhandenen Lernalgorithmen und -systemen.

Eine grundlegende Unterscheidung läßt sich zunächst zwischen aussagenlogischen bzw. attributierten und prädikatenlogischen Modellierungen vornehmen. Eine attributierte Beschreibung charakterisiert einen Begriff oder ein Objekt durch eine Reihe von Merkmalen, den Attributen. Jedes Merkmal wird durch einen Wert über einer vorgegebenen, symbolischen oder numerischen Wertemenge beschrieben. Für attributierte Repräsentationssprachen gibt es eine große Zahl von erfolgreich erprobten und eingesetzten maschinellen Lernsystemen (vgl. dazu auch Kap. 5).

Häufig hingegen reichen Aussagen und Attribute für die Modellierung in einem realen Anwendungsgebiet nicht aus. Sollen z.B. Verwandtschaftsbeziehungen modelliert werden, so müssen Relationen zwischen mehreren beteiligten Personen beschrieben werden. Hierfür sind strukturelle Beschreibungen erforderlich, für die etwa eine prädikatenlogische Repräsentationssprache geeignet ist.[3]

---

[3] Wrobel und Sommer [Wrobel und Sommer, 1994] weisen ferner auf den Zusammenhang zwischen Ausdruckskraft eines Repräsentationsformalismus und der Wartungsfreundlichkeit, also den späteren Phasen des Lebenszyklus einer Wissensbasis, hin. Insbesondere für die Anwendbarkeit von maschinellen Lernmethoden zur Wartung ist die Ausdruckskraft wichtig. Zwischen Ausdruckskraft und Wartungsfreundlichkeit besteht ein Zielkonflikt (trade-off). Ein einfacher Formalismus läßt sich leichter warten. Für attributierte Repräsentationssprachen gibt es eine Reihe von erprobten Wartungsverfahren. Andererseits besitzt ein solcher Formalismus wie erwähnt eine geringe Ausdruckskraft. Ein ausdrucksstärkerer Formalismus ermöglicht aber auch die explizite Formulierung von Problemen, die im Sachbereich begründet sind, die sich im einfachen Formalismus vielleicht nur erahnen lassen. Je mächtiger der Formalismus, desto eher

Die höhere Ausdruckskraft einer strukturellen Repräsentationssprache erkauft man sich aber durch eine wesentlich größere Komplexität beim Lernen auf solchen Beschreibungen. So muß z.b. beim induktiven Lernen aus strukturellen Beispielbeschreibungen, die jeweils aus mehreren Objekten bestehen, eine geeignete Zuordnung zwischen diesen Objekten gefunden werden. Haussler hat in diesem Zusammenhang gezeigt [Haussler, 1989], daß schon das Entscheidungsproblem, ob es eine konsistente speziellste induktive Generalisierung für m Beispiele mit je zwei Objekten gibt, die jeweils durch n Attribute beschrieben sind, *NP-vollständig* ist. Hier liegt die Komplexität allein schon in der Bestimmung der Objektzuordnungen, ohne daß Relationen zwischen den Objekten modelliert werden. Diese würden die Komplexität höchstens weiter erhöhen.

Als Vergleich sei hier das häufig eingesetzte maschinelle Lernprogramm ID3 [Quinlan, 1986] genannt, das aus attributierten Beispielbeschreibungen induktiv Entscheidungsbäume generiert. Hier ist die Laufzeit *linear* in der Anzahl der Beispiele. ID3 wird in Abschn. 5.2 vorgestellt.

Neben der Unterscheidung zwischen attributierter oder prädikatenlogischer Repräsentation gibt es weitere Unterteilungen der möglichen Sprachklassen für die Modellierung. So wird bei der prädikatenlogischen Darstellung weiter danach unterteilt, ob Funktionsausdrücke benutzt werden können oder z.b. nur bestimmte Variablenbindungen in Hornklauseln zulässig sind.[4] Ein Beispiel für letzteres wird in [Buntine, 1988] beschrieben.

Außer der gewählten Repräsentationssprachklasse ist bei der Modellierung insbesondere die Auswahl der konkreten Deskriptoren entscheidend. Als Deskriptoren werden die einzelnen, in der Sprache verwendeten Attribute bzw. Prädikate bezeichnet. Trivialerweise läßt sich sagen, daß nur solche Elemente der Wissensbasis gelernt werden können, die mit den in der Sprache enthaltenen Deskriptoren beschreibbar sind. Da häufig zu Beginn der Definition und Bearbeitung einer Lernaufgabe noch nicht klar ist, auf welche Informationen es dabei ankommt, ist die Auswahl der benötigten Deskriptoren keineswegs trivial. Vielmehr muß durch diese Modellierungsarbeit eine erheblicher Teil der angestrebten Wissensakquisition *vor* der Ausführung eines Lernverfahrens manuell durchgeführt werden (wenn nicht, wie in Abschn. 4.3. erläutert, kooperativ modelliert wird).

Beispiel. Aus einer Menge von medizinischen Informationen soll gelernt werden, unter welchen Umständen bei Hausstaub-Allergikern allergische Reaktionen auftreten bzw. unterbleiben. Dazu wird eine Menge von geschlossenen Räumen, in denen der gleiche Allergiker Reaktionen zeigte bzw. nicht zeigte als Beispielmenge modelliert. Dabei spielen offensichtlich Deskriptoren für die Staubkon-

---

können Probleme explizit gemacht und auch innerhalb des Systems behandelt werden. Damit kann eine komplexere Beschreibungssprache also unter solchen Umständen auch Vorteile für die Wartung bringen.

[4] Eine genauere Unterteilung der Repräsentationssprachen, die in maschinellen Lernsystemen benutzt werden, würde den Rahmen dieses Buches sprengen. Es soll hier lediglich auf die Bedeutung dieser Festlegung für die Anwendbarkeit von Lernsystemen hingewiesen werden.

zentration in dem Raum, die Luftzirkulation, den Bodenbelag etc. eine Rolle.
Eine auf diesen Informationen basierende Regel sieht z.B. folgendermaßen aus:

```
IF
    Staubkonzentration > 50
AND
    Luftzirkulation > 1400
AND
    Bodenbelag = Teppich
THEN
    Allergische_Reaktion
```

Allein aus diesen Informationen läßt sich aber keine Begriffsbeschreibung lernen, die alle Beispiele *korrekt* klassifiziert, d.h. die alle positiven Beispiele abdeckt aber kein negatives. Es fehlen in der Modellierung Einflußfaktoren, die nicht unmittelbar mit der gegebenen Örtlichkeit zusammenhängen, aber trotzdem nicht vernachlässigt werden dürfen. Erst wenn die *Höhe des Wohnraums über dem Meeresspiegel* als zusätzliche Information mit in die Modellierung einfließt, läßt sich eine korrekt klassifizierende Begriffsbeschreibung finden. Das führt zu folgender, um eine Bedingung erweiterte Regel:

```
IF
    Staubkonzentration > 50
AND
    Luftzirkulation > 1400
AND
    Bodenbelag = Teppich
AND
    Höhe_über_NN < 1000
THEN
    Allergische_Reaktion
```

In diesem Fall läßt sich sogar sagen, daß der Aufwand für die Vervollständigung der Modellierung, also die Bestimmung der zusätzlich benötigten Information, wesentlich größer sein kann als der Aufwand für die Ermittlung des exakten Einflusses des Deskriptors (Höhe_über_NN < 1000) auf die gesuchte Begriffsbeschreibung. Das ist dann der Fall, wenn die Information, daß die die allergische Reaktion auslösenden Hausstaubmilben in Räumen ab einer bestimmten Höhe_über_NN nicht lebensfähig sind, zunächst nicht vorliegt.

Ein weiterer wichtiger Aspekt ist die exakte Formulierung der Deskriptoren. Auch sie entscheidet mit über den Lernerfolg und die Gestalt des Lernergebnisses. Eine ungünstige Wahl der Deskriptoren kann z.B. das induktive Lernen einer Begriffsbeschreibung behindern. Zum einen kann sie zu unnötig „umständlich" formulierten Beschreibungen führen, zum anderen kann sie verursachen, daß die gesuchte Beschreibung gar nicht in der Repräsentationssprache enthalten ist. Dieser Sachverhalt soll an einem weiteren Beispiel erläutert werden.

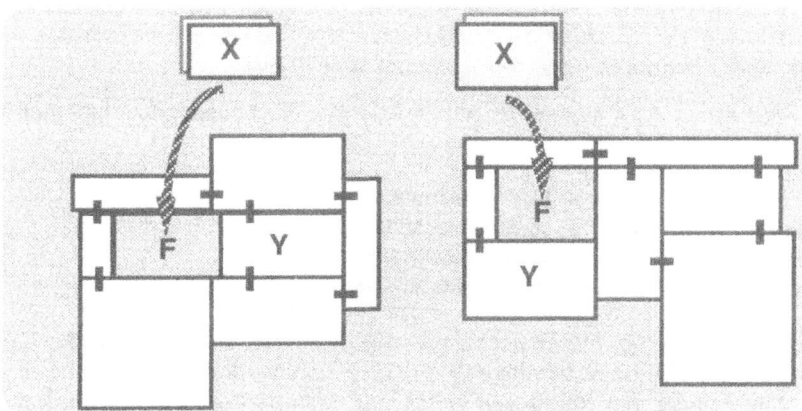

Abb. 4-1. Zwei Floorplanning-Beispiele für die Plazierung eines noch unplazierten Blocks auf die Freifläche neben einen bereits plazierten (Die Verbindungs*stärken* sind nicht mit abgebildet.)

Beispiel. Es sollen Regeln für die Plazierung von Blöcken beim Floorplanning, einer Teilaufgabe des Entwurfs integrierter Schaltungen, gelernt werden. (Diese Lernaufgabe wird von dem in Abschn. 10.2 beschriebenen System COSIMA durchgeführt.) Die Lernbeispiele beschreiben spezielle Floorplanning-Situationen, in denen der noch unplazierte Block X neben einen vorhandenen Block Y plaziert wird (s. Abb. 4-1).

Die zu lernende Regel soll die charakteristischen Gemeinsamkeiten der Beispiele in genereller Form beschreiben. Die gesuchte Regel läßt sich verbal folgendermaßen beschreiben:

WENN   Block X mit einem Block Y stark verbunden ist und es neben Y
              eine Freifläche F gibt,
DANN   plaziere X auf F.

Die Prämisse der Regel soll als eine Konjunktion von Prädikatinstanzen dargestellt werden. Wir betrachten im folgenden zwei alternative prädikatenlogische Modellierungen für diese Lernaufgabe. Beiden gemeinsam ist die Darstellung der Informationen über Blöcke, Freiflächen und Verbindungen zwischen Blökken, die durch die folgenden Prädikate erfolgt:

block(X)   — X ist ein Objekt vom Typ Block
freifläche(Y)   — Y ist ein Objekt vom Typ
                                           Freifläche
verbindung(X,Y,<verbindungswert>) — zwischen X und Y gibt es eine
                                           Verbindung mit einem Wert aus
                                           der Menge {schwach, mittel, stark}

X und Y sind hier Variablen, in die konkrete Objekte einzusetzen sind.

Unterschiede zwischen den beiden folgenden Ansätzen gibt es hingegen bei der Modellierung der Nachbarschaftsrelationen. Ein Block kann entweder links, rechts, über oder unter einem benachbarten Block liegen.

Modellierung A: Für jede der vier möglichen Nachbarschaftsrelationen wird ein eigenes Prädikat definiert:

links(X,Y)   — X ist linker Nachbar von Y
rechts(X,Y)   — X ist rechter Nachbar von Y
oben(X,Y)   — X ist oberer Nachbar von Y
unten(X,Y)   — X ist unterer Nachbar von Y

Diese Darstellung der Nachbarschaften erweist sich als ungünstig für das Lernen der o.a. Regel. Es ist nicht möglich, in einer einzigen Regel auszudrücken, daß eine beliebige der vier Relationen gelten soll. Statt dessen muß für jede Relation eine eigene Regel in die Wissensbasis eingefügt werden. Für die linke Nachbarschaft ergibt sich folgendes:

block(X) ∧ block (Y) ∧ freifläche(F) ∧ verbindung(X,Y,stark) ∧ links(F,Y) → plaziere_auf(X,F)

Dabei beschreibt plaziere_auf(X,F) den Plazierungsoperator, der den aktuellen Floorplanning-Zustand durch Ausführung einer Plazierung verändert.

Modellierung B: Für die vier möglichen Nachbarschaftsrelationen wird ein einziges Prädikat definiert:

nachbar(X,Y,<lage>)   — X ist linker Nachbar von Y mit der Richtung <lage>, die einen Wert aus der Menge {links, rechts, oben, unten} annehmen kann

Mit dieser Darstellung der Nachbarschaften ist es möglich, die gesuchte Regel auszudrücken. Dabei wird eine Standard-Generalisierungsregel[5] benutzt, die einen speziellen Argumentwert wie etwa *links* durch eine Variable *var* ersetzt, die einen beliebigen Wert aus der o.a. Grundmenge für Richtungen annehmen kann. Diese Generalisierung wird hier möglich, da die Ausrichtung der Nachbarschaft bei Modellierung B als Argument eines einzelnen Prädikats dargestellt wird. Damit ergibt sich folgende Regel:

block(X) ∧ block (Y) ∧ freifläche(F) ∧ verbindung(X,Y,stark) ∧ nachbar(F,Y,var)   → plaziere_auf(X,F)

Wichtig bei der Deskriptorenwahl ist außer der Formulierung der Deskriptornamen auch die Festlegung der Argumenttypen und der dazugehörigen Wertemengen. Je nachdem ob z.B. ein Aufzählungstyp, ein linearer (symbolischer oder numerischer) Typ oder ein hierarchischer Typ, dessen Wertebereich also baum-

---

[5] Eine umfassende Auflistung und formale Definition von induktiven Generalisierungsregeln, die diese Regel mit dem Namen *Ersetzung von Konstanten durch Variablen* (Turning Constants into Variables) beinhaltet, findet sich in [Michalski, 1983].

artig strukturiert ist, vorliegt, lassen sich unterschiedliche Generalisierungsoperatoren anwenden. Es muß also bei der Modellierung geplant werden, welche Arten von Generalisierungen im Anwendungsgebiet ermöglicht werden sollen. Hierbei kann es wiederum Einschränkungen durch den gewählten Lernalgorithmus geben. So kann z.b. das Verfahren zum Lernen von Entscheidungsbäumen ID3 [Quinlan, 1986] in seiner Standardversion nur diskrete, symbolische Wertebereiche verarbeiten. Liegt ein kontinuierlicher Wertebereich vor, muß dieser in eine endliche Menge von Intervallen zerlegt werden, die jeweils als ein Symbol behandelt werden. Diese Zerlegung muß nicht äquidistant sein. Vielmehr sollten die ausschlaggebenden Teile des Wertebereichs feiner zerlegt werden als die anderen. Hier ist die Wahl der Zerlegung eine wichtige Modellierungsentscheidung.

Als letzter Aspekt bei der Modellierung sei hier noch auf die notwendige Abstimmung zwischen der Repräsentationssprache für die Wissensbasis und der Menge der lernbaren Begriffsbeschreibungen hingewiesen. Häufig kann vom Lernalgorithmus nur ein Teil der Repräsentationssprache ausgenutzt werden, d.h. die Menge der *darstellbaren* Beschreibungen ist eine Obermenge zur Menge der *lernbaren* Beschreibungen. In diesem Fall ist die Repräsentationssprache unnötig umfangreich, oder der Lernalgorithmus ist bezüglich seiner Ergebnismenge zu beschränkt.

Nachdem nun verdeutlicht wurde, daß für den Einsatz maschineller Lernverfahren besondere Anforderungen an die Modellierung zu stellen sind, werden im folgenden Ansätze zur Unterstützung der Modellierung durch maschinelles Lernen vorgestellt.

4.3 Kooperative Wissensmodellierung mit dem Lernsystem MOBAL

Im Gegensatz zur der starren Abfolge von Phasen für die Wissensmodellierung nach der KADS-Methodologie ist ein zentraler Gedanke bei der kooperativen Modellierung [Morik, 1989 und 1991] die Unterstützung eines zyklischen, inkrementellen Modellierungsprozesses. Modellierung wird als ein konstruktiver Prozeß betrachtet, bei der ein zunächst sehr grobes, ungenaues Modell generiert und kontinuierlich verbessert wird. Die Motivation für eine solche dynamische Modellierung ergibt sich aus folgenden Beobachtungen zur Praxis der modellbasierten Wissensakquisition [Morik, 1989; Musen, 1989]:

• Experten entwickeln, während sie interviewt werden, eine grob vereinfachte, naive Theorie über ihr Vorgehen bei der Problemlösung. Da sie vorab keine geschlossene Beschreibung ihrer Kompetenz, die sie sich in jahrelanger Arbeit an konkreten Einzelfällen erworben haben, besitzen, sehen sie sich gezwungen, für das Interview eine solche zu erstellen. Dabei greifen sie auch auf Lehrbuchinformationen zurück, die sie zu Beginn ihrer Ausbildung erworben haben, die aber ihre tatsächliche Vorgehensweise nicht wiedergeben.

Johnson [Johnson, 1983] beschreibt eine für diesen Zusammenhang interessante Beobachtung über die Divergenz zwischen Lehrbuchwissen und der tatsächlichen Vorgehensweise bei der medizinischen Diagnose. Zum Studium dieses Anwendungsgebietes besuchte er zum einen die Vorlesung eines Mediziners über Diagnosemethoden und beobachtete zum anderen dieselbe Person bei der praktischen klinischen Arbeit. Dabei stellte er fest, daß die praktische Vorgehensweise den Inhalten der Vorlesung zu widersprechen schien. Darauf angesprochen, gab der Mediziner die folgende Antwort, die für sich selbst spricht:

„Oh, ich weiß das, aber, sehen sie, ich weiß nicht, wie ich tatsächlich Diagnosen mache, und ich muß doch die Studenten diese Dinge lehren. Ich erzeuge, was ich für einen plausiblen Weg halte, um diese Aufgaben zu erledigen, und hoffe, daß die Studenten in der Lage sein werden, ihn in einen wirkungsvollen umzuwandeln."

Es läßt sich leicht vorstellen, daß die korrekte Beschreibung seiner Vorgehensweise für einen Experten, der nur praktisch arbeitet, ohne regelmäßig darüber vorzutragen, noch wesentlich schwieriger ist. Dabei ist zu erwarten, daß Fachleute während eines Wissensakquisitionsprozesses bereitwillig eine Beschreibung und Begründung ihrer Vorgehensweise abgeben, ohne zu bemerken, daß diese Angaben häufig nicht ihrer praktischen Arbeit entsprechen.

- Experten verändern ihr Wissen während des Wissensakquisitionsprozesses. Insbesondere wenn die Wissensakquisition die erste Gelegenheit zur Erzeugung eines Modells ihrer Vorgehensweise für sie darstellt, ergibt sich bei der mit dem Wissensingenieur zusammen durchgeführten Modellierung eine Anpassung des Wissens an das Modell.[6]

Die Wirkung dieser Schwierigkeiten auf die Modellierung wird von [Morik, 1989] anhand der folgenden Aspekte präzisiert, die unter dem oben erwähnten Begriff *ungenaue Modellierung* zusammengefaßt werden:

- *Ein Modell ist nie vollständig.*
  Zum einen zeigt sich, wie oben ausgeführt, während der Wissensakquisition Bedarf für eine Modellerweiterung, zum anderen ändert sich auch das Anwendungsgebiet selbst. Die Modellierung ist deshalb ein potentiell unendlicher Prozeß.

- *Ein Modell muß in sich konsistent sein.*
  Nur durch ein konsistentes Modell kann eine nutzbare Beschreibung des Stands der Technik im betrachteten Anwendungsgebiet erfolgen.

- *Es gibt im Prinzip unendlich viele Möglichkeiten für die Modellierung eines Anwendungsgebietes.*
  Es gibt vielfältige Entwurfsentscheidungen, die bei der Modellierung getroffen werden müssen, z.B. welche Aspekte des Anwendungsgebietes repräsentiert und welche ausgelassen werden sollen. Entsprechend ergeben sich unterschiedliche Modelle, die mehr oder weniger *adäquat* für die betrachteten Aufgaben sein können. Es kann aber auch alternative, sich deutlich unter-

---

[6] Das bedeutet nicht, daß der Experte damit sein Problemlösungsverhalten verändern muß. Es ändert sich aber sein Bewußtsein und seine Ausdrucksfähigkeit zu seiner tatsächlichen Vorgehensweise hin. So kann sich damit z.B. sein Wissen über das Vorgehen bei der Problemlösung der tatsächlichen Vorgehensweise annähern.

scheidende Modelle geben, die in gleichem Maße adäquat sind. Modellierung
ist ein infiniter Prozeß, von dem zum einen eine schrittweise Erhöhung der
Adäquatheit des Modells zu erwarten ist, und bei dem zum anderen eine
fortwährende Anpassung an veränderte Gegebenheiten des Sachbereichs
durchzuführen ist.

- *Ein Modell sollte operational sein.*
  Nur bei einem ausführbaren Modell kann seine Wirkung in einer konkreten
  Situation festgestellt werden. Erst hierdurch zeigt sich Änderungs- und
  Erweiterungsbedarf. Damit werden inhaltliche und Repräsentationsaspekte
  des Modells parallel entwickelt, auch wenn die Formulierung des operationalen Modells nicht zwangsläufig identisch in die Wissensbasis übernommen
  werden muß.

Damit ein Werkzeug zur Unterstützung des „ungenauen" Modellierens adäquat
eingesetzt werden kann, muß es eine sehr flexible Vorgehensweise für den Modellierungsprozeß erlauben. Morik, Wrobel, Kietz und Emde [Morik et al.,
1993] leiten daraus die folgenden Anforderungen an Wissensakquisitionssysteme
ab, die eine adäquate Kooperation von Benutzer und System bei der Modellierung ermöglichen sollen. Diese Punkte wurden bei der Entwicklung des Systems
MOBAL berücksichtigt:

1) Unterstützung der kontinuierlichen Weiterentwicklung des Modells

2) Veränderbarkeit aller Aspekte des Modells

3) Revidierbarkeit aller getroffenen Modellierungsentscheidungen

4) Sofortiges Sichtbar-Machen der Konsequenzen einer Entscheidung

5) Entscheidung durch den Benutzer, welche Teile des Modells er vorgibt und
   welche vom System abgeleitet werden sollen

Zentrales Entwurfsprinzip bei MOBAL ist die flexible Kombination von manueller und automatischer Wissensakquisition. Um die manuelle Akquisition zu
unterstützen, wird die Arbeit mit unvollständigem und revidierbarem Wissen
ermöglicht sowie Konsistenzüberprüfung bereitgestellt. Ferner hat der Benutzer
die Möglichkeit, die Wissensbasis auf komfortable Weise zu inspizieren. Dazu
trägt vor allem die sofortige Anzeige der Konsequenzen einer Modellierungsak-
tivität des Benutzers bei. Für die automatische Wissensakquisition stehen eine
Reihe von kooperierenden Lernkomponenten zur Verfügung. Benutzer und
Lernkomponenten konstruieren gemeinsam das Modell des Anwendungsgebietes,
zu dessen Verarbeitung eine Inferenzkomponente bereitsteht. Operationen des
Benutzers oder der Lernkomponenten auf dem Modell werden durch die gleiche
Modellierungsumgebung unterstützt (vgl. Abb. 4-2). Die Verteilung der Modellierungsarbeit zwischen Benutzer und Lernkomponenten ist flexibel. Alle Bestandteile des Modells können entweder vom Benutzer oder dem System eingegeben bzw. gelöscht werden. Durch die Lernkomponenten kann also die Modellierungsarbeit des Benutzers ergänzt und komplettiert werden.

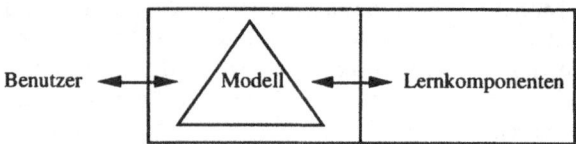

Abb. 4-2. Architektur für die ausgeglichene kooperative Modellierung aus [Morik, 1989]. Operationen des Benutzers oder der Lernkomponenten auf dem Modell werden durch die gleiche Modellierungsumgebung unterstützt.

Um darzustellen, wie durch die Lernstrategien von MOBAL die kooperative Modellierung unterstützt wird, müssen wir zuerst die hierfür relevanten Grundzüge der Repräsentationssprachklasse für Modelle vorstellen. MOBAL verwendet eine funktionsfreie prädikatenlogische Repräsentationssprachklasse. Einige Definitionen zur logischen Terminologie finden sich im Anhang 1 dieses Buches.

Durch *Fakten*, d.h. Instanzen von Prädikaten mit Konstanten als Argumenten, werden Merkmale und Relationen zu den Objekten des Anwendungsgebietes beschrieben. *Prädikatdeklarationen* geben die Stelligkeit eines Prädikates sowie *Sorten* für die Argumente an. Durch *Regeln* in Form von Hornklauseln werden Begriffsbeschreibungen und Inferenzen auf den Prädikaten definiert. Die *Topologie* beschreibt Gruppen von semantisch zusammengehörigen Prädikaten sowie semantische Abhängigkeiten zwischen ihnen, die bei der Formulierung von Regeln ausgenutzt werden können. *Regelmodelle* geben die syntaktische Struktur zu lernender Regeln vor. Sie enthalten Prädikatvariablen (also Bestandteile von Logik höherer Ordnung), die mit konkreten Prädikaten des Anwendungsgebiets instantiiert werden können.

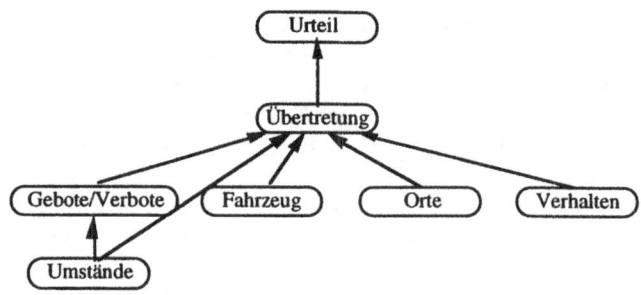

Abb. 4-3. Topologie für die Anwendung Ordnungswidrigkeiten im Straßenverkehr

Beispiel (nach [Morik, 1993]). Die folgende Regel beschreibt inferenzielles Wissen über Ordnungswidrigkeiten im Straßenverkehr:

```
besitzer(X,Y) & involviert(Z,Y) → verantwortlich(X,Z)
```

Das hier verwendete Prädikat *besitzer* wird folgendermaßen definiert: `besitzer/2: <person>, <fahrzeug>`. Damit wird angegeben, daß das zweistellige Prädikat *besitzer* für das erste Argument nur Terme der Sorte *person* und für das zweite nur Terme der Sorte *fahrzeug* akzeptiert. Die folgende Instanz ist also nicht erlaubt: `besitzer(mercedes, volkswagen)`

Damit eine Regel einer Topologie wie der in Abb. 4-3 gezeigten genügt, muß folgendes gelten: Wenn das Kopfprädikat zu einer Klasse TN gehört (in der Topologie durch einen Knoten repräsentiert), dann müssen die Prädikate im Regelrumpf aus Vorgängerklassen von TN oder aus TN selbst stammen. Die o.a. Regel genügt der in Abb. 4-3 gezeigten Topologie, da das Prädikat `verantwortlich` in der Regelkonklusion zur Klasse *Übertretung* gehört, die Prädikate der Prämisse zur Klasse *Fahrzeug* gehören und *Fahrzeug* eine Vorgängerklasse von *Übertretung* ist.

Diese Regel ist ferner eine Instanz des folgenden Regelmodells:

`p0(X,Y) & p1(Z,Y) → q(X,Z)`

Dabei sind `p0`, `p1` und `q` Prädikatvariablen, die bei der Generierung der Regel mit den Prädikaten `besitzer, involviert` und `verantwortlich` instantiiert wurden.

Regelmodelle sind gemäß der Ist-genereller-als-Relation geordnet. Dadurch ergibt sich eine hierarchische Anordnung für eine Menge von Regelmodellen (in Form eines gerichteten, zyklenfreien Wurzelgraphens). Eine solche Hierarchie (für ein anderes Anwendungsgebiet als die Ordnungswidrigkeiten) ist in Abb. 4-4 zu sehen. Dabei taucht in einigen der Regelmodelle neben den Prädikatvariablen das bereits instantiierte Prädikat `conn` auf, das bei der Modellinstantiierung übernommen werden muß.

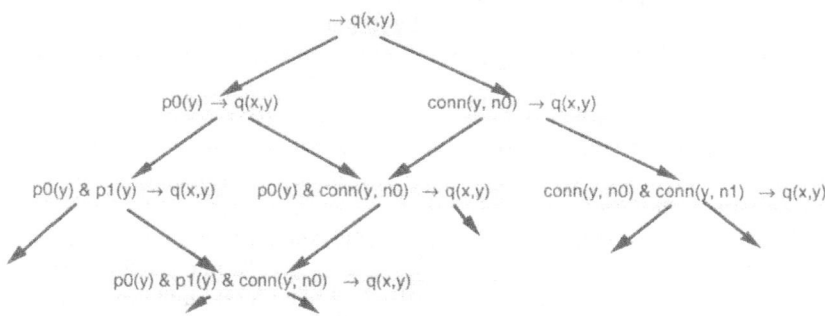

Abb. 4-4. Ausschnitt aus einem Graphen mit Regelmodellen

Die verschiedenen Bestandteile einer Repräsentationssprache für Modelle in MOBAL können folgendermaßen akquiriert werden:

- Regeln können vom Benutzer eingegeben oder vom *Rule Discovery Tool* RDT gelernt werden.

- Der Benutzer kann Begriffsbeschreibungen selbst eingeben oder sie vom *Concept Learning Tool* CLT lernen lassen, das eine Menge von Regeln als notwendige und hinreichende Bedingungen für den Begriff generiert.
- Die Revision der Regelmenge kann vom Benutzer selbst durchgeführt werden oder vom *Knowledge Revision Tool* KRT, das eine Menge von zu entfernenden oder revidierenden Regeln auswählt.
- Der Benutzer kann Sorten definieren und Prädikate vereinbaren, die diese Sorten als Argumenttypen benutzen. Hierfür kann aber auch das *Sort Taxonomy Tool* STT eingesetzt werden.
- Eine semantische Strukturierung der Prädikatmenge in Form einer Topologie kann durch den Benutzer oder das *Predicate Structuring Tool* PST erfolgen.
- Der Benutzer muß zumindest einige Fakten eingeben, weitere können durch die *Inferenzkomponente* mittels der Regeln abgeleitet werden.
- Regelmodelle können vom Benutzer vorgegeben oder ausgewählt werden, aber auch hierfür bietet das *Model Acquisition Tool* MAT Unterstützung an.
- Schließlich hat der Benutzer noch die Möglichkeit, die voreingestellten *Parameter* für die Lernstrategien zu verändern. Damit kann z.B. das Akzeptanzkriterium für gelernte Regeln angepaßt werden.

Durch die verschiedenen in MOBAL enthaltenen Werkzeuge ergeben sich nun vielfältige Ablaufmöglichkeiten für die kooperative Wissensmodellierung, bei der die Phase der Wissensmodellierung (gemäß dem Phasenmodell in Abschn. 2.3) mit anderen Phasen des Lebenszyklus einer Wissensbasis verknüpft ist (s. dazu auch Abschn. 10.1.4).

Beispiel. Eine Möglichkeit für den Ablauf einer kooperativen Wissensmodellierung ist die folgende: Der Benutzer gibt einige Fakten und Regeln ein. Aus den Regeln wird eine Topologie, also eine semantische Strukturierung der Prädikatmenge, mit der Lernkomponente PST abgeleitet. Ferner wird eine Hierarchie von Regelmodellen durch MAT gelernt. Unter Benutzung dieser Regelmodelle und der Topologie werden zusätzliche Regeln mit RDT aus den Fakten induktiv gelernt. Mit Hilfe der Regeln werden von der Inferenzkomponente neue Fakten abgeleitet. Falls der Benutzer einige davon zurückweist, muß eine Revision der Wissensbasis vorgenommen werden. Dazu wird KRT eingesetzt, das Änderungen an den Regeln durchführt ...

Das Beispiel verdeutlicht auch, wie aus eingegebenen anwendungsspezifischen Informationen (Fakten und Regeln) Hintergrundwissen (Topologie und Regelmodelle) gelernt werden kann. Letzteres dient wieder zur Steuerung weiterer Lernaufgaben wie etwa der Generierung zusätzlicher Regeln. Die Eigenschaft, daß ein Lernsystem seine eigenen Ergebnisse als Grundlage für weitere Lernprozesse benutzen kann, wird als *geschlossener Lernkreislauf* (Closed Loop Learning) bezeichnet.

Eine umfassende Darstellung aller Lernkomponenten in MOBAL würde hier zu weit führen. Deshalb soll im folgenden nur der Algorithmus für die wichtigste Komponente, den RDT, grob vorgestellt werden.

Eingaben für den RDT sind eine Menge von Fakten, die die Lernbeispiele beschreiben, die Regelmodelle und die Topologie. Als Ausgabe wird eine Menge von Regeln erzeugt. Schon gelernte oder vorgegebene Regeln werden bei der Regelgenerierung berücksichtigt (um weitere Informationen über die Beispiele zu erhalten). Sie werden von der Inferenzkomponente durch vorwärtsgerichtete Inferenzen angewandt und *saturieren* damit die Wissensbasis, vergrößern also die Faktenmenge.

Der RDT-Algorithmus instantiiert ein gegebenes Regelmodell systematisch und testet *alle* Instanzen (d.h. generierte Regeln) auf Gültigkeit bezüglich der Fakten. Jede mögliche Instanz wird getestet. Die Suche nach Regeln erfolgt top-down im Graphen der Regelmodelle. Es werden generellste Spezialisierungen (most general discriminations — MGD) auf folgende Art gelernt:

```
Beginne mit den generellsten Regelmodellen.
Bestimme alle Instantiierungen dieser Regelmodelle mit
Prädikaten, die
1) die gleiche Stelligkeit wie die Prädikatvariablen haben,
2) eine kompatible Sortenbeschränkung haben und
3) der Topologie genügen.
Überprüfe jede erzeugte Regel R anhand der Fakten:
Falls alle „passenden" Fakten R bestätigen, dann nimm R in die
Wissensbasis auf.
Sonst, falls fast alle Fakten die Regel bestätigen, dann
versuche das nächst speziellere Regelmodell.
Sonst, falls nicht genügend Fakten vorhanden sind, die
eine(speziellere) Regel bestätigen könnten, dann stoppe die
Spezialisierung der aktuellen Hypothese und betrachte die
verbleibenden Alternativen.
```

Bewertung der kooperativen Wissensmodellierung. Die vorgestellte kooperative Form der Modellierung bietet eine flexible, vom Benutzer gestaltbare Möglichkeit der Modellerstellung, bei der zentrale Aktionen wie die Modellrevision oder -erweiterung leicht möglich sind, ohne daß der Benutzer die Konsistenzerhaltung selbst durchführen muß. Damit wird eine praxisrelevante Alternative zur Durchführung der Modellierung nach dem Wasserfallmodell bei KADS geboten. Durch die Integration einer Reihe von sich ergänzenden maschinellen Lernkomponenten kann dem Benutzer ferner ein großer Teil der Arbeit bei der Revision, Erweiterung und Vervollständigung des Modells abgenommen werden.

Für die Leistungsbewertung des Modells bleibt der Benutzer jedoch selbst verantwortlich. Es wird ihm (im Gegensatz zu dem in Abschn. 10.2 vorgestellten System COSIMA) keine in die Performanzkomponente integrierte Bewertungsfunktion zur Verfügung stellt, die eine Beurteilung der Güte des Modells ermöglicht. Ferner ist die in MOBAL vorhandene Inferenzkomponente nur für heuristische Klassifikationsprobleme geeignet. Design-Aufgaben wie z.B. Floorplanning und Planungsprobleme werden von ihr nicht unterstützt.

Um eine Modellierung mit MOBAL erfolgreich durchzuführen, ist ein nicht unerheblicher Einarbeitungsaufwand in das System notwendig. Der Benutzer hat z.B. nicht nur die Möglichkeit, die Parameter zur Steuerung der Lernkomponenten einzustellen, er ist auch auf diese Möglichkeit angewiesen, wie Experimente im Rahmen einer Diplomarbeit gezeigt haben [Gnörlich, 1995], um zu guten

Lernergebnissen zu kommen. Eine zentrale Rolle spielen auch die Regelmodelle. Um mit RDT Regeln lernen zu können, ist ein erheblicher Aufwand für die Bestimmung geeigneter Modelle oder für die Vorgabe von Regeln, aus denen MAT Modelle ableiten kann, erforderlich. So ist z.B. in den Modellen die mögliche Anzahl von Literalen in den zu lernenden Regeln genau vorgegeben.[7] Es kann beispielsweise nur eine Regel mit 12 Literalen gelernt werden, wenn es mindestens ein Regelmodell genau dieser Länge gibt. Damit muß der Benutzer schon recht genaue Vorstellungen von den gesuchten Regeln haben, damit die richtigen Vorgaben für RDT erstellt werden können.

Der notwendige Aufwand für die Vorgaben bei MOBAL ist naheliegenderweise auch in der Anwendungsunabhängigkeit des Systems begründet. Erst bei einem auf eine bestimmte Anwendungsklasse zugeschnittenen System wie dem unten beschriebenen COSIMA kann solche Information vorab, d.h. bevor der Benutzer anfängt, mit dem System zu arbeiten, bereitgestellt werden. Das ist bei einem Assistenzsystem wie COSIMA wichtig, bei dem Lernen weitgehend im Hintergrund abläuft und der Benutzer mit Repräsentationsfragen nicht belastet werden soll.

Schließlich sei noch darauf hingewiesen, daß MOBAL nicht nur für die Modellierungsphase des Lebenszyklus einer Wissensbasis geeignet ist. In Kap. 10 wird die Unterstützung verschiedener Lebenszyklusphasen durch MOBAL diskutiert.

4.4 Verfeinerung der Modellierung durch das Lernen neuer Deskriptoren

In MOBAL wird maschinelles Lernen zur Unterstützung der Wissensmodellierungsphase im Kontext eines bestimmten, vorgegebenen „Modellierungsstils", der kooperativen Modellierung, eingesetzt. Wie im vorigen Abschnitt begründet, wird nicht für jede Modellierungsaufgabe dieser Stil gewählt werden. Eine andere Möglichkeit zur Verringerung der Modellierungsarbeit stellt die Einführung neuer Deskriptoren durch maschinelle Lerntechniken dar. Das Problem der Einführung neuer Begriffe in das Vokabular der Modellierung wird auch als „New Term Problem" bezeichnet. Als Lösungsansätze hierfür werden zunächst Methoden der konstruktiven Induktion vorgestellt. Danach wird kurz auf Methoden zur Bildung neuer Begriffe (Concept Formation) eingegangen.[8]

---

[7] Eine Abschwächung dieser Forderung wird durch eine neue Variante des RDT, den GRDT, erreicht [Klingspor, 1994]. Hier müssen die Regelmodelle nicht mehr einzeln vorgegeben, sondern können durch eine Grammatik beschrieben werden, durch die während des Lernprozesses inkrementell Regelmodelle generiert werden. Damit fällt auch die exakte Vorgabe von Regelmodell-Längen weg.

[8] Eine dritte Möglichkeit zur Verfeinerung des Vokabulars mit maschinellen Lernmethoden soll hier lediglich erwähnt werden: Die Entfernung von irrelevanten Prädikaten aus einer Theorie [Subramanian, 1990], die auch im unten vorgestellten Werkzeug CLT als „Concept Garbage Collection" enthalten ist.

Konstruktive Induktion. Michalski [Michalski, 1983] charakterisiert diesen Begriff folgendermaßen:

„Konstruktive Induktion ist jede Form von Induktion, bei der neue Deskriptoren (Attribute und Prädikate) erzeugt werden, die nicht in den Eingabedaten enthalten sind."

In [Michalski und Kodratoff, 1990] wird dazu ergänzt, daß diese neuen Deskriptoren sowohl für die Erzeugung von Generalisierungen als auch von erklärenden Hypothesen dienen können. Konstruktive Induktion wird als eine Form von Inferenz verstanden, bei der konstruktive Generalisierung und Abduktion oder eine Kombination der beiden zum Einsatz kommen können.

Im Rahmen der Forschung zur induktiven logischen Programmierung (ILP) wird häufig statt von konstruktiver Induktion von der Einführung neuer Prädikate (Predicate Invention) gesprochen; ein Begriff, der aber auf den unten vorgestellten Ansatz zur Bildung neuer Begriffe (Concept Formation) paßt. Ausgangspunkt bei der konstruktiven Induktion ist typischerweise eine Menge von Deskriptoren, die durch Konstruktionsoperatoren um neue erweitert werden soll, um damit eine bestimmte Wirkung zu erzielen (s.u.). Die konstruktive Induktion läßt sich abgrenzen von der *selektiven Induktion*, bei der zur induktiven Generierung von Begriffsbeschreibungen ausschließlich bereits vorhandene Deskriptoren eingesetzt werden.

Aus der Sicht der Modellierungsproblematik ist die konstruktive Induktion interessant, weil sie eine gegebene Modellierung um weitere Deskriptoren erweitern kann, typischerweise mit dem Ziel, damit die Anwendung weiterer Lernstrategien zu ermöglichen oder zu verbessern. Hier soll es jedoch weniger um die Wirkung der konstruktiven Induktion auf andere Lernstrategien gehen, sondern um ihre Bedeutung für die Modellierung. Durch ihren geeigneten Einsatz wird die Schwierigkeit für den Benutzer gemildert, die richtigen Deskriptoren für das Modell zu finden. Konstruktive Induktion kann dem Modell weitere Deskriptoren hinzufügen, die sich als „nützlich" erweisen. Dadurch können (mindestens) die folgenden beiden Wirkungen auf das Modell erzielt werden:[9]

- *Erhöhung der Ausdruckskraft*
  Durch geeignete neue Deskriptoren lassen sich Begriffe und Inferenzen formulieren, die vorher nicht oder nur umständlich beschreibbar waren.

- *Umstrukturierung*
  Durch neue Deskriptoren, z.B. neue *„Zwischenkonzepte"* (Intermediate Concepts), lassen sich vorhandene Bestandteile des Modells anders formulieren.

---

[9] Neben diesen beiden Wirkungen für die konstruktive Induktion lassen sich wie erwähnt noch weitere Nutzungsformen angeben, die nicht unmittelbar auf eine Veränderung der Modellierung abzielen, sondern eine Wirkung auf andere Lernstrategien haben:
a) Erzeugung besserer Hypothesen gemäß vorgegebenen Bewertungskriterien, z.B. Hypothesen mit geringerem Klassifikationsfehler.
b) Komprimierung von Hypothesen.
c) Revision von Hypothesen, z.B. Spezialisierung einer Begriffsbeschreibung, um negative Beispiele auszuschließen.
d) Selektion zwischen konkurrierenden Hypothesen (s. Abschn. 10.2).

Bei einer solchen Restrukturierung kann z.b. eine alte Regel in mehrere neue aufgespaltet und damit die maximale Schlußfolgerungstiefe innerhalb der Regelmenge erhöht werden. Eine gut gewählte Umstrukturierung kann somit die Schlußfolgerungen eines Problemlösers beschleunigen. Ferner kann als Effekt einer Umstrukturierung die Struktur und Verständlichkeit der aus der Modellierung resultierenden Wissensbasis verbessert werden (vgl. dazu Abschn. 8.4).

In [Reipa, 1993] wird ein Fünf-Phasen-Modell für die konstruktive Induktion eingeführt, in dem alle dafür relevanten Aktivitäten aufgeführt sind.

1) *Bedarfsermittlung* (need detection)
   Es wird festgelegt, für welche Nutzungsform der Einsatz von konstruktiver Induktion erforderlich bzw. sinnvoll ist, also in unserem Fall für eine Verfeinerung der Modellierung.

2) *Konstruktorauswahl* (selection)
   Es erfolgt die Wahl der Konstruktionsoperatoren aus allen zur Verfügung stehenden, die in der aktuellen Situation eingesetzt werden sollen.

3) *Anwendung der ausgewählten Konstruktionsoperatoren* (application)
   Es werden mittels der Operatoren neue Deskriptoren konstruiert.

4) *Generalisierung* (generalization)
   Ggf. Verallgemeinerung der konstruierten Deskriptoren durch Generalisierungsoperatoren.

5) *Relevanzprüfung* (evaluation)
   Auswahl der Deskriptoren, die in die Hypothese bzw. die Beispielbeschreibungen übernommen werden sollen. Dieses kann durch den Benutzer oder automatisch durch eine Bewertungsfunktion geschehen.

Die meisten realisierten Systeme decken nur einige dieser Phasen ab, insbesondere die wichtige Relevanzprüfung stellt ein Problem dar, das häufig ungelöst bleibt (s.u.).

Man kann zwischen zwei verschiedenen Ansätzen für die Konstruktion neuer Deskriptoren unterscheiden. Wissensbasierte Ansätze wie z.B. das System Oxgate [Gunsch, 1991] benutzen bereichsspezifisches Wissen für den Konstruktionsprozeß. In Gegensatz dazu verwenden syntaktische Ansätze, wie z.B. in [Wirth und O'Rourke, 1991] beschrieben, anwendungsunabhängige *Voreinstellungen* (Bias), die den Raum der erzeugbaren Deskriptoren einschränken. Weitere Beispielsysteme für diese zwei Ansätze werden in [Morik et al., 1993 (Kap. 8)] erwähnt.

Wissensbasierte konstruktive Induktion. Schon in [Michalski, 1983] werden Operatoren eingeführt, die auf Deskriptoren mit bestimmten Eigenschaften angewandt werden können, um damit neue Deskriptoren zu generieren. Damit wird die Ausdruckskraft des Modells erhöht. Jeder dieser Operatoren beinhaltet Konstruktionswissen, das für bestimmte Deskriptortypen angewandt werden kann. Michalski nennt die folgenden Operatoren:

• Zählen von Argumenten: Zähle die Objekte eines Beispiels, die eine bestimmte Eigenschaft gemeinsam haben.
  Beispiel: Konstruktion des Prädikats *Anzahl-kleiner-Blöcke(Floorplan1)*

- Generierung von Ketten: Es werden bei transitiven Relationen, durch die Ketten von Objektverknüpfungen entstehen, bestimmte Eigenschaften repräsentiert, die einzelne Objekte in einer Kette auszeichnen und damit von anderen unterscheiden.

  Beispiel: Konstruktion eines Prädikats, das den größten Block im Floorplan unter Benutzung der Relation *größer-als(B1,B2)* beschreibt.

- Entdeckung von Deskriptor-Abhängigkeiten

  Beispiel: Beim Floorplanning wird das Prädikat *Monoton(Größe, Kosten)* konstruiert, das besagt, daß diese beiden Faktoren gemeinsam fallen oder steigen.

Eine weitere Möglichkeit für die wissensbasierte konstruktive Induktion ist die Anwendung von deklarativ formuliertem Hintergrundwissen, um weitere Deskriptoren einzuführen. Solches Hintergrundwissen muß außerhalb des Modells vorliegen, damit eine echte Modellerweiterung stattfindet. Dazu wieder ein Beispiel:

Ein operationales Modell enthalte folgende Begriffsbeschreibung:
Farbe(p,Y) & Breite(p,groß) & Länge (p,groß) $\rightarrow$ Klasse1(p)

Im Hintergrundwissen findet sich folgende Regel:
Breite(X,groß) & Länge (X,groß) $\rightarrow$ Fläche (X,groß)

Dann kann die Begriffsbeschreibung folgendermaßen umgeformt werden:
Farbe(p,Y) & Fläche(p,groß) $\rightarrow$ Klasse1(p)

Syntaktische Ansätze zur konstruktiven Induktion. Im Programm DUCE [Muggleton, 1987] wurde einer der ersten syntaxorientierten Ansätze zur konstruktiven Induktion realisiert. DUCE lernt aus aussagenlogischen Beschreibungen. Drei selektive und drei konstruktive Generalisierungsoperatoren werden eingesetzt, um die Beispielbeschreibungen schrittweise zu generalisieren. Die resultierenden Terme werden von einem Orakel (dem Benutzer) kritisiert, d.h. akzeptiert oder verworfen. Wir betrachten zwei der konstruktiven Operatoren:

1) *Inter-construction*
   Es wird der größte gemeinsame Anteil in den Prämissen einer Menge von n Klauseln bestimmt. Für diesen Anteil wird ein neuer Deskriptor Z eingeführt, der durch eine neue Klausel definiert wird. In der untersuchten Klauselmenge wird der gemeinsame Anteil durch Z ersetzt. Ein Beispiel:

$$\begin{matrix} B \wedge C \wedge D \wedge E \rightarrow X \\ A \wedge B \wedge D \wedge F \rightarrow Y \end{matrix} \quad \Rightarrow \quad \begin{matrix} C \wedge E \wedge Z \rightarrow X \\ A \wedge F \wedge Z \rightarrow Y \\ B \wedge D \rightarrow Z \end{matrix}$$

2) *Intra-construction*
   Es wird ebenfalls der größte gemeinsame Anteil in den Prämissen einer Menge von n Klauseln bestimmt, die hier aber das gleiche Kopfliteral haben. Für die nicht im gemeinsamen Teil liegenden Literale wird ein neuer Deskriptor eingeführt und durch n neue Klauseln definiert. In den untersuchten n Klauseln wird der nicht gemeinsame Anteil jeweils durch Z ersetzt, so daß sie zu einer neuen Klausel zusammenfallen. Beispiel:

$$B \wedge C \wedge D \wedge E \to X \qquad \qquad \begin{matrix} B \wedge D \wedge Z \to X \\ C \wedge E \to Z \\ A \wedge F \to Z \end{matrix}$$
$$A \wedge B \wedge D \wedge F \to X \qquad \Rightarrow$$

Die erzeugten neuen Deskriptoren Z lassen sich als *Zwischenkonzepte* auffassen, die zu einer Umstrukturierung des Modells beitragen, hier durch eine Umformulierung vorhandener Klauseln.

Die Operatoren sind nicht von einer bestimmten Anwendung abhängig. Sie orientieren sich nur an der Syntax der betrachteten Klauseln. Es wird jeweils der Operator bevorzugt, der stärker komprimiert, also zu kompakteren Begriffsbeschreibungen führt.[10] Eine Best-fit-Suchprozedur durchsucht den exponentiell großen Raum aller Möglichkeiten für Operator-Anwendungen. Trotzdem muß, wie oben erwähnt, der Benutzer als Orakel dienen und die am besten geeigneten der generierten Deskriptoren aussuchen. Er muß entscheiden, welche der nach syntaktischen Kriterien ausgewählten Deskriptoren semantische Relevanz haben.

Ein Nachfolgesystem von DUCE ist CIGOL [Muggleton und Buntine 1988], ein System, das durch *inverse Resolution* aus Beschreibungen der Prädikatenlogik erster Stufe lernt (und dabei auch die beiden o.a. Konstruktionsregeln verwendet). CIGOL lernt Literale, die die Aufgabe einer fehlenden Prämisse übernehmen, wenn für einen Resolutionsschritt die anderen Prämissen und die Konklusion gegeben ist. Das System fügt neue Terme in die Hypothesensprache ein und führt damit konstruktive Induktion durch.

In dem Multistrategielernsystem COSIMA [Herrmann et al., 1994] werden wissensbasierte und syntaktische Ansätze zur konstruktiven Induktion kombiniert und auf einer prädikatenlogischen Beschreibung angewandt. COSIMA unterstützt mehrere Phasen des Lebenszyklus einer Wissensbasis und wird in Abschn. 10.2 vorgestellt.

Verfeinerung der Modellierung durch die Bildung neuer Begriffe. Für das Lernen neuer Deskriptoren können neben der konstruktiven Induktion auch Methoden zur *Bildung neuer Begriffe* (Concept Formation) eingesetzt werden. Diese Möglichkeit soll im folgenden anhand von [Morik et al., 1993 (Kap. 8)] kurz vorgestellt werden.

Während bei der konstruktiven Induktion als Ausgangspunkt typischerweise eine Menge vorhandener Deskriptoren dient, die erweitert werden soll, wird bei

---

[10] Dieses Maß der Textkompression wird in [Muggleton, 1988] vorgestellt. Es beschreibt das Verhältnis von Länge der einheitlich kodierten Eingabe eines Lernprogramms (Beispielemenge) zur Länge der kodierten Ausgabe (der generierten Hypothese, hier eine Klausel oder Klauselmenge). Muggleton zeigt, vereinfacht gesagt, daß Hypothesen, die stärker komprimiert sind, „vertrauenswürdiger" sind als weniger komprimierte. Je stärker komprimiert wurde, desto wahrscheinlicher ist es also, daß das Programm nicht auf der Entdeckung zufälliger Regelmäßigkeiten in der Beispielmenge beruht (sondern tatsächlich charakteristische Gemeinsamkeiten der Beispiele erklärt). Andererseits ist ein Programm, das nicht wesentlich kürzer als die Kodierung der Beispielmenge ist, nicht sehr glaubwürdig!

der Bildung neuer Begriffe auf einer Menge bekannter Objekte aufgesetzt.[11] Für Teilmengen dieser Objektmenge sollen nun neue Begriffe eingeführt werden. Dazu wird in drei Schritten vorgegangen:

1) *Aggregation*
   Bestimmung von Teilmengen der Objektmenge mit Elementen, die zusammengefaßt werden sollen. Eine Teilmenge wird auch als *extensionale* Beschreibung eines neuen Begriffs bezeichnet.

2) *Charakterisierung*
   Bestimmung von *intensionalen* Definitionen zur Beschreibung dieser Teilmengen.

3) *Namensgebung*
   Definition neuer Namen (Prädikatnamen) für die neuen Begriffe und Aufnahme in die Repräsentation für die Wissensbasis. Damit können sie für die Definition weiterer Begriffe oder die Beschreibung zukünftiger Eingabeobjekte genutzt werden.

Die ursprünglichen Arbeiten zur Bildung neuer Begriffe gehen von einer hierarchischen Anordnung der Begriffe aus [Fisher, 1987; Lebowitz, 1987]. Dabei wird die gesamte Objektmenge schrittweise in Teilmengen und Unterteilmengen aufgespalten. Es wird auf den Schritt der Namensgebung verzichtet, das Ergebnis des Lernprozesses ist die Hierarchie von intensional beschriebenen Begriffen. Von „Concept Formation" wird hier nur gesprochen, wenn die Objektmenge inkrementell verarbeitet wird. Die nicht-inkrementelle Variante des Lernens einer Begriffshierarchie ist als *Conceptual Clustering* [Michalski und Stepp, 1983] bekannt.

Ähnlich wie bei der konstruktiven Induktion ist bei der Bildung neuer Begriffe die Steuerung bzw. Beschränkung der Suche nach geeigneten Kandidaten wichtig, um den Lernprozeß handhabbar zu halten. Da als potentielle Menge von Kandidaten für den Aggregationsschritt die gesamte Potenzmenge der Objektmenge vorliegt, die exponentiell in der Kardinalität der Objektmenge wächst, muß sichergestellt werden, daß nur ein kleiner Ausschnitt dieser Kandidatenmenge betrachtet wird. In der Literatur finden sich verschiedene Ansätze zur Definition von Beschränkungen (Constraints) für die Aggregation:

- *Ähnlichkeitsbasierte Beschränkungen* bestimmen ein numerisches Maß für die Ähnlichkeit zwischen zwei Objekten [Everitt, 1980].

- *Beschränkungen der Korrelation von Eigenschaften* (Feature Correlation Constraints) maximieren die Korrelation zwischen den Eigenschaften der Objekte innerhalb eines Begriffs und minimieren die Korrelation zwischen

---

[11] Bei dem in Abschn. 10.2 vorgestellten Lernsystem COSIMA ergibt sich eine 3. Alternative als Startpunkt für das Lernen neuer Deskriptoren. Hier ist der Ausgangspunkt eine Menge von Objektzuordnungslisten, wobei jede Liste eine andere speziellste Generalisierung definiert bzw. aufspannt. Durch die neuen Deskriptoren wird zusätzliches Wissen zur Charakterisierung der verschiedenen Listen und damit zur Auswahl der besten Liste zur Verfügung gestellt.

verschiedenen Begriffen [Michalski und Stepp, 1983; Lebowitz, 1987; Fisher, 1987].

- Strukturelle *Beschränkungen* beziehen sich auf die syntaktische Struktur der einzelnen Begriffsbeschreibungen oder des gesamten Begriffssystems [Michalski und Stepp, 1983; Kietz und Morik, 1994].

Für das Lernsystem CLT [Morik et al., 1993], eine Komponente von MOBAL, wird ein weiterer Ansatz zur Beschränkung des Aggregationsschrittes gewählt. Hier werden neue Begriffe nur für einen bestimmten aktuellen *Problemlösungskontext* gebildet (eine systemübergreifende Erörterung der Kopplung von Lernen und Problemlösen findet sich in Kap. 6). Damit ergibt sich eine fokussierte Anwendung von CLT, die die Nützlichkeit eines eingeführten Deskriptors wahrscheinlich macht. Der Problemlösungskontext bei CLT ist die Reformulierung der Wissensbasis, um eine fehlerbehaftete Wissensbasis zu revidieren. Die Wissensrevisionskomponente KRT ruft CLT für einen gegebenen Anwendungskontext auf, falls andere Revisionsoperatoren nicht den gewünschten Erfolg erzielten. Dabei übernimmt KRT den Aggregationsschritt; CLT wird mit einer vorgegebenen Teilmenge der Objektmenge aufgerufen.[12] CLT sucht nach einem neuen Begriff, der die Instanzen einer von KRT zu modifizierenden Regel überdeckt und die Ausnahmen ausschließt. Zur Charakterisierung des Begriffs wird die Komponente RDT aufgerufen, die notwendige Bedingungen (Regeln, die den neuen Begriff in der Prämisse enthalten) und hinreichende Bedingungen (Regeln mit dem neuen Begriff in der Konklusion) für den Begriff lernt. Ein ausführliches Beispiel zu dem Zusammenspiel von KRT und CLT findet sich in [Morik et al., 1993 (Kap. 8)].

Die Bewertung eines neuen Begriffs erfolgt auf zweifache Weise. Zum einen nutzt CLT eine strukturelle Beschränkung, um die Qualität eines Kandidaten zu messen. Die weitere Begutachtung der damit weiter reduzierten Kandidatenmenge erfolgt durch den Benutzer. Durch den als Ausgangspunkt gewählten engen *Problemlösungskontext* wird erwartet, daß generierte neue Begriffe für den Benutzer verständlich sind und damit eine Begutachtung effektiv möglich ist. Anhand der neuen Begriffe wird eine Umstrukturierung der Wissensbasis möglich (s. Kap. 8).

Ein weiterer Ansatz zur Einführung neuer Deskriptoren durch die Bildung neuer Begriffe (Concept Formation) wurde in KLUSTER [Kietz und Morik, 1994] realisiert. Das System lernt in einer terminologischen Wissensrepräsentation, ähnlich zu der von KL-ONE [Brachman und Schmolze, 1985]. In KLUSTER werden Objekte auf der Basis ihres gemeinsamen Auftretens an der Argumentposition eines Prädikats aggregiert.

Bewertung der Verfeinerung einer Modellierung. Sowohl konstruktive Induktion als auch Concept Formation bieten keinen umfassenden Ansatz zur Durchführung einer kompletten Modellierung wie die kooperative Modellierung,

---

[12] Dieser Anwendungskontext der Reformulierung ist ähnlich zu dem Kontext, in dem COSIMA die Spezialisierung einer Regel, ggf. unter Anwendung von konstruktiver Induktion, vornimmt (s. Abschn. 10.2).

sondern dienen zur automatischen oder, wie bei DUCE und CLT, vom Benutzer unterstützten Verfeinerung eines gegebenen Modells. Die Einführung eines neuen Deskriptors trägt zur Verfeinerung der Repräsentationssprache des Modells bei. Durch die Kopplung mit weiteren Lernstrategien kann die konstruktive Induktion ferner dazu beitragen, daß diese bessere Lernergebnisse produzieren.

Ein zentrales Problem der Einführung neuer Deskriptoren ist die automatische Akzeptanz oder Zurückweisung der generierten Deskriptoren. Wenn zu viele Kandidaten vorgeschlagen werden, was insbesondere bei syntaktischen Ansätzen zu erwarten ist, kann dem Benutzer die Bewertung nicht zugemutet werden.[13] Rein strukturelle Bewertungskriterien wie die Textkompression [Muggleton, 1988] reichen häufig nicht aus. Zu einer kompetenten Bewertung wird bereichsspezifisches Hintergrundwissen benötigt,[14] oder es liegt ein eng begrenzter Kontext vor, der die Konstruktionsmöglichkeiten von vornherein stark begrenzt, wie das bei CLT der Fall ist. Typischerweise muß einige Vorarbeit geleistet werden, damit das Lernen neuer Deskriptoren einen adäquaten Beitrag zur Modellierung liefern kann. Häufig läßt sich sogar die von der Einführung neuer Deskriptoren erwünschte *Wirkung* nicht exakt fassen. So wird in [Morik et al., 1993] im Zusammenhang mit der Restrukturierung einer Wissensbasis durch die Einführung von Zwischenkonzepten darauf hingewiesen, das es unklar ist, was für einen vorgegebenen Sachbereich eine *optimal strukturierte Wissensbasis* oder eine *optimale Menge von Zwischenkonzepten* ist.

In [Wrobel, 1991] werden die Grenzen des Lernens neuer Deskriptoren diskutiert. Wrobel merkt an, daß die Ansätze zur konstruktiven Induktion bei aller Verschiedenartigkeit (und gleiches gilt für das oben vorgestellte Concept Formation) folgendes gemeinsam haben: Neue Terme werden eingeführt, indem sie mit Hilfe bekannter Terme definiert werden, z.B. als Konjunktion zweier bekannter Terme. Daraus folgert er, daß niemals die „kombinatorische Hülle" der existierenden Symbole verlassen werden kann und damit nie etwas ausgedrückt werden kann, das mit bestehenden Termen nicht schon hätte ausgedrückt werden können. Hierauf läßt sich zweierlei erwidern:

- Durch wissensbasierte konstruktive Induktion kann die „kombinatorische Hülle" verlassen werden (wenn das benutzte Hintergrundwissen vom eigentlichen Modell getrennt ist). So läßt sich der in einem obigen Beispiel eingeführte neue Deskriptor Fläche nicht einfach durch *eine* Kombination vorhandener Deskriptoren gewinnen, insbesondere wenn unterschiedliche geometrische Formen modelliert werden.

- Selbst wenn konstruierte Deskriptoren in der „kombinatorischen Hülle" liegen, kann die Bestimmung von geeigneten Elementen der Hülle, die zur adäquaten Formulierung von Begriffen dienen, die sonst nur „umständlich"

---

[13] Damit ist nicht gemeint, daß der Benutzer ohne Einflußmöglichkeit auf die Konstruktion von Deskriptoren sein soll. Bei vielen praxisrelevanten Anwendungen wird es unerläßlich sein, daß der Benutzer die Ergebnisse der Modellverfeinerung durch konstruktive Induktion kontrolliert. Um so eine Kontrolle handhabbar zu gestalten, muß aber die Zahl der zu begutachtenden Kandidaten klein sein.

[14] Ansätze dazu finden sich in der Diplomarbeit von Reipa [Reipa, 1993].

hätten formuliert werden können, ein wesentlicher Beitrag zur Verfeinerung eines Modells sein. Wie in Abschn. 4.2 gezeigt wurde, hat die exakte Formulierung einer zu modellierenden Eigenschaft starken Einfluß auf die Ausdrucksmöglichkeiten und die Lernbarkeit innerhalb der Wissensbasis. Entsprechend wichtig kann die Konstruktion neuer Deskriptoren aus bekannten sein. So kann z.B. die Suche in einem potentiell riesigen Raum von Termkombinationen, die sonst allein durch selektive Induktion geschehen müßte, durch konstruierte Terme gesteuert und kanalisiert werden.

4.5 Automatische, syntaktische Anpassung der Repräsentationssprachklasse, die der Modellierung zugrunde liegt

Wie oben erwähnt, werden bei der Modellierung sowohl inhaltliche als auch syntaktische Aspekte der Wissensbasis festgelegt. Zu den syntaktischen Aspekten gehört die Wahl der Deskriptoren und die Festlegung des Repräsentationsformalismus. Nach der im vorigen Abschnitt diskutierten Einführung neuer Deskriptoren soll jetzt kurz aufgezeigt werden, daß maschinelle Lernsysteme auch zur Festlegung des Repräsentationsformalismus beitragen können. Durch die im folgenden beschriebene Änderung syntaktischer Aspekte erfolgt der automatische Übergang zu einer anderen Repräsentationssprachklasse.

Im Zusammenhang mit maschinellem Lernen werden, wie in Abschn. 4.1 erwähnt, syntaktische Aspekte als *Repräsentationsvoreinstellungen* (Representation Bias) bezeichnet. Sie gehören damit zu der Menge der *Voreinstellungen* (Bias), die den Lernprozeß steuern bzw. beeinflussen. Auch die gewählte Menge der Deskriptoren ist Bestandteil der *Repräsentationsvoreinstellungen.* Die syntaktische Anpassung der Repräsentationssprachklasse, also eine *Änderung von Voreinstellungen* (Bias Shift), erfolgt bei maschinellen Lernsystemen typischerweise im Zusammenhang mit dem Lernen von Einträgen (Elementen) der Wissensbasis.[15] Hierbei wird also die Modellierung mit der Wissensbasisinitialisierung oder -erweiterung verknüpft. Die Sprachklassenanpassung ist dabei ein Nebeneffekt, der den eigentlichen Lernvorgang erleichtert oder erst ermöglicht. Die Frage, ob es in der vorgegebenen Repräsentationssprachklasse eine (zu lernende) Begriffsbeschreibung gibt, die alle bekannten positiven Beispiele abdeckt (*Vollständigkeit*), aber kein negatives (*Konsistenz*), oder ob für die Lernaufgabe erst Voreinstellungen geändert werden müssen, wird als *Bias-Shift-Problem* [Stahl, 1995] bezeichnet.

Für die syntaktische Anpassung des Repräsentationsformalismus (die Änderung der Sprachklasse für die Wissensbasis) gibt es zwei unterschiedliche Ansätze:

1) Navigation in einer Familie von Sprachklassen
2) Veränderung von deklarativen Sprachrestriktionen (Schemata)

---

[15] Wenn, wie in der Praxis häufig der Fall, nur ein Teil der Einträge in der Wissensbasis maschinell gelernt wird, andere Teile jedoch manuell akquiriert werden, können sich diese Voreinstellungen ggf. nur auf den gelernten Teil der Wissensbasis beziehen.

Ein Beispiel für ein maschinelles Lernsystem, das den ersten Ansatz verfolgt, ist CLINT [De Raedt, 1991; De Raedt und Bruynooghe, 1992 und 1994], ein System, das in der Prädikatenlogik erster Stufe lernt. CLINT verarbeitet geordnete *Folgen* von Sprachklassen L_0, L_1, L_2, ..., die aus Mengen parametrisierter Sprachen bestehen. Die Elemente einer Folge sind gemäß zunehmender Ausdrucksstärke geordnet. Wenn das System bei dem Versuch scheitert, eine konsistente und vollständige Begriffsbeschreibung mit der gegebenen Repräsentationssprachklasse zu lernen, wechselt es zu einer ausdrucksstärkeren. Die Sprachklassen werden anhand des aktuell betrachteten Beispiels und der Prädikate in der Wissensbasis dynamisch berechnet.

Tabelle 4-1. Einfache Beispiel-Wissensbasis

```
license(katharina, car) ←
license(yves, truck) ←
license(yves, car) ←
license(stephan, car) ←

isa(mercedes, car) ←
isa(dyane, car) ←
isa(eddy_merckx_bike, bike) ←
isa(peugeot, car) ←

owns(katharina, mercedes) ←
owns(stephan, eddy_merckx_bike) ←
owns(yves, peugeot) ←
owns(luc, dyane) ←
```

Beispiel (aus [De Raedt und Bruynooghe, 1992]). Anhand des positiven Beispiels is_allowed_to_drive(Katharina, Mercedes) und der in Tabelle 4-1 abgebildeten Wissensbasis soll für das Prädikat is_allowed_to_drive eine Regel gelernt werden.

Die Wissensbasis enthält nur die vier Prädikate license, isa, owns, eq. Für den Rumpf der zu lernenden Klausel kommen nur Instanzen dieser Prädikate in Frage. Da das Beispiel eine Instanz des Prädikats is_allowed_to_drive ist, haben die Elemente jeder Sprachklasse L_i aus der geordneten Folge von Sprachklassen die folgende Struktur:

$$\text{is\_allowed\_to\_drive}(X, Y) \leftarrow body, \text{ wobei}$$
$$body \subset \bigcup_{j=0}^{j=i} S(j) \text{ für die Sprachklasse } L_i,$$

wobei S(j) eine Menge von Instanzen der in der Wissensbasis vertretenen Prädikate ist und die folgenden Bedingungen gelten:

- Für Literale l aus S(0) gilt var(l) $\subset$ {X,Y}, d.h. alle Variablen im Rumpf einer Klausel tauchen auch im Kopfliteral auf. Für die Wissensbasis aus Tabelle 4-1 ergibt sich damit:

```
S(0) = { license(X,Y), isa(X,Y), owns (X,Y), license(Y,X),
isa(Y,X), owns(Y,X), eq(X,Y) }
```

- Literale in S(1) erfüllen die Bedingung, daß alle Variablen außer einer im Kopfliteral vorhanden sind. Diese letztere darf in keinen anderen Literalen auftauchen. Für die Wissensbasis mit den vier Prädikaten license, isa, owns, eq ergibt sich damit (bis auf mögliche Umbenennungen der Variablen Z_i):

```
S(1) = { license(X,Z1), isa(X,Z2), owns(X,Z3),
license(Y,Z4), isa(Y,Z5), owns(Y,Z6), license(Z7,X),
isa(Z8,X), owns(Z9,X), license(Z10,Y), isa(Z11,Y),
owns(Z12,Y) }
```

Literale der Form eq(X,Zi) sind hier mit einsetzbar, da eine Variable zi an keiner anderen Stelle in der Klausel auftauchen kann.

- Literale in dem S(2)-Teil einer Klausel beschreiben Relationen zwischen den Variablen aus der Vereinigung der S(0)- und S(1)-Teile. Das ergibt für unser Beispiel:

```
S(2) =   { license(A,B) } ∪ { isa(A,B) } ∪ { owns(A,B) } ∪
{ eq(A,B) }
```

Hierbei wird für A und B jeweils entweder X oder Y oder eines der zi eingesetzt.

Das Beispiel verdeutlicht die zwei Grundoperationen zur Konstruktion der nächsten Sprachklasse gemäß einer Folge von Sprachklassen. Entweder werden weiter neue (existenz-quantifizierte) Variablen eingefügt, oder es werden Relationen zwischen vorher eingeführten Variablen ermöglicht.

Anhand des o.a. Beispiel-Faktums wird von CLINT schließlich die folgende Klausel für das Prädikat is_allowed_to_drive gelernt:

```
is_allowed_to_drive(X,Y) ← owns(X,Y) ∧ isa(Y,Z) ∧
licence(X,U) ∧ eq(U,Z)
```

Diese Klausel gehört zu der Sprachklasse L_2. Sie besagt, daß man ein Fahrzeug fahren darf, wenn man es besitzt und einen Führerschein für die entsprechende Fahrzeugklasse besitzt. Als einziges Literal gehört eq(U,Z) zu S(2). Es stellt den Bezug her zwischen der Fahrzeugklasse z, zu der das Fahrzeug gehört, und der im Führerschein angegebenen Fahrzeugklasse u. Dieser Bezug läßt sich mit Literalen aus S(1) nicht beschreiben, da hier zwei Nicht-Kopfliterale in Beziehung zueinander gesetzt werden.

Die zweite o.a. Möglichkeit zur syntaktischen Anpassung des Repräsentationsformalismus bezieht sich auf *deklarative Sprachrestriktionen*, auch Schemata genannt. Durch sie werden explizit Einschränkungen der Repräsentationssprache vorgegeben. Eine Veränderung solcher Restriktionen modifiziert gleichzeitig die Repräsentationssprachklasse für das maschinelle Lernsystem. Ein Beispiel für Schemata sind die Regelmodelle für die Komponente RDT von MOBAL, die in Abschn. 4.3 vorgestellt wurden. Die Regelmodelle schränken die Menge der von RDT lernbaren Klauseln ein. Mittels der Komponente MAT (Model Acquisition

Tool) können in MOBAL weitere Regelmodelle gelernt werden. Somit wird die Repräsentationssprachklasse für RDT von MAT erweitert.

Ein erweiterter Formalismus zur Repräsentation von Schemata, der über die Ausdrucksmöglichkeiten von MOBAL-Regelmodellen hinausgeht, findet sich in MILES-CLT [Tausend, 1994].

Schemata in Form von Graphen, die für zu lernende Klauseln die Anzahl von Literalen und die Argumentabhängigkeiten zwischen ihnen einschränken, werden von den Lernsystemen SIERES [Wirth und O'Rourke, 1991] und CAN [Tausend, 1992] benutzt.

Stahl [Stahl, 1995] weist auf die Wechselwirkungen zwischen syntaktischer Anpassung der Repräsentationssprachklasse und der Einführung neuer Deskriptoren hin (s. Abschn. 4.4 und 4.5). Es wird gezeigt, daß die Prädikateinführung zur Abschwächung einer syntaktischen Sprachrestriktion dienen kann. Wenn das Bias-Shift-Problem auftritt, also mit den gegeben syntaktischen Sprachrestriktionen eine gesuchte Begriffsbeschreibung nicht lernbar ist, kann das Problem statt durch eine Lockerung dieser Restriktionen bei bestimmten Sprachklassen auch durch die Einführung neuer Prädikate gelöst werden. Die Autorin zieht den Schluß, daß die Prädikateinführung eine stärkere Operation zum Bias Shift ist als die Erweiterung von Sprachschemata oder ein Übergang zu einem größeren Element einer Sprachklassenfolge.

Aufbauend auf den Ergebnissen der Modellierungsphase, dem Wissensmodell, kann die nächste Phase des Lebenszyklus einer Wissensbasis, die Wissensbasisinitialisierung, vorgenommen werden. Sie wird im nun folgenden Kapitel behandelt.

5. ·Wissensbasisinitialisierung

In diesem Kapitel wird zunächst der Begriff der Wissensbasisinitialisierung kurz charakterisiert und seine Stellung im Lebenszyklus einer Wissensbasis erläutert. Die Einsatzmöglichkeiten maschineller Lerntechniken werden aufgezeigt und anhand zweier Lernalgorithmen, die unterschiedliche Forschungsrichtungen repräsentieren, diskutiert. Es werden Randbedingungen und Einschränkungen für den Einsatz maschineller Lerntechniken angesprochen.

5.1 Wissensbasisinitialisierung als Phase

Wissensbasisinitialisierung bezeichnet die Erstellung einer Wissensbasis in erster Version. Basierend auf den Ergebnissen der Wissensmodellierung wird eine zunächst leere Wissensbasis mit Fakten und Wissen über das Anwendungsgebiet und die bearbeitete Problemklasse gefüllt. Die im Wissensmodell enthaltene Beschreibung der Kompetenz für die Problemlösung wird in eine für das wissensbasierte System interpretierbare, operationale Form gebracht. (Selbst wenn bereits ein operationales Modell vorliegt, kann eine Anpassung oder Übersetzung zur Ziel-Wissensbasis notwendig sein.) Die Einträge in der Wissensbasis werden dabei gemäß der bei der Modellierung festgelegten Repräsentation formalisiert. Als Ergebnis der Phase liegt eine einsetzbare Wissensbasis vor, die den gesamten in der Modellierungsphase erworbenen Kenntnisstand über die inhaltlichen und Repräsentationsaspekte der Anwendung darstellt. Die Wissensbasis kann damit im Rahmen der Phase des Wissensbasiseinsatzes erprobt und benutzt werden. Die initialisierte Wissensbasis wird in den späteren Phasen des Lebenszyklus, der Wissensbasiserweiterung, -modifikation und globalen Adaptierung, weiter bearbeitet.

Die Bedeutung und der Ablauf der Wissensbasisinitialisierung hängt damit stark von den Ergebnissen der Modellierungsphase ab. In Abhängigkeit von den Charakteristika des Modells ergeben sich unterschiedliche Anforderungen an den Initialisierungsprozeß:

• *Grobes, nicht operationales Modell*
  In diesem Fall stellt der Initialisierungsprozeß einen Syntheseschritt dar. Das Modell kann nicht direkt in die Wissensbasis transferiert, sondern muß verfei-

nert und operationalisiert werden. Ggf. werden einige Repräsentationsentscheidungen erst in diesem Zusammenhang getroffen.

- *Unvollständiges Modell*
Hier muß bei der Wissensbasisinitialisierung die im Modell enthaltene Kompetenzbeschreibung entsprechend ergänzt und vervollständigt werden. Das vorliegende Modell kann also unvollständig und in Teilbereichen nur rudimentär vorhanden sein. Teilweise zeigt sich Vervollständigungsbedarf auch erst im Zusammenhang mit der Phase des Wissensbasiseinsatzes (s. Kap. 6).

- *Durch kooperative Modellierung erstelltes Modell*
Bei der kooperativen Modellierung mit MOBAL sind das Modell und der Inhalt der Wissensbasis identisch, es sein denn, das Modell wird wie beim Projekt LERNER [Morik et al., 1993] in die Wissensbasis eines separaten Systems mit eigener Performanzkomponente übernommen. Das mit MOBAL repräsentierte Wissen kann auf jeden Fall von der im Lernsystem enthaltenen Inferenzmaschine ausgeführt werden, die dann die Rolle einer (auf Klassifikationsprobleme eingeschränkten) Performanzkomponente übernimmt. Hier verschmelzen dann die Phasen der Wissensmodellierung und Wissensbasisinitialisierung. Durch den Aufbau des Modells wird gleichzeitig die Wissensbasis mit Inhalt gefüllt.

Eine typische Aufgabenstellung für maschinelle Lernsysteme liegt in der Wissensbasisinitialisierung auf der Grundlage eines unvollständigen oder sogar rudimentären Modells, also dem zweiten der drei o.a. Punkte. Viele Lernsysteme erhalten als Eingabe eine Menge von Beispielbeschreibungen (und ggf. dazugehöriges Hintergrundwissen) und leiten daraus eine Menge von Regeln oder Problemlösungswissen in anderer Form ab. Durch die automatische Generierung des Problemlösungswissens oder Teilen davon kann ein maschinelles Lernsystem damit einen wesentlichen Beitrag zur Wissensbasisinitialisierung beisteuern. Wie ein solcher Beitrag aussehen kann, soll im folgenden anhand zweier Lernsysteme studiert werden, dem „Klassiker" ID3 und dem jüngeren System FOIL, einem Vertreter der in letzter Zeit stark an Bedeutung gewonnen Forschung zur induktiven logischen Programmierung.

5.2 Lernen von Entscheidungsbäumen mit ID3

Entscheidungsbäume dienen zur Klassifikation von Beispielen in zwei oder mehrere Klassen. Die Beispielbeschreibungssprache besteht typischerweise aus einer Menge von Attributen. Attribute bezeichnen einzelne Eigenschaften eines Beispiels. Attribut-Wert-Paare wie z.B. [Farbe = rot] weisen einem Attribut (Farbe) ein Element aus einer vorgegebenen Wertemenge ({rot, gelb, grün, blau}) zu. Wie bereits in Abschn. 4.2 erwähnt, sind attributierte Beschreibungssprachen stark eingeschränkt, da sie keine strukturellen Eigenschaften der einzelnen Beispiele ausdrücken können, wie dies etwa mit zwei- oder mehrstelligen Prädikaten möglich wäre.

Ein *Entscheidungsbaum* ist ein Baum, dessen Knoten und Kanten wie folgt markiert sind:

- Die Blätter sind mit je einer Klasse markiert.
- Die inneren Knoten sind jeweils mit einem Attributtyp markiert.
- Die Kanten sind mit einem Attributwert vom Typ ihres Ausgangsknotens markiert.

Die *Lernaufgabe für Entscheidungsbäume* sieht so aus: Gegeben ist Menge von klassifizierten Beispielen in einer Attribut-Wert-Repräsentation, die Menge der Trainingsbeispiele. Gesucht ist ein Entscheidungsbaum, der die Trainingsbeispiele korrekt klassifiziert (und eine zusätzliche Menge von Testbeispielen korrekt oder mit geringer Fehlerrate den einzelnen Klassen zuordnet). Das Hintergrundwissen besteht hier nur aus der attributierten Beschreibungssprache für Beispiele.

Ein neues unklassifiziertes Beispiel, auch *Beobachtung* genannt, kann mit einem Entscheidungsbaum folgendermaßen klassifiziert werden:

1) Folge ausgehend von der Wurzel so lange entlang den Kanten mit den jeweils von der Beobachtung erfüllten Werten, bis ein Blatt erreicht wird.
2) Die Markierung des Blattes entspricht der Klasse, zu der das neue Beispiel gehört.

Beispiel für einen einfachen Entscheidungsbaum (aus [Quinlan, 1986]). Die Aufgabe des zu lernenden Entscheidungsbaums ist, zu entscheiden, ob das Wetter an einem Samstag morgen für eine bestimmte Tätigkeit geeignet ist oder nicht. Es gibt also die zwei Klassen P (positiv) und N (negativ). Die Attribute zur Beispielbeschreibung sind zusammen mit ihren Wertemengen in Tabelle 5-1 dargestellt. Tabelle 5-2 enthält die Beispielmenge.

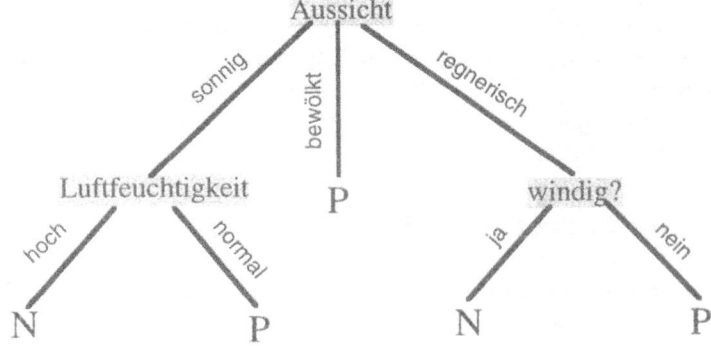

Abb. 5-1. Entscheidungsbaum zur Wetterbewertung für die Beispiele aus Tabelle 5-2

Tabelle 5-1. Attributmenge zur Wetterbewertung

Attribut	Wertemenge
Aussicht	sonnig, regnerisch, bewölkt
Temperatur	kalt, mild, heiß
Luftfeuchtigkeit	hoch, normal
Windig?	ja, nein

Tabelle 5-2. Beispielmenge zur Wetterbewertung

Beispiel	Aussicht	Temperatur	Luftfeuchtigk.	Windig?	Klasse
1	sonnig	heiß	hoch	nein	N
2	sonnig	heiß	hoch	ja	N
3	bewölkt	heiß	hoch	nein	P
4	regnerisch	mild	hoch	nein	P
5	regnerisch	kalt	normal	nein	P
6	regnerisch	kalt	normal	ja	N
7	bewölkt	kalt	normal	ja	P
8	sonnig	mild	hoch	nein	N
9	sonnig	kalt	normal	nein	P
10	regnerisch	mild	normal	nein	P
11	sonnig	mild	normal	ja	P
12	bewölkt	mild	hoch	ja	P
13	bewölkt	heiß	normal	nein	P
14	regnerisch	mild	hoch	ja	N

Prozedur zur Generierung von Entscheidungsbäumen. Entscheidungsbäume für eine Menge von (schon klassifizierten) Beispielen C werden durch die Prozedur EB(C) folgendermaßen gelernt:

```
Falls alle Elemente von C zu einer Klasse K gehören,
    erzeuge ein Blatt und markiere es mit K.
Sonst, falls C leer ist
    erzeuge ein Blatt und markiere es mit „null", d.h.
    es konnte hierfür keine gute Hypothese gefunden werden.
Sonst
    wähle ein Attribut A aus und erzeuge einen damit markierten
    Knoten.
    Erzeuge für jeden Wert Aᵢ von A eine Kante, die mit Aᵢ
    markiert ist.
    Bestimme die Mengen Cᵢ mit allen Beispielen, die für A den
    Wert Aᵢ haben.
    Rufe für jedes Cᵢ EB(Cᵢ) mit der um A reduzierten
    Attributmenge auf und hänge den dadurch erzeugten
    Baum an die mit Aᵢ markierte Kante an.
```

Für die Beispielmenge in Tabelle 5-2 erzeugt die Prozedur den in Abb. 5-1 gezeigten Entscheidungsbaum.

Auf diesem Verfahren basierende Algorithmen heißen „Top-Down Induction of Decision Trees" (TDIDT). Sie führen also Lernen als eine *Top-Down-Suche* durch. Die anfangs zu generelle Hypothese, d.h. der Entscheidungsbaum, wird schrittweise spezialisiert, indem der Baum neue Verzweigungen erhält.

Attributauswahl bei ID3. Der Kern des Lernverfahrens ist die Auswahl der Attribute. Hierzu werden statistische Verfahren eingesetzt. Es gibt eine Reihe verschiedener Verfahren. Eine vergleichende Analyse dazu findet sich in [Mingers, 1989]. Hier wird das in dem System ID3 [Quinlan, 1983 und 1986] benutzte Verfahren vorgestellt, das auf dem bereits 1966 von Hunt, Marin und Stone publizierten CLT basiert [Hunt et al., 1966]. ID3 ist das bekannteste TDIDT-Lernsystem, vermutlich das insgesamt weltweit bekannteste maschinelle Lernsystem. Es gibt eine große Anzahl dokumentierter industrieller Anwendungen für ID3 und verwandte TDIDT-Lernsysteme [Kodratoff und Langley, 1993].

Die Idee der Attributauswahl bei ID3 ist, den *Informationsgehalt* eines Attributs für die Klassifikation von Beispielen zu bestimmen. Dazu wird statistisch berechnet und verglichen, wie gut man klassifizieren kann, *ohne* ein Attribut A zu kennen, und wie gut eine Klassifikation *mit* der Kenntnis des Wertes dieses bestimmten Attributs A möglich ist. Die Differenz zwischen diesen Werten gibt den Informationsgewinn durch A an, der sich in folgender Gleichung zusammenfassen läßt:

> Informationsgewinn (Gain) = Informationsgehalt des Baums ohne Kenntnis von A
> – Informationsgehalt des Baums mit Kenntnis von A

Das Attribut mit dem höchsten Informationsgewinn wird für die Wurzel des Baums gewählt. Für die Teilbäume wird mit der reduzierten Attributmenge genauso weiterverfahren.

Der Informationsgehalt einer Objektmenge C wird durch die *Entropie* gegeben:

$$I(C) = - \sum_{i=1}^{n} p_i \cdot \log_2 p_i$$

Dabei ist n die Anzahl der Klassen und p_i die Wahrscheinlichkeit für die i-te Klasse. Der Informationsgehalt eines Entscheidungsbaums mit A als Wurzel ist gegeben durch:

$$I(C|A \text{ bekannt}) = \sum_{i=1}^{s} P(A = w_i) \cdot I(\{c \in C \mid A = w_i\}).$$

Dabei ist s die Anzahl der Werte, die A annehmen kann. $P(A = w_i)$ gibt die Wahrscheinlichkeit an, daß A den Wert w_i (in der Objektmenge C) annimmt. $\{c \in C \mid A = w_i\}$ ist dann die Teilmenge von C, deren Elemente diesen Wert für A haben. Formal läßt sich der Informationsgewinn durch A damit so ausdrücken:

$$gain(A) = I(C) - I(C|A \text{ bekannt})$$

Die Nützlichkeit dieser Formel zur Erzeugung guter (kompakter) Bäume ist empirisch ermittelt worden. Als Einheit für den Informationsgehalt werden Bits genommen.

Beispiel für die Berechnung des Informationsgewinns. Wir betrachten die Beispielmenge in Tabelle 5-2. Es existieren 14 Beispiele, davon 9 aus P und 5 aus N. Daraus ergibt sich

$$I(C) = -\frac{9}{14} \log_2 \frac{9}{14} - \frac{5}{14} \log_2 \frac{5}{14} = 0,940 \text{ Bits}$$

Möchte man nun den Informationsgewinn für das Attribut „Aussicht" mit den Werten {sonnig, bewölkt, regnerisch} bestimmen, so ergibt sich für „sonnig", daß fünf der 14 Objekte diesen Attributwert besitzen, zwei davon gehören zur Klasse P, die anderen drei zu N. Somit gilt:

$$P(\text{Aussicht} = \text{sonnig}) = \frac{5}{14} \text{ und}$$

$$I(\{C | \text{Aussicht} = \text{sonnig}\}) = -\frac{2}{5} \log_2 \frac{2}{5} - \frac{3}{5} \log_2 \frac{3}{5} = 0,971 \text{ Bits}$$

Analog erhält man

$$P(\text{Aussicht} = \text{bewölkt}) = \frac{4}{14} \text{ und } I(\{C | \text{Aussicht} = \text{bewölkt}\}) = 0 \text{ Bits}$$

sowie

$$P(\text{Aussicht} = \text{regnerisch}) = \frac{5}{14} \text{ und } I(\{C | \text{Aussicht} = \text{regnerisch}\}) = 0,971 \text{ Bits}$$

und insgesamt

$$I(C | \text{Aussicht bekannt}) = \frac{5}{14} \, 0,971 \text{ Bits} + \frac{4}{14} \, 0 \text{ Bits} + \frac{5}{14} \, 0,971 \text{ Bits} = 0,694 \text{ Bits}$$

Damit ist der Informationsgewinn für „Aussicht"

gain(Aussicht) = 0,940 − I(C|Aussicht bekannt) = 0,246 Bits.

Analog erhält man   gain(Temperatur) = 0,029 Bits   und

gain(Luftfeuchtigkeit) = 0,151 Bits   sowie

gain(Windig?) = 0,048 Bits

„Aussicht" hat also den höchsten Informationsgewinn und wird von ID3 als Wurzel für den Entscheidungsbaum ausgewählt. Insgesamt erzeugt das System den in Abb. 5-1 gezeigten Entscheidungsbaum. Daß eine ungünstige Attributauswahl zu wesentlich komplizierteren Entscheidungsbäumen führen kann, zeigt der Baum in Abb. 5-2. Er basiert auf der gleichen Beispielmenge wie der obige Baum.

Aus einem Entscheidungsbaum kann auf einfache Weise eine Regelmenge erzeugt werden. Für jeden Pfad von der Wurzel zu einem Blatt wird dabei eine Regel erzeugt, die im Bedingungsteil die im Pfad enthaltenen Attributwerte abfragt und als Konklusion die Klasse in dem Blatt angibt. Damit läßt sich also ein solcher Baum direkt in eine für Wissensbasen gebräuchliche Form überführen. Aus dem Entscheidungsbaum in Abb. 5-1 läßt sich z.b. die folgende Regel erzeugen:

IF Aussicht = sonnig AND Luftfeuchtigkeit = hoch THEN Wetter = N

Bewertung von ID3 (und anderen TDIDT-Verfahren). Da ID3 eine lineare Laufzeit in der Anzahl der Beispiele besitzt (bei festgehaltener Attributmenge), können mit dem System sehr große, praxisrelevante Beispielmengen verarbeitet werden.[1] Das System benötigt allerdings auch große Mengen von Beispielen, da bei kleinen, statistisch nicht relevanten Mengen die Ergebnisse für die Berechnung des Informationsgehalts verfälscht werden können.

Es gibt zahlreiche Varianten und Erweiterungen des Verfahrens, die sich z.B. auf die Verarbeitung von verrauschten und unvollständigen Daten, auf die Verarbeitung numerischer Attribute und das Beschneiden des Baumes (Pruning) beziehen, um damit bessere Ergebnisse zu erzielen. Viele Tests haben ergeben, daß einfachere Entscheidungsbäume zuverlässiger sind als komplexe Bäume für die gleiche Beispielmenge, also ein Ergebnis, das sich zum Textkompressionsmaß von Muggleton (s. Kap. 4) in Beziehung setzen läßt.

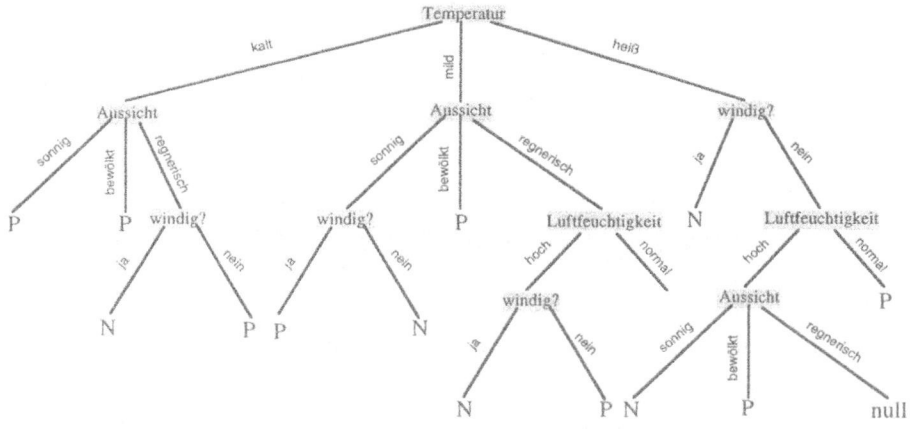

Abb. 5-2. Komplizierterer Entscheidungsbaum zur Wetterbewertung mit den Beispielen aus Tabelle 5-2, aber anderer Attributauswahl. Mit „null" ist hier ein Blatt markiert, zu dem keine Beispiele verfügbar sind, also auch keine Klasse bestimmt werden kann.

---

[1] Die Fähigkeit von ID3, große Datenmenge zu verarbeiten, läßt sich auch an der Tatsache ablesen, daß ID3 erfolgreich zum Entdeckungslernen in Datenbanken (Knowledge Discovery in Data Bases, Data Base Mining) eingesetzt wird (s. Abschn. 7.7). Eine Erweiterung von ID3 ist als Komponente in das kommerzielle Werkzeug Clementine für diesen Aufgabenbereich [Khabaza, 1994] eingeflossen.

Hintergrundwissen kann von dem System nur in Form der attributierten Beispielbeschreibungssprache verarbeitet werden. Die Verarbeitung einer Bereichstheorie oder ähnlichem Hintergrundwissen ist nicht möglich. Damit ist die Klasse der Lernprobleme, die mit ID3 und anderen TDIDT-Verfahren gelöst werden können, stark eingeschränkt. Trotzdem, oder vielleicht auch gerade wegen der Einfachheit des Verfahrens, wird es wie erwähnt mit viel Erfolg eingesetzt.

Ein Beispiel für einen erfolgreichen industriellen Einsatz eines TDIDT-Systems, das eine ID3-Erweiterung darstellt, ist MEA [El Attar und Hamey, 1993]. Das System lernt Regeln für die Reparatur von Rotorblättern für Hubschrauber. Die Beispiele liegen in einer Datenbank vor. Die generierten Regeln werden in die Wissensbasis des wissensbasierten Systems SERP übernommen, das mit dem Entwicklungswerkzeug KEE implementiert ist. Die aus dem Entscheidungsbaum erzeugten Regeln werden dazu in ein KEE-Format übersetzt. Damit zeigt sich hier eine interessante Variante für den Aufbau einer Wissensbasis mit maschinellem Lernen. Die Ergebnisse des Lernsystems liegen in einer anderen Beschreibungssprache vor als für die zu initialisierende Wissensbasis erforderlich. Durch die Übersetzung ergeben sich flexiblere Einsatzmöglichkeiten für Lernsysteme bei der Wissensbasisinitialisierungsphase. Eine direkte Übernahme in die Wissensbasis ist nicht erforderlich.

5.3 Lernen einer Menge von Hornklauseln mit FOIL

FOIL [Quinlan 1990] ist ein Vertreter der *induktiven logischen Programmierung*, einem Teilbereich des maschinellen Lernens, der in der letzten Zeit starke Bedeutung gewonnen hat. Bei dieser Forschungsrichtung geht es um die konstruktive Formalisierung des induktiven Schlusses in der Prädikatenlogik. Damit bieten sich die Arbeiten aus diesem Bereich naheliegenderweise für den Aufbau oder die Ergänzung einer in Logik repräsentierten Wissensbasis an.

Ein früher Ansatz zum Lernen in der Prädikatenlogik findet sich bereits bei Plotkin [Plotkin, 1970 und 1971]. Die Generalisierung in der Prädikatenlogik wird hier durch Subsumption, eine eingeschränkte Form der logischen Implikation, formalisiert. Zu Plotkins Ansatz wurde jedoch gezeigt, daß es beim betrachteten allgemeinen Fall in der Prädikatenlogik erster Stufe nicht entscheidbar ist, ob die speziellste mit Hintergrundwissen und Beispielen konsistente und gemäß einer „Interessantheitsordnung" minimale Generalisierung gefunden wird. Deshalb betrachten jüngere Ansätze[2] Einschränkungen der Prädikatenlogik, bei denen eine speziellste (oder eine generellste konsistente) Generalisierung gefunden werden kann, z.B. die generalisierte Subsumption [Buntine, 1988] oder die Komponente RDT von MOBAL [Morik et al., 1993]. Das Lernen von Klauseln bei RDT ist u.a. durch die Verwendung der Regelmodelle und der Prädikattopologie beschränkt.

---

[2] Plotkins Arbeit von 1970 und weitere, jüngere Systeme aus dem Bereich der induktiven logischen Programmierung [Vere, 1980; Wirth, 1989; Quinlan, 1990; Bisson, 1992] werden in [Herrmann, 1994a] vorgestellt.

FOIL lernt aus positiven (und negativen) Beispielen eine Begriffsbeschreibung als Menge von funktionsfreien Hornklauseln ohne Konstanten. Es treten also nur Variablen als Argumente in den Literalen auf. Die Menge von Klauseln, die das gleiche, zum Begriff gehörende Kopfliteral besitzen, wird *Regel* genannt. Im Klauselrumpf sind auch negierte Prädikate zulässig. Ein gegebenes Prädikat kann in FOIL *extensional* durch eine Menge von Fakten (Wertetupel, die das Prädikat erfüllen) oder *intensional* durch eine Menge von Hornklauseln definiert werden.

Als Eingabe erhält das System neben den positiven und negativen Beispielen für den zu lernenden Begriff auch Hintergrundwissen in Form einer Menge von extensional definierten Prädikaten. Positive Beispiele, in FOIL *positive Tupel* genannt, sind alle Wertetupel, die (in die Variablen eingesetzt) eine Klausel erfüllen, *negative Tupel* sind solche Tupel, die den Klauselrumpf, aber nicht den Kopf erfüllen. Die negativen Tupel können auch vom System mit der in PROLOG üblichen Closed-World Assumption[3] bestimmt werden.

Ausgehend von der Beispielmenge wird eine Suche nach Hornklauseln, die alle negativen Beispiele ausschließen und möglichst viele positive einschließen, durchgeführt. Bei der Suche werden die einzelnen Klauseln schrittweise aufgebaut. Beginnend mit einer Klausel, die nur aus dem Kopfliteral für den zu charakterisierenden Begriff besteht, werden nach und nach mit einer Hill-Climbing-Suchstrategie Literale in den Rumpf eingefügt. Die Auswahl der hinzugefügten Literale erfolgt durch eine modifizierte Form des von ID3 bekannten Maßes des Informationsgewinns.

Beim Hinzufügen eines Literals gibt es zwei Möglichkeiten für die Belegung der Argumente:

a) Es werden nur alte Variablen verwendet, also solche, die bisher schon im Klauselkopf oder Rumpf aufgetaucht sind.

b) Es werden auch neue Variablen[4] verwendet. Dann müssen die positiven und negativen Tupel entsprechend erweitert werden.

Der FOIL-Algorithmus

```
Sei Präd das zu lernende Prädikat
Sei Pos die Menge der positiven Tupel
Solange Pos nicht leer ist, führe aus:
    Sei Neg die Menge der negativen Tupel
    Setze Rumpf auf die leere Menge
    Sei Old die Menge der in Präd benutzten Variablen
    Aufruf von Lerne_Klauselrumpf

    Füge die Klausel Präd ← Rumpf zur Regel hinzu
    Entferne alle Tupel aus Pos, die Rumpf erfüllen
(Pos ist hier weiterhin die Tupelmenge für das Kopfliteral,
nicht die erweiterte Tupelmenge aus Lerne_Klauselrumpf!)
```

---

[3] Die Closed-World Assumption besagt folgendes: Wenn es keinen Beweis dafür gibt, daß ein Argumenttupel ein Prädikat erfüllt, dann erfüllt das Tupel (per definitionem) das negierte Prädikat.

[4] Die Verwendung von ausschließlich neuen Variablen in dem der Klausel hinzugefügten Literal ist nicht erlaubt. Hierdurch ist also eine weitere Einschränkung der Prädikatenlogik bei FOIL gegeben.

```
Prozedur Lerne_Klauselrumpf:
Solange Neg nicht leer ist, führe aus:
    Für jedes Prädikat P und für jede Instantiierung L von
    P führe aus:
        Berechne den Informationsgewinn für L und ¬L
    Wähle das Literal L bzw. ¬L mit dem höchsten
    Informationsgewinn {Hill-Climbing-Schritt}
    Füge L in Rumpf ein
    Erweitere Old um die neuen Variablen
    Setze Pos auf alle Erweiterungen von Elementen aus Pos,
    die L erfüllen
    Setze Neg auf alle Erweiterungen von Elementen aus Neg,
    die L erfüllen
```

Beispiel zur Regelgenerierung mit FOIL aus [Quinlan, 1990]. Es soll eine Regel für das Prädikat erreichbar(X,Y) gelernt werden, das die Erreichbarkeit von Knoten in einem gerichteten Graphen beschreibt. Die Startklausel mit zunächst leerem Rumpf ist damit

erreichbar(X,Y) ← . . .

Beispiele für das Prädikat ergeben sich aus dem Graphen in Abb. 5-3.

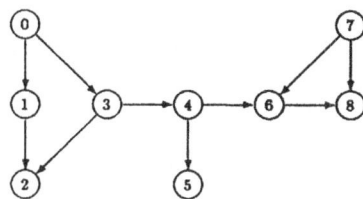

Abb. 5-3. Gerichteter Graph als Quelle von Beispielen für die Relation erreichbar(X,Y)

Es gibt 9 Konstanten in dem Graphen, daraus ergeben sich mit der Closed-World Assumption 81 positive und negative Beispiele.

+:   <0,1> <0,2> <0,3> <0,4> <0,5> <0,6> <0,8> <1,2> <3,2> <3,4> <3,5>
      <3,6> <3,8> <4,5> <4,6> <4,8> <6,8> <7,6> <7,8>
−:   <0,0> <0,7> <1,0> <1,1> <1,3> <1,4> <1,5> <1,6> <1,7> <1,8> <2,0>
      <2,1> <2,2> <2,3> <2,4> <2,5> <2,6> <2,7> <2,8> <3,0> <3,1> <3,3>
      <3,7> <4,0> <4,1> <4,2> <4,3> <4,4> <4,7> <5,0> <5,1> <5,2> <5,3>
      <5,4> <5,5> <5,6> <5,7> <5,8> <6,0> <6,1> <6,2> <6,3> <6,4> <6,5>
      <6,6> <6,7> <7,0> <7,1> <7,2> <7,3> <7,4> <7,5> <7,7> <8,0> <8,1>
      <8,2> <8,3> <8,4> <8,5> <8,6> <8,7> <8,8>

Wird z.B. als Kandidat für das erste Literal im Regelrumpf verbunden(X,Y) untersucht (verbunden ist ein Prädikat aus dem Hintergrundwissen), so werden damit 10 positive und kein negatives Beispiel abgedeckt. Also ergibt sich als erste fertige Klausel:

erreichbar(X,Y) ← verbunden(X,Y)

Die negative Beispielmenge bleibt danach unverändert, die positive wird auf die folgenden Tupel reduziert:

+:   <0,2> <0,4> <0,5> <0,6> <0,8> <3,5> <3,6> <3,8> <4,8>

Da bisher nicht alle positiven Beispiele überdeckt wurden, wird eine zweite Horn-klausel konstruiert mit demselben Kopf. Als erstes Literal wird verbunden(X,Z) gewählt. Hier wurde eine neue Variable eingeführt. Damit verändern sich die Beispielmengen, die 2-Tupel werden zu 3-Tupeln erweitert. Aus der negativen Beispielmenge werden dabei alle Tupel entfernt, die mit 2, 5 oder 8 beginnen, da von diesen Knoten keine Kanten ausgehen, sie also nicht als erstes Argument in einer Instanz von verbunden auftauchen können:

+:   <0,2,1> <0,2,3> <0,4,1> <0,4,3> <0,5,1> <0,5,3> <0,6,1> <0,6,3>
      <0,8,1> <0,8,3> <3,5,2> <3,5,4> <3,6,2> <3,6,4> <3,8,2> <3,8,4>
      <4,8,5> <4,8,6>
−:   <0,0,1> <0,0,3> <0,7,1> <0,7,3> <1,0,2> <1,1,2> <1,3,2> <1,4,2>
      <1,5,2> <1,6,2> <1,7,2> <1,8,2> <3,0,2> <3,0,4> <3,1,2> <3,1,4>
      <3,3,2> <3,3,4> <3,7,2> <3,7,4> <4,0,5> <4,0,6> <4,1,5> <4,1,6>
      <4,2,5> <4,2,6> <4,3,5> <4,3,6> <4,4,5> <4,4,6> <4,7,5> <4,7,6>
      <6,0,8> <6,1,8> <6,2,8> <6,3,8> <6,4,8> <6,5,8> <6,6,8> <6,7,8>
      <7,0,6> <7,0,8> <7,1,6> <7,1,8> <7,2,6> <7,2,8> <7,3,6> <7,3,8>
      <7,4,6> <7,4,8> <7,5,6> <7,5,8> <7,7,6> <7,7,8>

Da noch nicht alle negativen Beispiele ausgeschlossen sind, muß die Klausel weiter verfeinert werden. Die Wahl fällt auf erreichbar(Z,Y).[5] Das ergibt die Klausel

erreichbar(X,Y) ← verbunden(X,Z), erreichbar(Z,Y)

Hierdurch werden alle negativen Beispiele ausgeschlossen und die folgenden positiven überdeckt:

+:   <0,2,1> <0,2,3> <0,4,3> <0,5,3> <0,6,3> <0,8,3> <3,5,4> <3,6,4>
      <3,8,4> <4,8,6>

Damit sind alle positiven 2-Tupel für das zu lernende Prädikat mit mindestens einem 3-Tupel überdeckt, und die Regel ist fertig. Wäre statt dessen als zweites Rumpfliteral verbunden(Z,Y) gewählt worden, so wären damit ebenfalls alle negativen Beispiele ausgeschlossen worden, aber nur die folgenden positiven, die nicht alle positiven 2-Tupel für das Kopf-Literal überdecken:

+:   <0,2,1> <0,2,3> <0,4,3> <3,5,4> <3,6,4> <4,8,6>

Damit hätte dann die Regel noch um eine weitere Klausel erweitert werden müs-sen. Die richtige Wahl wurde aufgrund des höheren Informationsgewinns des Literals getroffen.

Bewertung von FOIL. In der prädikatenlogischen Beschreibungssprachklasse von FOIL lassen sich mächtigere Begriffsbeschreibungen ausdrücken als in der

---

[5] Das zu lernende Prädikat kann bei von FOIL gelernten Klauseln auch im Klauselrumpf auftauchen, d.h. es sind (eingeschränkte) rekursive Prädikatdefinitionen möglich.

attributierten Sprachklasse von ID3. Damit hat FOIL (und andere Systeme, die in der Prädikatenlogik lernen) weiterreichende Möglichkeiten für die Wissensbasis-initialisierung. Diese größere Mächtigkeit wird allerdings durch eine höhere Komplexität erkauft. Pazzani und Kibler haben eine Komplexitätsanalyse für FOIL durchgeführt [Pazzani und Kibler, 1992]. Dabei wurde der *Verzweigungs-faktor* für die Hill-Climbing-Suche als kritische Größe betrachtet. Er gibt an, wieviel Nachfolgerknoten für den aktuellen Knoten im Suchbaum vorhanden sind. Der Verzweigungsfaktor wächst bei FOIL exponentiell in der Stelligkeit des zu lernenden Prädikats, in der maximalen Stelligkeit der verfügbaren Prädikate und in der Anzahl benötigter neuer Variablen. Noch problematischer sind die Bewertungskosten zur Auswahl des besten Nachfolgers. Hier gilt:

Bewertungskosten = Verzweigungsfaktor * Tupelsatzgröße.

Die Tupelsatzgröße gibt dabei an, wieviel positive und negative Tupel für die aktuelle Klausel vorhanden sind. Sie ist abhängig von der Anzahl der Variablen in der Klausel. Diese Analyse zeigt also, daß die Anwendung von FOIL leicht an Komplexitätsschranken stoßen kann.

Eine weitere Beschränkung von FOIL bezieht sich auf die Verwendung von Hintergrundwissen beim Lernen. Gerade für die Initialisierung einer Wissensbasis ist es interessant, inwieweit bereits vorhandenes Sachbereichswissen von einem Lernsystem ausgenutzt werden kann. FOIL kann lediglich Faktenwissen in Form der extensionalen Prädikatdefinitionen verarbeiten. Die Suche nach geeigneten Klauseln wird hingegen nicht durch Hintergrundwissen unterstützt wie die modellbasierte Suche bei RDT, die durch Regelmodelle und die Prädikattopologie gesteuert wird, sondern basiert auf der einfachen Hill-Climbing-Heuristik des Informationsgewinns. Sie hat den Nachteil, daß eine Vorausschau auf die weitere Klauselentwicklung nicht erfolgt. So kann es z.B. eine Gruppe von Literalen geben, die als Ganzes einer Klausel hinzugefügt zu einem hohen Informa-tionsgewinn führen würden, deren Elemente einzeln betrachtet aber jeweils an-deren Literalen bezüglich dieses Maßes unterlegen sind und damit nicht in die Klausel aufgenommen werden.[6]

---

[6] Eine Erweiterung von FOIL, die diese und weitere Einschränkungen überwindet, ist FOCL [Pazzani und Kibler, 1992]. Folgende Erweiterungen gibt es bei FOCL:
- Typisierte Prädikate, d.h. jedes Prädikatargument hat einen eigenen Typ.
- Constraints zur Prädikatinstanziierung, z.B. A ≠ B etc.
- Vorgabe eines Startrumpfes möglich, um den Erzeugungsprozeß zu beschleunigen.
- Benutzung der Definition von intensionalen Prädikaten, um den aktuell zu lernenden Klauselrumpf um mehrere Literale auf einmal zu erweitern. Auf diese Weise kann dem Rumpf eine Literal*menge* hinzugefügt werden, auch wenn jedes *einzelne* Literal kei-nen Informationsgewinn bringt. Damit kann also die Hill-Climbing-Strategie verbessert werden, indem mehrere Literale einzeln betrachtet bergab führen dürfen, wenn der Klauselrumpf des intensionalen Prädikats insgesamt bergauf führt.
- Intensional beschriebene Prädikate wirken als Theorie für den Sachbereich. Falls eine solche vorhanden ist, arbeitet FOCL als erklärungsbasiertes Lernsystem [Mitchell et al., 1986; DeJong und Mooney, 1986], in diesem Fall mit einer *Menge* von positiven und negativen Beispielen. FOCL kann auch eine unvollständige und fehlerhafte

5.4 Bewertung des Einsatzes von maschinellem Lernen

Wir haben anhand der beiden Systeme ID3 und FOIL beispielhaft aufgezeigt, wie maschinelles Lernen für die Wissensbasisinitialisierung eingesetzt werden kann. Dabei wurden Unterschiede in der Mächtigkeit der benutzten Repräsentationssprachklassen und der Verwendung von Hintergrundwissen deutlich. Beide Systeme lernen induktiv aus Beispielen. Der induktive Schluß zeichnet sich dadurch aus, daß er neues Wissen generiert, das sich nicht aus den Beispielen (und dem Hintergrundwissen) deduktiv folgern läßt. Deduktive Lernsysteme erweitern hingegen das vorhandene Wissen in diesem Sinne nicht. So erfolgt bei dem zu dieser Klasse gehörigen erklärungsbasierten Lernen [Mitchell et al., 1986; DeJong und Mooney, 1986] statt einer Erweiterung eine Operationalisierung vorhandenen Wissens. Aus diesem Grunde sind vor allem induktive Lernsysteme für die Wissensbasisinitialisierung geeignet. Die Eignung von erklärungsbasiertem Lernen für die Phase der Wissensbasiserweiterung wird in Kap. 7 erörtert.

Im Gegensatz zum deduktiven Schluß ist der induktive Schluß nicht wahrheitserhaltend. Aus etwas Richtigem können induktiv falsche Folgerungen gezogen werden. Deshalb ist die Kontrolle des gelernten Wissens insbesondere für induktives Lernen eine wichtige Forderung. Ferner ist die Verständlichkeit des gelernten Wissens unerläßlich, wenn dem Benutzer eine Kontrollfunktion eingeräumt oder wenn gelerntes Wissen interaktiv verfeinert werden soll. Gerade beim Aufbau einer Wissensbasis mit Hilfe von Lerntechniken muß die Pflege des gelernten Wissens im Rahmen der späteren Phasen des Lebenszyklus ermöglicht werden, ist also Verständlichkeit eine wichtige Forderung. Michalski [Michalski, 1983] fordert in seinem „Verständlichkeitspostulat" (Comprehensibility Postulate) folgendes:

- Das Ergebnis des Lernprozesses sollte eine symbolische Beschreibung der gegebenen Grundobjekte sein.
- Die Beschreibung sollte semantisch und strukturell ähnlich sein zu einer solchen, die von einem Experten für die gleichen Grundobjekte erstellt würde.
- Die Bestandteile der Beschreibung sollten als einzelne „Informationsstückchen" (chunks of knowledge) verständlich und der natürlichen Sprache angenähert sein.

Induktives Lernen mit neuronalen Netzen wird diesen Forderungen typischerweise nicht gerecht, es gibt jedoch auch hier Ansätze zur Extraktion verständlichen Wissens aus einem gelernten Netz [Ultsch, 1990].

Bei der Wissensbasisinitialisierung liegt häufig eine Menge von Beispielen gleichzeitig vor. Damit sind hier insbesondere *nichtinkrementelle* Lernverfahren wie z.B. ID3, FOIL und RDT geeignet, also maschinelle Lernverfahren, die Lernbeispiele nicht einzeln, sondern als Menge verarbeiten. Es können damit z.B. Statistiken über Häufigkeitsverteilungen (die Basis für das Maß des Informationsgewinns) oder die Fehlerrate des gelernten Wissens effektiv erstellt und aus-

---

Theorie sinnvoll nutzen, um die Suche nach der besten Regel (gemäß dem Informationsgewinnmaß) zu beschleunigen.

genutzt werden, die beim inkrementellen Lernen höchstens durch regelmäßiges Aktualisieren verfügbar zu halten sind. Man kann selbstverständlich auch aus einer Menge von Beispielen inkrementell lernen, nutzt dann aber das gleichzeitige Vorliegen der Beispiele nicht aus und handelt sich dabei andererseits möglicherweise Probleme wie Reihenfolgeabhängigkeiten ein. Wenn im Rahmen der Wissensbasiserweiterungsphase hingegen neue Beispiele einzeln verfügbar werden, kommen die Vorteile inkrementeller Lernverfahren zum Tragen (vgl. Kap. 7).

Die oben vorgestellten maschinellen Lernsysteme ID3 und FOIL sowie viele weitere Lernsysteme [Michalski et al., 1983; Michalski et al., 1986; Kodratoff und Michalski, 1990; Michalski und Tecuci, 1994; Herrmann, 1994a] können also wie beschrieben einen Beitrag zur Wissensbasisinitialisierung leisten. Kann damit der Aufbau einer Wissensbasis vollständig automatisiert werden? Diese Frage muß typischerweise für praxisrelevante Anwendungen verneint werden. Gründe dafür wurden z.T. bereits oben erörtert und sollen hier kurz zusammengefaßt werden: Durch die Modellierungsarbeit muß für die Anwendung von Lernverfahren vor ihrer Anwendung erhebliche Vorarbeit geleistet werden, die zwar auch wie bei MOBAL unterstützt werden kann, jedoch vom Benutzer wenigstens gesteuert werden muß. Da auch fehlerhaftes Wissen gelernt werden kann, ist zumindest eine Überwachung und Kontrolle durch den Benutzer notwendig. Der Benutzer wird durch ein Lernsystem beim Aufbau einer Wissensbasis eher unterstützt als ersetzt, das Lernsystem übernimmt eine Assistenzfunktion. Ein weiterer einschränkender Aspekt ist die Komplexität vieler Lernverfahren, insbesondere solcher, die aus strukturellen Beschreibungen lernen. Insgesamt gesehen ist nicht zu erwarten, daß ein Lernsystem das gesamte Wissen über das Anwendungsgebiet und die bearbeitete Problemklasse automatisch akquiriert. In der Praxis kann ein Lernsystem einen signifikanten Teil der Wissensbasisinitialisierung übernehmen bzw. unterstützen.

6. Wissensbasiseinsatz

In diesem Kapitel werden Querbezüge und Abhängigkeiten zwischen dem Wissensbasiseinsatz und den anderen Phasen des Lebenszyklus einer Wissensbasis vorgestellt. Dabei liegt der Schwerpunkt insbesondere auf dem Bezug zwischen in den anderen Phasen angesiedelten Lernmethoden und der im Rahmen eines Wissensbasiseinsatzes durchgeführten Anwendungsaufgabe, im folgenden auch *Problemlösung* genannt.

6.1 Wissensbasiseinsatz und integrierte Lernarchitekturen

Mit *Wissensbasiseinsatz* werden Aktivitäten bezeichnet, die das in einer Wissensbasis enthaltene Wissen zur Problemlösung, d.h. zur Erledigung einer Aufgabe für eine vorgegebene Anwendung, einsetzen. Dabei wird der Inhalt der Wissensbasis von einer Kontrollkomponente bzw. einem Inferenzmechanismus zur Anwendung gebracht. Hiermit wird also die Wissensbasis für ihre eigentliche Bestimmung eingesetzt. Alle anderen Phasen des Lebenszyklus dienen letztendlich dazu, den Wissensbasiseinsatz vorzubereiten, zu unterstützen, zu verbessern oder aufrechtzuerhalten. Daraus ergibt sich unmittelbar, daß Aufbau und Pflege einer Wissensbasis (Wissensmodellierung, Wissensbasisinitialisierung, -erweiterung, -modifikation und globale Adaptierung) nicht unabhängig vom Wissensbasiseinsatz betrieben werden können. Es sind vielfältige Querbezüge und Abhängigkeiten zu berücksichtigen. Entsprechend dem Thema dieses Buches soll deshalb hier auf die Querbezüge und Abhängigkeiten zwischen Lernmethoden zur Unterstützung von Aufbau und Pflege einer Wissensbasis und dem Wissensbasiseinsatz eingegangen werden.

Es gibt vielfältige Arbeiten über das Zusammenspiel von Lernen und Problemlösen [Plaza et al., 1993; Plaza, 1993; van Someren, 1993], aus denen hier nur einige Aspekte zur Sprache gebracht werden können. Im Rahmen des Themas *integrierte Lernarchitekturen* [Plaza, 1993] wird die Integration verschiedener Lernstrategien miteinander und mit einer Problemlösungskomponente erforscht. In [Plaza et al., 1993] findet sich folgende Charakterisierung dieses Begriffs: „Um sich als integrierte Lernarchitektur (ILA) zu qualifizieren, muß ein System zumindest eine Lernaufgabe und eine Problemlösungsaufgabe ausführen können. Ferner müssen Lernen und Problemlösen flexibel in einer einzigen Kontrollstruktur integriert sein, oder Lernen und Problemlösen müssen flexibel die gleichen Wissensstrukturen benutzen. Der Hauptpunkt ist hier die Unterscheidung zwischen in einem globalen System eingebettetem Lernen und der einfachen Benutzung von Lernmethoden als (externes) Werkzeug zum Aufbau eines (Experten-)Systems." Nur die erste der beiden Alternative wird als ILA bezeichnet. In letzter Zeit hat sich zunehmend die Überzeugung durchgesetzt, daß eine separate Bearbeitung von Lernen und Problemlösen nicht erfolgversprechend ist.

Es gibt unterschiedliche Ziele der Integration von Lernen und Problemlösen. Ein Ziel ist die *Verbesserung des Problemlösungsverhaltens durch Lernmethoden*. Dabei werden u.a. folgende Verbesserungen angestrebt:

- Verbesserte Adaptierung der Problemlösungskomponente an die Systemumgebung,
- Korrektur von Fehlern im Problemlösungswissen, etwa durch Wissensrevision (s. Kap. 8),
- Verbesserung der Qualität der gefundenen Problemlösungen,
- Aufwandsreduktion für die Problemlösung, d.h. Optimierung der Problemlösungsgeschwindigkeit.

Es gibt viele Arbeiten zur Verbesserung der Performanz eines Problemlösers durch Lernen. Dabei werden z.B. bereits gelöste Probleme analysiert und generalisierte, kompilierte Regeln daraus erzeugt, die eine Reihe von Problemlösungsschritten durch einen einzigen ersetzen. Beispiele dazu sind u.a. das erklärungsbasierte Lernen (EBL) [Mitchell et al., 1986; De Jong und Mooney, 1986], Makrooperatorlernen bei STRIPS [Fikes et al., 1972], LEDA [Herrmann und Witthaut, 1992] und anderen Systemen und das Chunking bei SOAR [Laird et al., 1986]. Ein wichtiges, aktuell erforschtes Anwendungsgebiet für die Verbesserung des Problemlösungsverhaltens durch Lernmethoden sind autonome Agenten. Hier ergeben sich besondere Anforderungen an die Kopplung von Lernen und Problemlösen. Eine spezielle Kopplungsform ist das Reinforcement Learning. Verschiedene Kopplungsformen werden z.B. in [Martín und Cortés, 1993] diskutiert. Weitere Informationen zur Verbesserung des Problemlösungsverhaltens durch Lernmethoden finden sich in den beiden Kap. 7 und 8, in denen die Wissensbasiserweiterung und die Wissensbasismodifikation thematisiert werden.

Das andere Ziel der Integration von Lernen und Problemlösen ist die *Verbesserung oder Ermöglichung des Lernverhaltens durch die Kopplung mit der Problemlösung*. Hierbei sind u.a. folgende Verbesserungen möglich:

- Bereitstellung von Beobachtungen und Beispielen für die Lernkomponente wie z.B. bei LEX [Mitchell et al., 1983],
- Bereitstellung von Kritik und Leistungsbewertung für die Lernkomponente, z.B. bei COSIMA und LIMES (Kap. 10),
- Fokussierung von Lernen durch die Vorgabe eines bestimmten Problemlösungskontextes, z.B. der in Kap. 4 erwähnte Wissensrevisionskontext für die Lernkomponente CLT [Morik et al., 1993].

6.2 Verschiedene Möglichkeiten der Integration von Lernen und Problemlösen

In Abhängigkeit von den angestrebten Zielen für eine ILA sowie der zu unterstützenden Anwendung ergeben sich unterschiedliche Möglichkeiten für die Interaktion zwischen Lern- und Problemlösungskomponente, für die Interaktion mit dem Benutzer sowie für die Auswahl von Situationen im Problemlösungsprozeß, in denen gelernt werden kann. Zu diesen verschiedenen Aspekten müssen also Entscheidungen bei der Planung einer ILA getroffen werden.

Verschiedene Formen der Interaktion zwischen Lern- und Problemlösungskomponente. Bereits in [Cohen und Feigenbaum, 1982] wurde ein Schema für die Interaktion zwischen Lern- und Problemlösungskomponente vorgestellt, s. Abb. 6-1.

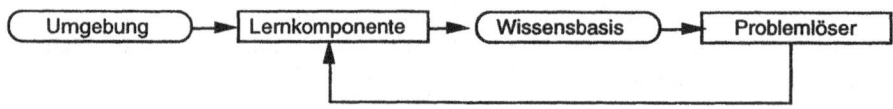

Abb. 6-1. Zusammenspiel von Lernkomponente und Problemlöser

Die *Umgebung* liefert Informationen an die Lernkomponente. Die *Lernkomponente* benutzt sie, um die *Wissensbasis* zu verbessern. Der *Problemlöser* benutzt das Wissen, um seine Aufgabe zu lösen. Die Auswertung des Problemlösungsprozesses wird als weitere Eingabe für das Lernsystem verwendet. Bei diesem Vorschlag wird nur das grobe Zusammenspiel von Lern- und Problemlösungskomponente festgelegt. So bleibt z.B. die Frage offen, ob der Zyklus für jeden einzelnen Problemlösungsschritt oder nur nach einer vollständig abgeschlossenen Problemlösung durchlaufen wird. Detaillierter betrachtet ergeben sich für die Interaktion dieser Komponenten folgende Alternativen, die z.T. eine Verfeinerung des in Abb. 6-1 gezeigten Schemas darstellen:

a) Nach dem Ende des Lernvorgangs wird die Wissensbasis von der Problemlösungskomponente eingesetzt. Anhand der Ergebnisse von durchgeführten Problemlösungen zeigt sich ggf. die Notwendigkeit, den Lernvorgang komplett zu wiederholen. Hier liegt also keine echte Integration im Sinne der obigen Charakterisierung von ILAs vor. Diese lose Form der Interaktion („*Batch-Modus*") hat den Vorteil der Modularität, die Schnittstelle zwischen den Komponenten ist einfach gestaltet. Diesem Vorteil steht die fehlende Flexibilität und Adaptierbarkeit als Nachteil gegenüber. Beispiel für diesen Modus: Ein z.B. mit ID3 [Quinlan 1983 und 1986] gelernter Entscheidungsbaum wird in eine Menge von Regeln übersetzt, die als Wissensbasis für eine heuristische Klassifikation zur Problemlösung eingesetzt werden.

b) Einzelne Problemlösungs- und Lernschritte wechseln sich ab. Die durch einzelne Problemlösungsschritte generierten Zwischenergebnisse dienen damit direkt als Eingabe für die Lernkomponente. Bei dieser aufwendigeren *tiefen* Integration der Komponenten ist entsprechend mehr Flexibilität und Adaptierbarkeit für die Wissensbasis möglich. Ein Beispiel hierzu findet sich in [Terano und Muro, 1994]. Während der Ausführung einzelner Regeln werden dort Bedingungs- und Aktionsteile von Regeln durch einen genetischen Algorithmus verändert. Ferner werden Regelprioritäten durch den Algorithmus justiert.

c) Die Performanzkomponente ruft die Lernkomponente bei Bedarf auf. Hier liegt eine flexible, datenabhängige Kontrolle der Kooperation vor. Erst beim Auftreten einer bestimmten Sachlage, z.B. einer Sackgasse beim integrierten System SOAR [Laird et al., 1986], kommt Lernen zum Einsatz. Hier muß also im System der Lernbedarf erkannt und repräsentiert werden. Diese Interaktionsform unterstützt eine gezielte und fokussierte Anwendung von Lernen während des Problemlösungsprozesses.

d) Die Lernkomponente beobachtet die Performanzkomponente und lernt im Hintergrund. Immer wenn während der Problemlösung für das Lernen relevante Instanzen auftreten, dienen sie als Eingabe für die Lernkomponente, die damit neues Wissen lernt oder bestehendes modifiziert. Der aktuelle Problemlösungsprozeß wird dadurch nicht beeinflußt. Das gelernte Wissen kann aber für zukünftige Problemlösungen nutzbar gemacht werden. Beispiele hierfür sind Lehrlingssysteme (Learning Apprentice Systems) wie etwa LEAP [Mitchell et al., 1985; Mahadevan et al., 1993] und COSIMA (Abschn. 10.2).

e) Die Lernkomponente ruft die Performanzkomponente bei Bedarf auf. Dieser Fall tritt ein, wenn beim Lernen aktive Experimente durchgeführt werden. Die Lernkomponente generiert eigene Trainingsprobleme, mit denen die Performanzkomponente aufgerufen wird. Dadurch werden gezielt Beobachtungen gewonnen, die z.B. das bereits gelernte Wissen vervollständigen oder überprüfen können. Aktive Experimente werden z.B. bei LEX [Mitchell et al., 1983] und in dem in Abschn. 10.3 vorgestellten Multistrategiesystem LIMES durchgeführt.

f) Unabhängig von einem konkreten Problemlösungsprozeß wird eine Lernkomponente aufgerufen, um die Wissensbasis zu analysieren und zu überarbeiten („Off-Line-Modus"). Hier hat also der Wissensbasiseinsatz keinen direkten Einfluß auf eine Aktivität zur Wissensbasispflege. Ein Beispiel hierfür ist die Restrukturierung einer Wissensbasis durch die Einführung oder das Entfernen von Zwischenkonzepten [Ginsberg, 1990; Sommer 1994]. Die durchgeführten Manipulationen haben zwar keinen Bezug zu einem aktuell durchgeführten Problemlösungsprozeß, beeinflussen aber zukünftige Problemlösungen, etwa durch die Veränderung der Schlußfolgerungstiefe bei der Anwendung der Wissensbasis.

Diese verschiedenen Interaktionsformen schließen sich z.T. nicht gegenseitig aus. In einer ILA können mehrere von ihnen gleichzeitig eingesetzt werden. Das ist insbesondere bei der Verwendung mehrerer Lernstrategien in der Architektur (Multistrategiesysteme, vgl. Abschn. 3.3) naheliegend. So kommen z.B. bei LIMES auch die Interaktionsformen a), c) und f) zur Anwendung.

Interaktion des Benutzers mit einer integrierten Lernarchitektur. Ein weiterer wichtiger Aspekt einer integrierten Lernarchitektur bezieht sich auf die Art und Weise, wie der Benutzer mit dem System interagiert. Bestimmte Lernstrategien, aber auch verschiedene Organisationsformen für Problemlöser erwarten eine bestimme Form der Benutzerinteraktion. Typischerweise muß die Benutzerinteraktion mit der oben behandelten Interaktion zwischen Lern- und Problemlösungskomponente abgestimmt werden. Für die Organisation der Benutzerinteraktion ergeben sich wiederum verschiedene Alternativen.

a) *Vollautomatisches System*

Hierbei kommen Lern- und Performanzkomponente weitgehend ohne Benutzerinteraktion aus. Das System kann ohne Unterstützung von außen (in einem „Batch-Mode") ablaufen. Selbst wenn diese Alternative in einem System technisch möglich ist, ist sie doch nur für ganz bestimmte Anwendungen akzeptabel, da eine Einflußnahmemöglichkeit des Benutzers ein zentrales Akzeptanzkriterium darstellt. Zumindest eine Kontrolle des Lernergebnisses oder auch des Lernablaufs ist häufig unverzichtbar. Andererseits gibt es Daten- und zeitintensive Lernprozesse, bei denen eine Benutzerinteraktion kaum möglich ist. Das in Abschn. 10.3 vorgestellte System LIMES kommt weitgehend ohne Benutzerinteraktion aus. Insbesondere die globale Adaptierung bei LIMES ist für einen Online-Betrieb zu zeitaufwendig, d.h. eine dauernde Überwachung oder regelmäßige Benutzeranfragen kommen nicht in Betracht. Eine Ergebniskontrolle durch den Benutzer ist aber auch hier wichtig.

b) *Intelligente Assistenzsysteme*

Hier liegt die Kontrolle des Systemablaufs beim Benutzer, das System assistiert ihm lediglich. Im Vergleich zu vollautomatischen Systemen stellen intelligente Assistenzsysteme [Hoschka und Wißkirchen, 1990; Boy, 1991; Herrmann und Reusch, 1987; Herrmann und Temme, 1989; Herrmann und Kloth, 1993] damit das andere Extrem bezüglich der Benutzerinteraktion dar. Das System übernimmt lediglich einzelne Routine- oder Kontrolloperationen und ermöglicht dem Benutzer damit auf komfortable Weise, sich auf die zentralen und auf schlecht formalisierbare Aspekte der Problemlösung zu konzentrieren. Lernende Assistenzsysteme, die oben erwähnten Lehrlingssysteme, haben im Zusammenhang mit erklärungsbasiertem Lernen Bedeutung erlangt. Lehrlingssysteme werden in [Mitchell et al., 1985] folgendermaßen charakterisiert: „Wir definieren lernende Lehrlingssysteme als die Klasse von interaktiven wissensbasierten Beratungssystemen, die direkt neues Wissen sammeln, indem sie die Problemlösungsschritte des Benutzers beobachten und analysieren, die der Benutzer bei seinem normalen Arbeiten mit dem System durchführt." Hier funktioniert die Problemlösungskomponente rein interaktiv, der Benutzer verwendet sie als einen „Problemlösungs-Editor". Erst durch diese intensive Benutzerinteraktion wird die notwendige Eingabe für die Lernkomponente verfügbar. Ein Beispiel für ein lernendes Assistenzsystem ist LEDA [Herrmann und Witthaut, 1992], ein System, das den Benutzer bei der Datenpfadsynthese für integrierte Schaltungen unterstützt, s. auch

Abschn. 7.4. Verschiedene Einsatzmöglichkeiten für maschinelles Lernen in intelligenten Assistenzsystemen werden in [Herrmann, 1996] aufgezeigt.

c) *Einzelne Vorgaben durch den Benutzer erforderlich*
Dieser Interaktionsmodus liegt zwischen den in a) und b) beschriebenen Extremen. Für Problemlösungs- oder Lernkomponente werden einzelne Beispiele, Antworten auf Anfragen an den Benutzer, Bestätigungen für eine vorgeschlagene Operation oder sonstige Vorgaben benötigt. Ein Beispiel hierfür ist der interaktive Inferenzmechanismus bei dem integrierten Lernsystem APT[1] [Nedellec und Cañamero, 1993]. Vor jedem Inferenzschritt wird der Benutzer gefragt, ob die bevorstehende Regelanwendung korrekt ist oder nicht. Entsprechendes gilt für die Lernkomponente. Bei der Generalisierung einer Regel wird der Benutzer nach Erklärungen für das aktuell bearbeitete Beispiel gefragt, durch die die Generalisierung gesteuert wird. Ein weiteres Beispiel für diesen Interaktionsmodus ist das in Abschn. 4.4 vorgestellte System DUCE [Muggleton, 1987]. Hier muß der Benutzer die mit konstruktiver Induktion generierten neuen Terme akzeptieren oder verwerfen, d.h. er übernimmt die Rolle eines Orakels.

Situationen im Problemlösungsprozeß, in denen gelernt wird. Der dritte wichtige Aspekt für integrierte Lernarchitekturen ist der Ausgangspunkt für den Start eines Lernprozesses. Aus welchen Klassen von Situationen kann ein Lernprozeß Wissen akquirieren? Diese Frage ist insbesondere von Bedeutung, wenn ein Lernprozeß flexibel, in Abhängigkeit von den bisher durchgeführten Operationen, angestoßen werden kann. Hier kommen u.a. folgende Situationen in Frage:

a) *Bei einem erfolgreichen Problemlösungsschritt oder einer Folge von erfolgreichen Schritten*
Eine solche Situation bietet sich als positives Beispiel zum Lernen an. Ein so gearteter Ausgangspunkt liegt z.B. beim dem oben erwähnten Lernen von Makrooperatoren vor [Fikes et al., 1972].

b) *Bei einem Mißerfolg im Problemlösungsprozeß*
Aus einer solchen Situation kann gezielt Wissen gelernt werden, das den Mißerfolg und ähnlich geartete Fälle bei zukünftigen Problemlösungen vermeidet. Ein Beispiel dazu ist das System FAILSAFE [Mostow und Bhatnagar, 1987], das eine Erklärung für einen Fehler im Problemlösungsprozeß bestimmt und unter Anwendung von erklärungsbasiertem Lernen Wissen zur Fehlervermeidung akquiriert. In COSIMA (Abschn. 10.2) tritt ein Mißerfolg auf, wenn die Anwendung einer Regel zu einem „ungünstigen" Zwischenzustand im Problemlösungsprozeß führt. Hieraus lernt das System eine Spezialisierung der Regel, um ihre Anwendung in ähnlich gearteten zukünftigen Situationen zu vermeiden.

---

[1] APT hat auch Aspekte eines Assistenzsystems, wie sein Vorgänger DISCIPLE [Tecuci und Kodratoff, 1990]. Der Übergang zwischen den Interaktionsmodi b) und c) ist fließend.

c) *Bei einer Sackgasse im Problemlösungsprozeß*
Eine Sackgasse (Impasse) ist ein Zwischenzustand im Problemlösungsprozeß, für den der Problemlöser kein anwendbares Wissen zur Fortsetzung dieses Prozesses besitzt. Das System SOAR [Laird et al., 1986] unterscheidet zwischen verschiedenen Sackgassen, die Ausgangspunkte für einen Lernprozeß bilden können, z.B. eine, in der es keinen Vorschlag für den nächsten Problemlösungsschritt gibt, oder eine andere, in der es widersprüchliche Vorschläge für den besten nächsten Schritt gibt.

6.3 Entwurf und Repräsentation integrierter Lernarchitekturen

Nachdem einige Merkmale und Alternativen für ILAs angesprochen wurden, bleibt noch die wichtige Frage nach Repräsentationen und Entwurfsprinzipien für solche Architekturen offen. Darauf kann hier nur in sehr knapper Form eingegangen werden, da die Planung von gesamten Systemarchitekturen das Thema dieses Buches, das sich ja auf Wissensbasen beschränkt, übersteigt.

In [Plaza und Arcos, 1993] wird argumentiert, daß Lernmethoden nur dann in ein umfassenderes System integriert werden können, wenn sie Wissen über die anderen Teile der Systemarchitektur besitzen. Bei der Anpassung einer Lernmethode an eine andere Architektur werden Änderungen dieses Wissens notwendig. Entsprechend müssen auch Änderungen bei der Anpassung an ein neues Anwendungsgebiet durchgeführt werden. Das Wissen über die anderen Komponenten der ILA kann explizit formuliert oder implizit in der Implementation der Architektur manifestiert sein.

Ein Beschreibungsansatz für dieses Wissen ist die in [Plaza und Arcos, 1993] vorgeschlagene Verwendung eines *Eigenmodells* (Self-Model) der Architektur. Eine Lernmethode muß demnach ein Modell davon haben, was „Erfolge" und „Mißerfolge" in der Architektur oder bei den anderen für Lernen relevanten Komponenten der Architektur sind. (Hier zeigt sich der Bezug der Planung einer ILA zur Modellierungsphase im Lebenszyklus einer Wissensbasis.) Ferner muß eine Lernmethode effektiv die relevanten Aspekte von Struktur und Verhalten der Architektur inspizieren und gemäß dem Eigenmodell interpretieren können. Diese Form des Schlußfolgerns wird auch als *Metaebeneninferenz*, als *reflektives* Schlußfolgern oder als *„introspective"* bezeichnet. Die *Basisebene*, auf die die Metaebeneninferenz aufsetzt, bezeichnet dabei die Inferenzen des Problemlösers. Ein Beispiel für ein System, in dem Metaebeneninferenz explizit modelliert wird, ist die Massive Memory Architecture [Plaza und Arcos, 1993]. Hier werden Entscheidungen, Erfolge und Mißerfolge deklarativ repräsentiert und abgespeichert und bei der zukünftigen Suche nach Problemlösungen in ähnlichen Situationen benutzt. Andere Beispiele für Metaebeneninferenz gibt es bei PRODIGY [Carbonell et al., 1992] und bei Meta-AQUA [Ram und Cox, 1994]. Auch in Michalskis Inferential Learning Theory [Michalski, 1993], werden Metaebenen-Aspekte bei der Integration von Lernstrategien diskutiert.

Metaebeneninferenz kann durch eine Modellierung auf der Wissensebene [Steels, 1990] beschrieben werden. Diese Modellierung ist *eine* mögliche Sichtweise für ILAs. Man kann integrierte Lernarchitekturen aus verschiedenen

Blickwinkeln beschreiben und analysieren. In [Plaza et al., 1993] werden drei verschiedene Ebenen zur Beschreibung von ILAs vorgeschlagen:

- Die *Verhaltensbeschreibung* beschreibt das „Was" einer Architektur, also das beobachtbare Systemverhalten (Black-Box-Sichtweise). Eine solche Beschreibung stellt z.b. die Aktivitäten eines Systems als Sequenzen oder Episoden von Aktionen dar.

- Die *funktionale Beschreibung* beschreibt die Funktionsweise der Architektur mit Grundbausteinen für die Repräsentation und die Operationen, beschreibt also das „Wie" einer Architektur (White-Box-Sichtweise). Sie ist damit implementationsnäher als die Verhaltensbeschreibung.

- Die *Beschreibung auf der Wissensebene* formuliert das Vorgehen des Systems nach dem Prinzip der Rationalität, beschreibt also das „Warum" der Architektur. Dabei werden als Grundbegriffe (sowohl für die Problemlösung als auch für das Lernen) Ziele, Aufgaben, Methoden und Modelle benutzt. Diese Beschreibung gibt den Zweck einer Architektur an, und wie er durch Aufgabendekompositionen, Methoden und Wissen erreicht werden kann.

Die Autoren betonen, daß dieselbe funktionale Architektur unterschiedliche Architekturen auf der Wissensebene realisieren kann. So wird z.B. durch die eine funktionale Architektur von SOAR ein einziger Lernmechanismus bereitgestellt (Chunking), der aber eine Vielfalt verschiedener Lernziele auf der Wissensebene realisieren kann (und damit unterschiedliche Architekturen auf der Wissensebene), z.B. Beschleunigung des Problemlösungsverhaltens, Erhöhung der Zielgerichtetheit etc.

Das in [Graner und Sleeman, 1993] vorgestellte System MUSKAT unterstützt Architekturentscheidungen für ein integriertes System. Es werden damit Entwurfsentscheidungen getroffen, die dann den Ablauf der verschiedenen Phasen des Lebenszyklus einer Wissensbasis wesentlich mitbestimmen und insbesondere eine geeignete Integration von Wissensbasiseinsatz sowie anderen Phasen des Lebenszyklus berücksichtigen bzw. ermöglichen. Für eine Menge von vorab ausgewählten (und im System vorhandenen) Problemlösern wird von MUSKAT bestimmt, welche Wissensbasen dazu benötigt werden. Für jede von ihnen wird das benötigte Wissen mit den verfügbaren Informationsquellen verglichen (Experte, Beispiele, vorhandenes Wissen etc.). Dadurch werden Wissensakquisitionsaufgaben definiert. Für jede dieser Aufgaben wird ein Wissensakquisitionswerkzeug ausgewählt und angewandt. Als Werkzeuge stehen Techniken für die manuelle Wissenserhebung (Knowledge Elicitation), maschinelle Lerntechniken sowie Techniken zur Wissensbasispflege (vgl. auch Kap. 8) zur Verfügung.

7. Wissensbasiserweiterung

In diesem Kapitel soll die Rolle der Wissensbasiserweiterung im Lebenszyklus einer Wissensbasis verdeutlicht werden. Nach einer Begriffsbestimmung wird aufgezeigt, daß mit unterschiedlichen maschinellen Lernstrategien und beim fallbasierten Lernen eine wirkungsvolle Unterstützung der Wissensbasiserweiterung möglich ist.

7.1 Wissensbasiserweiterung als Phase

Auch nach dem Beginn des Wissensbasiseinsatzes kann die Arbeit an der Wissensbasis nicht als abgeschlossen betrachtet werden. Gerade bei schlecht formalisierbaren Aufgabenstellungen, einem typischen Ausgangspunkt für die Entwicklung wissensbasierter Systeme, sowie bei Aufgabenstellungen, die regelmäßigem Wandel unterworfen sind, ist eine weitere Pflege der Wissensbasis unverzichtbar. Bei der *Wissensbasiserweiterung* wird der Wissensbasis Wissen permanent, d.h. nicht nur für den aktuellen Problemlösungsprozeß, hinzugefügt. Hierbei kann es sich z.B. um Fakten oder Regeln zum betrachteten Anwendungsgebiet und der damit verbundenen Problemlösung handeln. Die Wissensbasiserweiterung zielt also auf eine Vergrößerung des Wissensbestandes ab, etwa um den Anwendungsbereich der Wissensbasis zu vergrößern. Im Unterschied zu der im Folgekapitel behandelten Wissensbasismodifikation geht es hier also nicht um eine Modifikation oder Revision des bereits vorhandenen Wissens. Die Wissensbasis wird erweitert, ohne daß damit vorhandenes Wissen geändert werden müßte.[1] Hierin liegt ein wesentlicher Vorteil dieser Phase: Bei der Erweiterung muß nicht der Aufwand für eine Konsistenzerhaltung einer Wissensbasis getrieben werden, der typischerweise bei einer Modifikation erforderlich ist. Andererseits muß bei einer Erweiterungsoperation entsprechend sichergestellt sein, daß eine Modifikation vorhandenen Wissens tatsächlich nicht notwendig ist.

---

[1] Auch hier gibt es fließende Übergänge zwischen diesen beiden Formen der Wissensbasispflege. Wir werden im folgenden auch dann noch von Wissensbasiserweiterung sprechen, wenn sehr geringfügige Anpassungen des vorhandenen Wissens erforderlich sind, z.B. die Inkrementierung eines Zählers nach der Aufnahme eines neuen Falls in die Wissensbasis.

Es lassen sich verschiedene Erweiterungsarten für eine Wissensbasis unterscheiden, z.B.

1) Aufnahme von Wissen zu neuen Problemfällen, die von der bisherigen Wissensbasis nicht abgedeckt werden.

2) Ergänzung des Wissens zu bereits bekannten Problemfällen, z.B. durch das Hinzufügen von Makrooperatoren, die eine beschleunigte Problemlösung ermöglichen. Ferner kann damit beispielsweise eine Lücke im Wissen zu einem bereits bekannten Problemfall geschlossen werden. Ein Beispiel dafür ist das Abschn. 7.3 vorgestellte System INFER* [Sleeman et al., 1990].

3) Aufnahme weiterer Aspekte in die Wissensbasis, um eine differenziertere Problemlösung zu ermöglichen, z.B. die Erweiterung der Modellierung um einen zusätzlichen Deskriptor.

Aus diesen unterschiedlichen Erweiterungsarten wird deutlich, daß durch eine Wissensbasiserweiterung auch das Verhalten der Wissensbasis bei der Problemlösung *geändert* werden kann. So kann z.B. durch die Ergänzung des Wissens zu bereits bekannten Problemfällen vorhandenes Wissen überlagert werden, wenn das neue Wissen von der Kontrollkomponente bevorzugt ausgewählt wird. Das bedeutet aber nicht automatisch, daß das überlagerte Wissen damit überflüssig wird, da es etwa auch in Problemfällen anwendbar sein kann, in denen die Erweiterungen nicht „greifen". Eine geändertes Problemlösungsverhalten ist also auch ohne eine Modifikation des vorhandenen Wissens möglich.

7.2 Maschinelle Lernsysteme zur Erweiterung einer Wissensbasis

Es gibt eine Vielzahl unterschiedlicher maschineller Lernstrategien, die zur Unterstützung der Wissensbasiserweiterung in Frage kommen. Fast jede Lerntechnik kann zur Wissensbasiserweiterung dienen, wenn das hinzugefügte Wissen nicht zu Inkonsistenzen zum vorhandenen Wissen führt. Diese Frage ist jeweils zu klären. Häufig bieten sich inkrementelle Lernstrategien an, die auf der Basis einzelner neuer Beispiele die Wissensbasis erweitern können.

Bereits ein sehr frühes maschinelles Lernsystem, das wegen seines Erfolgs große Beachtung fand, lernt durch inkrementelle Wissensbasiserweiterung. Samuels Dameprogramm [Samuel, 1963] lernt mit der einfachsten möglichen Lernstrategie, mit Auswendiglernen. Das Dameprogramm wählt unter verschiedenen Alternativen für den nächsten Damespielzug einen nach dem Minimax-Verfahren [Nilsson, 1980] aus. Es werden dabei alle verschiedenen Möglichkeiten für die nächsten *n* aufeinanderfolgenden Züge des Spielers und seines Gegners betrachtet und bewertet. Auf der Basis dieser Informationen wird dann der beste *nächste* Zug ausgesucht. Die so erhaltenen Bewertungen für einen Zug in einer bestimmten Spielsituation werden auswendig gelernt. Bei zukünftigen Spielzügen wird das abgespeicherte Bewertungswissen nutzbar gemacht. Das System „erinnert" sich bei der Bewertung der Alternativen in einem Spielbaum an bereits bekannte Spielsituationen und kann folglich besser unter den Alternativen im Baum auswählen. Somit führt das Auswendiglernen zu einer Verbesserung der Spielstrategie. Bewertungen für neue Spielsituationen werden einfach der Wissensbasis hinzugefügt. Damit wird die Wissensbasis also schrittweise erweitert. (Es zeigte sich allerdings beim Dameprogramm, daß diese einfache Lernstrategie aus Komplexitätsgründen nur in Kombination mit „selektivem Vergessen", in diesem Fall dem Entfernen der abgespeicherten Spielsituationen, die am längsten nicht mehr benutzt wurden, praktikabel war.)

Auch bei den aus den vorigen Kapiteln bekannten maschinellen Lernsystemen gibt es einige, die für eine Wissensbasiserweiterung geeignet sind. So ist z.B. die Aufnahme einer neuen intensionalen Prädikatdefinition, wie sie etwa mit FOIL [Quinlan, 1990] gelernt wird, in eine Klauselmenge eine Operation zur Wissensbasiserweiterung. Eine solche Erweiterung kann dann allerdings Folgeoperationen möglich machen, die zu einer Modifikation vorhandener Klauseln führen, z.B. wenn das neue Prädikat als Zwischenkonzept zur Strukturierung anderer Klauseln eingesetzt wird. Wissensbasiserweiterung und -modifikation treten also häufig in einem gemeinsamen Kontext auf. Das ist auch bei dem in Abschn. 10.2 vorgestellten Multistrategiesystem COSIMA der Fall. Das Einfügen einer neuen Regel ist hierbei eine Operation zur Wissensbasiserweiterung, ihre Generalisierung oder Spezialisierung sind Modifikationsoperatoren.

Das von SOAR [Laird et al., 1986] durchgeführte Chunking stellt ebenfalls eine Operation zur Wissensbasiserweiterung dar. Die dabei gelernten Regeln fassen eine Sequenz von Problemlösungsoperationen zusammen, die gemeinsam ein vorgegebenes Ziel erfüllen. Diese neuen Regeln werden zusammen mit dem bereits vorhandenen Wissen bei zukünftigen Problemlösungen zur Bestimmung des am besten geeigneten nächsten Problemlösungsschrittes eingesetzt. Damit ist SOAR ein integriertes System, dessen Lernkomponente ausschließlich Wissensbasiserweiterung durchführt. Eine Modifikation vorhandenen Wissens ist nicht erforderlich. Die Verknüpfung von altem und neuem Wissen erfolgt durch die Systemkontrolle, die auf der Basis aller anwendbaren Regeln eine Entscheidung über den nächsten Problemlösungsschritt trifft.

Ein weiteres maschinelles Lernsystem für die Erweiterung einer Wissensbasis ist LFP2 [Wirth, 1989]. Das System erweitert korrekte, aber unvollständige Logikprogramme, die logische Grammatiken (Definite-Clause-Grammatiken) darstellen, mittels inverser Resolution.

Nachdem nun deutlich geworden ist, daß maschinelle Lernsysteme einen Beitrag zur Wissensbasiserweiterung liefern können, werden im folgenden einige Lernsysteme genauer vorgestellt, die hierfür unterschiedliche Lernstrategien einsetzen.

7.3 Generieren und Testen von Regeln zur Erweiterung einer unvollständigen Theorie

In [Sleeman et al., 1990] werden zwei Ansätze vorgestellt, wie man eine vorhandene Wissensbasis in Form einer Theorie für ein Anwendungsgebiet, die korrekt aber unvollständig ist, erweitern kann.

Die betrachtete Anwendung ist die Modellierung der Vorgehensweise von Schülern (Student Modeling) bei der Lösung algebraischer Probleme wie z.B. der Auflösung linearer Gleichungen. Eine Theorie besteht dabei aus einer Menge von Regeln, die von den Schülern praktizierte korrekte oder fehlerhafte algebraische Umformungsoperationen beschreiben. (Auf der Basis der exakten Modellierung von fehlerhaften Problemlösungsschritten kann ein anderes System zur Unterweisung der Schüler aufsetzen, das gezielt auf die aufgetretenen Fehler eingeht.) Beispiele für fehlerhafte Umformungsoperationen finden sich in Tabelle 7-1. Die beiden vorgestellten maschinellen Lernsysteme INFER* und MALGEN repräsentieren unterschiedliche Ansätze für die Erweiterung einer Theorie durch das Generieren und Testen neuer Regeln, die zusätzliche korrekte oder inkorrekte Umformungsoperationen beschreiben. Damit wird die Wissensbasis des Systems PIXIE erweitert, das die Modellierung der Vorgehensweise von Schülern zur Aufgabe hat. PIXIE ist also das Problemlösungssystem, an das INFER* und MALGEN gekoppelt sind.

Tabelle 7-1. Beispiele von fehlerhaften Umformungsoperationen für lineare Gleichungen

$$mX + n = p \ \rightarrow \ mX = p + n$$

$$mX + n = p \ \rightarrow \ qX = p \quad \text{mit } q = m + n$$

$$mX + n = p \ \rightarrow \ X + q = p \quad \text{mit } q = m + n$$

Durch den Vergleich eines erwarteten Problemlösungsverhaltens mit dem tatsächlich vom System durchgeführten bestimmt INFER* Unvollständigkeiten in der Theorie. Es werden Kandidaten für eine Theorieerweiterung generiert, überprüft und ggf. in die Wissensbasis aufgenommen. Ausgangspunkt für INFER* ist eine konkrete Problemlösungsaufgabe, die von PIXIE nur unvollständig gelöst werden konnte, z.B. das folgende Paar aus algebraischem Problem und fehlerhafter Lösung des Schülers:

$3X + 5 = 6$ mit dem Ergebnis $X = -2$

Das Ziel von INFER* ist es nun, die hier zutage getretene Lücke im Problemlösungswissen von PIXIE zu schließen. Dazu werden ausgehend von der Lösung vorhandene Regeln in der PIXIE-Wissensbasis rückwärts und von der Aufgabenstellung ausgehend vorwärts angewandt. Zur Überführung der zwei dabei erhaltenen Zwischenzustände ineinander wird eine neue, bisher fehlende Regel erzeugt. Falls mehrere Paare von Zwischenzuständen gefunden werden, werden entsprechend mehrere neue Regeln erzeugt und dem Benutzer zur Kritik vorgelegt oder durch ein einfaches Bewertungskriterium vom System kritisiert. Die Generierung der neuen Regeln erfolgt durch einen sogenannten „Regelinferenzschritt", bei dem verschiedene Heuristiken zur Instantiierung einer neuen rechten und linken Regelseite angewandt werden. Es wird nur dann eine neue Regel generiert, wenn ein numerisches Verhältnis zwischen den Koeffizienten der beiden miteinander verglichenen Zustände gefunden werden kann.

Die Wissensbasiserweiterung mit INFER* ist direkt an einen Problemlösungsprozeß gekoppelt. Anders sieht es bei dem zweiten System zur Erweiterung der
Wissensbasis von PIXIE aus. Das System MALGEN arbeitet unabhängig von
einem Beispielproblem. MALGEN schlägt neue Umformungsregeln vor, indem
vorhandene modifiziert werden (Perturbation). Dazu gibt es eine Reihe vordefinierter Modifikationsoperatoren. Diese können z.B. den Aktionsteil einer Regel
um eine Aktion erweitern, ihn verkleinern oder Argumente vertauschen. Damit
können Regeln generiert werden, die neue, in der Wissensbasis bisher noch fehlende Fehlertypen von Schülern repräsentieren. Doppelt generierte neue Regeln
werden entfernt, eine weitergehende Bewertung der vorgeschlagenen Theorie-
erweiterungen erfolgt durch den Benutzer.

Wie das oben erwähnte System SOAR führen INFER* und MALGEN ausschließlich Wissensbasiserweiterung durch. Hierbei wird die spezielle Struktur
der Wissensbasis ausgenutzt, bei der durch die Aufnahme neuer Regeln keine
Inkonsistenzen entstehen können. Diese Lernsysteme verdeutlichen damit auch,
daß die Erweiterung einer Wissensbasis für bestimmte Anwendungen auch als
separate Phase unabhängig von einer Modifikation oder Revision des vorhandenen Wissens erfolgen kann.

7.4 LEDA: Induktives Lernen von Makrooperatoren

Bereits in Kap. 6 wurde das bekannte System zum Lernen von Makrooperatoren
STRIPS [Fikes et al., 1972] erwähnt. Dem im folgenden vorgestellten System
LEDA [Herrmann und Witthaut, 1992] unterliegt ein neuer Ansatz für das Lernen von Makrooperatoren, die einer (unvollständigen) Wissensbasis hinzugefügt
werden. Dabei ist LEDA als lernendes Assistenzsystem organisiert, eine bereits
in Abschn. 6.2 vorgestellte Organisationsform für integrierte Systeme. Im Zusammenhang mit Entwurfsproblemen werden Makrooperatoren auch *Design-
Pläne* genannt. Während herkömmliche Arbeiten zum Lernen von Design-Wissen auf Makrooperatoren für die schrittweise Verfeinerung der eingegebenen
Beschreibung beschränkt sind, werden bei LEDA erstmals Makrooperatoren für
den mächtigeren Transformationsansatz [Mostow, 1985] akquiriert. Die unterstützte Anwendung ist die Datenpfadsynthese, eine Teilaufgabe des Entwurfs integrierter Schaltungen. Die Datenpfadsynthese läßt sich nicht mittels schrittwei-
ser Verfeinerung durchführen, benötigt also den Transformationsansatz.

LEDA ist das erste System zum Lernen von Makrooperatoren, das eine explizite Repräsentation und Verarbeitung von Optimierungszielen (Objectives)
innerhalb der Performanzkomponente ermöglicht. Die Berücksichtigung solcher
Ziele ist eine unverzichtbare Forderung für viele komplexe Design-Probleme.

LEDA wurde auf einer SUN-Workstation mit KEE und CommonLisp implementiert.

Die unterstützte Anwendung: Datenpfadsynthese. Bei der Planung einer
Chip-Architektur [Temme et al., 1988; Temme 1989] wird eine abstrakte funk-
tionale Hardware-Beschreibung in eine strukturelle Beschreibung transformiert.
Die resultierende Struktur besteht aus zwei Hauptteilen, dem *Datenpfad* und der

Kontrollogik. Für die funktionale Beschreibung läßt sich eine Breitband-Hard-ware-Beschreibungssprache wie etwa DACAPO [Dosis, 1988] einsetzen, mit der die zu entwerfende Schaltung als nebenläufiger, zeitbehafteter Algorithmus beschrieben werden kann. In der resultierenden strukturellen Beschreibung wird das Entwurfsobjekt als Liste von miteinander verbundenen Bausteinen der Regi-ster-Transfer-Ebene (Register, ALUs, Kontrollbausteine, Dekodierer, Busse etc.) repräsentiert. Bei der Chip-Architekturplanung werden die Grundelemente des Algorithmus (Variablen, Operatoren etc.) auf diese Bausteine abgebildet.

```
programm example;
var a, b, c, d, e, f : bit (8);
attribute [SPACE : integer := 400];
seqbegin
  if a > b
  then conbegin
            a := b + c delay(20);
            d := e / f delay(40);
        end
  else d := e - f delay(20);
  a := a + 1 delay(5);
end.
```

Abb. 7-1. Funktionale Hardware-Beschreibung als Algorithmus in Mini-DACAPO

LEDA unterstützt einen Teil dieses komplexen Entwurfsproblems: die Bereit-stellung und Belegung (Scheduling and Allocation) der Elemente des Daten-pfades. Dabei werden Variablen und Konstanten auf Register abgebildet, wäh-rend Operatoren auf Funktionseinheiten und ALUs abgebildet werden. Für die Zuweisungen von Werten und die Datentransporte zwischen Operanden und Operatoren werden Busse[2] allokiert. Als Eingabe für LEDA dient eine Hard-ware-Beschreibung in einer für die frühen Entwurfsphasen relevanten Teil-menge von DACAPO, im folgenden Mini-DACAPO genannt. Ein kleines Bei-spielprogramm ist in Abb. 7-1 zu sehen, ein Teil des entsprechenden Datenpfades in Abb. 7-2.

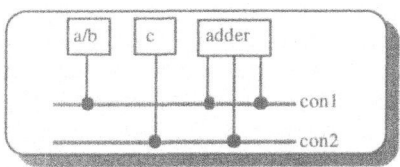

Abb. 7-2. Datenpfad für die erste Wertzuweisung des in Abb. 7-1 gezeigten Programms

---

[2] Ein einfacher Bus mit nur zwei Anschlüssen kann zu einer dedizierten Verbindung degenerieren.

Typischerweise können mehrere Elemente des Algorithmus auf ein Datenpfad-objekt abgebildet werden, es gibt also keine eineindeutige Abbildung zwischen den Elementen der beiden Beschreibungen. Zum Beispiel können viele verschiedene Datentransporte von einem einzigen Bus durchgeführt werden, eine ALU kann verschiedene arithmetische und logische Operationen ausführen. Andererseits kann es auch günstig sein, mehr als ein Datenpfadobjekt für die Realisierung eines Elements des Algorithmus zu benutzen, um damit die Geschwindigkeit der resultierenden Hardware zu erhöhen. Die sich durch solche Freiheitsgrade ergebenden Entwurfsentscheidungen werden durch verschiedene Optimierungsziele gesteuert wie. z.B. die Minimierung der resultierenden Chip-Fläche und die Maximierung der Schaltungsgeschwindigkeit. Die Datenpfadsynthese ist damit ein mehrdimensionales Optimierungsproblem.

Da die strukturelle Beschreibung wie erläutert eine völlig andere Struktur besitzt als die funktionale Hardware-Beschreibung, kann die bei der Datenpfad-synthese durchgeführte Transformation nicht durch eine schrittweise Verfeinerung der Eingabe vorgenommen werden. Die schrittweise Verfeinerung wird bei anderen Systemen zum Lernen von Synthesewissen in Form von Makrooperatoren zugrunde gelegt (s.u.).

Die interaktive Problemlösungskomponente in LEDA. Als lernendes Assistenzsystem akquiriert LEDA Entwurfswissen durch die Beobachtung eines Benutzers. Dazu enthält das System ein interaktives Werkzeug zur Datenpfadsyn-these, mit dem der Benutzer die schrittweise Übersetzung des Algorithmus in die Register-Transfer-Beschreibung auf komfortable Weise durchführen kann. Dabei werden jeweils einzelne Anweisungen des Programms übersetzt.

Die Kooperation von LEDA und Benutzer läuft nach dem in Abb. 7-3 gezeigten Schema ab. Zu Beginn gibt der Benutzer eine Anweisung im Mini-DACAPO-Programm vor, die synthetisiert werden soll. Zusätzlich werden die Entwurfs-ziele angegeben, die hierbei zu berücksichtigen sind.[3] Folgende Alternativen stehen zur Auswahl:

- Maximierung der Geschwindigkeit
- Minimierung der Fläche
- Gleichzeitige Optimierung von Geschwindigkeit und Fläche
- Keine Vorgaben (Default)

Bevor die eigentliche Synthese beginnt, führt LEDA noch eine Lebenszeitana-lyse für die Variablen und Konstanten in der betrachteten Anweisung und dem restlichen Programm durch [Hospital und Surray, 1988]. Damit werden Mög-lichkeiten für die Abb. mehrerer Programmelemente auf das gleiche Datenpfad-objekt aufgezeigt.

---

[3] Für verschiedene Programmteile können unterschiedliche Entwurfsziele zu berück-sichtigen sein. So kann es z.B. einen bestimmten Programmteil geben, der besonders zeitkritisch ist, da er den zentralen Einfluß auf die Gesamtgeschwindigkeit der Schal-tung hat, während bei anderen Programmteilen die Minimierung der Schaltungsfläche als Entwurfsziel im Vordergrund steht.

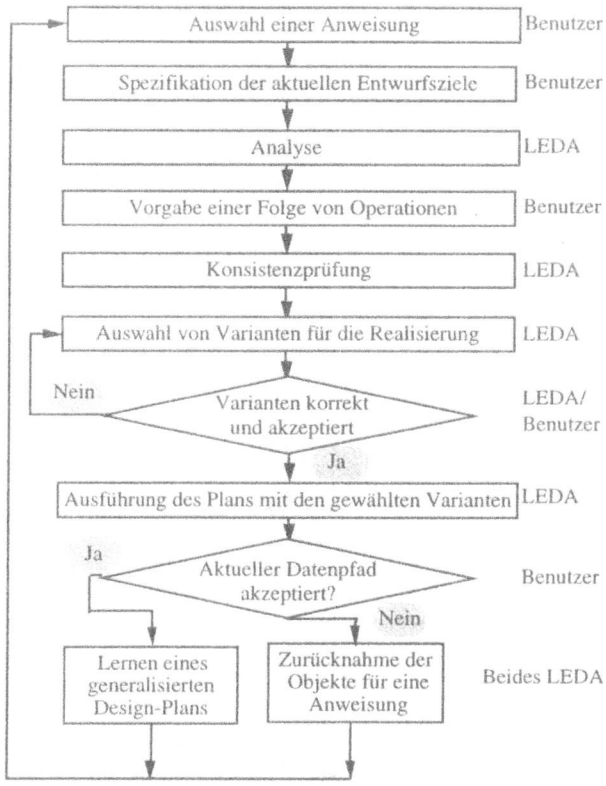

Abb. 7-3. Ablaufschema für die Kooperation von LEDA und dem Benutzer

Anschließend gibt der Benutzer eine Folge von Operationen zur Generierung bzw. Bearbeitung von Datenpfadelementen für die aktuelle Anweisung vor. Ein Beispiel dazu findet sich in Abb. 7-4.

LEDA überprüft daraufhin die Verbindungsstruktur der Datenpfadelemente, um den Benutzer ggf. auf falsche oder fehlende Verbindungen hinzuweisen. Nachdem der Benutzer eventuelle Fehler beseitigt hat, können nun geeignete Realisierungen für die verschiedenen Datenpfadelemente ausgewählt werden. Für jedes Datenpfadelement finden sich in einer Bibliothek verschiedene Varianten mit gleicher Funktionalität, aber unterschiedlichen Kenndaten für Flächen- und Zeitbedarf. Daraus stellte LEDA einen Vorschlag für die Realisierung jedes Datenpfadelements unter Berücksichtigung der Zielvorgaben zusammen. Der Benutzer kann diese wiederum akzeptieren oder die Generierung alternativer Vorschläge durch LEDA anstoßen. Nachdem eine endgültige Auswahl getroffen wurde, wird die vom Benutzer vorgegebene Folge von Operationen zur Ausführung gebracht und der Datenpfad entsprechend um neue Objekte und Verbindungen erweitert. Somit kann eine weitere Anweisung synthetisiert werden, es sei denn, der Benutzer stellt bei seiner Kontrolle des erweiterten Datenpfades fest, daß er mit dem neuen Zwischenergebnis nicht zufrieden ist. In diesem Fall gibt es die Möglichkeit, die Operationen für die Umsetzung der letzten betrachteten Anweisung oder die Operationen zu einer früher bearbeiteten Anweisung von LEDA zurücknehmen zu lassen.[4] Wenn jedoch das neue Zwischenergebnis vom Benutzer akzeptiert wird, stellt die vorgegebene Folge von Operationen damit ein positives Beispiel für eine zusammenhängende Syntheseschrittfolge dar. Die Folge kann damit als Eingabe für die im nächsten Abschnitt beschriebene Lernkomponente dienen.

```
allocate(b register)
allocate(c register)
allocate(+ adder)
reallocate(a b)
allocate-connection(con1 b +)
allocate-connection(con2 c +)
reallocate-connection(con1 + a)
```

Abb. 7-4. Vom Benutzer vorgegebene Folge von Operationen zur Übersetzung der ersten Anweisung des in Abb. 7-1 gezeigten Programms. Der Befehl „allocate" generiert ein neues Datenpfadobjekt. Mit „reallocate" wird ein bereits vorhandenes Objekt zur Umsetzung eines weiteren Elements des Algorithmus wiederverwendet. Entsprechendes gilt für die Befehle zur Bereitstellung von Verbindungen „allocate-connection" und „reallocate-connection".

Die Lernkomponente in LEDA. Nachdem in Zusammenarbeit mit dem Benutzer eine korrekte Realisierung für die betrachtete Anweisung generiert wurde, wird die Lernkomponente in LEDA aktiviert. Es werden Design-Pläne gelernt, die erfolgreich ausgeführte Folgen von Operationen repräsentieren und den Benutzer bei seiner zukünftigen Arbeit unterstützen sollen. Jedes Mal wenn der Benutzer eine zu synthetisierende Anweisung ausgewählt hat, sucht LEDA in der Wissensbasis nach anwendbaren Design-Plänen. Im Erfolgsfall werden sie dem Benutzer zur Auswahl vorgelegt, der ggf. die Ausführung eines der Kandidaten veranlaßt. Damit braucht er für die aktuelle Anweisung nicht mehr manuell eine Folge von Operationen vorzugeben. Durch die schrittweise Wissensbasiserweiterung wird also die Arbeit des Benutzers zunehmend komfortabler gestaltet.

Die *Lernaufgabe* für die Lernkomponente in LEDA hat folgende Bestandteile: Die *Eingabe* ist das aktuelle Beispiel, das der Benutzer vorgegeben hat. Es enthält die relevanten Teile des aktuellen Zustandes für den Syntheseprozeß, insbesondere die zu synthetisierende Anweisung sowie die ausgewählte Folge von

---

[4] Dabei ist zu beachten, daß möglicherweise in einer früheren Folge von Operationen Objekte allokiert wurden, die in späteren Folgen nochmals eingesetzt wurden. In diesem Fall müssen solche mehrfach verwendeten Objekte erhalten bleiben. Ein einfaches Rückgängigmachen jedes einzelnen Schritts einer früheren Folge von Operationen ist also dann nicht möglich. LEDA besitzt eine entsprechende „intelligente" Funktion zum Rücksetzen von Operationsfolgen.

Operationen. Das *Hintergrundwissen* enthält Informationen über die Möglichkeiten zur Generalisierung von Design-Plänen, z.B. Konzeptbäume zur Beschreibung eines hierarchischen Wertebereichs für die verschiedenen Operatortypen in einer Anweisung. Das *Lernziel* ist die Bestimmung eines generellen Design-Plans, der in einer Klasse von ähnlichen Situationen angewandt werden kann.

Aus der Eingabe erzeugt die Lernkomponente zunächst einen speziellen Design-Plan mit den folgenden beiden Bestandteilen:

* *Bedingungsteil*
  Dieser Teil spezifiziert die Situationen, in denen die im Aktionsteil enthaltene Folge von Operationen anwendbar ist. Dazu wird die zu synthetisierende Anweisung angegeben. Ferner werden die verschiedenen in der Anweisung enthaltenen Elemente sowie die mit dem Plan verfolgten Optimierungsziele spezifiziert.

* *Aktionsteil*
  Der zweite Teil des Design-Plans enthält die Folge von Operationen zur Realisierung der spezifizierten Anweisung.

Die so erzeugten Design-Pläne sind noch zu speziell und können bisher nur wiederverwendet werden, wenn eine identische Anweisung nochmals synthetisiert werden soll. In dieser Form sind sie für die Erweiterung der Datenpfadsynthese-Wissensbasis ungeeignet. Um eine erweiterte Anwendbarkeit eines Design-Plans zu ermöglichen, werden die folgenden induktiven Generalisierungsoperatoren angewandt:

* Weglassen von Bedingungen (Dropping Conditions)
* Umwandlung von Konstanten in Variablen (Turning Constants into Variables)
* Aufstieg in einem Konzeptbaum (Climbing Concept Hierarchy Tree)

Abb. 7-5 zeigt ein Beispiel für einen generalisierten Design-Plan.

```
condition part:
  assignment: O1 := O2 B1 O3
  object: O1
  object: O2
  object: O3
  binary_operator: B1

action part:
  allocate(O2 storage)
  allocate(O3 storage)
  allocate(B1 binary operator)
  reallocate(O1 O2)
  allocate-connection(C1 O2 B1)
  allocate-connection(C2 O3 B1)
  reallocate-connection(C1 B1 O1)
```

Abb. 7-5. Generalisierter Design-Plan für die Folge von Operationen in Abb. 7-4

Bei der Generalisierung werden beispielspezifische Informationen aus dem Design-Plan entfernt, die sich nicht auf andere Beispiele übertragen lassen. So ist z.B. die Auswahl der Varianten zur Realisierung der verschiedenen Datenpfadobjekte stark vom Kontext und den Randbedingungen der aktuellen Situation abhängig. Deshalb wird diese Information, inklusive der Angaben zu den aktuellen Zielvorgaben, bei der Generalisierung entfernt. Bei der Ausführung eines abgespeicherten generalisierten Plans wird dann eine neue, auf den neuen Kontext zugeschnittene Variantenauswahl von LEDA durchgeführt.

Eine detailliertere Schilderung des Lernverfahrens in LEDA findet sich in [Witthaut, 1990; Herrmann und Witthaut, 1992].

Andere Arbeiten zum Lernen von Design-Wissen. Das System LEAP [Mitchell et al., 1985] ist ebenfalls ein lernendes Assistenzsystem. LEAP lernt Operationen zur Verfeinerung einer strukturellen Hardware-Beschreibung. Wie auch LEDA lernt LEAP aus einzelnen Beispielen. Das gelernte Wissen dient ebenfalls zur Erweiterung einer Wissensbasis, die den Benutzer bei seinem interaktiven Entwurfsstil unterstützt. LEDA wendet erklärungsbasiertes Lernen an (das im nächsten Unterkapitel vorgestellt wird). Dazu ist eine korrekte und vollständige Bereichstheorie erforderlich, eine Anforderung die bei der Datenpfadsynthese und den meisten anderen Teilaufgaben des Entwurfs integrierter Schaltungen nicht erfüllt ist.

BOGART [Mostow und Barley, 1987] lernt wie auch LEDA Design-Pläne, die aus einzelnen elementaren Operationen zusammengesetzt sind. Die Pläne von BOGART beschreiben die hierarchische Verfeinerung eines Moduls aus einer Schaltungsbeschreibung. Ein anwendbarer Plan wird schrittweise ausgeführt. Dabei ist es nicht sicher, ob der komplette Plan erfolgreich ausgeführt werden kann. Deshalb prüft das System vor jeder Operatoranwendung, ob die notwendigen Voraussetzungen dafür erfüllt sind. Damit wird auch die teilweise Wiederverwendung abgespeicherter Pläne ermöglicht. So kann garantiert werden, daß jeder ausgeführte Schritt korrekt abläuft, aber es ist unklar, wie in [Mostow, 1989] erläutert wird, ob die Operatoranwendung im aktuellen Kontext nützlich ist. Die Ausführung eines Plans kann in eine Sackgasse führen. LEDA unterstützt nicht die teilweise Wiederverwendung abgespeicherter Pläne, ist also in dieser Beziehung weniger flexibel. Andererseits werden vor einer Planausführung die Vorbedingungen für alle Operatoren überprüft. Damit werden Sackgassen vermieden.

ARGO wurde ebenso wie BOGART eingesetzt, um Beschreibungen für digitale Schaltungen schrittweise zu verfeinern. Eine interessante Eigenschaft von ARGO, die gerade für Assistenzsysteme sehr nützlich ist, ist das eingebettete Truth Maintenance System (TMS). Wenn der Benutzer Änderungen am aktuellen Entwurfszustand durchführt, werden davon abhängige Entwurfsentscheidungen automatisch zurückgesetzt (dependency-directed backtracking). Auf diese Weise werden Inkonsistenzen im aktuellen Entwurfszustand vermieden. ARGO benutzt erklärungsbasiertes Lernen für die Erzeugung von Makrooperatoren. Wie LEAP und BOGART kann auch ARGO keine Optimierungsziele verarbeiten.

Das System SPEISE (Speichersynthese mit Constraint-Logic-Programmierung) [Beckmann und Herrmann, 1995] befaßt sich mit dem Entwurf einer Speicherarchitektur als Teil einer Rechnerarchitektur. Die Problemlösungskomponente von SPEISE legt die Struktur der Speicherarchitektur fest (interner und externer Cache, getrennter Daten- und Instruktionscache, Memory Management Unit etc.) und bestimmt die dazugehörigen Parameter (Cache-Größe, Assoziativität, Ersetzungsstrategie etc.). Wie bei LEDA werden auch hier Optimierungsziele explizit repräsentiert und verarbeitet. Die Qualität der vom System entworfenen initialen Speicherarchitektur wird anhand einer Simulation bewertet. Ggf. ergibt sich die Notwendigkeit zur Modifikation des initialen Entwurfs (Redesign). Hier setzt die Lernkomponente in SPEISE ein. Sie beobachtet das von der Problemlösungskomponente durchgeführte Redesign, das anfangs durch die Versuch-und-Irrtum-Vorgehensweise geprägt ist. Es werden induktiv Redesign-Regeln aus einer Menge von Beobachtungen gelernt, die zu einer schnelleren Bestimmung der gesuchten Architektur führen können. Nachdem die Beobachtungen von einer Bewertungskomponente klassifiziert worden sind, werden die Redesign-Regeln aus mehreren mit ID3 gelernten Entscheidungsbäumen (vgl. Abschn. 5.2) generiert. Die gelernten Regeln verändern jeweils genau einen Aspekt der Architektur, unterscheiden sich damit also von den Makrooperatoren in LEDA.

Diskussion des bei LEDA gewählten Ansatzes. LEDA lernt Wissen über die Transformation einer algorithmischen, funktionalen Beschreibung in eine strukturelle Beschreibung. Diese Syntheseaufgabe läßt sich nicht mit dem Vorgehen einer schrittweisen Verfeinerung erledigen, die den meisten anderen Systemen zum Lernen von Design-Wissen, wie z.B. BOGART und ARGO, zugrunde liegt. Der Transformationsansatz ist mächtiger als die schrittweise Verfeinerung, aber auch komplizierter, da in zwei verschiedenen Problemräumen, einem für die Eingabe und einem für die Ausgabe der Synthese, operiert wird.

Als lernendes Assistenzsystem akquiriert LEDA Wissen über Routine-Entwurfsschritte, um die Arbeit des Benutzers komfortabler und effektiver zu gestalten. Die globale Steuerung und Überwachung des Entwurfsprozesses bleibt in der Hand des Entwerfers. Eine Wissensbasis mit Design-Plänen wird dabei schrittweise erweitert. Die hinzugefügten Pläne können sich auf neue oder schon bekannte[5] Problemfälle beziehen. Jeder Plan stellt für sich eine abgeschlossene Einheit dar, die eine Anweisung aus dem Eingabeprogramm als Ganzes in Datenpfadobjekte umsetzt.[6] Die Pläne sind unabhängig voneinander. Die Hinzunahme eines neuen Plans kann nicht zu Inkonsistenzen führen. Damit ist die zentrale Voraussetzung für eine Wissensbasiserweiterung erfüllt.

---

[5] Ein Design-Plan für einen schon bekannten Problemfall (eine in einem anderen Plan bereits behandelte Anweisung) kann z.B. eine alternative Synthesemöglichkeit unter Berücksichtigung eines anderen Kontextes darstellen.

[6] Die Design-Pläne von LEDA können nur als Ganzes akquiriert werden. Die einzelne Anweisung aus einem Mini-DACAPO-Programm ist die kleinste sinnvolle Einheit, die in Datenpfadelemente umgesetzt werden kann. Das gleiche gilt für die Ausführung eines Plans. Erst nach der kompletten Ausführung der Folge von Operationen entsteht ein in sich konsistenter Zwischenzustand des Datenpfadentwurfs, anhand dessen der Benutzer eine Bewertung und Planung weiterer Schritte sinnvoll vornehmen kann.

Es werden bei LEDA nur Teile des Wissens für die Datenpfadsynthese gelernt. Für die Akquisition von Kontrollwissen zur Auswahl des besten anwendbaren Design-Plans aus der Wissensbasis wäre umfangreiches Bereichswissen erforderlich, das nicht verfügbar ist. Das Wissen zur Variantenauswahl zur Realisierung der Datenpfadobjekte wird ebenfalls nicht gelernt. Hier benutzt LEDA einen fest programmierten Algorithmus, der mit Tiefensuche in der Bibliothek einen Vorschlag für den Benutzer generiert.

Eine weitere Besonderheit von LEDA ist die induktive Generalisierung aus *einzelnen* Beispielen. Typischerweise wird beim induktiven Lernen einer Regel oder Hypothese eine Menge von Beispielen benötigt. Die Generalisierungen in LEDA sind zum einen durch Bereichswissen gesteuert, das Übergeneralisierungen verhindert. Zum anderen wird auch nur „konservativ" generalisiert. So wird z.B. die Reihenfolge der Operationen in einem Design-Plan festgehalten. Eine mächtigere Generalisierungsstrategie, die zusätzliches Bereichswissen erfordern würde, sollte z.B. zwischen voneinander abhängigen bzw. unabhängigen Operationen unterscheiden.

In diesem Zusammenhang stellt sich auch das Problem der „Überflutung" einer Wissensbasis mit vielen wenig generalisierten Design-Plänen. Diese Gefahr ist gerade bei einer umfangreichen Wissensbasiserweiterungsphase ohne Revision des vorhandenen Wissens potentiell immer gegeben. Wenn wie bei LEDA kein Wissen zur Bewertung der Nützlichkeit gelernter Design-Pläne vorhanden ist, bleibt hier nur die Alternative einer Reduktion der Menge gelernter Pläne durch den Benutzer.

Es gibt allgemein vier Einflußfaktoren, die das maschinelle Lernen für komplexe Entwurfsaufgaben bestimmen und sich gegenseitig beeinflussen: die Menge des lernbaren Wissens, die Qualität der vom gelernten Wissen produzierten Ergebnisse, das vom Lernsystem benötigte Bereichswissen und der Beitrag des Benutzers zum Lernprozeß. Falls ein System qualitativ hochwertige Ergebnisse in jedem Fall garantieren muß, wird entsprechend umfangreiches Bereichswissen über den Entwurfsprozeß für den Lernprozeß benötigt. Diese Forderung reduziert damit die Menge *neuen* Wissens, das gelernt werden kann, ohne daß es bereits implizit im Bereichswissen vorhanden ist und wie beim erklärungsbasierten Lernen lediglich operationalisiert werden muß. Um das zu vermeiden, erwartet LEDA, daß vom Benutzer Design-Pläne eingegeben werden, die zu Entwurfsergebnissen guter Qualität führen. Lediglich die Korrektheit der Ergebnisse wird vom System kontrolliert. Durch die konservative Generalisierungsstrategie kann erwartet werden, daß der Qualitätsstandard bei der erneuten Ausführung der Pläne erhalten bleibt.

Ein weiterer zentraler Punkt ist die explizite Verarbeitung von Optimierungszielen durch die Performanzkomponente in LEDA bei der von ihr durchgeführten Variantenauswahl. Hiermit wird der Tatsache Rechnung getragen, daß das betrachtete Entwurfsproblem eine Optimierungsaufgabe ist, bei der viele alternative korrekte (aber meist hinsichtlich der Ziele ungünstige) Lösungen für dieselbe Eingabe existieren. In den Systemen LEAP, BOGART und ARGO sowie in der ersten Version von LEDA [Herrmann und Franzke, 1988] fehlt diese wichtige Eigenschaft.

7.5 Erklärungsbasiertes Lernen

Nachdem mit LEDA ein Vertreter des induktiven Lernens für die Wissensbasiserweiterung vorgestellt wurde, wenden wir uns nun dem Lernen durch Deduktion zu. Diese Form des logischen Schließen wird seit Mitte der 80er Jahre vor allem beim erklärungsbasierten Lernen [Mitchell et al., 1986; DeJong und Mooney, 1986] eingesetzt. Statt wie beim induktiven Lernen Ähnlichkeiten innerhalb einer Menge von Beispielen für die Generierung einer allgemeinen Begriffsbeschreibung zu nutzen, werden hier deduktiv abgeleitete Erklärungen eingesetzt.

Die Vorgehensweise beim *erklärungsbasierten Lernen* (EBL) läßt sich grob folgendermaßen charakterisieren: Das Lernsystem konstruiert aus der Analyse eines Trainingsbeispiels eine Erklärung dafür, warum dieses zu dem zu lernenden Begriff gehört. Aus dieser Erklärung wird eine allgemeine Begriffsdefinition generiert.

Für die Generierung einer Erklärung wird eine Wissensbasis in Form einer Theorie über das Anwendungsgebiet benötigt. Die gelernte Begriffsdefinition wird der Wissensbasis hinzugefügt. Erklärungsbasiertes Lernen dient damit der Wissensbasiserweiterung.

Aufgabenbeschreibung für das erklärungsbasierte Lernen. In [Mitchell et al., 1986] wird die diesem Ansatz zugrunde liegende Aufgabe für das erklärungsbasierte Lernen folgendermaßen präzisiert:

Gegeben ist:

- *ein Zielbegriff* (Goal Concept): eine Definition des zu lernenden Begriffs (die das unten aufgeführte Operationalitätskriterium nicht erfüllt). Diese Beschreibung muß operationalisiert werden, damit sie als Begriffsdefinition der Wissensbasis hinzugefügt werden kann.
- *ein Trainingsbeispiel*: ein Beispiel für den Zielbegriff.
- *eine Theorie über das Anwendungsgebiet*: eine Menge von Regeln und Fakten (Hornklauseln), die benutzt werden, um zu erklären, warum das Trainingsbeispiel ein korrektes Beispiel für den Zielbegriff ist.
- *ein Operationalitätskriterium*: ein Prädikat über den Begriffsdefinitionen, das die Form angibt, in der die zu lernenden Definitionen ausgedrückt sein müssen.

Gesucht wird:

- *eine Generalisierung des Trainingsbeispiels*, die eine hinreichende Bedingung für den Zielbegriff ist und das Operationalitätskriterium erfüllt.

Das Operationalitätskriterium spielt bei diesem Lernverfahren eine zentrale Rolle. Ohne dieses Kriterium wäre nichts zu lernen, da ja eine grobe, nicht operationale Begriffsdefinition bereits vorgegeben wird. Das Kriterium erzwingt, daß das zu lernende Wissen für eine Problemlösungskomponente direkt einsetzbar ist, ohne daß während der Anwendung die Operationalität erst durch eine deduktive Beweisführung erzielt zu werden braucht. EBL wirkt damit als Operationalisierung von vorhandenem (Hintergrund-)Wissen. Die Wissensbasis wird um gelernte Klauseln mit dem Ziel erweitert, die Performanz bei der Problemlösung zu steigern. (Auf den Aspekt der Performanzsteigerung wird unten genauer eingegangen.)

Die Generierung einer operationalen Beschreibung. Bei dem Ansatz von [Mitchell et al., 1986] wird die gesuchte Begriffsbeschreibung mit den folgenden zwei Schritten generiert:

a) *Erklärung:* Konstruiere eine Erklärung mit den Termen der Theorie, die nachweist, wie das Trainingsbeispiel die Definition des Zielbegriffs erfüllt. Dabei muß jeder Zweig der Erklärungsstruktur (d.h. des Beweisbaumes) in einem operationalen Ausdruck terminieren, die Blätter müssen also operational sein.

b) *Generalisierung:* Bestimme eine Menge von hinreichenden Bedingungen, unter denen die Erklärungsstruktur gültig ist, beschrieben in operationalen Termen. (Das wird erreicht mittels Rückwärtsverfolgung des Zielbegriffs durch die Erklärungsstruktur, Goal Regression.) Die Konjunktion der resultierenden rückwärtsverfolgten Ausdrücke bildet die gesuchte Begriffsbeschreibung.

Beispiel für das Lernen einer Begriffsbeschreibung mit EBL aus [Mitchell et al., 1986]. Die Vorgehensweise beim EBL soll nun anhand eines Beispiels genauer erläutert werden. Es soll ein einfacher Begriff für ein Spielproblem aus der „Klötzchenwelt" (blocks world) gelernt werden. Er formalisiert, wann zwei Objekte gefahrlos aufeinander gestapelt werden können (safe to stack). Dafür ist die folgende Aufgabenbeschreibung vorgegeben:

Gegeben ist:
- *Zielbegriff:* ein Paar von Objekten <x, y> so daß SAFE-TO-STACK (x, y) erfüllt ist mit

  SAFE-TO-STACK (x, y) $\Leftrightarrow$ NOT (FRAGILE (y)) $\vee$ LIGHTER (x, y).
- *Trainingsbeispiel:*
  ON (OBJ1, OBJ2)
  ISA (OBJ1, BOX)
  ISA (OBJ2, ENDTABLE)
  COLOR (OBJ1, RED)
  COLOR (OBJ2, BLUE)
  VOLUME (OBJ1, 1)
  DENSITY (OBJ1, .1)
- *Theorie über das Anwendungsgebiet:*
  VOLUME (p1, v1) $\wedge$ DENSITY (p1, d1) $\rightarrow$ WEIGHT (p1, v1*d1)
  WEIGHT (p1, w1) $\wedge$ WEIGHT (p2, w2) $\wedge$ LESS (w1, w2) $\rightarrow$
  LIGHTER (p1, p2)
  ISA (p1, ENDTABLE) $\rightarrow$ WEIGHT (p1, 5) (default)
  LESS (.1, 5)
  . . .

• *Operationalitätskriterium:* Die Begriffsbeschreibung muß mit den in den Beispielbeschreibungen benutzten Prädikaten ausgedrückt werden oder mit ausgewählten anderen, die leicht auszuwerten sind, z.B. LESS.

Bestimme:

• *eine Generalisierung des Trainingsbeispiels*, die eine hinreichende Bedingung für den Zielbegriff ist und das Operationalitätskriterium erfüllt.

Für das Lernen einer operationalen Beschreibung zu dem Zielbegriff wird zunächst eine Erklärung dafür generiert, daß Objekt 1 aus dem Trainingsbeispiel gefahrlos auf Objekt 2 gestapelt werden kann. Dazu wird die in Abb. 7-6 gezeigte Erklärungsstruktur aufgebaut. Sie entsteht durch einen Beweis. (Der Erklärungsschritt hat also die Komplexität des automatischen Beweisens.) Dabei kommen drei Klauseln aus der Theorie und der Zielbegriff zur Anwendung. Aus der Erklärungsstruktur ergibt sich, daß das Paar (OBJ1, OBJ2) den Zielbegriff erfüllt, da OBJ1 tatsächlich leichter als OBJ2 ist, also nicht wegen einer eventuellen Unzerbrechlichkeit von OBJ2, der anderen im Zielbegriff enthaltenen Alternative. Die Gewichte für OBJ1 und OBJ2 können inferiert werden, für OBJ1 aus Dichte und Volumen, für OBJ2 aus der Regel für Default-Werte von Tischen.

Die Erklärungsstruktur hat noch eine andere Funktion. Sie „filtert" aus der Theorie und der Beispielbeschreibung die relevanten Eigenschaften für die Definition des Zielbegriffs heraus. So ist z.B. die Farbe eines Objektes nicht relevant für seine Stapelbarkeit, also taucht dieses Prädikat nicht in der Erklärungsstruktur auf.

Die Blätter im Baum erfüllen das Operationalitätskriterium. Damit erhält man durch ihre Konjunktion bereits eine erste operationale Definition für den Zielbegriff:

VOLUME (OBJ1, 1) ∧ DENSITY (OBJ1, 0.1) ∧ LESS (0.1, 5) ∧
ISA (OBJ2, ENDTABLE) → SAFE-TO-STACK (OBJ1, OBJ2)

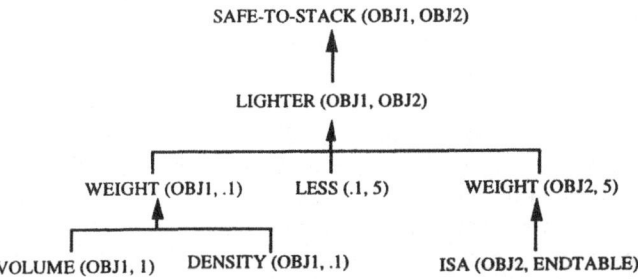

Abb. 7-6. Erklärungsstruktur für den Begriff SAFE-TO-STACK [Mitchell et al., 1986]

Diese Definition und die dazugehörige Erklärungsstruktur sind noch zu speziell. Gesucht werden die *hinreichenden* Bedingungen, mit denen die einzelnen Schritte des Beweises durchgeführt werden können. Deshalb wird im zweiten

Schritt die Generalisierung mittels einer schrittweisen Rückwärtsverfolgung (Back Propagation) des Zielbegriffs durch die Erklärungsstruktur erzeugt. Die *Rückwärtsverfolgung* einer Formel F durch eine Regel R ist ein Verfahren zur Bestimmung der notwendigen und hinreichenden (schwächsten) Bedingung, unter der R benutzt werden kann, um F schlußzufolgern. Dabei werden alle Unifikationen (Variablenbindungen) betrachtet, mit denen aus R die Formel F geschlossen werden kann.

Bei dem in [Mitchell et al., 1986] vorgestellten Verfahren wird ein modifizierter Algorithmus angewandt, der nur die schwächste *hinreichende* Bedingung berechnet und dabei nur *ein* Beispiel zugrunde legt. Es werden damit auch nur die Variablenbindungen betrachtet, die sich aus dem Beispiel ergeben. Falls eine Regel eine Disjunktion als Prämisse hat, wird ferner nur der Anteil der Disjunktion vom Algorithmus betrachtet, der im Beispiel erfüllt ist.

Für das Beispiel wird mit dem Verfahren eine generalisierte Erklärungsstruktur aufgebaut. Insgesamt erhält man damit die folgende generalisierte, operationale Begriffsdefinition:

VOLUME (x, v1) ∧ DENSITY (x, d1) ∧ LESS (v1*d1, 5) ∧
ISA (y, ENDTABLE) → SAFE-TO-STACK (x,y)

Diskussion des vorgestellten EBL-Ansatzes. Das vorgestellte Verfahren weist noch einige Schwächen auf, die bei weiterführenden Arbeiten (s.u.) zum Teil überwunden wurden. Zum einen sind die erzeugten Generalisierungen teilweise noch zu speziell, da nur hinreichende Bedingungen gelernt werden und diese auch nur anhand eines Beispiels. So deckt z.B. die im obigen Beispiel gelernte Begriffsdefinition nur eine der beiden im vorgegebenen Zielbegriff enthaltenen Alternativen für die gefahrlose Stapelbarkeit ab. Zum anderen funktioniert das Verfahren nur für vollständige und widerspruchsfreie Theorien.

Wie oben erwähnt, wird das in der Theorie *vorhandene* Wissen operationalisiert, es wird also nicht wie beim induktiven Schluß *neues* Wissen (Wissen, das sich nicht aus den Beispielen und ggf. vorhandenem Hintergrundwissen folgern läßt) generiert. Das hat folgende Konsequenz für den Einsatz von EBL zur Wissensbasiserweiterung: Es wird kein Wissen zu neuen Problemfällen, die von der bisherigen Wissensbasis nicht abgedeckt werden, gelernt. Die gelernten operationalen Begriffsdefinitionen ergänzen Wissen zu bereits bekannten Problemfällen.

Wie [Minton, 1988] gezeigt hat, dient die Operationalisierung nicht in jedem Fall der Performanzsteigerung bei der Problemlösung. Es gibt Fälle, bei denen durch mit EBL gelernte Klauseln der Problemlösungsprozeß sogar verlangsamt wird. Deshalb stellt Minton einen Ansatz vor, bei dem die Kosten und Vorteile des akquirierten Wissens bewertet werden und auf der Basis dieser Bewertung über eine Wissensbasiserweiterung entschieden wird.

Ein großer Vorteil des EBL-Ansatzes, auch gerade aus der Sicht der Wissensbasiserweiterung, liegt in der Korrektheit des Ergebnisses. Da es durch (wahrheitserhaltende) Deduktion erzeugt wurde, kann die Korrektheit garantiert werden, was beim induktiven Schluß nicht der Fall ist. Außerdem liegt eine Erklärung für das Lernergebnis vor, anhand dessen es gerechtfertigt und der Lernprozeß nachvollzogen werden kann.

Weiterführende Arbeiten zum erklärungsbasierten Lernen. Es gibt vielfältige Arbeiten, die auf den ursprünglich in [Mitchell et al., 1986; DeJong und Mooney, 1986] vorgestellten Ansätzen aufsetzen. So lernt z.b. das bereits oben erwähnte System Failsafe [Mostow und Bhatnagar, 1987] aus negativen Beispielen in Form von fehlgeschlagenen Problemlösungsprozessen.

Zahlreiche Arbeiten beschäftigen sich mit der Kombination von induktivem und erklärungsbasiertem Lernen. So wird z.b. von dem System IOE [Flann und Dieterich, 1989] induktive Generalisierung auf mehreren mit EBL erzeugten Erklärungsstrukturen durchgeführt. Das System FOCL [Pazzani und Kibler, 1992] kombiniert ebenfalls erklärungsbasiertes Lernen mit induktivem Lernen aus Beispielen, in diesem Fall mit der induktiven Lernstrategie in FOIL (s. Abschn. 5.3). Das System lernt dabei deduktiv aus *mehreren* Beispielen. Es kann auch unvollständige und widersprüchliche Bereichstheorien nutzen, überwindet damit also eine wesentliche Einschränkung des oben vorgestellten EBL-Ansatzes.

Aus der Sicht der Wissensbasiserweiterung verdient noch das ebenfalls mit EBL lernende System SCALE [Tong und Franklin, 1989] besonderes Interesse. Hier spielen wie bei LEDA Optimierungsaspekte eine entscheidende Rolle für das Lernen. Ausgangspunkt ist ein regelbasiertes Design-System, das boolesche Funktionen in eine Gatterbeschreibung umwandelt (ähnlich wie das oben erwähnte System LEAP). Die Lösungen des Systems sind suboptimal bezüglich der Schaltungsgröße, da sie typischerweise mehr Gatter enthalten als notwendig. Hier setzt das Lernsystem SCALE ein. Es verfeinert die Wissensbasis, indem speziellere Regeln (im Vergleich zu den in der Wissensbasis vorgegebenen Regeln) hinzugefügt werden, die die bearbeitete Schaltung so zerlegen, daß die Teillösungen zu optimalen Gesamtlösungen zusammengesetzt werden können. Die mit EBL gelernten speziellen Regeln werden von der Kontrollstrategie bevorzugt und überlagern damit die alten, generelleren Regeln. Damit erfolgt letztlich eine globale Umgestaltung der Wissensbasis, ohne daß aber vorhandenes Wissen gelöscht wird. Die gelernten Regeln optimieren den Entwurf bezüglich eines fest eingestellten Optimierungsziels. Eine explizite Vorgabe verschiedener Optimierungsaspekte wie bei LEDA gibt es nicht.

Ein weiterer interessanter Ansatz zur Überwindung des von Minton diskutierten Problems der Nützlichkeit von mit EBL gelernten Regeln ist die *dynamische Optimierung* von Laird [Laird, 1992]. Hier wird das akquirierte Wissen nicht einfach der Wissensbasis hinzugefügt. Statt dessen gibt es eine eigene Phase zur Programmoptimierung, in der unter Erhaltung der Programmsemantik ein vorhandenes Logikprogramm anhand des vor der Optimierungsphase gelernten Wissens modifiziert wird. Bei diesem Ansatz wird EBL also nicht zur Wissensbasiserweiterung, sondern zur Modifikation einer Wissensbasis eingesetzt.

Ein weiterer relevanter Aspekt ist der Einsatz von EBL unter Verwendung solcher Theorien als Hintergrundwissen, die Veränderungen unterworfen sind. Hier stellt die inkrementelle partielle Deduktion [Hoppe, 1994] einen Lösungsansatz dar, durch den dem Einfluß solcher Veränderungen auf das mit EBL gelernte Wissen Rechnung getragen werden kann. Ein auf den Ergebnissen von Hoppe basierender inkrementeller Ansatz für EBL kann dann gelernte Klauseln modifizieren, falls sich das Hintergrundwissen geändert hat.

7.6 Fallbasiertes Lernen

Fallbasiertes Schließen (Case-Based Reasoning) [Schank, 1982, Kolodner, 1983 und 1983a] ist ein Problemlösungsansatz, der zunehmend für die Entwicklung wissensbasierter Systeme an Bedeutung gewinnt [Richter et al., 1993]. In [Althoff et al., 1992] wird fallbasiertes Schließen folgendermaßen charakterisiert:

„Vereinfachend kann unter *fallbasiertem Schließen* das Lösen von Problemen anhand bereits bekannter Fälle verstanden werden. Dazu werden Erfahrungen in Form von Fallbeispielen gesammelt und in das bereits vorhandene Erfahrungswissen eingeordnet. Ein neues Problem wird dann gelöst, indem die Lösung eines ähnlichen, bereits bekannten Problems komplett bzw. teilweise auf die neue Situation übertragen und entsprechend den aktuellen Anforderungen modifiziert wird."

Ein Fall wird dabei als eine Problembeschreibung P mit einer zugehörigen Lösung L und einer Erläuterung der Lösung E beschrieben. Ein Phasenmodell für das fallbasierte Schließen, das auch eine explizite Lernphase enthält, findet sich in [Rissland et al., 1989] und soll hier kurz (in Anlehnung an die Darstellung in [Althoff et al., 1992]) skizziert werden.

Eingabe. Eine aktuelle Problembeschreibung sowie eine Fallbasis mit Fällen (die Wissensbasis).

Ausgabe. Eine Lösung für das aktuelle Problem.

Bereitstellung. Aus der Fallbasis werden geeignete Fälle ausgewählt. Dabei werden für die Problemlösung relevante Eigenschaften des aktuellen Problems und der abgespeicherten Fälle analysiert.

Auswahl. Aus der im vorigen Schritt bestimmten Kandidatenmenge wird ein (für die spezielle Situation am besten geeigneter Fall) ausgewählt. Dabei werden häufig Ähnlichkeitsmaße zum Vergleich des Problems und der Kandidaten eingesetzt.

Anpassung und Interpretation. Falls nötig, wird hier eine Anpassung der in dem gefundenen Fall enthaltenen Lösung vorgenommen, je nach der gewählten Repräsentation z.B. durch eine Justierung von Parametern oder durch Anwendung von Modifikationsregeln.

Test und Kritik. Das System überprüft intern nochmals das Ergebnis der vorigen Phase, z.B. durch Betrachtung von Gegenbeispielen, durch Simulation oder durch Überprüfung von Randbedingungen.

Überprüfung der Ergebnisse. Das Ergebnis der Problemlösung wird in der realen Welt überprüft. Es erfolgt dann eine positive oder negative Bewertung der Ergebnisse durch den Benutzer.

Lernphase. Das in der vorigen Phase erhaltene „Feedback" wird analysiert. Daraufhin wird eine Änderung der Wissensbasis vorgenommen. Bei negativer Bewertung soll eine Wiederholung des Fehlers vermieden werden. Andernfalls wird der neue Fall in die Fallbasis aufgenommen. Je nach gewählter Repräsentation werden ferner Parameteränderungen oder Änderungen interner Speicherstrukturen in der Wissensbasis vorgenommen.

Für die Lernaspekte beim fallbasierten Schließen wird in [Althoff et al., 1992] der Begriff *fallbasiertes Lernen* benutzt. Aus der obigen Beschreibung der Lernphase ist ersichtlich, daß bei einem positiv verlaufenen fallbasierten Schlußfolgerungsprozeß die Wissensbasis um einen neuen Fall erweitert wird. Damit verbunden sind zwar auch noch einzelne Anpassungen des bisherigen Inhalts, aber die zentrale Lernoperation führt hier eine Wissensbasis*erweiterung* durch. Dabei ist das Ziel der Erweiterung, Wissen zu neuen Problemfällen, die von der bisherigen Wissensbasis nicht abgedeckt werden, zu akquirieren. Eine Modifikation der bereits bekannten Fälle ist dabei typischerweise nicht erforderlich. Die notwendige Anpassung von Fallwissen erfolgt jeweils lokal für das aktuelle Problem.

7.7 Entdeckungslernen in Datenbanken

Entdeckungslernen ist die anspruchsvollste Strategie des maschinellen Lernens, bei der das System (weitgehend) ohne den Einfluß eines Lehrers lernt. Die Anwendung solcher Lernverfahren zur Extraktion von Wissen aus Datenbanken gewinnt zunehmend an Bedeutung und besitzt bereits zahlreiche kommerzielle Anwendungen [Piatetsky-Shapiro und Frawley, 1991; Frawley et al., 1992; Kodratoff, 1994; Khabaza, 1994]. Die dabei angewandten Verfahren gehen über einfache statistische Datenanalysetechniken weit hinaus. Wie unten diskutiert wird, lassen sich solche Verfahren auch zur Wissensbasiserweiterung einsetzen.

Begriffsbestimmung. Entdeckungslernen in Datenbanken wird in [Frawley et al., 1992] folgendermaßen charakterisiert:
    „Das *Entdecken von Wissen* (Knowledge Discovery) ist die nichttriviale Extraktion von impliziter, vorher unbekannter und potentiell nützlicher Information aus Daten. Sei F eine Menge von Fakten, L eine Sprache und C ein Zuverlässigkeitsmaß (Measure of Certainty). Ein *Muster* ist ein Satz S aus L, der Beziehungen zwischen Teilmengen F_S aus F mit der Zuverlässigkeit c beschreibt, so daß S einfacher (gemäß einem vorgegeben Kriterium) ist als die Aufzählung aller Fakten in F_S. Ein Muster, das interessant ist (nach einem vom Benutzer vorgegebenen Maß für den Interessantheitsgrad) und sicher genug (ebenfalls nach Kriterien des Benutzers), wird als *Wissen* bezeichnet. Die Ausgabe eines Programms, das die Faktenmenge in einer Datenbank überwacht und Muster in obigem Sinne erzeugt, ist das *entdeckte Wissen.*"
    Die entdeckten Muster sind oft eher probabilistisch als sicher. Für die explizite Repräsentation von Unsicherheiten werden Muster z.B. mit probabilistischen Gewichten versehen, oder linguistische Unsicherheitsmaße mit unscharfen Mengen (Fuzzy Sets) kommen zum Einsatz [Piatetsky-Shapiro und Frawley, 1991]. Von den vielen extrahierbaren Mustern für eine Datenbank werden nur solche als Wissen betrachtet, die gemäß vorgegebenen Kriterien interessant sind. Muster sind interessant, wenn sie neuartig und nützlich sind und ihre Berechnung nichttrivial ist. Die Neuartigkeit hängt vom Vorwissen des Systems bzw. Benutzers ab, die Nützlichkeit von den verfolgten Zielen.

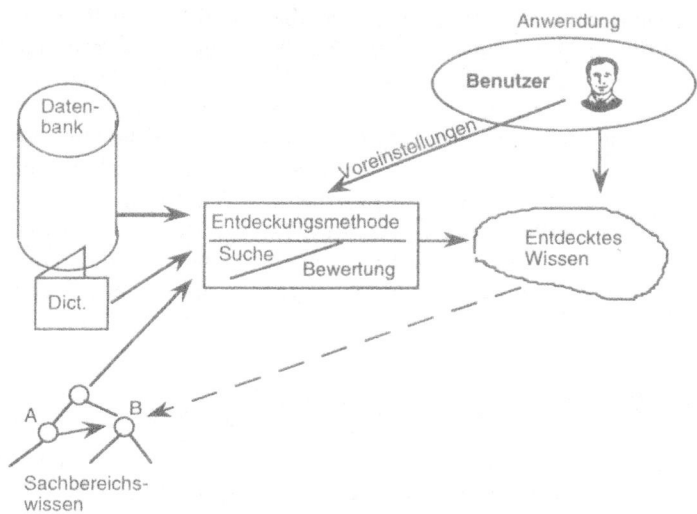

Abb. 7-7. Aufbau eines prototypischen Entdeckungslernsystems für Datenbanken [Frawley et al., 1992]

Aufbau eines Systems zum Entdeckungslernen in Datenbanken. Der prototypische Aufbau eines Systems zum Entdeckungslernen in Datenbanken ist in Abb. 7-7 zu sehen. Der Kern des Systems besteht aus der Entdeckungsmethode, die Muster berechnet und auswertet, die ggf. zu Wissen werden. Die Eingabe für die Entdeckungsmethode besteht aus

- unbearbeiteten Daten aus der Datenbank,
- Informationen aus dem „Datenverzeichnis" (Data Dictionary),
- zusätzlichem Wissen über den betrachteten Sachbereich (Wissensbasis),
- benutzerdefinierten Voreinstellungen (Bias), die die Ausrichtung des Systems steuern (Focus).

Verwendung des entdeckten Wissens. Es lassen sich verschiedene Einsatzmöglichkeiten für das in Datenbanken entdeckte Wissen unterscheiden [Frawley et al., 1992]. Die Wahl der Repräsentation richtet sich danach, wie das entdeckte Wissen verwendet werden soll.

- Das entdeckte Wissen kann direkt vom Benutzer verwendet werden, der Aufschlüsse über den Inhalt der Datenbank benötigt. In diesem Fall muß das Wissen vor allem verständlich sein, hier eignen sich also natürlichsprachliche oder graphische Darstellungen sowie logikorientierte Repräsentationen.
- Das entdeckte Wissen kann von anderen Programmen verwendet werden wie etwa von wissensbasierten Systemen. Hier sind also für die Repräsentation an das Programm angepaßte Formalismen, z.B. Programmiersprachen oder

deklarative Formalismen, zu wählen. Damit zeigt sich ein Bezug zum Lebenszyklus einer Wissensbasis. Entdecktes Wissen kann in eine Wissensbasis aufgenommen werden, die auf diese Weise aufgebaut (*Wissensbasisinitialisierung*) oder erweitert (*Wissensbasiserweiterung*) wird. Da in der Praxis nicht
erwartet werden kann, daß eine Wissensbasis allein durch Entdeckungslernen,
das ja weitgehend ohne Benutzerinteraktion abläuft, *vollständig* aufgebaut
werden kann, ist gerade die Erweiterung einer Wissensbasis eine wichtige
Einsatzmöglichkeit für Entdeckungslernen in Datenbanken.

• Das entdeckte Wissen kann vom Entdeckungslernsystem selbst genutzt werden. Hierbei werden die Ergebnisse des Entdeckungsprozesses dem Sachbereichswissen hinzugefügt. Das Sachbereichswissen und das entdeckte Wissen
müssen also die gleiche Repräsentation besitzen. In diesem Fall wird also
ebenfalls eine Wissensbasiserweiterung durchgeführt. Das entdeckte Wissen
kann somit für weitere Entdeckungsprozesse genutzt werden.

Methoden für das Entdeckungslernen in Datenbanken. Wie schon bei
der in Abschn. 4.4 erwähnten Bildung neuer Begriffe lassen sich beim Entdecken
in Datenbanken zwei Teilaufgaben isolieren: die Identifikation von Klassen, die
in den Daten vorhandene Muster widerspiegeln (Aggregation), und die Erstellung von intensionalen Beschreibungen für die Klassen (Charakterisierung).

Für die Durchführung dieser Teilaufgaben gibt es zum einen die traditionellen
numerischen Methoden aus der Cluster-Analyse. Hier werden häufig euklidische
Maße für die Abstandsberechnung zwischen numerischen Attributen eingesetzt.
Damit können weder symbolische Beschreibungen verarbeitet werden, noch kann
Hintergrundwissen bei der Klassenidentifikation genutzt werden. Alternativen
stellen symbolische maschinelle Lernmethoden wie z.B. die Begriffsbildung
[Michalski und Stepp, 1983; Fisher, 1987; Lebowitz, 1987; Bisson, 1992] dar.
Hier wird Hintergrundwissen eingesetzt, und es können auch symbolische Eigen-
schaften verarbeitet werden. Häufig werden beim Entdeckungslernen in Daten-
banken noch Lernverfahren mit einfachen attributierten Repräsentationen einge-
setzt, z.B. zum Lernen von Entscheidungsbäumen. Es gibt jedoch auch neuere
Ansätze, die das Entdecken von relationalen Beschreibungen ermöglichen, z.B.
[Lindner, 1994].

7.8 Schlußbemerkungen

Die oben beschriebenen Lernsysteme machen deutlich, daß es eine Vielzahl unterschiedlicher maschineller Lernstrategien gibt, die sich zur Wissensbasiserweiterung einsetzen lassen. Neben der z.Z. viel diskutierten Revision oder Modifikation einer Wissensbasis hat also auch das Hinzufügen von Wissen, dort wo die
genannten Voraussetzungen erfüllt sind, eine wichtige Bedeutung für die Pflege
einer Wissensbasis. Es wurde ferner in diesem Kapitel deutlich, daß die *Erweiterung* einer Wissensbasis auch zu einem *veränderten* Verhalten des sie benutzen-
den Systems führen kann wie z.B. bei SCALE. Es wurden aber auch an einigen
Stellen bereits die Grenzen der Wissensbasiserweiterung angesprochen, die häu-

fig da liegen, wo eine Modifikation des vorhandenen Wissens erforderlich ist, wo also die im nächsten Kapitel diskutierte Wissensbasismodifikation ansetzt.

8. Wissensbasismodifikation

Die Bedeutung der Wissensbasismodifikation als wichtiger Bestandteil des Lebenszyklus einer Wissensbasis wird in diesem Kapitel erörtert. Nach einer Begriffscharakterisierung erfolgt eine Klassifikation verschiedener Ansätze für diesen Aufgabenbereich. Die Verifikation und Validierung von Wissensbasen wird als eine Analyseaktivität, die die Notwendigkeit einer Modifikation aufzeigt, vorgestellt. Für einige Ansätze werden in den folgenden Abschnitten maschinelle Lernmethoden beschrieben und diskutiert. Insbesondere wird in Abschn. 8.6 das System LEO betrachtet, dem ein neuer Ansatz für die Optimierung von Fuzzy-Controllern zugrunde liegt.

8.1 Wissensbasismodifikation als Phase

Wissensbasismodifikation bezeichnet Aktivitäten zur Änderung des Inhalts einer Wissensbasis, d.h. es werden Einträge in der Wissensbasis verändert oder entfernt. Nicht unter diesen Begriff fällt die Hinzunahme neuer Einträge in die Wissensbasis, also die im vorigen Kapitel diskutierte Wissensbasiserweiterung. Während man bei der Wissensbasiserweiterung auch von *monotonen Änderungen* [Wrobel, 1993] spricht, werden bei der Wissensbasismodifikation *nichtmonotone Änderungen*, also Änderungen, die sich auch auf vorhandenes Wissen auswirken, durchgeführt. Die Modifikation wird notwendig, wenn sich Fehler oder Schwächen in ihrem aktuellen Inhalt gezeigt haben. Sie können z.B. durch zusätzliche vom Experten vorgegebene Beispiele oder anhand der Ergebnisse des Wissensbasiseinsatzes deutlich werden. Wissensbasismodifikation kann getrennt in einer separaten Phase oder in Verbindung mit Wissensbasiseinsatz oder -erweiterung durchgeführt werden.

Es gibt in der Literatur eine Reihe verschiedener Begriffe für Ansätze zur Wissensbasismodifikation beim maschinellen Lernen, aber auch in verwandten Arbeitsgebieten wie wissensbasierten Systemen [Ginsberg, 1988], Wissensrepräsentation [Nebel, 1990], Logikprogrammierung [Guessoum und Lloyd, 1990] und deduktiven Datenbanken [Wrobel, 1994]. Der Begriff der Revision wird in jüngerer Zeit häufig im Zusammenhang mit Arbeiten zur induktiven logischen Programmierung verwendet. Der Gegenstand der Revision ist dabei eine logische Theorie.[1] Der Begriff der Verfeinerung einer Wissensbasis (Knowledge Base Refinement) findet sich typischerweise in Arbeiten zu wissensbasierten Systemen. Häufig werden von verschiedenen Forschergruppen die gleichen Begriffe mit unterschiedlicher Bedeutung belegt. Ein Versuch einer einheitlichen Charakterisierung dieser Begriffe sowie einer Klassifikation verschiedener darunterfallender Ansätze findet sich in [Wrobel, 1994]. Demnach ist die *Theorie- oder Wissensverfeinerung* der generellste Begriff für Ansätze zur Modifikation von Wissensbasen. Er schließt die Revision und die Restrukturierung als Unterbegriffe mit ein. Mit *Revision* wird die Modifikation einer inkorrekten oder unvollständigen Theorie bezeichnet. *Restrukturierung* ist die Modifikation einer korrekten und vollständigen Theorie, um andere Eigenschaften wie Verständlichkeit zu verbessern. Revision enthält als Teilaufgaben die *Generalisierung* und die *Spezialisierung*. Die Restrukturierung besteht aus der Performanzverbesserung (mit EBL oder partieller Auswertung, Partial Evaluation) und der Verbesserung der Verständlichkeit (durch Operatoren zur Einführung neuer Prädikate). Eine graphische Darstellung dieser Begriffshierarchie ist in Abb. 8-1 zu sehen.

Die gemäß dieser Klassifikation unter den Begriff Theorie- oder Wissensverfeinerung fallenden Ansätze werden auch durch den in diesem Buch verwendeten Begriff der Wissensbasismodifikation abgedeckt, bis auf Operationen, die der Wissensbasis Einträge hinzufügen, etwa bei der Performanzverbesserung durch EBL. Diese wurden ja bereits im vorigen Kapitel separat diskutiert.

Auch wenn die o.a. Begriffscharakterisierungen zu Theorie- oder Wissensverfeinerung, Revision und Restrukturierung für dieses Kapitel übernommen werden, beinhaltet die Begriffshierarchie in Abb. 8-1 trotzdem einen Nachteil. Es werden *Methoden* (Generalisierung, Spezialisierung) mit durch die Verfeinerung zu erzielenden *Wirkungen* (Performanzverbesserung, Verbesserung der Verständlichkeit) vermischt.

In der nun folgenden Klassifikation werden Ansätze zur Wissensbasismodifikation einheitlich nach den verschiedenen zu erzielenden Wirkungen in Klassen eingeteilt. Auch die verschiedenen Methoden, mit denen diese Wirkungen erzielt werden können, kommen im Laufe der folgenden Abschnitte zur Sprache.

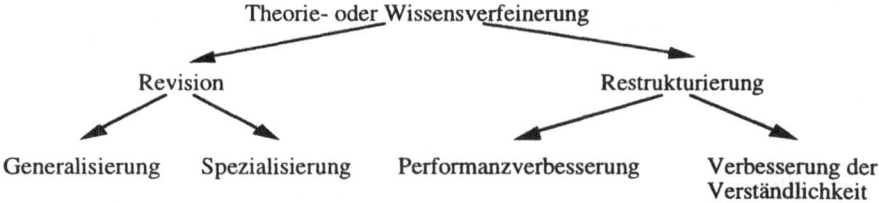

Abb. 8-1. Begriffshierarchie für die Theorie- oder Wissensverfeinerung [Wrobel, 1994]

---

[1] Da eine logische Theorie als Spezialfall einer Wissensbasis betrachtet werden kann, werden wir im folgenden häufig statt Theorierevision die allgemeineren Begriffe Wissensrevision oder Wissensbasisrevision verwenden.

1) *Beseitigung von Fehlern und Inkonsistenzen*[2] *in der Wissensbasis*
Dieses ist zusammen mit der unter 3) aufgeführten Unvollständigkeit der typische Ausgangspunkt für eine Revision der Wissensbasis. Eine solche Modifikation wird notwendig, wenn die Wissensbasis bei der Problemlösung inkorrekte (Zwischen-)Ergebnisse produziert. Zum einen kann das Ergebnis von einem vorgegebenen Beispiel oder der maßgeblichen Expertenmeinung abweichen, zum anderen kann auch ein in sich widersprüchliches Resultat produziert werden. Eine formale Definition von Revision für eine prädikatenlogische Wissensbasis sowie die Beschreibung von Lernsystemen hierfür findet sich in Abschn. 8.3.

2) *Beseitigung von Redundanzen in der Wissensbasis*
Eine *Redundanz* tritt auf, wenn verschiedene Bestandteile der Wissensbasis die gleiche Information beinhalten. Das kann zu verschiedenen Nachteilen führen. Zum einen können bei einer Änderung der Wissensbasis leicht Inkonsistenzen entstehen, wenn die Modifikation nicht auch konsistent in den betroffenen redundanten Bestandteilen durchgeführt wird. Zum anderen kann eine Wissensbasis damit unnötig „aufgebläht" werden, was sich negativ auf die Performanz bei der Problemlösung und natürlich auf den Speicherplatzbedarf auswirken kann. Die Beseitigung von Redundanzen wird auch als Kompression bezeichnet [Hammer und Kogan, 1993].

3) *Vervollständigung der Wissensbasis durch das Abdecken weiterer Problemfälle*
Diese für eine Wissensbasis zu erzielende Wirkung wurde schon im Rahmen der Wissensbasiserweiterung angesprochen. In vielen Fällen reicht jedoch das direkte Hinzufügen von neuen Einträgen zur Wissensbasis nicht aus. Deshalb kann auch hierfür eine Revision der Wissensbasis erforderlich sein. Um das gewünschte Systemverhalten zu erreichen, muß das neue in das vorhandene Wissen integriert werden. In [Bareiss et al., 1989] wird weiter zwischen einer flachen und einer tiefen Integration von neuem Wissen unterschieden. Bei letzterer geht es um das Aufdecken von impliziten Konflikten zwischen der Wissensbasis und dem neuen Wissen, die aufgelöst werden müssen.

4) *Aktualisierung der Wissensbasis zur Anpassung an eine veränderte Umgebung*
Die Aktualisierung (Update) ist mit der unter 1) vorgestellten Beseitigung eines fehlerhaften Verhaltens der Wissensbasis verwandt. Es liegt hier jedoch eine andere Ursache vor. Dieser Unterschied wird in [Katsuno und Mendelzon, 1991] präzisiert: „Eine *Aktualisierung* ist eine Theorieänderung, die Informationen über eine Änderung in der Welt in die Wissensbasis einarbeitet; eine *Revision* arbeitet neu erhaltenes Wissen über eine statische Welt

---

[2] Häufig werden die Begriffe Fehler und Inkonsistenz in der Literatur als Synonyme benutzt. In [Segab und Schoenauer, 1992] wird hingegen im Kontext einer eingeschränkten Prädikatenlogik erster Stufe folgendermaßen unterschieden: Ein *Fehler* (Error) tritt auf, wenn eine Regel (mittelbar oder unmittelbar) zu einer falschen Klassifikation eines vorgegebenen Beispiels führt. Eine *Inkonsistenz* tritt auf, wenn zwei Regeln für dasselbe Beispiel zu inkompatiblen Schlußfolgerungen kommen.

ein."[3] Die Notwendigkeit von Aktualisierungen ist eine häufig bei praxisrelevanten Anwendungen auftretende Eigenschaft, wie auch in [Hinkelmann et al., 1994] betont wird. Hinkelmann et al. verwenden den Begriff *Wissensbasisevolution* als Oberbegriff sowohl für Aktualisierung als auch Revision.

5) *Performanzverbesserung*
Die Möglichkeit einer Performanzsteigerung der Problemlösung durch das Hinzufügen von Einträgen zu einer Wissensbasis wurde bereits im vorigen Kapitel vorgestellt. Wie dort erwähnt erweist es sich jedoch häufig als effektiver für dieses Ziel, neues (z.B. mit EBL gelerntes) Wissen nicht einfach der Wissensbasis hinzuzufügen, sondern durch eine Modifikation der Wissensbasis, z.B. durch eine Restrukturierung, in diese zu integrieren [Laird, 1992].

6) *Verbesserung der Verständlichkeit der Wissensbasis*
Hier geht es nicht um eine Veränderung des Problemlösungsverhaltens der Wissensbasis, sondern um die Interaktion mit dem Benutzer (oder anderen Programmen zur Analyse der Wissensbasis). Durch die Veränderung der Inferenzstruktur können z.B. implizit in der Problemlösung benutzte Begriffe explizit gemacht und die Schlußfolgerungstiefe erhöht werden [Sommer, 1994]. Dadurch kann die Vorgehensweise bei der Problemlösung deutlicher zutage treten. In Abschn. 8.5 wird hierauf genauer eingegangen.

7) *Optimierung einer Wissensbasis, um qualitativ bessere Ergebnisse zu erzielen*
Diese in der o.a. Klassifikation von Wrobel nicht enthaltene Form der Wissensbasismodifikation betrifft die wichtige Klasse der Optimierungsprobleme, wie z.B. die in Abschn. 7.4 angesprochene Datenpfadsynthese. Die modifizierte Wissensbasis soll die Generierung von guten Lösungen gemäß vorgegebener Optimierungsziele besser unterstützen. Als Beispiel hierfür wird in Abschn. 8.6.1 die Optimierung der Regelbasis für einen Fuzzy-Controller vorgestellt.

Die Optimierung ist von der unter 1) angesprochenen Beseitigung von Fehlern zu unterscheiden. Ein Fehler tritt auf, wenn ein als falsch zu klassifizierendes Ergebnis produziert wird. Diese Situation gibt es auch bei Optimierungsproblemen, wenn vorgegebene Randbedingungen (Constraints) oder andere zwingend zu erfüllende Bedingungen verletzt werden. Anders sieht es jedoch bei den hier zu berücksichtigenden Optimierungszielen aus. Wenn eine mit der Wissensbasis getroffene Entscheidung oder Entscheidungsfolge zu einem suboptimalen Ergebnis führt, kann das nicht als Fehler eingestuft werden. Häufig ist sogar nicht klar, wie das anzunähernde Optimum aussieht. Es handelt sich hier also um einen graduellen Verbesserungsprozeß. Auch wenn eine modifizierte Wissensbasis zur Erlangung besserer Ergebnisse führt, kann es weitere Verbesserungen geben, die noch näher am Optimum liegende Resultate ermöglichen. Hierin liegt also ein zentraler Unterschied zwischen der Optimierung einer Wissensbasis und der Fehlerbeseitigung.

---

[3] Katsuno und Mendelzon präzisieren die Unterschiede zwischen diesen beiden Modifikationsarten bei propositionalen Wissensbasen durch die Angabe unterschiedlicher Systeme von Postulaten (Rationality Postulates).

Der Begriff der Optimierung läßt sich beim maschinellen Lernen auch zur Verringerung der Fehlerrate des gelernten Wissens verwenden, also bei der angesprochenen Beseitigung von Fehlern. Die Qualität einer gelernten Regel verbessert sich z.B., wenn sie nach einer Modifikation einen geringen Prozentsatz der Testbeispiele falsch klassifiziert. Dabei ist also das Optimierungskriterium die Fehlerrate des gelernten Wissens. In Gegensatz dazu beziehen sich die Optimierungskriterien bei der hier diskutierten Optimierung einer Wissensbasis nicht (bzw. nur indirekt) auf die Qualität des gelernten Wissens. Statt dessen wird die Qualität an den Objekten des Sachbereichs gemessen, die von der Wissensbasis generiert oder manipuliert werden. Die Wissensbasis soll dabei so modifiziert werden, daß das jeweilige Ergebnis der Problemlösung eine bessere Qualität gemäß dem Optimierungskriterium bzw. den -kriterien besitzt.

Auf die besondere Problematik der Wissensbasismodifikation wurde bereits in Abschn. 2.4 hingewiesen. Dort wurde u.a. das System GARVAN-ES1 [Compton und Janson, 1990] angesprochen, bei dem eine relativ geringe Verbesserung der Performanz (von 96% zu 99,7%) zu einer verdoppelten Größe der Regelbasis führte. Der Grund dafür lag bei diesem System in den Problemen beim Einfügen neuer Regeln in die Wissensbasis. Die Aufnahme neuer Regeln erforderte die z.T. komplizierte Revision vorhandener Regeln.

Da die Wissensbasismodifikation also ein komplizierter und zeitraubender Prozeß sein kann, ist es naheliegend, daß bereits in Zusammenhang mit den ersten Entwicklungen wissensbasierter Systeme Werkzeuge zur Unterstützung einer Wissensbasismodifikationsphase konzipiert und realisiert wurden. Schon für MYCIN [Shortliffe, 1976] wurde die Erklärungskomponente TEIRESIAS [Davis, 1979] mit integrierter Wartungsunterstützung entwickelt. TEIRESIAS bietet die Möglichkeit, interaktiv, vom Programm gesteuert, Fehler in der Wissensbasis aufzuspüren. Fehler beziehen sich auf die notwendige Korrektur von Wissensbasiseinträgen oder auf das Fehlen von Einträgen. Die notwendigen Modifikationen oder Erweiterungen der Wissensbasis bleiben jedoch, anders als bei den unten vorgestellten maschinellen Lernsystemen zur Wissensbasismodifikation, dem Benutzer überlassen. Damit gehört die von TEIRESIAS bereitgestellte Funktionalität in den Bereich der Verifikation und Validierung von Wissensbasen (s. Abschn. 8.2). Viele der unten vorgestellten maschinellen Lernmethoden zur Wissensbasismodifikation sind ebenfalls interaktiv und verlassen sich auf Hinweise oder die Kontrolle durch den Benutzer.

Interessant ist bei TEIRESIAS auch die Kopplung von Erklärung und interaktiver Revision. Wenn der Benutzer an der Wissensbasismodifikation beteiligt werden soll, ist die Verständlichkeit der Wissensbasis unabdingbar. Für die Verständlichkeit spielen Erklärungen und ein transparenter Aufbau der Wissensbasis, z.B. unterstützt durch eine geeignete Inferenzstruktur (s. Abschn. 8.5), eine wichtige Rolle.[4]

---

[4] Die Kombination von transparentem Systemaufbau und Erklärungen zur Erlangung eines verständlichen Systems wird in [Herrmann et al., 1996] diskutiert.

Auch wenn eine Wissensbasis durch maschinelle Lernmethoden erweitert oder modifiziert wird, ist die Verständlichkeit wichtig, da typischerweise zumindest eine Kontrolle durch den Benutzer unverzichtbar ist. So wurde z.b. das Lernsystem KBG [Bisson, 1992] um eine Erklärungskomponente erweitert [Bisson, 1994], die die einzelnen Schritte des Lernsystems (Saturation, Ähnlichkeitserkennung, Klassifikation und Diskriminierung) verständlich machen soll.

Für die oben vorgestellten verschiedenen Wirkungen auf eine Wissensbasis, die durch eine Wissensbasismodifikation erzielt werden sollen, gibt es eine Vielzahl von auf maschinellem Lernen basierenden Ansätzen. Dabei werden häufig in einem Ansatz mehrere Wirkungen, z.b. die Fehlerbeseitigung und die Vervollständigung der Wissensbasis, miteinander kombiniert oder verknüpft. Mitunter gibt es aber auch Zielkonflikte zwischen verschiedenen Wirkungen, so daß abgewogen werden muß. Ein Beispiel hierfür ist der Konflikt zwischen einer Verbesserung der Verständlichkeit der Wissensbasis durch die Einführung von Zwischenkonzepten und einer Performanzverbesserung durch die Verringerung der Schlußfolgerungstiefe in der Wissensbasis.

Einige maschinelle Lernverfahren zur Wissensbasismodifikation werden in den nächsten Abschnitten vorgestellt. Dabei werden wir auf die meisten der sieben o.a. Wirkungen auf eine Wissensbasis zurückkommen.

8.2 Verifikation und Validierung von Wissensbasen

Verifikation und Validierung (V&V) sind Analysetätigkeiten, die aus der Entwicklung konventioneller Software bekannt sind und auch für wissensbasierte Systeme eine Bedeutung haben. Durch V&V wird eine Wissensbasis nicht unmittelbar modifiziert. Da aber durch eine solche Analyse die Notwendigkeit einer Veränderung der Wissensbasis aufgezeigt wird, V&V also als Bestandteil einer Wissensbasismodifikationsphase eine Bedeutung hat, soll hier ein kurzer Überblick zu diesem Thema gegeben werden. In [Preece, 1993] wird V&V sogar als eigene Phase in ein Phasenmodell für den Lebenszyklus wissensbasierter Systeme übernommen.

Gerade die Überprüfung von *maschinell gelerntem Wissen* ist besonders wichtig. Wie bereits erwähnt, kann gerade der induktive Schluß zur Generierung fehlerhaften Wissens führen. In [Hoppe, 1991] wird anhand des Lernens von Entscheidungsbäumen [Quinlan, 1983 und 1986], des erklärungsbasierten Lernens [Mitchell et al., 1986], der inversen Resolution [Muggleton und Buntine, 1988] und des Systems BLIP, dem Vorgänger von MOBAL [Morik et al., 1993], beispielhaft aufgezeigt, wie Wissen gelernt wird, das nicht der Intention des Benutzers entspricht, das also durch V&V zu überprüfen ist und modifiziert werden muß.

Begriffsbestimmungen. Für die Begriffe Verifikation und Validierung gibt es innerhalb der Informatik und in den Nachbarwissenschaften stark voneinander abweichende Definitionen. Selbst die Begriffsbildungen bei den verschiedenen Ansätzen für V&V von Wissensbasen unterscheiden sich erheblich. In [Hoppe und Mesguar, 1993] wird ein Vergleich sowie eine Synthese versucht. Es finden sich dort die folgenden Charakterisierungen:

- *„Verifikation* überprüft die wohldefinierten Eigenschaften eines wissensbasierten Systems anhand seiner Spezifikation. Abhängig von der Art dieser Eigenschaften kann Verifikation weiter auf Unterkomponenten des wissensbasierten Systems eingeschränkt werden. Somit können wir uns auf die Verifikation der Wissensbasis, der Inferenzmaschine oder der Benutzungsschnittstelle konzentrieren und den Rest des Systems ignorieren. Verifikation kann sich auch auf bestimmte Aspekte der Funktionalität konzentrieren wie das Ein-/Ausgabeverhalten oder den zur Erlangung einer bestimmten Schlußfolgerung verfolgten Pfad.

- *Validierung* überprüft, ob ein wissensbasiertes System dem System entspricht, das es darstellen sollte. Wie Verifikation kann sich Validierung auf bestimmte Aspekte eines wissensbasierten Systems konzentrieren. So können wir von der Validierung der Wissensbasis, der Inferenzmaschine, der Benutzungsschnittstelle, des Ein-/Ausgabeverhaltens usw. sprechen. Zusätzlich muß das wissensbasierte System als Ganzes validiert werden, um eine echte Validierung zu erhalten.

- *Testen* wird durchgeführt, indem die Wissensbasis auf eine Menge von Testfällen angewandt wird und die Ergebnisse analysiert werden. Es kann als ein Vergleich des Verhaltens des wissensbasierten Systems mit einer Spezifikation von intendiertem Verhalten, ausgedrückt durch Testfälle, betrachtet werden. Da zumindest das funktionale Verhalten eines wissensbasierten Systems korrekt sein muß, kann Testen als die wichtigste *Validierungsmethode* angesehen werden.

- *Auswertung* (Evaluation) eines wissensbasierten Systems bestimmt oder mißt quantitative und qualitative Eigenschaften und vergleicht sie mit erwarteten oder angestrebten Werten. Verschiedenartige Bewertungsmaße messen unterschiedliche Eigenschaften eines wissensbasierten Systems: Wir können die Struktur der Wissensbasis, Eigenschaften der Inferenzmaschine usw. auswerten."[5]

Gemäß diesen Charakterisierungen wird Testen unter Validierung eingeordnet, letztere jedoch von der Auswertung abgegrenzt. Die Begriffsbildungen für Verifikation und Validierung subsumieren zwar eine Reihe von in [Hoppe und Mesguar, 1993] diskutierten Ansätzen, der Unterschied zwischen diesen beiden Begriffen bleibt aber „schwammig". Er wird klarer in [Hoppe, 1991] formuliert:

- *„Verifikation* bezeichnet den Beweis bestimmter logischer Eigenschaften einer Formalisierung wie z.B. Konsistenz, Korrektheit und Vollständigkeit.

---

[5] Zur Auswertung gehört auch die Bewertung der effektiven Nutzbarkeit (Usability) eines wissensbasierten Systems für den Benutzer [Berry und Hart, 1990]. Hierzu gehören Aspekte wie die leichte Erlernbarkeit der Systembenutzung, die Kontrollmöglichkeiten für den Benutzer, die Anforderungen an den Benutzer bei der Systembedienung, die Gestaltung der Benutzungsschnittstelle sowie die Systemunterstützung bei der Fehlerbehandlung.

- *Validierung* bezeichnet die Bestimmung des Grades an Übereinstimmung zwischen dem System und seiner Formalisierung."

Methoden für Verifikation und Validierung. Es gibt zahlreiche Arbeiten, z.B. [O'Keefe et al., 1987; Ginsberg, 1988a; Berry und Hart, 1990; O'Leary et al., 1990; Preece, 1990 und 1993; Grogono et al., 1991; Harrison und Ratcliffe, 1991; Hoppe, 1991; Loiseau, 1992; Maurer, 1992; Hoppe und Mesguar, 1993; Jafar und Bahill, 1993; Plaza I Cervera, 1993; Hoppe, 1994], sowie regelmäßig stattfindende Workshops, die sich mit V&V für wissensbasierte Systeme beschäftigen. In [Preece, 1990] werden die dafür eingesetzten Methoden in logische und empirische Methoden unterteilt. Logische Methoden haben ihren Ursprung in der formalen Logik (ohne daß deshalb alle hierunter fallenden Methoden eine formale Definition gemäß ihren mathematischen Grundlagen besitzen). Typische Eigenschaften, anhand derer eine Wissensbasis mit formalen Methoden überprüft wird, sind z.B. für eine Regelbasis die folgenden [Preece, 1990; Harrison und Ratcliffe, 1991]:

- *Redundanz*: Z.B. ist $A \wedge B \to C$ äquivalent zu $B \wedge A \to C$.
- *Inkonsistenz*: Z.B. ist $A \wedge B \to C$ inkonsistent zu $A \wedge B \to \neg C$
- *Subsumption*: Z.B. subsumiert $A \to C$ die Regel $A \wedge B \to C$.
- *Überflüssige Bedingungen*: Z.B. ist B überflüssig, wenn sowohl die Regel $A \wedge B \to C$ als auch die Regel $A \wedge \neg B \to C$ gelten.
- *Nicht erreichbare Bedingungen*: Z.B. ist C bei der Regel $A \to C$ nicht erreichbar, wenn A nicht mit einem Faktum oder der Konklusion einer anderen Regel abgeglichen werden kann.
- *Zirkularität*: Z.B. stellen die Regeln $A \to B$, $B \to C$, $C \to A$ einen Schlußfolgerungszyklus dar.
- *Entdeckung fehlender Regeln*: Feststellung, daß für eine benötigte Schlußfolgerungskette eine bestimmte Regel in der Wissensbasis fehlt.

Während es für den aussagenlogischen Fall bereits etablierte formale Methoden gibt[6] [Grogono et al., 1991], zeichnen sich Repräsentationen in (auch eingeschränkter) Prädikatenlogik erster Stufe durch schwerer zu überprüfende Bedingungen aus. So wird z.B. in [Wrobel und Sommer, 1994] auf „tiefere" Formen der Redundanz hingewiesen, die bei Wissensbasen, die Fakten über n verschiedene Fälle beinhalten, überprüft werden müssen. Es finden sich aber auch erste Anwendungen formaler Methoden für die Prädikatenlogik erster Stufe, z.B. die Entdeckung von Inkonsistenzen in [Loiseau, 1992]. Probleme ergeben sich bei der Anwendung logischer Methoden auf hybride Wissensbasen, in denen deklaratives und prozedurales Wissen gemischt ist.

Empirische Methoden beinhalten die Anwendung eines Prototypsystems auf eine Auswahl von Testfällen sowie das Feststellen der Resultate [Preece, 1990]. Dabei müssen die Ergebnisse mit Referenzergebnissen oder mit den Resultaten eines Experten für das Anwendungsgebiet verglichen werden. Die Auswertung

---

[6] Auch bei den etablierten Methoden gibt es aber Komplexitätsprobleme [Grogono et al., 1991], die ihre Anwendung auf große Wissensbasen erschweren.

der Ergebnisse kann durch informelle, qualitative Verfahren oder durch quantitative, typischerweise statistische Methoden erfolgen.

Logische und empirische Methoden ergänzen sich gegenseitig, da sie unterschiedliche Problemtypen in einer Wissensbasis aufdecken können. Während logische Methoden eher für die Verifikation geeignet sind, sind empirische Verfahren bei der Validierung besser einsetzbar. Die meisten logischen Methoden können (für aussagenlogische Wissensbasen) automatisch ausgeführt werden, für einzelne empirische Methoden gibt es bereits Ansätze dazu, z.B. [Ginsberg, 1988]. Hier kommen auch Methoden des maschinellen Lernens zum Einsatz, insbesondere bei der Kopplung von V&V-Analyse und Wissensbasismodifikation, siehe nächsten Abschnitt.

Maschinelles Lernen zur Unterstützung von Verifikation & Validierung. Bevor wir in Abschn. 8.3 auf maschinelle Lernverfahren zu sprechen kommen, die die *Beseitigung* von Fehlern und Inkonsistenzen unterstützen, soll hier noch am Beispiel aufgezeigt werden, daß mit maschinellem Lernen auch die Bestimmung von solchen Schwachstellen unterstützt werden kann.

Das System CARPER [Schlimmer, 1993] ist ein maschinelles Lernsystem, das aus Datenbanken bekannte Fehlertypen in attributierten Wissensbasen (mit gleicher Ausdrucksmächtigkeit wie die Aussagenlogik) bestimmt. Dazu werden Integritätsbedingungen (Integrity Constraints) auf eine Wissensbasis angewandt, die Einschränkungen auf den Attributen definieren. Damit können Fehlertypen wie z.B. inkorrekte Attributwerte, weggelassene Attribute, inkorrekte Attributdefinitionen und verletzte Namenskonventionen für Attribute überprüft werden. Neben der Verarbeitung manueller Integritätsbedingungen kann CARPER auch neue Bedingungen induktiv lernen und auf die Wissensbasis anwenden. Damit wird die Abhängigkeit von den Benutzervorgaben verringert. CARPER hat zahlreiche Fehler in der Wissensbasis des Systems XCON entdeckt, das sich u.a. durch eine sehr große Wissensbasis und den täglichen industriellen Einsatz auszeichnet [Barker und O'Connor, 1989], vgl. auch Abschn. 2.4.

Grenzen der Verifizierbarkeit. In [Hoenen et al., 1992; Pfeifer et al., 1992] werden Mängel und Schwächen der Verifikation wissensbasierter Systeme diskutiert. Hoenen et al. definieren Verifikation als den formalen Beweis der Korrektheit von Software in bezug auf ihre (formale) Anforderungsspezifikation. Es wird darauf hingewiesen, das die Grenzen und der Aufwand des formalen Korrektheitsbeweises von (konventionellen) Programmen in der Informatik schon ausführlich diskutiert wurden. Die Unmöglichkeit der formalen Überprüfung von Expertensystemen wird anhand der folgenden Argumente begründet:

- *Unvollständigkeit der Wissensbasis*
- *Subjektivität der Wissensbasis*
- *Dekontextualisierung des Wissens,*
  d.h. Wissen wird aus seinem Gesamtzusammenhang „herausgebrochen", so daß relevante Bezüge zum Kontext verlorengehen

- *Reflexions- und Kommunikationszusammenhang*
  Bei der Wissenserhebung findet auf seiten des Experten eine Reflexion
  sowohl des Problemfeldes als auch des eigenen Problemlösungsverhaltens
  statt. Diese für das Verständnis der Lösung wichtige Information geht bei der
  Konstruktion und Nutzung des Systems verloren.
- *Unspezifische Systemgrenzen,*
  d.h. es ist unklar, welcher genaue Aufgabenbereich durch die Wissensbasis
  abgedeckt wird.

Als Ausweg aus dem Dilemma bleibt nach Hoenen et al. nur, die Vorläufigkeit
von wissensbasierten Systemen zu akzeptieren und eine Organisationsform für
diese Systeme zu wählen, die das berücksichtigt. Dazu müssen alle Systement-
scheidungen vom Benutzer überprüfbar sein. Entsprechend muß er sie nachvoll-
ziehen können. Ferner sollte der Benutzer aktiv in den Problemlösungsprozeß
mit einbezogen werden, damit auch Aspekte des Problembereichs berücksichtigt
werden können, die nicht im System abgebildet/abbildbar sind. Die Ergebnisse
einer konzeptuellen Modellierung, etwa mit KADS [Schreiber et al., 1993], sollten als Kommunikationsplattform eingesetzt werden, die die Zusammenarbeit
von Entwicklern, Experten und späteren Nutzern erlaubt.

Auch die Autoren der Erwiderung zu [Hoenen et al., 1992] stimmen den
Anfragen an die Verifizierbarkeit von wissensbasierten Systemen zu [Pfeifer et
al., 1992]. Lediglich in den Schlußfolgerungen aus diesem Problem nehmen sie
einen anderen Standpunkt ein. Sie zweifeln die Eignung der konzeptuellen
Modellierung als Bestandteil eines Auswegs aus dem Dilemma an.

Die hier skizzierten Ausführungen zu den Grenzen der Verifizierbarkeit
machen deutlich, daß das eigentliche Ziel der Verifikation, also der formale
Korrektheitsnachweis, bei wissensbasierten Systemen nicht erreichbar ist. Das
bedeutet aber nicht, daß die oben vorgestellten formalen Methoden für die Verifikation nutzlos sind. Mit ihnen können tatsächlich Fehler und Schwächen gefunden werden. Allerdings läßt sich durch ihre Anwendung allein keine vollständig
korrekte Software erzielen.

8.3 Beseitigung von Fehlern, Inkonsistenzen und von Unvollständigkeit

Die Beseitigung von Fehlern, Inkonsistenzen und von Unvollständigkeit wird bei
vielen Lernsystemen im Zusammenhang betrachtet. Dabei ist der Ausgangspunkt
typischerweise eine Menge von Beispielen, die in die Wissensbasis eingearbeitet
werden sollen, und anhand derer Modifikationen durchzuführen sind. Diese als
Revision bezeichnete Aufgabe stellt die typische, am meisten erforschte Aufgabenstellung für eine Wissensbasismodifikation dar. Es gibt entsprechend viele
verschiedenartige Ansätze, von denen hier nur einige zur Sprache kommen
können.

Im Prinzip kann jedes System zum induktiven Lernen aus Beispielen für die
Wissensrevision eingesetzt werden. Das gilt z.B. auch für die in Kap. 5 im
Zusammenhang mit der Wissensbasisinitialisierung vorgestellten Lernsysteme.

Bei nichtinkrementellen Lernsystemen, also Systemen, die alle Beispiele gleichzeitig verarbeiten, wird die Revision des gelernten Wissens nicht direkt vom
System unterstützt. Wenn das gelernte Wissen anhand neuer Beispiele revidiert
werden soll, muß also der Lernvorgang mit der um sie erweiterten Beispielmenge komplett wiederholt werden. Mit dieser etwas umständlichen Methode
können dann auch Systeme wie ID3 [Quinlan, 1983 und 1986] und FOIL
[Quinlan, 1990] das gelernte Wissen revidieren. Aspekte wie eine gewünschte
minimale Revision der Wissensbasis werden hier allerdings nicht berücksichtigt.
Bei inkrementellen Lernsystemen wie z.b. COBWEB [Fisher, 1987] oder dem in
Abschn. 10.2 vorgestellten System COSIMA gibt es eine bessere Unterstützung
für die Revision bereits gelernten Wissens. Hier werden die Elemente der Beispielmenge einzeln verarbeitet. Damit kann bei jedem Beispiel eine Revision des
gelernten Wissens notwendig sein. Bei Systemen wie COSIMA, die Regeln in der
Prädikatenlogik lernen, werden bei der Revision Regeln generalisiert oder spezialisiert. Liegt das gelernte Wissen als gerichteter, zyklenfreier Wurzelgraph
vor, wie etwa bei COBWEB und LIMES (Abschn. 10.3), werden bei der
Revision Knoten hinzugefügt, entfernt, aufgespalten oder verschmolzen.[7]

Wissensrevision ist also eine Aufgabenstellung, die im Prinzip mit schon seit
langem bekannten Systemen wie z.b. ID3 durchgeführt werden kann. Es gibt
jedoch in jüngerer Zeit Arbeiten, die sich gerade damit beschäftigen, wie die
Modifikation einer bereits vorhandenen Wissensbasis am wirkungsvollsten
unterstützt werden kann. Dabei muß sie nicht vom Lernsystem selbst aufgebaut
worden sein. Auch die Modifikation einer anderweitig, z.B. auch manuell erstellten Wissensbasis fällt hierunter. Im Zusammenhang mit diesen Arbeiten wurden
die Begriffe Wissensverfeinerung und Revision beim maschinellen Lernen ge-
bräuchlich. Auf diesen Ansätzen soll das Hauptgewicht des restlichen Abschnitts
liegen. Die Forschungsaktivitäten in diesem Bereich lassen sich grob in zwei
Hauptrichtungen unterteilen, mit teilweise unterschiedlicher Terminologie [Craw
et al., 94; Wrobel, 1994], unterschiedlichen Repräsentationsformalismen und
unterschiedlichen Schwerpunkten. Während im Forschungsumfeld von wissensbasierten Systemen von der *Verfeinerung einer Wissensbasis* (Knowledge Base
Refinement) gesprochen wird, hat sich bei der induktiven Logikprogrammierung
(ILP) der Begriff *Theorierevision* durchgesetzt.

8.3.1 Verfeinerung einer Wissensbasis

Die Arbeiten zur Wissensbasisverfeinerung setzen typischerweise auf einer aussagenlogischen Wissensbasis mit Produktionsregeln auf [Craw et al., 94]. Vertreter dieser Forschungsrichtung sind z.B. SEEK2 [Ginsberg, 1988; Ginsberg et al.,
1988], ODYSSEUS [Wilkins, 1988 und 1990] und KRUST [Craw und Sleeman,
1990]. Verfeinerungen werden durch statistische Maße bewertet. Das Ziel ist
dabei die Minimierung der Fehlerrate des wissensbasierten Systems bezüglich

---

[7] Auch die Justierung von Parametern bei neuronalen Netzen kann als eine Form der
Revision numerisch repräsentierten Wissens betrachtet werden. Bei genetischen Algo-
rithmen und Evolutionsstrategien können Mutationsoperationen (die sich bei der
Selektion durchsetzen) als Wissensrevision betrachtet werden.

einer vorgegebenen Beispielmenge. Systeme für die Wissensbasisverfeinerung sind häufig an eine bestimmte Expertensystem-Shell angepaßt, d.h. sie nutzen spezielle Eigenschaften des zugrundeliegenden Entwicklungswerkzeugs aus. So gibt es z.B. Verfeinerungsoperatoren, die auf einen bestimmten Regelauswahlmechanismus zugeschnitten sind. Für die Verfeinerung wird ein Orakel benötigt, das z.B. aus verschiedenen Vorschlägen den besten auswählt. Um einen genaueren Eindruck von dieser Forschungsrichtung zu vermitteln, wird nun KRUST als ein Beispielsystem vorgestellt. Im Anschluß daran werden weitere Ansätze angesprochen.

Wissensbasisverfeinerung mit KRUST. Das System KRUST (Knowledge Refinement Using Semantic Trees) [Craw und Sleeman, 1990] verfeinert eine Wissensbasis, die ein vom Experten vorgegebenes Beispiel (das *aktuelle Testbeispiel*) falsch löst. Die Wissensbasis besteht aus aussagenlogischen Produktionsregeln, die rückwärtsverkettet angewandt werden (Backward Chaining). Es werden verschiedene Verfeinerungen der Wissensbasis vorgeschlagen und bewertet. Dabei gilt die Grundannahme, daß nur geringfügige Änderungen der Wissensbasis erforderlich sind. Grundlegende Änderungen, wie etwa ein Austausch der Kontrollstrategie, werden nicht unterstützt. Für die Bewertung alternativer Verfeinerungen steht eine Menge aus bereits bekannten Beispielen zur Verfügung. Diese wird in Kernbeispiele und sonstige unterteilt. Eine verfeinerte Wissensbasis ist nur dann akzeptabel, wenn zumindest alle Kernbeispiele und das aktuelle Testbeispiel von ihr korrekt gelöst werden.

Die Komponenten von KRUST sind in Abb. 8-2 zu sehen. Der *Regelklassifikator* bewertet die für das aktuelle Testbeispiel relevanten Regeln in der Wissensbasis gemäß ihrem erwünschten oder unerwünschten Beitrag zur Problemlösung (s.u.). Nach Auswertung dieser Bewertungen erzeugt der Verfeinerungsgenerator mögliche Verfeinerungen, die dazu führen können, daß die Anwendung bestimmter Regeln *ermöglicht* bzw. *verhindert* wird. Um eine solche Änderung in der Schlußfolgerungskette für das aktuelle Testbeispiel zu erzielen, muß nicht zwangsläufig die zu ermöglichende bzw. verhindernde Regel selbst manipuliert werden. Die Manipulation kann sich auch auf eine Vorgängerregel im Schlußfolgerungsprozeß beziehen. Wie bei TEIRESIAS [Davis, 1979] wird damit der aktuelle Beweisbaum rekursiv analysiert. Ferner werden potentielle gute Beweisbäume, die zum richtigen Ergebnis führen, betrachtet. Jede erzeugte Verfeinerung besteht aus einer Konjunktion von einzelnen Regeländerungen oder Regelprioritätsänderungen. Aus der Menge alternativer Verfeinerungen werden unerwünschte Kandidaten, z.B. Verfeinerungen, die zu Konflikten führen, herausgefiltert. Die verbliebenen Alternativen werden vom *Regeländerungsmechanismus* weiterverarbeitet. Der führt jede Verfeinerung getrennt durch und produziert damit eine Menge alternativer, verfeinerter Wissensbasen. Ein zweiter Filter entfernt hieraus die Kandidaten, die sich gemäß der vorgegebenen Beispielmenge als ungeeignet erweisen. Als letzte Komponente von KRUST wird das Bewertungsmodul aufgerufen, das die beste verfeinerte Wissensbasis auswählt. Falls keine eindeutige Auswahl möglich ist, werden mehrere Alternativen an den Experten übergeben, der in der Rolle eines Orakels die beste auswählt.

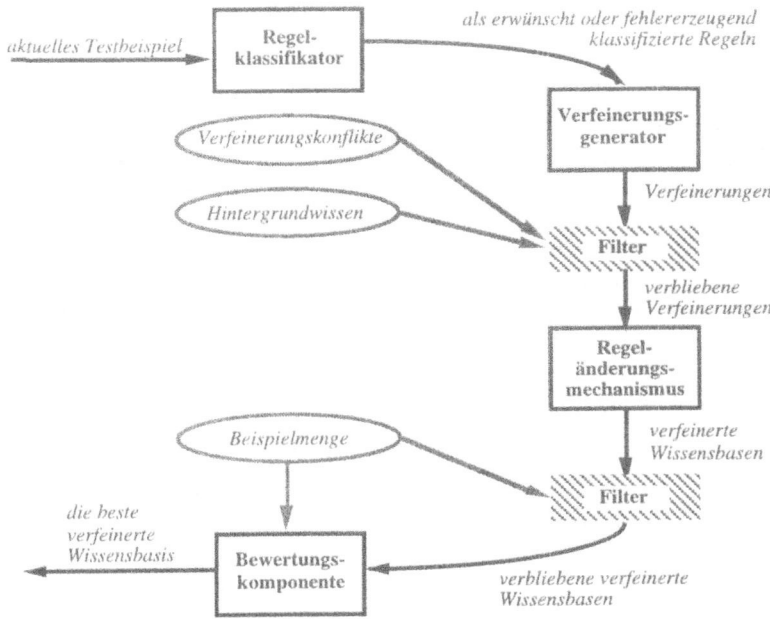

Abb. 8-2. Architektur des Systems KRUST, aus [Craw und Sleeman, 1990]

Im folgenden werden die wichtigsten Komponenten in KRUST genauer betrachtet. Der oben erwähnte Regelklassifikator bewertet die relevanten Regeln gemäß ihrem Beitrag zur Problemlösung. Diese Klassifikation berücksichtigt den Regelauswahlmechanismus bei KRUST. Wenn mehrere Regeln gleichzeitig anwendbar sind, wird diejenige mit der höchsten Priorität ausgewählt. Die bei der Regelauswahl bestimmte Regel, die das fehlerhafte Resultat C_{SYS} produziert, wird als *fehlererzeugend* klassifiziert. *Erwünschte* Regeln sind solche, die zu dem von Experten vorgegebenen korrekten Ergebnis C_{EXP} führen, falls sie zur Anwendung kommen. Es kann verschiedene Gründe geben, warum eine erwünschte Regel nicht zur Anwendung gekommen ist. Demgemäß werden sie genauer klassifiziert:

- *NoFire*-Regeln haben eine hinreichende Priorität, um ausgewählt zu werden, falls sie *ermöglicht* werden, d.h. falls dafür gesorgt wird, daß ihre Prämisse anwendbar ist.

- *CanFire*-Regeln sind anwendbar, aber besitzen eine zu geringe Priorität, um ausgewählt zu werden.

- *NoCan-Fire*-Regeln sind nicht anwendbar und besitzen ferner eine zu geringe Priorität, um ausgewählt zu werden.

Regeln sind *potentiell fehlererzeugend*, wenn ihre Konklusion nicht C_{EXP} ist und sie eine geringere Priorität als fehlererzeugende Regeln, aber eine höhere als (No)Can-Regeln haben. Die Auswahl einer potentiell fehlererzeugenden

Regel muß verhindert werden, wenn sie die Auswahl einer erwünschten Regel unterbindet.

Ein einfaches Beispiel für eine Regelmenge ist in Tabelle 8-1 zu sehen. Hier werden nur die Regeln gezeigt, die direkt zu dem gewünschten Ergebnis C_{EXP} oder zu C_{SYS} führen. Das indirekte Ermöglichen oder Verhindern von Regeln durch Veränderung ihrer Vorgängerregeln wird im folgenden nicht betrachtet. Der einfache Regelauswahlmechanismus für das Beispiel wählt die erste anwendbare Regel gemäß der Regelreihenfolge in der Wissensbasis aus. Die Position in der linear geordneten Regelbasis gibt hier also die Regelpriorität an. Die Regelprämissen p_1 bis p_7 werden hier jeweils mit t_i bzw. f_i angegeben, um zu verdeutlichen, daß p_2, p_3, p_5, p_6 und p_7 wahr sind, p_1 und p_4 hingegen falsch. Die Regeln werden folgendermaßen klassifiziert: R_4 ist die *fehlererzeugende* Regel. R_2 und R_3 sind *NoFire*-Regeln. R_7 ist eine *CanFire*-Regel, während R_6 zur Klasse *NoCan-Fire* gehört. R_5 schließlich ist *potentiell fehlererzeugend*, da sie die Auswahl von R_6 und R_7 verhindern kann.

Tabelle 8-1. Ausschnitt aus einer Regelbasis

R_1:	f_1 & t_2	$\rightarrow$	C_{SYS}
R_2:	t_2 & t_3 & f_4	$\rightarrow$	C_{EXP}
R_3:	f_1 & t_3	$\rightarrow$	C_{EXP}
R_4:	t_2 & t_5	$\rightarrow$	C_{SYS}
R_5:	t_3 & t_5	$\rightarrow$	C_{SYS}
R_6:	f_4 & t_5 & t_6	$\rightarrow$	C_{EXP}
R_7:	t_5 & t_6 & t_7	$\rightarrow$	C_{EXP}

Der *Verfeinerungsgenerator* muß die Auswahl der fehlererzeugenden Regel sowie der potentiell fehlererzeugenden verhindern und die Auswahl einer erwünschten Regel (*NoFire*, *CanFire* oder *NoCan-Fire*) veranlassen. Hierfür gibt es eine Reihe alternativer Verfeinerungsoperatoren, von denen jeder einzelne für sich die notwendige Modifikation der Regelbasis bewirken kann.

- Eine Regel wird durch die Generalisierung aller nicht erfüllten Bedingungen in ihrer Prämisse *ermöglicht*. Damit wird sie in die Menge der aktuell anwendbaren Regeln aufgenommen (Konfliktmenge). Beispiel: Die *NoFire*-Regel R_2 in obiger Tabelle wird ermöglicht, indem in ihrer Prämisse p_4 generalisiert wird.

- Eine Regel wird *verhindert*, indem irgendeine Bedingung in ihrer Prämisse derart spezialisiert wird, daß sie nicht mehr erfüllt ist. Im Gegensatz zur Ermöglichung gibt es für die Verhinderung einer einzelnen Regel also verschiedene Alternativen. Beispiel: R_4 wird verhindert, indem in ihrer Prämisse entweder p_2 oder p_5 spezialisiert werden. Damit eine korrekte Verfeinerung entsteht, muß jetzt noch erreicht werden, daß die erste anwendbare Regel, die auf R_4 folgt, zum richtigen Ergebnis führt. Das kann z.B. durch eine Änderung von Prioritäten für die nachfolgenden Regeln bewirkt werden.

- Durch die *Änderung der Priorität* einer Regel kann diese ebenfalls ermöglicht bzw. verhindert werden. Für den einfachen im obigen Beispiel verwendeten Regelauswahlmechanismus heißt das, daß eine Regel in der linear geordneten Regelbasis weiter nach vorne bzw. nach hinten geschoben wird. Beispiel: R_7 wird ermöglicht, indem sie direkt vor R_4 geschoben wird.

- Eine weitere Verfeinerungsoperation ist die *Änderung der Konklusion* in der fehlererzeugenden Regel. C_{SYS} wird dabei durch C_{EXP} ersetzt. Beispiel: Das Ersetzen von C_{SYS} durch C_{EXP} in R_4 stellt eine mögliche Verfeinerung dar.

- Durch das *Einfügen einer neuen Regel* in die Regelbasis mit höherer Priorität als die fehlererzeugende Regel wird letztere ebenfalls verhindert. Die neue Regel erhält C_{EXP} als Konklusion; die Prämisse wird aus erfüllten Bedingungen zusammengesetzt. Beispiel: Durch Einfügen der neuen Regel p_2 & p_3 & p_5 & p_6 & $p_7 \rightarrow C_{EXP}$ kann die Wissensbasis ebenfalls verfeinert werden.

Hier wurde wiederum auf die Darstellung der Operatoren für die indirekte, rekursive Ermöglichung bzw. Verhinderung von Regeln durch Manipulation ihrer Vorgänger in einer Schlußfolgerungskette verzichtet.

Der *Filter für Verfeinerungen* unterbindet zum einen Verfeinerungskonflikte. Ein solcher Konflikt tritt z.B. auf, wenn eine einzelne Verfeinerung aus einer Menge elementarer Operationen besteht (z.B. erst eine Regel spezialisieren, dann eine andere verschieben), die eine Obermenge für eine andere darstellt. Damit ist erstere redundant. Außerdem verwendet der Filter als Hintergrundwissen Statistiken zur „Fehleranfälligkeit" von Regeln, wie sie auch bei dem unten angesprochenen System SEEK2 [Ginsberg, 1988; Ginsberg et al., 1988] eingesetzt werden.

Der *Filter für verfeinerte Wissensbasen* entfernt Kandidaten, die das aktuelle Testbeispiel inkorrekt bearbeiten. Ferner akzeptiert er nur Kandidaten, die sich auf allen Kernbeispielen korrekt verhalten, falls mindestens ein solcher in der Kandidatenmenge vorhanden ist.

Das *Bewertungsmodul* testet alle verbliebenen Kandidaten mit der kompletten Beispielmenge. Eine statistische Auswertung weist daraufhin jedem Kandidaten eine Bewertungszahl zu. Falls mehrere von ihnen die gleiche beste Bewertung haben, wird eine Menge von alternativen Verfeinerungen ausgegeben.

Im Gegensatz zu Vorgängersystemen wie z.B. TEIRESIAS benötigt KRUST die Unterstützung des Benutzers nur am Ende des Verfeinerungsprozesses. Ferner zeichnet sich das System dadurch aus, daß *verschiedene* Alternativen automatisch vorgeschlagen, generiert und bewertet werden können. Neben der Beispielmenge wird statistisches und heuristisches Hintergrundwissen benutzt, das nicht auf die Anwendung zugeschnitten ist.

Es stellt sich bei KRUST die Frage, ob mit den z.T. recht primitiven Verfeinerungsoperatoren, wie z.B. dem Verschieben einer Regel, bei komplexen, praxisrelevanten Anwendungen geeignete Verfeinerungen gefunden werden können. Außerdem ergeben sich Komplexitätsprobleme. Die Autoren weisen auf eine exponentielle Anzahl von Verfeinerungen, die generiert werden können, hin.

Andere Systeme für die Wissensbasisverfeinerung. Nachdem der Ansatz zur Wissensbasisverfeinerung in KRUST ausführlich beschrieben wurde, sollen nun die Besonderheiten einiger anderer Ansätze kurz angesprochen werden.

SEEK2 [Ginsberg, 1988; Ginsberg et al., 1988] verfeinert ebenfalls ein regelbasiertes Klassifikationssystem. Wie bei der Vorstellung von KRUST erwähnt, werden in SEEK2 statistische Maße für die Bewertung von Verfeinerungsoperationen eingesetzt, die hier zusammen mit den Verfeinerungsoperatoren vorgestellt werden sollen. Die Statistiken werden bei der Anwendung der Regelbasis auf eine Beispielmenge erstellt. Zum einen gibt es das Maß für die Notwendigkeit einer Regelgeneralisierung *Gen(Regel)*. Es gibt die Anzahl der Beispiele an, bei denen

(a) die Schlußfolgerung der Regel erreicht werden sollte, aber nicht wurde, *und*

(b) das richtige Endergebnis herausgekommen wäre, wenn die Regel anwendbar gewesen wäre, *und*

(c) die Regel diejenige von allen Regeln, die (a) und (b) erfüllen, ist, die am wenigsten generalisiert zu werden braucht, damit sie anwendbar wird.

Das entsprechende Maß für die Notwendigkeit einer Regelspezialisierung heißt *Spez(Regel)*. Es gibt die Anzahl der Beispiele an, bei denen

(a) die Schlußfolgerung der Regel nicht erreicht werden sollte, aber erreicht wurde, *und*

(b) das richtige Endergebnis herausgekommen wäre, wenn die Regel nicht angewandt worden wäre.

Verfeinerungen der Regelbasis werden also durch Generalisierungen und Spezialisierungen vorgenommen. Hierfür gibt es drei verschiedene Ansatzpunkte:

*   Veränderung von Auswahlschwellen (Choice Numbers). Sie geben an, daß mindestens i von n Bedingungen in einer Regel erfüllt sein müssen, damit die Prämisse erfüllt ist.

*   Veränderung von Faktoren für die Vertrauenswürdigkeit einer Regel (Confidence Factors), die ein numerisches Maß für die Glaubwürdigkeit, vergleichbar mit einem Fuzzy-Wert, darstellen.

*   Vergrößerung oder Verkleinerung numerischer Intervalle.

Ebenso wie KRUST generiert SEEK2 verschiedene alternative Verfeinerungen. Das System bewertet jeweils die zu erwartende Performanzsteigerung auf der Beispielmenge und wählt dann eine davon aus, die dem Benutzer zur Entscheidung vorgelegt wird. Da die Verfeinerungsoperationen durch die Veränderung numerischer Werte durchgeführt werden, kann hiermit auf einfache Weise *graduell* verfeinert werden. Damit ist SEEK2 allerdings auf eine bestimmte Form von aussagenlogischen Regelsystemen eingeschränkt. Wie bei KRUST ist auch hier das Ziel der Verfeinerung, die an der Beispielmenge gemessene Fehlerrate des regelbasierten Systems zu minimieren.

Bei dem System ODYSSEUS [Wilkins, 1988 und 1990] wird die Verfeinerung einer Wissensbasis für die heuristische Klassifikation in ein *Lehrlingssystem* (s.

Kap. 6) eingebettet. Ausgangspunkt eines Verfeinerungsprozesses ist hier eine *Trainingsinstanz*, die nicht wie bei KRUST und SEEK2 das Resultat einer kompletten Problemlösung beschreibt, sondern sich auf einen elementaren Problemlösungsschritt bezieht. Die Trainingsinstanz wird durch Beobachtung des Benutzers bei seiner interaktiven Problemlösung bereitgestellt. Das System versucht, sich den beobachteten Problemlösungsschritt zu erklären. Wenn das mit der vorhandenen Wissensbasis nicht möglich ist, zeigt sich dadurch Verfeinerungsbedarf. Bei der Verfeinerung wird ggf. fehlerhaftes Wissen aus der aussagenlogischen Regelbasis entfernt und neues Wissen hinzugefügt, falls es der statistischen Bewertungsfunktion genügt.

Eine andere Problemklasse wird von dem System S-SALT [Leo et al., 1994] unterstützt, einer Erweiterung des Problemlösungs- und Wissensakquisitionssystems SALT [Marcus et al., 1988]. Das System benutzt die „Vorschlagen-und-Revidieren-Strategie" (Propose and Revise) für die Lösung von Syntheseproblemen.[8] Es wurde für den Entwurf von Aufzügen eingesetzt. Die Wissensbasis unterscheidet verschiedene Arten von Wissen, denen unterschiedliche Aufgaben bei der Problemlösung zufallen. *Erweiterungsprozeduren* führen den nächsten Syntheseschritt durch. *Randbedingungen* (Constraints) überprüfen die Korrektheit eines Syntheseschrittes. *Fixes* schlagen vor, wie die Verletzung einer Randbedingung korrigiert werden kann. Wie andere Systeme für die Wissensbasisverfeinerung lokalisiert S-SALT anhand eines inkorrekt bearbeiteten Beispiels einen fehlerhaften Eintrag in der Wissensbasis und schlägt eine Verfeinerung vor. Diese muß dann vom Experten selbst durchgeführt werden. S-SALT kann also nicht selbständig lernen.

Eine unkonventionelle Verfeinerungsmethode für eine aussagenlogische Regelbasis, die Klassifikationsprobleme unterstützt, wird in [Fu, 1991] vorgestellt. Hier wird die Regelmenge in ein neuronales Netz übersetzt. Attribute und Begriffe werden auf Knoten abgebildet, Regeln auf Verbindungen. Durch Backpropagation werden notwendige Verfeinerungen der Regelbasis bestimmt. Als Verfeinerungsoperatoren werden die Veränderungen von Regelgewichten, die Regelgeneralisierung und -spezialisierung, die Generierung neuer Regeln und das Entfernen von Regeln unterstützt. Diese Arbeit demonstriert damit, daß auch numerische Lernverfahren für die Modifikation einer symbolischen Wissensbasis einsetzbar sein können.

Im Zusammenhang mit der Integration von Lernen und Problemlösen wurde in Abschn. 6.2 bereits das System von Terano und Muro [Terano und Muro, 1994] vorgestellt. Dieses Verfahren zur Wissensbasisverfeinerung verändert eine Regelbasis während ihrer Benutzung. Die Wissensbasismodifikation und der Wissensbasiseinsatz sind hier also unmittelbar miteinander verknüpft. Die Repräsentation der aussagenlogischen Regeln ist gekennzeichnet durch eine Zweiteilung des Bedingungsteils einer Regel. Es gibt unverzichtbare Bedingungen, die

---

[8] Hiermit können also solche Aufgabenstellungen unterstützt werden, für die die von KRUST, SEEK2 und ODYSSEUS unterstützte heuristische Klassifikation nicht geeignet ist. Allerdings zeichnet sich SALT durch ein festgelegtes Problemlösungsschema aus, das für viele *komplexe* Design-Probleme, wie z.B. das von COSIMA (Abschn. 10.2) unterstützte Floorplanning, nicht geeignet ist.

durch ein Diagnose-Expertensystem als Gerüst einer Regel erzeugt werden. Die diskriminierenden Bedingungen und der Aktionsteil einer Regel werden durch einen *genetischen Algorithmus* erzeugt und verfeinert. Der Algorithmus mutiert nicht nur die Regeln selbst, er stellt auch ihre Prioritäten für eine Konfliktlösung ein. Die Verfeinerungen werden während des Einsatzes der Regelbasis (für eine ereignisgesteuerte Simulation) durchgeführt.

Nachdem mit der Wissensbasisverfeinerung eine Hauptrichtung für die Wissensbasismodifikation zur Beseitigung von Fehlern, Inkonsistenzen und von Unvollständigkeit betrachtet wurde, sollen im folgenden die unter dem Begriff Revision eingeordneten Arbeiten vorgestellt werden. Während die Arbeiten zur Wissensbasisverfeinerung häufig pragmatische Lösungen für einen bestimmten Anwendungskontext bieten, steht bei der Revision die Fundierung in der formalen Logik eher im Vordergrund (ohne daß deshalb Anwendungen nicht betrachtet würden). Die Wissensbasisverfeinerung wird nochmals in Abschn. 10.3.6 im Zusammenhang mit dem Multistrategiesystem LIMES angesprochen.

8.3.2 Revision einer Wissensbasis

Verfahren für die Revision gehen von einer aussagenlogischen [Katsuno und Mendelzon; Eiter und Gottlob, 1992] oder einer prädikatenlogischen [Shapiro, 1983; Nebel, 1990; Wrobel, 1993] Theorie aus, die zu modifizieren ist. Sie sind typischerweise nicht auf die Struktur einer bestimmten Wissensbasis zugeschnitten. Häufig wird von *abgeschlossenen logischen Theorien* ausgegangen, also Theorien, die alle ihre möglichen logischen Ableitungen bereits enthalten. (Der logische Abschluß einer Theorie A wird mit $Cn(A)$ bezeichnet.) Für diesen Fall definiert Nebel [Nebel, 1990] den Begriff der Revision folgendermaßen:

Revision ist die Hinzunahme eines Faktums x zu einer Theorie A (dargestellt als $A \dotplus x$), mit der Anforderung, daß die resultierende Theorie konsistent und bezüglich der logischen Schlußfolgerung abgeschlossen ist.

Ein weiterer relevanter Begriff ist in diesem Kontext die *Theoriekontraktion* (dargestellt als $A \dotminus x$), also die Entfernung eines Faktums unter Beibehaltung der logischen Abgeschlossenheit.

Eine naheliegende Forderung für diese beiden Modifikationstypen ist die *minimale* Änderung der Theorie. Diese konservative Strategie soll sicherstellen, daß möglichst viel des vorhandenen Wissens erhalten bleibt. Aber auch mit dieser Forderung ist eine Kontraktion noch nicht eindeutig bestimmt. Es gibt normalerweise viele maximale Teilmengen einer abgeschlossenen Theorie A, die das Faktum x nicht mehr implizieren. Entsprechendes gilt für die Revision, wenn sie gemäß der *Levi-Identität* [Levi, 1977] definiert wird:

$$A \dotplus x := Cn((A \dotminus \neg x) \cup \{x\})$$

Um zu formalisieren, wie plausible Modifikationen einer Theorie aussehen sollten, haben Alchourrón, Gärdenfors und Makinson [Alchourrón et al., 1985] allgemeine Postulate aufgestellt, denen jede „rationale" Revisionsoperation genügen sollte. Sie werden *Gärdenfors-Postulate* genannt. Für die Kontraktion lauten diese Postulate folgendermaßen:

1) $A \doteq x$ ist eine Theorie

2) $A \doteq x \subseteq A$

3) Falls $x \notin A$, dann gilt $A \doteq x = A$

4) Falls $x \notin Cn(\emptyset)$, dann gilt $x \notin A \doteq x$

5) Falls $Cn(x) = Cn(y)$, dann gilt $A \doteq x = A \doteq y$

6) $A \subseteq Cn((A \doteq x) \cup \{x\})$

7) $(A \doteq x) \cap (A \doteq y) \subseteq A \doteq (x \wedge y)$

8) Falls $x \notin A \doteq (x \wedge y)$, dann gilt $A \doteq (x \wedge y) \subseteq A \doteq x$

Die meisten dieser Postulate sind leicht nachvollziehbar. Postulat 1 fordert, daß die Menge der logischen Theorien gegen die Kontraktion ($\doteq$) abgeschlossen ist. Das zweite Postulat legt fest, daß durch die Kontraktion nichts bisher Unbekanntes in die Theorie gelangen kann. Postulat 3 fordert, daß die Kontraktion keine Wirkung hat, wenn das zu entfernende Faktum nicht in der Theorie enthalten ist. Postulat 4 legt fest, daß ein Faktum nach der Kontraktion wirklich nicht mehr in der Theorie vorhanden ist, falls es sich nicht um eine Tautologie handelt. Durch Postulat 5 wird sichergestellt, daß die syntaktische Form eines zu entfernenden Faktums keinen Einfluß auf das Resultat der Kontraktion hat: Das Entfernen zweier logisch äquivalenter Fakten führt jeweils zum gleichen Ergebnis. Postulat 6 fordert, daß eine kontrahierte Theorie genügend Information enthält, um alle ursprünglich gültigen Fakten wiederherzustellen. Die beiden Postulate 7 und 8 sind weniger naheliegend und werden auch nicht von allen Kontraktionsoperatoren erfüllt.

Eine ähnliche Menge von Postulaten läßt sich auch für die Revision aufstellen, wobei die Äquivalenz unter der Benutzung der Levi-Identität beweisbar ist [Nebel, 1990].

In [Eiter und Gottlob, 1992] werden Komplexitätsbetrachtungen für die Revision aussagenlogischer Theorien durchgeführt. Sie werden anhand des sogenannten Implikationsproblems durchgeführt:

Gegeben sei eine Wissensbasis T, eine Formel für die Aktualisierung p und eine Formel q. Entscheiden Sie, ob sich q aus der anhand von p revidierten Wissensbasis folgern läßt.

Es wird für 9 verschiedene Revisionsoperatoren gezeigt, daß für sie das Implikationsproblem sehr wahrscheinlich nicht in NP oder co-NP ist.

Die Behandlung von abgeschlossenen prädikatenlogischen Theorien läßt sich nicht direkt in praktische Verfahren umsetzen, da diese Theorien im allgemeinen nicht endlich sind und dazugehörige Revisionsoperatoren weitere nicht wünschenswerte Eigenschaften besitzen [Wrobel, 1993]. Für die Praxis sind andere Verfahren interessant, die direkt mit konkreten Wissensbasen arbeiten und als Ergebnis eine modifizierte Wissensbasis produzieren. Einige dieser Ansätze sollen im folgenden kurz beschrieben werden.

Minimal Base Revision. Um zu praktisch einsetzbaren Verfahren für die Revision zu kommen, werden in [Wrobel, 1993] nicht-abgeschlossene Theorien der Prädikatenlogik erster Stufe betrachtet. Diese werden als Basen für abgeschlossene Theorien bezeichnet. Eine Theorie A_I wird als *Basis* einer abgeschlossenen Theorie A_2 bezeichnet, wenn $Cn(A_1) = A_2$ gilt. Natürlich hat eine abgeschlossene Theorie auch sich selbst als Basis. Eine konkrete Wissensbasis ist damit eine endliche Basis für eine (möglicherweise unendliche) Theorie. Der Begriff der Basis soll an einem einfachen Beispiel erläutert werden [Wrobel, 1993]:

$$A_1 = \{p(a), \forall x\colon p(x) \to q(x)\}$$

Mit einem Alphabet, das die Prädikatsymbole p und q, keine Funktionssymbole und die Konstanten a und b enthält, ergibt sich:

$$A_2 = Cn(A_1) = \{p(a), \forall x\colon p(x) \to q(x), q(a), p(a) \vee p(b), p(a) \vee \neg p(b), \ldots\}$$

A_1 ist hier also die Basis für die abgeschlossene Theorie A_2.

Um die Revision auf nicht-abgeschlossenen Theorien zu präzisieren, definiert Wrobel eine Menge von 6 Postulaten für Theoriebasen, die mit den ersten 6 Gärdenfors-Postulaten korrespondieren. Damit wird ausgedrückt, daß eine Revision minimal ist, wenn die neue Theorie nur Klauseln enthält, die bereits in der alten Theorie enthalten waren, und ggf. weitere Klauseln, die Spezialisierungen von Klauseln der ursprünglichen Theorie sind. Somit wird sichergestellt, daß eine revidierte Wissensbasis syntaktisch nahe an der Ausgangswissensbasis liegt. Als neue Klauseln kommen nur die erwähnten Spezialisierungen in Frage. Diese werden aus vorhandenen Klauseln durch Substitutionen und die Hinzunahme weiterer Literale erzeugt, also den üblichen Spezialisierungsoperationen für prädikatenlogische Beschreibungen, die bereits von Plotkin benutzt wurden [Plotkin, 1970].

Wrobel definiert den Operator MBR (Minimal Base Revision), der den neuen Postulaten genügt und in KRT [Wrobel, 1994a], der Wissensrevisionskomponente von MOBAL, eingesetzt wird.

Wissensrevision in MOBAL mit KRT. Es gibt drei unterschiedliche Situationen, in denen Revision bei MOBAL notwendig wird:

1) Aktualisierung der Wissensbasis aufgrund einer veränderten Umgebung,

2) Beseitigung von Fehlern und Inkonsistenzen, die durch neue Beispiele aufgedeckt werden,

3) Beseitigung von Fehlern und Inkonsistenzen, die durch Änderungen des Modells im Rahmen der ungenauen Modellierung (Sloppy Modeling) entstehen.

In diesen drei Situationen setzt KRT an, das die Wissensbasis interaktiv und inkrementell spezialisiert. Bevor das Revisionsverfahren vorgestellt wird, zunächst ein Beispiel für eine Situation, in der Revision notwendig ist [Wrobel, 1994a]. Es bezieht sich auf die bereits in Abschn. 4.3 erwähnte Wissensbasis über Ordnungswidrigkeiten und andere Verkehrsdelikte. Die folgende Regel besagt, daß der Halter eines Fahrzeugs immer für ein Vergehen verantwortlich ist.

```
r5: involved_vehicle(X,Y) & owner(Z,Y) → responsible(Z,X)
```

Die Regel ist offensichtlich zu generell, da der Halter nur bei Ordnungswidrigkeiten zur Verantwortung gezogen wird. Andernfalls ist der Fahrer verantwortlich. Deshalb führt die Regel, angewandt auf drei Beispiele für Vergehen im

Straßenverkehr, die keine Ordnungswidrigkeiten sind, zu falschen Schlußfolgerungen (hier zusammen mit den Fakten, für die die Prämisse von R5 erfüllt ist, aufgeführt):

```
involved_vehicle(cab_event,cab1)  owner(ace_cab_co,cab1))
        responsible(ace_cab_co,cab_event)
involved_vehicle(loan_event,b_xs_400)  owner(sw,b_xs_400))
        responsible(sw,loan_event)
involved_vehicle(stolen_event,b_dx_986)  owner(dx,b_dx_986))
        responsible(dx,stolen_event)
```

Aufgrund der falschen Schlußfolgerungen ruft der Benutzer KRT auf, um eine Modifikation der Wissensbasis zu veranlassen.

Die Aufgabe von KRT besteht aus zwei Teilaufgaben. Der erste Schritt besteht aus der Bestimmung einer Menge von Klauseln aus der inkorrekten Theorie A für eine Spezialisierung. Dafür wird aus dem von der MOBAL-Inferenzmaschine ermittelten Ableitungsprotokoll eine Menge von *minimalen Entfernungsmengen* (Minimal Removal Sets) bestimmt. Jede von ihnen stellt eine minimale Menge von Klauseln dar, deren Entfernung aus der Theorie die falschen Schlußfolgerungen verhindern würde.

Präziser beschrieben besitzt eine minimale Entfernungsmenge den folgenden Aufbau: Sie besteht aus einer Menge von *Fakten* und *Regelanwendungen*, die aus der Theorie zu entfernen sind. Eine Regelanwendung ist dabei ein Paar (R,V), wobei R eine Regel ist und V ein Tupel von Werten, die bei der Anwendung von R für die Variablen in R eingesetzt wurden.

KRT bewertet unter Berücksichtigung der als Fakten in der Wissensbasis vorliegenden Beispiele die Wirkung jeder dieser möglichen Entfernungen und wählt daraufhin eine minimale Entfernungsmenge aus. Beim obigen Beispiel wurde die Regel r5 als verantwortlich für die falschen Schlußfolgerungen ausgewählt. In diesem einfachen Fall sieht die minimale Entfernungsmenge, im folgenden M genannt, so aus:

```
{       (r5, (cab_event,cab1,ace_cab_co))
        (r5, (loan_event,b_xs_400,sw))
        (r5, (stolen_event,b_dx_986,dx))       }
```

Damit beginnt die zweite Teilaufgabe für KRT. Die Elemente der ausgewählten minimalen Entfernungsmenge müssen entfernt oder spezialisiert werden, um die falschen Schlußfolgerungen zu verhindern. Da grundinstantiierte Fakten nicht weiter spezialisiert werden können, ist bei ihnen nur das Entfernen möglich. Für Regeln ist hingegen eine Spezialisierung möglich. Eine Regel ist so zu spezialisieren, daß ihre in der minimalen Entfernungsmenge vorgegebenen Regelanwendungen (die falschen Regelanwendungen) nicht mehr möglich sind, aber alle anderen bisher möglichen Regelanwendungen (die richtigen Regelanwendungen) möglich bleiben. Diese Anforderung an die Spezialisierung soll nun formal beschrieben werden.

Dazu muß zunächst betrachtet werden, wie in MOBAL der Gültigkeitsbereich von Regeln definiert wird. Hierfür hat jede Regel R mit den Variablen

$$V(R) := \{X_1, \ldots, X_n\}$$

eine zugeordnete Unterstützungsmenge $S(R)$ (Support Set), die ein Ausdruck der folgenden Form ist [Emde et al., 1983]:

$$(p_1 \backslash LE_1) \times \ldots \times (p_n \backslash LE_n) \backslash GE$$

Hierbei ist p_i ein Symbol für ein Prädikat, das eine Bedingung angibt, die von einer Belegung der Variablen X_i erfüllt sein muß, oder p_i ist das Symbol all, das immer erfüllt ist, also keine Einschränkung vorgibt. LE_i ist eine Menge von Konstanten, deren Werte X_i bei der Belegung nicht annehmen darf (LE = Local Exceptions). GE schließlich ist eine Menge von n-Tupeln, die bei der Belegung des Variablentupels $X_1, \ldots, X_n$ nicht eingesetzt werden dürfen (GE = Global Exceptions). Eine Unterstützungsmenge erlaubt also auf verschiedene Weise, Ausnahmen für die Anwendung einer Regel festzulegen. Dieser Mechanismus wird bei der Spezialisierung mit KRT ausgenutzt.

Sei $\Sigma_A(R)$ die Menge aller Regelanwendungen für R in der Theorie A. Die richtigen Regelanwendungen sind dann die Menge

$$I_{A,M}(R) := \Sigma_A(R) \backslash \{V|(R,V) \in M\},$$

also alle Anwendungen außer den in der minimalen Entfernungsmenge M vorgegebenen. Die falschen Regelanwendungen sind die Menge

$$E_{A,M}(R) := \{V|(R,V) \in M\} \cup GE,$$

den in der minimalen Entfernungsmenge vorgegebenen falschen Regelanwendungen werden also noch die globalen Ausnahmen hinzugefügt. Gesucht wird bei der zweiten Teilaufgabe von KRT eine Spezialisierung R' von R für alle Regeln R in M, so daß gilt:

$$\Sigma_A(R) \supseteq \Sigma_A(R') \supseteq I_{A,M}(R) \text{ und } \Sigma_A(R') \cap E_{A,M}(R) = \varnothing.$$

KRT benutzt eine Reihe von Spezialisierungsoperatoren, die die erforderliche Revision durchführen können.

1) Der *minimale Spezialisierungsoperator* produziert eine generellste korrekte Spezialisierung von R, indem die neu gefundenen Ausnahmen, d.h. die falschen Regelanwendungen $E_{A,M}(R)$, einfach in die Menge der globalen Ausnahmen GE eingefügt werden. Für das Beispiel ergibt sich die folgende Unterstützungsmenge:

```
all × all × all \ {(cab_event,cab1,ace_cab_co),
(loan_event,b_xs_400,sw), (stolen_event,b_dx_986,dx)}
```

2) Der *Lokalisierungsoperator* spezialisiert weitergehend, indem er versucht, Restriktionen für einzelne Variablen zu finden, die alle in $E_{A,M}(R)$ enthaltenen Ausnahmen ausschließen. Für das Beispiel ergeben sich hier zwei alternative Möglichkeiten, die folgenden lokalen Ausnahmen für die erste oder die zweite Variable der Regel R:[9]

---

[9] Die prinzipiell mögliche dritte Alternative wäre die Einführung von lokalen Ausnahmen für die dritte Variable der Regel. Sie ist in diesem Beispiel aber nicht möglich, da

```
(all\{cab_event,loan_event,stolen_event})×all×all,
all×(all\{cab1,b_xs_400,b_dx_986})×all
```

3) Das *Hinzufügen eines vorhandenen Prädikats* stellt einen weiteren Spezialisierungsoperator dar. Die Regelprämisse wird um eine zusätzliche Bedingung erweitert, die eine Instanz eines vorhandenen Prädikats ist. Die Operation wird dann durchgeführt, wenn eine Spezialisierung R' mit leeren Mengen LE_i und *GE* (oder mit deutlich verkleinerten Mengen) gefunden wird. Da für das Beispiel kein Prädikat vorhanden ist, das eine solche Spezialisierung ermöglicht, kommt der Operator hier nicht zur Anwendung.

4) Der letzte Spezialisierungsoperator ist die *Definition eines neuen Begriffs*. Hierfür wird das bereits in Abschn. 4.4 vorgestellte Werkzeug CLT (Concept Learning Tool) aufgerufen. Es erhält die Mengen $I_{A,M}(R)$ und $E_{A,M}(R)$ als positive bzw. negative Beispiele für einen neuen Begriff. CLT lernt Regeln, die notwendige und hinreichende Bedingungen für den neuen Begriff darstellen und ihn damit charakterisieren. Als Folgeeffekt der Einführung dieser neuen Regeln kann eine Restrukturierung der Wissensbasis erfolgen. Für die Beispielwissensbasis werden die folgenden Regeln für einen neuen Begriff c1 gelernt, der den Tatbestand der Ordnungswidrigkeit beschreibt:

```
parking_violation(X) → c1(X)
involved_vehicle(X,Y) & ¬buckled_up(Z,Y) → c1(X)
involved_vehicle(X,Y) & lights_necessary(X)
                     & ¬headlights_on(X,Y) → c1(X)
unsafe_vehicle_violation(X) → c1(X)
c1(X) → ¬tvr_points(X)
c1(X) & appeals(Y,X) → court_citation(Y)
```

Die ersten vier Regeln stellen hinreichende Bedingungen für den neuen Begriff dar. Die vorletzte Regel ist eine notwendige Bedingung. Die letzte Klausel stellt eine weitere Regel dar, in der c1 neben einem anderen Prädikat für die Definition eines weiteren Begriffs benutzt wird.

Eine formale Definition der verschiedenen Spezialisierungsoperatoren findet sich in [Wrobel, 1994a]. Die Kontrolle der Spezialisierung mit den vier Operatoren läuft folgendermaßen ab:

Zunächst wird der minimale Spezialisierungsoperator angewandt. Wenn er eine gute Spezialisierung gemäß einem vom Benutzer vorgegebenen Bewertungsmaß liefert, wird das Ergebnis als Resultat ausgegeben. Andernfalls werden der Lokalisierungsoperator und das Hinzufügen eines vorhandenen Prädikats angewandt. Erst wenn hier wiederum keine gute Spezialisierung gefunden wurde, kommt die Definition eines neuen Begriffs an die Reihe. Danach wird dann von allen bisher erzeugten Kandidaten derjenige ausgewählt, der die geringste Anzahl expliziter Ausnahmen in der Unterstützungsmenge der spezialisierten Regel enthält. Wenn keine Spezialisierung gefunden wurde, wird beim Benutzer nachgefragt, ob die betreffende Regel gelöscht werden soll.

---

hiermit auch ein Beispiel aus der (nicht abgebildeten) Menge der richtigen Regelanwendungen ausgeschlossen würde.

Im Gegensatz zu den oben beschriebenen Ansätzen zur Wissensverfeinerung geht es bei der Minimal Base Revision mit KRT nicht um die Minimierung einer statistischen Fehlerrate. Statt dessen wird hier eine Spezialisierung gesucht, die sich für alle vorhandenen Regelanwendungen (in Entsprechung zu der Beispielmenge für die Statistiken bei den Verfeinerungsansätzen) korrekt verhält. Die ersten beiden Spezialisierungsoperatoren in KRT erweitern die Ausnahmemengen in der Unterstützungsmenge, indem den Mengen explizit neue Konstanten hinzugefügt werden. Dabei wird gemäß der Darstellung in [Wrobel, 1994a] nicht prinzipiell zwischen Objektbezeichnern und Werten für Objekteigenschaften unterschieden. Diese Vorgehensweise erweist sich als problematisch für Anwendungsgebiete wie z.B. das Floorplanning, bei denen in jedem Beispiel unterschiedliche Objektbezeichner auftreten können, ihre Anzahl vorab nicht bekannt und nicht beschränkt ist [Gnörlich, 1995]. Hierbei führen Spezialisierungen mit Ausnahmemengen, die sich auf Objektbezeichner beziehen, nicht zu brauchbaren Ergebnissen.

Eine wichtige Eigenschaft in KRT ist die Kopplung von Revision und der Einführung neuer Begriffe. Der hiermit vorgegebene Anwendungskontext für die Begriffsbildung hilft dabei, die Überflutung einer Wissensbasis mit vielen neuen Begriffen von zweifelhaftem Nutzen zu vermeiden. Ferner wird dem Benutzer bei KRT die Möglichkeit zur Interaktion und Kontrolle des Revisionsprozesses gegeben, es gibt für die benötigten Entscheidungen aber auch jeweils im System vorhandene Bewertungs- und Auswahlkriterien, so daß der Benutzer nicht zwangsweise die Rolle eines Orakels übernehmen muß.

Wenn bei der Revision neue Begriffe eingeführt und definiert werden, erhöht sich damit auch die Schlußfolgerungstiefe in der Wissensbasis. Die möglichen Vor- und Nachteile solcher Strukturveränderungen werden unter dem Thema Restrukturierung einer Wissensbasis in Abschn. 8.4 angesprochen.

Andere Ansätze für die Wissensrevision. MIS [Shapiro, 1983] war eines der ersten prädikatenlogischen Lernsysteme, in denen Theorierevision durchgeführt wird. Im Gegensatz zu KRT wird bei diesem Ansatz keine minimale Revision durchgeführt. Es kann also zu weit spezialisiert werden, was aber durch nachfolgende Generalisierungsschritte wieder behoben werden soll. MIS verwendet einen Backtracking-Algorithmus, bei dem eine minimale Anzahl von Benutzeranfragen gestellt wird, um den richtigen Ansatzpunkt für eine Revision zu wählen. Diese Backtracking-Strategie wird u.a. auch in dem interaktiven Revisionssystem CLINT [De Raedt, 1991; De Raedt und Bruynooghe, 1992 und 1994] eingesetzt. CLINT wurde bereits in Abschn. 4.4 im Zusammenhang mit der automatischen syntaktischen Anpassung der Repräsentationssprachklasse durch Navigation innerhalb einer Folge von Sprachklassen erwähnt. Für CLINT konnte der Beweis geführt werden, daß der Revisionsprozeß nach der Bearbeitung endlich vieler Beispiele gegen eine korrekte Theorie konvergiert, wenn der Benutzer genügend Beispiele vorgibt und die gesuchte Theorie mit den vorhandenen Termen der Hypothesensprache und des Hintergrundwissens ausgedrückt werden kann.

Das System EITHER [Mooney und Ourston, 1994] revidiert eine Theorie in Form einer Menge von aussagenlogischen Regeln. Neben anderen aus KRT bekannten Spezialisierungsoperatoren wird hier ebenfalls für die Revision anhand von positiven und negativen Beispielen ein neuer Begriff induktiv gelernt, der allerdings nur lokal in die bearbeitete Regel eingefügt wird, also nicht zur Restrukturierung der Wissensbasis dient. Für diesen induktiven Lernschritt wird ein mit ID3 gelernter Entscheidungsbaum generiert und in eine Menge von Regeln umgesetzt. Ferner werden mittels inverser Resolution [Muggleton und Buntine, 1988] neue Deskriptoren (ohne intensionale Definition) in die Theorie eingefügt. FORTE [Richards und Mooney, 1991 und 1995], das Nachfolgersystem von EITHER, revidiert Hornklauseltheorien in der Prädikatenlogik erster Stufe.

Das Verfahren in [Matwin und Plante, 1994] lernt ähnlich wie KRUST aus einer zweigeteilten Menge von Trainingsbeispielen, den prototypischen und den marginalen Beispielen. Anhand der prototypischen Beispiele wird eine Bereichstheorie aufgebaut, die aus prädikatenlogischen Hornklauseln besteht. Die marginalen Beispiele kommen danach ins Spiel. Sie werden eingesetzt, um die initiale Theorie zu revidieren. Hierbei wird eine zweistufige Darstellung (Two-Tiered Representation) der Theorie aufgebaut [Michalski, 1990]. Die erste Stufe wird mit den prototypischen Beispielen aufgebaut, die zweite Stufe mit den marginalen, die sozusagen am Rande der Theorie liegen. Ein ggf. vorhandener Eintrag in der zweiten Stufe überlagert die erste Stufe für die bestimmte Situation, auf die er sich bezieht. Die erste Stufe wird damit durch den Eintrag in der zweiten Stufe spezialisiert, verhält sich aber in davon nicht betroffenen Situationen unverändert. In der zweiten Stufe wird nur der Teil der Beispielbeschreibung repräsentiert, der die erste Stufe modifiziert, um das marginale Beispiel korrekt abzudecken. Mit dem Verfahren wird ein Mittelweg zwischen einem rein regelbasierten und einem fallbasierten Ansatz (vgl. auch Abschn. 7.6) gegangen. Der generelle Teil der Theorie wird durch die Überlagerung so modifiziert, daß er spezielle, marginale Beispiele, also auch Sonderfälle, korrekt behandeln kann.

Ein ähnlicher Ansatz für die Revision wird in [Segab und Schoenauer, 1992] vorgestellt. Eine Wissensbasis mit prädikatenlogischen Hornklauseln wird anhand einer vorgegebenen Beispielmenge nach Unvollständigkeit, Fehlern, Redundanz und Inkonsistenzen durchsucht. Statt die Regelbasis so zu modifizieren, daß diese Schwachpunkte verschwinden, lernt das System induktiv aus den Beispielen Metaregeln, die in den Konfliktsituationen entscheiden. Damit wird ein Konflikt also nicht direkt beseitigt, sondern man lernt, mit ihm umzugehen. Die Metaregeln können dann entweder die Ausgangsregeln ergänzen (Wissensbasiserweiterung) oder ersetzen (Wissensbasismodifikation).

Wie oben erwähnt, wird bei der Revision typischerweise eine minimale Modifikation der Wissensbasis angestrebt, um möglichst viel des vorhandenen Wissens zu erhalten. Es werden also auf einen möglichst kleinen Teil der Wissensbasis bezogene *lokale* Änderungen durchgeführt. Ein anderer Weg wir bei dem System RTLS (Reduced Theory Learning System) [Ginsberg, 1990] gegangen. Anhand einer vorgegebenen Beispielmenge wird eine aussagenlogische Regelbasis hier global restrukturiert, indem sie zunächst in eine „flache" Wissensbasis mit Schlußfolgerungstiefe 1 umgewandelt wird, auf dieser dann Revisionen durchgeführt werden und anschließend wieder eine „tiefe" Wissensbasis erzeugt wird. Auf Restrukturierung wird in Abschn. 8.4 genauer eingegangen.

Die in [Hinkelmann et al., 1994] beschriebene *Evolution* einer Wissensbasis soll sowohl die Aktualisierung als auch die Revision einer Wissensbasis unterstützen. Das vorgestellte Verfahren kombiniert zu diesem Zweck Techniken für deduktive Datenbanken mit aus der induktiven logischen Programmierung stammenden Revisionstechniken sowie einer terminologischen Wissensrepräsentation. Die Autoren diskutieren den bei der Überarbeitung einer Wissensbasis notwendigen Kompromiß zwischen *lokaler* und *globaler* Überarbeitung. Eine Ad-hoc-Modifikation der Wissensbasis durch Anbringung kleiner lokaler „Flicken" läßt sich schnell bewerkstelligen, kann aber unvorhersehbare Konsequenzen haben. Das andere Extrem ist ein kompletter Neuaufbau der Wissensbasis, angefangen bei einer formalen Spezifikation und einer erneuten Wissensmodellierung. Zwischen diesen Extremen gilt es, bei jeder Art der Wissensbasismodifikation einen geeigneten Kompromiß zu finden.

8.3.3 Weitere Ansätze zur Beseitigung von Fehlern, Inkonsistenzen und von Unvollständigkeit

Auch Entdeckungslernen kommt bei der Revision und Modifikation einer Wissensbasis zum Einsatz. So erzeugt und verfeinert z.B. das System für wissenschaftliches Entdecken (Scientific Discovery) BACON [Langley et al., 1983] eine Theorie in Form einer mathematischen Formel, die Regularitäten in einer Menge von Daten erklären kann. Dabei erfolgt eine wiederholte Untersuchung der Trainingsdaten und die Anwendung von Verfeinerungsoperatoren, um die Formel durch Hinzufügen weiterer Terme zu verfeinern. Die Suche im Raum der möglichen Formeln terminiert, wenn ein Term gefunden wurde, der für jeden Datensatz denselben konstanten Wert ergibt. Es wurde z.B. das Ohmsche Gesetz und Galileos Gesetz für das Pendel wiederentdeckt.

Während BACON durch (passives) Beobachten lernt, werden z.B. in [Shrager, 1987; Carbonell und Gil, 1990; Scott und Maskovitch, 1993] Ansätze zur Revision einer Theorie durch aktives Experimentieren vorgestellt. Experimente mit der Umgebung des Lernsystems dienen dazu, Revisionsbedarf aufzuspüren. Auch bei dem in Abschn. 10.3 vorgestellten System LIMES werden aktive Experimente durchgeführt, um Schwachstellen einer Wissensbasis zu entdecken und zu beseitigen.

Wissensbasismodifikation im Zusammenhang mit fallbasiertem Schließen (s. auch Abschn. 7.6) kommt z.B. in [Bareiss et al., 1987; Carbonell, 1986] zum Einsatz.

8.4 Restrukturierung einer Wissensbasis zur Verbesserung der Verständlichkeit

Während es bei der Beseitigung von Fehlern, Inkonsistenzen und von Unvollständigkeit darum geht, das Ein-/Ausgabeverhalten eines Systems durch die Modifikation seiner Wissensbasis zu verändern, wird bei der Restrukturierung anders vorgegangen. Hier wird ohne die Veränderung des Ein-/Ausgabeverhaltens die interne Struktur einer Wissensbasis modifiziert, um damit Wirkungen wie Performanzsteigerung oder Verbesserung der Verständlichkeit zu erzielen.

In [Sommer, 1994] — an dieser Literaturstelle orientiert sich der gesamte Abschnitt — wird der Begriff der Restrukturierung folgendermaßen charakterisiert:

„Die Aufgabe der *Restrukturierung einer Theorie* besteht in der Transformation einer gegebenen Regelbasis in eine andere Form, ohne damit die Überdeckung des Zielbegriffs oder der Zielbegriffe zu verändern, also um die Struktur einer Theorie in gewisser Hinsicht zu verbessern, ohne daß die Ergebnisse der Inferenzen (Inferential Outcome) verändert werden."

Restrukturierung wird typischerweise auf eine aus Fakten und Regeln bestehende Wissensbasis angewandt. Es gibt zwei gegenläufige Richtungen für die Restrukturierung, die Verringerung und die Vergrößerung der Schlußfolgerungstiefe bei der Anwendung der Wissensbasis.

Verringerung der Schlußfolgerungstiefe. Die Schlußfolgerungstiefe wird durch die Anzahl der Regeln bestimmt, die nacheinander angewandt werden, um eine Eingabe in ein Ergebnis zu überführen. Neben den Eingaben und den Zielbegriffen kommen innerhalb einer solchen Schlußfolgerungskette Zwischenbegriffe bzw. -konzepte (Intermediate Concepts) vor [Fu und Buchanan, 1985], die von den Konklusionen beteiligter Regeln in die aktuelle Faktenmenge eingefügt werden und Voraussetzungen für die Anwendung der Folgeregeln darstellen. Bei der Verringerung der Schlußfolgerungstiefe werden solche Zwischenkonzepte aus der Wissensbasis entfernt, indem die Definition eines Begriffs an der Stelle einer Regelprämisse, in der er benutzt wird, eingesetzt wird (Folding). Man erhält damit Regeln mit größeren Prämissen sowie kürzere Schlußfolgerungsketten, im Extremfall mit der Länge 1. Dazu folgt nun ein Beispiel aus [Sommer, 1994].

Die Regelbasis besteht u.a. aus den folgenden Regeln zu einer Anwendung aus der Telekommunikation, die mit MOBAL entwickelt wurde:

```
r1: manages(C,B) & works-in(A,C) & manager(A) → manager-of(A,B)
r2: rented-by(B,C) & works-for(A,C) & manager(A)
    → manager-of(A,B)
r100: manager-of(A,B) & manager-op(C) → may-operate(A,B,C)
```

Durch das Entfernen des Zwischenkonzeptes `manager-of(A,B)` sowie eine entsprechende Umstrukturierung erhält man statt dieser drei die beiden folgenden Regeln:

```
r100a: manages(D,B) & works-in(A,D) & manager(A) & manager-op(C)
       → may-operate(A,B,C)
r100b: rented-by(B,D) & works-for(A,D) & manager(A) &
       manager-op(C)    → may-operate(A,B,C)
```

Man spricht hier auch von einer Vereinfachung der *Inferenzstruktur*. Durch eine geeignete Verringerung der Schlußfolgerungstiefe wird die Problemlösung beschleunigt, hiermit wird also eine Verbesserung der Problemlösungsgeschwindigkeit angestrebt. Außerdem wird die Beziehung zwischen den Eingabekonzepten (manages, works-in, rented-by, works-for) als Prämissen und dem Zielbegriff (may-operate) als Konklusion explizit gemacht. Das Ein-/Ausgabeverhalten des wissensbasierten Systems bleibt unverändert.

Die Generierung von (operationalen) Klauseln mit verringerter Schlußfolgerungstiefe wird auch von dem in Abschn. 7.5 vorgestellten erklärungsbasierten Lernen [Mitchell et al., 1986; DeJong und Mooney, 1986] durchgeführt. Entsprechendes wird ferner von der aus der Logikprogrammierung bekannten partiellen Auswertung durchgeführt [van Harmelen und Bundy, 1988]. Daß mit der Operationalisierung nicht immer eine Performanzsteigerung einhergeht, wurde bereits in Abschn. 7.5 erwähnt. Die Steigerung der Performanz mit verschiedenen maschinellen Lernstrategien wird in Abschn. 8.5 nochmals angesprochen.

Vergrößerung der Schlußfolgerungstiefe. Durch die Einführung neuer Zwischenkonzepte und eine entsprechende Restrukturierung der Wissensbasis wird der umgekehrte Effekt zur oben beschriebenen Verringerung der Schlußfolgerungstiefe erreicht (Folding). Die Schlußfolgerungsketten werden länger, d.h. die Schlußfolgerungstiefe wird vergrößert. Entsprechend wird die Inferenzstruktur *verfeinert*. Die Prämissen der einzelnen Regeln werden kürzer.

Betrachten wir nochmals das obige Beispiel aus dem Telekommunikationssachbereich. Eine Prozedur zur Vergrößerung der Schlußfolgerungstiefe kann aus der Klauselmenge {r100a, r100b} die Menge {r1, r2, r100} generieren und damit oben skizzierte Vereinfachung der Inferenzstruktur umkehren. Was hat sich nun an der Struktur der Wissensbasis verändert? Die Anzahl der Regeln wurde erhöht, aber es gibt statt vorher zwei Regeln nur noch eine Regel für den Zielbegriff may-operate. Letzteres kann als ein Qualitätskriterium für die Struktur einer Wissensbasis relevant sein. Wichtiger ist noch die Tatsache, daß manager-of als bisher nur implizit vorhandenes neues Zwischenkonzept explizit eingeführt wurde und in den resultierenden drei Regeln benutzt wird. Daraus folgt auch eine verfeinerte, modularere Struktur der Wissensbasis, die leichter modifiziert werden kann und *leichter verständlich* ist. Da die eingeführten Zwischenkonzepte auch neue *Deskriptoren* darstellen, mit denen inferentielles Wissen beschrieben werden kann, wird hiermit auch (als Nebeneffekt) ein Beitrag zur Verfeinerung der Modellierung geleistet, s. Kap. 4.

Als zentrale Frage stellt sich in diesem Zusammenhang, wie nun geeignete Zwischenkonzepte gefunden werden können, die zu der angestrebten Modifikation der Wissensbasis führen. Hier lassen sich die beiden Teilprobleme isolieren [Sommer, 1994]:

- Wie sehen legale Transformationen aus, die garantieren, daß das Ein-/Ausgabeverhalten des wissensbasierten Systems unverändert bleibt?
- Wie sehen nützliche Transformationen aus, die tatsächlich zu einer verbesserten Wissensbasisstruktur führen?

In der maschinellen Lernforschung gibt es eine Reihe von Arbeiten, die sich mit dem Lernen neuer Deskriptoren beschäftigen, s. Abschn. 4.4. Dabei ist jedoch die Zielrichtung der Einführung der Deskriptoren typischerweise eine andere. Die Wissensbasis soll unter ihrer Zuhilfenahme so generalisiert oder spezialisiert werden, daß neue Beispiele korrekt abgedeckt werden, es wird also ein verändertes Ein-/Ausgabeverhalten produziert. Der im folgenden vorgestellte Ansatz ist hingegen auf die Verfeinerung der Inferenzstruktur bei unverändertem Ein-/Ausgabeverhalten zugeschnitten. Faktenwissen, wie etwa Beispielbeschreibungen, bleibt weitgehend unberücksichtigt.

Verfeinerung der Inferenzstruktur durch Stratification. Das von Sommer entwickelte System FENDER, das in MOBAL integriert wurde, basiert auf einer einfachen Idee für die Verfeinerung der Inferenzstruktur. Das dazugehörige Verfahren wird als *Stratification* bezeichnet. Es werden in jeder Menge von Klauseln, die jeweils ein bestimmtes Prädikat definieren, d.h. die das gleiche Prädikat in der Konklusion haben, gemeinsame Teilstücke in den Prämissen gesucht. Solche Teilstücke werden CPPs (Common Partial Premise) genannt. Da es sehr viele unterschiedliche, sich teilweise überlappende CPPs in einer Regelmenge geben kann, ist eine Auswahlstrategie notwendig, die die besten Kandidaten bestimmt, anhand derer die Wissensbasis dann modifiziert wird. Für jedes ausgewählte CPP wird ein neues Zwischenkonzept generiert, das durch eine neue Klausel mit dem CPP als Prämisse definiert wird. In der Regelmenge wird jedes Auftauchen des CPPs entsprechend durch den (automatisch generierten) Prädikatbezeichner für das neue Zwischenkonzept ersetzt. Dabei ist jeweils auf die richtigen Variablensubstitutionen zu achten, wie aus der nun folgenden formalen Definition eines CPPs deutlich wird.

Sei R eine Menge von Regeln. Ein CPP ist eine Konjunktion von Literalen C, für die folgendes gilt:

$$\exists r_1 \cdots r_n \in R: n \geq 2 \land r_i \neq r_j, 1 \leq i < j \leq n \text{ (a)}$$
$$\land \ \exists \sigma_1 \cdots \sigma_n: C\sigma_k \subseteq \text{Prems}_{r_n}, 1 \leq k \leq n \qquad \text{(b)}$$

wobei $\sigma_1 \cdots \sigma_n$ Substitutionen für Variablen sind und *Prems$_r$* die Menge der Literale in der Prämisse von r. Teil (a) der Definition legt fest, daß das CPP in mindestens zwei Regeln vorkommt. (b) stellt sicher, daß die Konjunktion der Literale bei Anwendung passender Substitutionen als Teilstück in den Regelprämissen auftaucht.

Die Auswahlstrategie für CPPs in FENDER basiert auf den folgenden beiden Heuristiken:

- CPPs, die häufig in der Regelbasis benutzt werden, werden bevorzugt.
- CPPs, durch deren Benutzung Variablen in den Ausgangsregeln wegfallen, werden bevorzugt.

Die erste Heuristik ist durch das in Abschn. 4.4 erwähnte Textkompressionsmaß von Muggleton motiviert, demgemäß kürzere Hypothesen „vertrauenswürdiger" sind als längere. Die zweite Heuristik dient ebenfalls zur Vereinfachung von Regeln. Ihr liegt die Unterscheidung zwischen Kopfvariablen und Nicht-Kopfvariablen in einer Klausel zugrunde. Kopfvariablen tauchen (auch) im Kopf einer Regel auf, während Nicht-Kopfvariablen nur im Regelrumpf vorkommen. Die Heuristik besagt nun, daß Nicht-Kopfvariablen weniger wichtig sind, da sie sich auf Objekte im Sachbereich beziehen, die nicht im Ergebnis der Schlußfolgerungskette benötigt werden. Sonst müßten sie ja in der Regelkonklusion mitgeführt werden.

Aus Platzgründen wird hier auf die exakte Angabe des Algorithmus in [Sommer, 1994] verzichtet. Statt dessen werden die wesentlichen Grundprinzipien erläutert, durch die das Verfahren in FENDER die o.a. Heuristiken umsetzt.

1) *Alle* CPPs, die aus einem oder mehreren gemeinsamen Literalen bestehen, werden in die Kandidatenmenge aufgenommen.

2) Aus jeder Gruppe von sich überlappenden CPPs, die innerhalb der Regeln für das gleiche Prädikat vorkommen, kann jeweils nur ein Element zur Definition eines Zwischenkonzeptes verwendet werden. Wenn sich jedoch zwei CPPs nur in einem Literal unterscheiden, wird aus ihnen gemeinsam eine disjunktive Definition für ein neues Zwischenkonzept generiert.

3) Es werden CPPs bevorzugt, die eine Nicht-Kopfvariable enthalten. Ein besonderer Fall tritt auf, falls die Variable in jedem Regelrumpf, der das CPP enthält, nur *innerhalb* des CPPs auftaucht (und sonst nicht mehr). In diesem Fall kann die Definition des neuen Zwischenkonzeptes vereinfacht werden. Das dafür neu eingeführte Prädikat benötigt diese Variable nicht als Argument. Sie taucht also nicht im Kopf der neuen Prädikatdefinition auf. Somit werden die das CPP enthaltenden Ausgangsregeln in besonderem Maße vereinfacht. Sie enthalten jetzt in ihrem Rumpf eine Variable weniger (s. auch u.a. Beispiel).

4) Der Prozeß der Bestimmung von Zwischenkonzepten und Restrukturierung der betroffenen Regeln wird iteriert. Somit können die gefundenen Zwischenkonzepte wiederum Bestandteil der Definition neuer Zwischenkonzepte sein. Der Iterationsprozeß bricht ab, wenn keine neuen CPPs, die eine Nicht-Kopfvariable enthalten, gefunden werden.

5) Nach Ende des Iterationsprozesses werden die Regeln der Wissensbasis ein letztes Mal miteinander verglichen. Falls es Regeln gibt, die sich nur in einer Konstante unterscheiden, wird folgendermaßen reformuliert: Es wird ein neues einstelliges Prädikat definiert, das genau für diese Konstanten erfüllt ist. Das Prädikat wird den Regeln hinzugefügt und die Konstante in den Regeln durch die Variable des neuen Prädikats ersetzt. Damit fallen die Regeln zu einer einzigen zusammen.

Beispiel. Die „flache" Ausgangswissensbasis für den Telekommunikationssachbereich mit der maximalen Schlußfolgerungstiefe von 1 enthält u.a. die folgende Regel:

```
owner(X,Y) & has-dept(Y,Z) & manages(Z,X) & works-in(U,Z)
& operator(U) & optype(V, :threshhold-read)
→ may-operate(U,X,V)
```

FENDER findet in der Regelmenge u.a. das folgende Zwischenkonzept. (Der Konzeptname wird als Konkatenation der Namen der beteiligten Begriffe generiert.)

```
has-dept(C,D) & works-in(E,D) & manages(D,F)
→ has-dept_works-in_manages(F,C,E)
```

Hierbei ist D eine Nicht-Kopfvariable für alle Ausgangsregeln, die das CPP, also hier `has-dept(C,D) & works-in(E,D) & manages(D,F)`, enthalten. D entspricht z.b. in der obigen Regel der Nicht-Kopfvariablen Z. Z taucht in keinem anderen Literal außerhalb des CPPs auf. Deshalb braucht D nicht als Argument in das neue Prädikat `has-dept_works-in_manages` übernommen zu werden.

Die Konstante `threshhold-read` beschreibt einen bestimmten Operatortyp. Gemäß der oben unter Punkt 5) beschriebenen Reformulierung nach Ende des Iterationsprozesses werden zwei neue einstellige Prädikate für Gruppen von Operatortypen definiert:

```
optype_group(OP) und optype_group1(OP)
```

Es zeigte sich nach der Reformulierung, daß diese Gruppen gerade den Operationen entsprechen, die von einem Angestellten mit Managerstatus bzw. mit Operatorstatus ausgeführt werden dürfen. Unter Benutzung der beiden neuen Prädikate konnten letztendlich die ursprünglich 30 Regeln mit einem Zielbegriff in der Konklusion auf die folgenden beiden reduziert werden:

```
responsible(S,U) & optype_group(OP) & manager(U)
→ may-operate(U,S,OP)
responsible(S,U) & optype_group1(OP) & operator(U)
→ may-operate(U,S,OP)
```

Diskussion der Restrukturierung. Anders als beim induktiven Lernen aus Beispielen wird bei der Restrukturierung das Ein-/Ausgabeverhalten der Wissensbasis nicht verändert. Statt dessen wird die Inferenzstruktur vereinfacht bzw. verfeinert. Restrukturierung kann in zwei entgegengesetzte Richtungen erfolgen, es muß deshalb in der jeweiligen Situation entschieden werden, in welche Richtung und wie weit restrukturiert wird.

Ein Ziel für die Restrukturierung ist es, diese Umformungen umkehrbar zu machen. So ist z.B. in MOBAL auch eine Prozedur zur Strukturvereinfachung vorhanden, die aus einer von FENDER restrukturierten Wissensbasis wieder das Original herstellen kann. Es kann ferner nützlich sein, daß für unterschiedliche Zwecke verschiedene Varianten der gleichen Wissensbasis erstellt werden, z.B. eine tiefe für die Generierung von Erklärungen oder für Modifikationen, eine flache für die Problemlösung oder für Validierungszwecke. Zwischenformen könnten ebenfalls sinnvoll sein. Ein Beispiel für die Anwendung der Restrukturierung zur (partiellen) Verifikation von Wissensbasen ist das System von Allen Ginsberg [Ginsberg, 1988a]. Hier wird eine aussagenlogische Regelbasis in ein flache Wissensbasis (Schlußfolgerungstiefe 1) umgeformt, um in dieser Inkonsistenzen und Redundanzen zu finden. In einer Folgearbeit [Ginsberg, 1990] wird diese Restrukturierung dann noch mit der Wissensbasisrevision gekoppelt. Nachdem das System RTLS eine flache Wissensbasis erzeugt hat, wird diese so revidiert, daß sie zu einer vorgegebenen Beispielmenge konsistent wird. Danach erfolgt eine Rückübersetzung,[10] bei der die entfernten Zwischenkonzepte wieder eingefügt werden.

Die Generierung einer flachen Wissensbasis mit Schlußfolgerungstiefe 1 bedarf keiner speziellen Strategie zur Verbesserung der Problemlösungsgeschwindigkeit. Es wurde aber bereits im Zusammenhang mit EBL, das ja auch flache Regeln erzeugt, erwähnt, daß hiermit nicht in jedem Fall tatsächlich eine Performanzsteigerung erzielt wird [Minton, 1988]. So wird die Performanz z.B. nicht nur durch die Schlußfolgerungstiefe, sondern auch durch die Anzahl der Regeln in der Wissensbasis beeinflußt, die durch eine Restrukturierung vergrößert werden kann. Um effektiv eine Verbesserung der Problemlösungsgeschwindigkeit zu erzielen, wird also auch bei einer Restrukturierung in diese Richtung Strategiewissen benötigt.

Daß bei der anderen Richtung, also der Verfeinerung der Inferenzstruktur, Strategiewissen erforderlich ist, wurde bereits bei der Vorstellung von FENDER deutlich. Das System benutzt einfache Heuristiken zur Auswahl von Zwischenkonzepten, die allein auf syntaktischen Kriterien beruhen. Trotzdem konnten damit für die erwähnte Anwendung wirkungsvolle und auch semantisch sinnvolle Restrukturierungen vorgenommen werden. Da ja die Verbesserung der Verständlichkeit hiermit angestrebt wird, ist es unabdingbar, daß die eingefügten Zwischenkonzepte eine nachvollziehbare Bedeutung im Sachbereich haben. Ob dafür generell die bei FENDER benutzten syntaktischen Kriterien ausreichen, ist fraglich. In Abschn. 4.4 wurde bereits erwähnt, daß für die Erzeugung neuer Deskriptoren mit konstruktiver Induktion auch wissensbasierte Verfahren existieren. Eine weitere Möglichkeit zur Sicherung der Qualität für die neuen Zwischenkonzepte ist die in [Sommer, 1994] vorgeschlagene interaktive Restrukturierung.

8.5 Verbesserung der Problemlösungsgeschwindigkeit

Der Aspekt der Performanzsteigerung wurde bereits bei der Restrukturierung und in Kap. 7 im Zusammenhang mit dem Lernen von Makrooperatoren und dem erklärungsbasierten Lernen angesprochen. Das Ziel ist hier, daß das wissensbasierte System die angestrebte Lösung schneller findet. Daß hierzu nicht immer die Erweiterung, sondern auch die Modifikation einer Wissensbasis erforderlich ist, wird z.B. in [Laird, 1992] diskutiert: Wie in Abschn. 7.5 erwähnt, wird bei der dynamischen Optimierung das mit EBL akquirierte Wissen nicht einfach der Wissensbasis hinzugefügt. Statt dessen gibt es eine eigene

---

[10] In diesem Fall ist die Rückübersetzung allerdings keine Restrukturierung gemäß der Begriffscharakterisierung am Anfang des Abschnitts. Ginsberg spricht von einer relaxierten Rückübersetzung, die eine induktiv generalisierte Theorie mit verfeinerter Inferenzstruktur erzeugt. Bei diesem Schritt wird also eine Veränderung des Ein-/Ausgabeverhaltens bewirkt.

Phase zur Programmoptimierung, in der ein vorhandenes Logikprogramm anhand des vor dieser Phase gelernten Wissens modifiziert wird, bei Erhaltung der Programmsemantik, also mit dem Ziel der Performanzsteigerung.

Weitere Ansätze zur Verbesserung der Problemlösungsgeschwindigkeit werden nun kurz angesprochen. Bei der Problemreformulierung [Korf, 1980] wird eine Performanzsteigerung nicht durch neue Regeln oder Makrooperatoren erreicht, sondern durch Änderungen der Problemrepräsentation. Damit sind grundlegende Änderungen des Suchraums für den Problemlöser verbunden. Hierbei werden z.B. Transformationen der Problemrepräsentation, die ihren Inhalt oder ihre Struktur verändern, vorgenommen [Korf, 1980], oder es werden abstrakte Zustände erzeugt, die eine Klasse von Zuständen zusammenfassen, die bei der Problemlösung gleich behandelt werden können [Knoblock, 1990].

In [Nutter, 1987] wird eine Strategie für „selbstorganisierende Wissensbasen" vorgestellt. Es soll hiermit die Organisation der Wissensbasis verbessert und der Zugriff auf Informationen beschleunigt werden. Neben bekannten Techniken wie der induktiven Generalisierung kommt hier *selektives Vergessen*, die inverse Operation zur Wissensbasiserweiterung, zur Anwendung. Es werden Informationen vergessen, die nicht mehr benötigt werden, d.h. solche Informationen, auf die lange nicht mehr zugegriffen wurde und von denen keine andere benötigte Information abhängt. Die vergessene Information kann aber durch Schlußfolgerungen wiedererlangt, d.h. aus der Wissensbasis wieder abgeleitet, werden.

8.6 Optimierung einer Wissensbasis zur Qualitätsverbesserung der Ergebnisse

Während im vorigen Abschnitt die Optimierung der Problemlösungsgeschwindigkeit thematisiert wurde, kommt hier die Verbesserung der bei einer Problemlösung erzielten Ergebnisse zur Sprache. Die modifizierte Wissensbasis soll die Generierung von guten Lösungen, gemäß vorgegebenen Optimierungszielen, besser unterstützen. Wichtig ist ferner der am Anfang des Kapitels angesprochene Unterschied zwischen der Beseitigung von Fehlern und der Optimierung einer Wissensbasis, um qualitativ bessere Ergebnisse zu erzielen. Eine Vorgehensweise für diese Optimierung wird im folgenden anhand einer Beispielanwendung vorgestellt.

8.6.1 LEO: Optimierung von Fuzzy-Controllern

Der Entwurf von Fuzzy-Controllern ist eine praxisrelevante Aufgabenstellung, bei der typischerweise eine initiale Controller-Beschreibung schrittweise optimiert wird, um ein verbessertes Verhalten für die Regelung dynamischer Prozesse zu erzielen. Eine Controller-Beschreibung ist eine regelbasierte Wissensbasis mit einem speziellen Inferenzmechanismus, die neben den Regeln vor allem eine Beschreibung der verwendeten Deskriptoren und ihrer Wertebereiche (linguistische Variablen und Terme) enthält.

Das im folgenden vorgestellte System LEO (LEarning Optimizer) [Herrmann und Buhtz, 1994] ist ein maschinelles Lernsystem für die Optimierung von

Fuzzy-Controllern. Für diese Anwendung wurde hier erstmals eine Architektur für das Entdeckungslernen eingesetzt, die sich durch eine explizite (kombiniert symbolisch/numerische) Repräsentation des Optimierungswissens und -prozesses auszeichnet. Neben den Optimierungsoperatoren werden die zu behebenden Schwachstellen des betrachteten Controllers, mögliche Ursachen für die Schwachstellen, Experimente zu ihrer Beseitigung sowie die Historie des Optimierungsprozesses explizit dargestellt. Durch diese Repräsentation ist die Vorgehensweise bei der Optimierung verständlicher und damit besser nachvollziehbar als bei herkömmlichen Ansätzen. Dieser Aspekt ermöglicht die Kontrolle und Bewertung der Optimierung durch den Benutzer und ist deshalb von besonderer Bedeutung. Weitere Besonderheiten des neuen Ansatzes für die Optimierung von Fuzzy-Controllern werden am Ende des Abschnitts diskutiert.

Die Anwendung: Fuzzy Control. Controller dienen zur Regelung dynamischer Prozesse. Ein Controller erhält als Eingabe kontinuierlich Informationen über den aktuellen Zustand des Prozesses, beschrieben durch ein Signal P, sowie über die Veränderung des Zustandes, beschrieben durch das differenzierte bzw. integrierte Signal D und I. Das Ziel der Regelung ist es, den Prozeß in einen gewünschten Zielzustand (angegeben durch eine Führungsgröße) zu überführen und diesen danach beizubehalten. Dazu erzeugt der Controller ein Ausgabesignal, das den Prozeß steuert. Die Struktur eines solchen *Regelkreises* ist in Abb. 8-3 dargestellt.

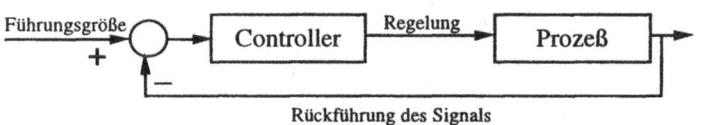

Abb. 8-3. Regelkreis zur Regelung eines dynamischen Prozesses

Ein Beispiel für einen Controller ist ein Temperaturregler für eine Klimaanlage, der die Raumtemperatur mit einer gewünschten Temperatur vergleicht und daraufhin den Zustrom von Warm- bzw. Kaltluft steuert. Mathematisch gesehen realisiert ein Controller eine Funktion mit dem Signal P sowie ggf. D und I als Eingabe und einem Regelsignal als Ausgabe.

Abbildung 8-4 zeigt den Verlauf eines durch einen Controller geregelten Signals nach der Änderung der Führungsgröße, also des gewünschten Zielzustandes. Diese sogenannte *Sprungantwort* veranschaulicht, welche Probleme bei einem Controller auftreten können.

Die Entwicklung eines leistungsfähigen, stabilen Controllers erweist sich häufig als schwierig. Das ist insbesondere der Fall, wenn es kein analytisches Modell des zu regelnden Prozesses, etwa in Form einer Menge von Differentialgleichungen, gibt. Die Qualität eines Controllers zeigt sich darin, daß er

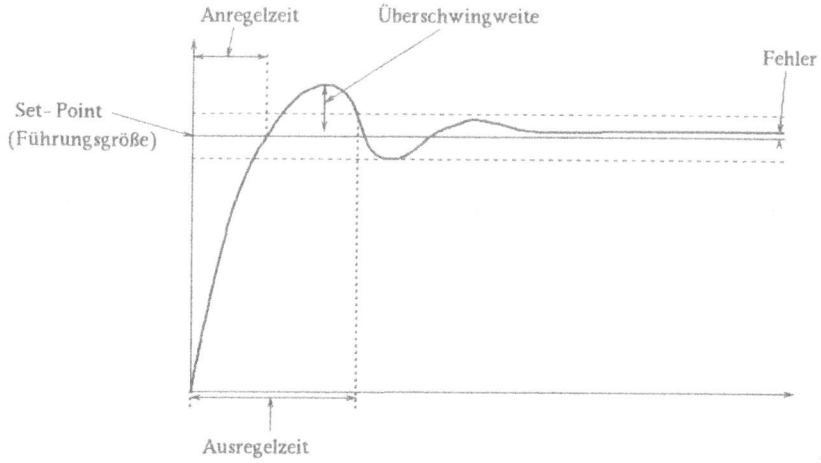

Abb. 8-4. Kurve für den Verlauf eines geregelten Signals. Nach der Änderung der Führungsgröße springt das Signal über den zu erzielenden Zustand hinaus und muß daraufhin nachgeregelt werden.

- möglichst schnell den gewünschten Zustand (Führungsgröße) erreicht, d.h. eine möglichst *geringe Anregelzeit* hat,
- beim ersten Erreichen der Führungsgröße das Signal möglichst wenig über diese hinausführt, d.h. daß ein *geringes oder kein Überschwingen* auftritt,
- nach einem ggf. aufgetretenen Überschwingen das Signal möglichst schnell dauerhaft in die Nähe der Führungsgröße zurückführt, d.h. daß er eine möglichst *geringe Ausregelzeit* hat,
- nach dem Einschwingen des zu steuernden Signals auch wirklich die Führungsgröße erreicht, d.h. daß er *keinen Fehler* beim Regeln macht,
- nicht oszilliert.

Einen in letzter Zeit vielfach erfolgreich praktizierten Ansatz für die Entwicklung von Controllern, insbesondere auch für Prozesse ohne analytisches Modell, stellen die Fuzzy-Controller [Zadeh, 1972 und 1973; Assilian und Mamdani, 1974; Kosko, 1992] dar. Bei ihnen wird die Beziehung zwischen Controller-Ein- und Ausgabe durch eine Menge von *Regeln* und einen dazugehörigen *Inferenzmechanismus* beschrieben. Jede Regel gibt für eine vorgegebene Klasse von Eingabesignalen, die in der Regelprämisse beschrieben ist, ein dazugehöriges Ausgabesignal an. Die Regelbasis hat damit eine Schlußfolgerungstiefe von eins.

Regelprämissen und -konklusionen werden durch *linguistische Terme* beschrieben, die das Eingangssignal bzw. dessen Veränderung verbal beschreiben, z.B. als *„positiv sehr klein"* oder *„negativ mittel groß"*. Der genaue Bezug zwischen den Termen und den Signalen wird durch Fuzzy-Mengen [Zadeh, 1965] hergestellt. Jede Menge wird durch eine Funktion, häufig in Form eines Trapezes oder Dreiecks, definiert (s. Abb. 8-5). Die Elemente einer Fuzzy-Menge können auch nur „graduell" in ihr enthalten sein. Dementsprechend ist der Wertebereich für die definierende charakteristische Funktion das geschlossene Intervall [0,1].

Für einen gegebenen Prozeßzustand können mehrere Regeln gleichzeitig anwendbar sein, die in den Prämissen beschriebenen Klassen von Eingabesignalen sind also i.allg. nicht disjunkt. Für den gegebenen Prozeßzustand feuern jeweils alle anwendbaren Regeln parallel, wobei die Regelkonklusionen gemäß des Inferenzmechanismus zu einer neuen Fuzzy-Menge als Gesamtergebnis zusammengezogen werden. Die *Defuzzifizierungsmethode* berechnet aus der neuen Fuzzy-Menge einen scharfen numerischen Rückgabewert.

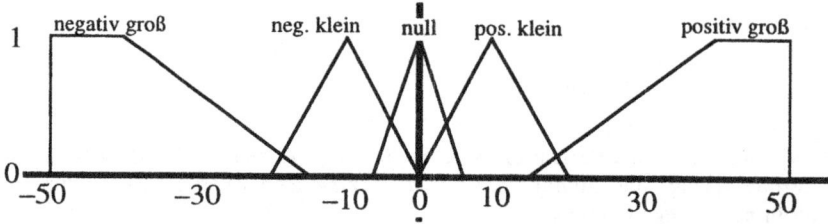

Abb. 8-5. Beispiel für Definition von linguistischen Termen für die Regeln eines Fuzzy-Controllers als Fuzzy-Mengen. Die y-Achse gibt dabei an, wie stark ein Wert der x-Achse einem linguistischen Term entspricht. So entspricht z.B. der Wert −30 dem Term negativ groß mit einem Fuzzy-Wert von 0,5.

Vorgehensweise beim Entwurf eines Fuzzy-Controllers. Bei der Entwicklung eines Fuzzy-Controllers für einen zu regelnden Prozeß müssen eine Vielzahl von Entwurfsentscheidungen getroffen werden. So müssen z.B. die Anzahl der linguistischen Terme für das Signal P (sowie ggf. auch für D und I) und die dazugehörigen Fuzzy-Mengen definiert werden. Ein Inferenzmechanismus, der Operator für die Verknüpfung der Terme in den Regelprämissen und die Defuzzifizierungsmethode sind auszuwählen, die Regeln müssen aufgestellt werden.

Typischerweise wird ein Fuzzy-Controller iterativ entworfen. Eine initiale Definition wird erprobt, analysiert und verändert. Diese Versuch-und-Irrtum-Vorgehensweise ist entsprechend mühsam und zeitraubend. Deshalb gibt es eine Reihe verschiedener Ansätze, die versuchen, diesen Prozeß zu automatisieren, z.B. [Braae und Rutherford, 1979; Karr, 1991; Burkhardt und Bonisson, 1992; Chen et al., 1992; Fei und Isik, 1992, Kosko, 1992, Herrera et al., 1995]. Häufig kommen hier neuronale Netze oder genetische Algorithmen zum Einsatz. Eine Übersicht zum Einsatz verschiedener maschineller Lernsysteme für Fuzzy-Systeme findet sich in [Hecht et al., 1992]. Die meisten dieser Ansätze haben folgende Gemeinsamkeiten: Sie versuchen die Optimierung eines Controllers anhand eines Aspektes durchzuführen. (Ausnahmen, also Systeme zur Optimierung mehrerer Aspekte sind z.B. [Baroglio et al., 1994; Castro et al., 1993[11]]). Es werden z.b. jeweils nur die Definitionen der linguistischen Terme oder nur die Regeln verändert. Damit wird die Optimierung auf diesen einen Aspekt beschränkt. Mögliche andere Ursachen für das Fehlverhalten eines Controllers können nicht erkannt und behoben werden. Ferner ist die Vorgehensweise der Verfahren für den Benutzer nicht nachvollziehbar. Ein Controller-Experte geht anders vor. Er entscheidet sich dynamisch für denjenigen der verschiedenen Entwurfsaspekte, dessen Optimierung zum aktuellen Zeitpunkt des Optimierungsprozesses am vielversprechendsten ist. Diese dynamische Vorgehensweise ist die Motivation für das im folgenden vorgestellte maschinelle Lernsystem, das verschiedene Entwurfsaspekte eines Controllers analysieren und optimieren kann und sich durch eine explizite Repräsentation des Optimierungswissens und -prozesses auszeichnet.

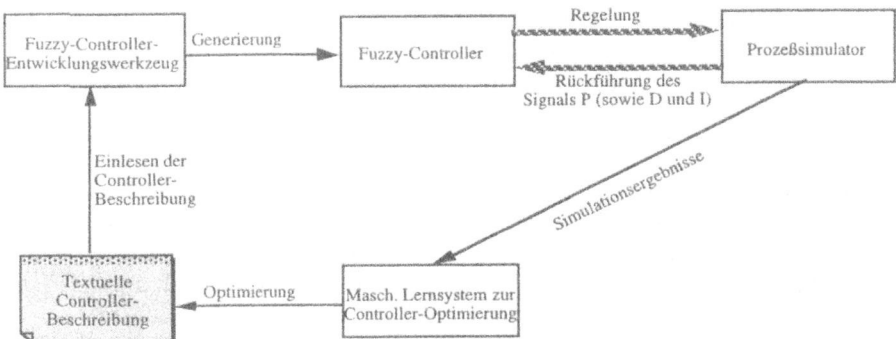

Abb. 8-6. Aufbau des Systems zur Controller-Optimierung. Der Startpunkt ist die textuelle Controller-Beschreibung.

Architektur des lernenden Optimierungssystems LEO. Der Aufbau des vorgestellten Systems LEO ist in Abb. 8-6 zu sehen. In das System ist ein kommerzielles Entwicklungswerkzeug für Fuzzy-Controller integriert. Die Konfiguration des zu optimierenden Controllers liegt als Textdatei in einer für den Benutzer verständlichen Beschreibungssprache vor. Das Entwicklungswerkzeug erzeugt daraus den Controller in Form eines ausführbaren Programms. Zur Erprobung des Controllers wird ein Simulator für den zu regelnden Prozeß eingesetzt. Durch das Zusammenspiel von Controller und Simulator ergeben sich damit Aufschlüsse über die Qualität des Controllers. Die Auswertung der Simulationsergebnisse dient entsprechend als Eingabe für die Lernkomponente. Diese führt daraufhin durch Manipulation der Controller-Beschreibung Änderungen am Controller durch, die die bei der Auswertung gefunden Schwächen beseitigen

---

[11] Zum Beispiel werden in [Castro et al., 1993] *nacheinander* die folgenden Operationen mit genetischen Algorithmen durchgeführt: Lernen der Fuzzy-Regeln, Lernen der Membership-Funktionen, Verkleinerung der Regelmenge.

oder zumindest verringern sollen. Der Zyklus von Optimierung und Simulation wird solange ausgeführt, bis der Controller den vorgegebenen Qualitätskriterien genügt (oder die Anzahl der durchgeführten Experimente den benutzerdefinierten Maximalwert erreicht hat).

Die folgenden Optimierungsoperationen können von dem maschinellen Lernsystem LEO durchgeführt werden:

- Austausch einer Regelkonklusion, z.B. um für eine gegebene Klasse von Prozeßzuständen einen starken Regelimpuls durch einen schwächeren zu ersetzen.

- Veränderung der in Form eines Trapezes vorliegenden Definition eines linguistischen Terms. Es kann z.B. eine der beiden Flanken des Trapezes verbreitert oder das Trapez als Ganzes auf der x-Achse verschoben werden.

- Verschieben sämtlicher Terme für eine linguistische Variable um den gleichen Betrag auf der x-Achse (Vektor).

- Austausch des *Aggregationsoperators* für die Verknüpfung von Regelkonklusionen innerhalb des Inferenzmechanismus.

- Aufspalten eines linguistischen Terms in zwei neue Terme. Dadurch wird eine detailliertere Signalbeschreibung in den Regeln möglich. Die Menge der in der Controller-Beschreibung benötigten Regeln kann sie erhöhen.

Der Operator zum Aufspalten eines linguistischen Terms ist neu, d.h. er wird in verwandten Arbeiten noch nicht eingesetzt. Die für die Controller-Optimierung eingesetzte maschinelle Lernstrategie ist das *Entdeckungslernen* (Learning from Discovery). Das Lernsystem führt aktiv Experimente durch, indem es die Controller-Beschreibung verändert, die Simulation anstößt und durch die Auswertung der Simulationsergebnisse Kritik der bisherigen Lernschritte sowie Hinweise für weitere Optimierungsschritte erhält. Bei dieser Anwendung ist also die zu modifizierende Wissensbasis die regelbasierte Controller-Beschreibung, die vom Lernsystem mittels Simulation ausgewertet und verändert wird.

Das Lernsystem verwendet die Architektur des Entdeckungslernsystems KEKADA[12] [Kulkarni und Simon, 1988], die in Abb. 8-7 zu sehen ist. Der Lernprozeß läuft so ab: Der Arbeitsspeicher enthält die aktuelle Controller-Beschreibung und ggf. schon vorliegende Simulationsergebnisse. Darauf operiert der Problemgenerator, der zu bearbeitende Probleme, d.h. Schwachstellen des Controllers wie z.B. eine zu große Überschwingweite, aufdeckt. Der Problemgenerator stellt dabei fest, ob bzgl. der folgenden fünf Bewertungskriterien eine Toleranzüberschreitung vorhanden ist:

- Anregelzeit
- Überschwingen
- Ausregelzeit
- Fehler
- Oszillieren

---

[12] Die KEKADA-Architektur wird auch für die Komponente zur globalen Adaptierung bei LIMES eingesetzt, s. Abschn. 10.3.

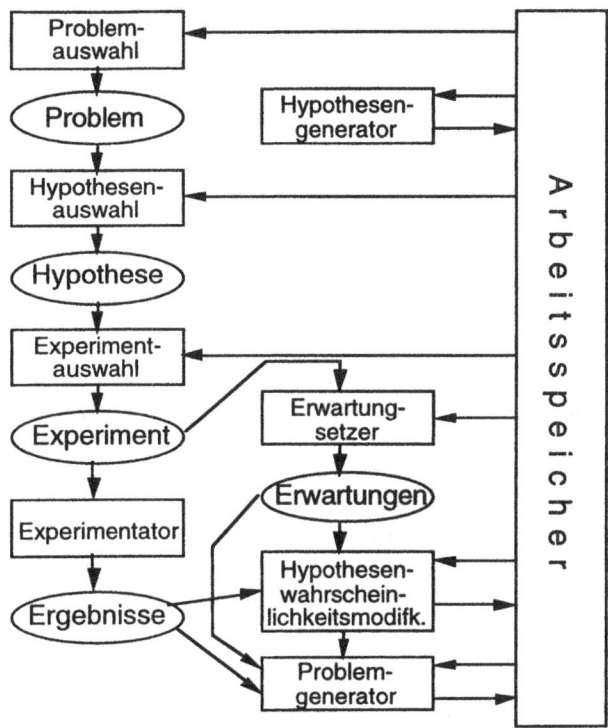

Abb. 8-7. Architektur des KEKADA-Systems

Für jedes Kriterium ist eine eigene Toleranzschwelle vorgegeben. Eine Toleranzüberschreitung wird dann im System als zu lösendes Problem repräsentiert.

Die Problemauswahl erfolgt aufgrund von zwei Aspekten. Zum einen gibt es eine statische Grundbewertung für jeden Problemtyp. Damit wird ausgedrückt, welche Probleme schwerwiegender sind und deshalb vorrangig behandelt werden müssen. So wird z.B. Oszillieren höher bewertet als eine zu hohe Anregelzeit. Neben der Grundbewertung wird bei der Problemauswahl noch berücksichtigt, wie häufig ein Problem bereits in der Vergangenheit mit dem System bearbeitet wurde. Bereits häufig aufgetretene Probleme werden bevorzugt, da sie vermutlich besonders schwerwiegend sind.

Der Hypothesengenerator bestimmt alle auf das aktuelle Problem anwendbaren Hypothesen. Eine Hypothese gibt eine mögliche Ursache für das Problem an, z.B. daß ein linguistischer Term falsch definiert ist. Sie ordnet entsprechend einem Problem eine Optimierungsoperation zu, die zur Problemlösung führen soll, z.B. die Verschiebung des Trapezes, das die Fuzzy-Menge für den falsch definierten linguistischen Term beschreibt.

Jede Hypothese ist ferner mit ‚Vertrauensdaten‘ markiert, die über ihre Verwendung in der Vergangenheit informieren:

- Der *lokale Mißerfolgszähler* gibt an, wie häufig die Hypothese bereits erfolglos für die aktuelle Controller-Optimierung eingesetzt wurde.
- Der *globale Erfolgszähler* beschreibt, wie häufig die Hypothese während sämtlicher bereits durchgeführter Controller-Optimierungen erfolgreich war.
- Der *Testanzahlzähler* gibt an, wie oft die Hypothese während sämtlicher bereits durchgeführter Controller-Optimierungen ausgewählt wurde (egal ob erfolgreich oder nicht).

Die Hypothesenauswahl bevorzugt Hypothesen mit wenig lokalen Mißerfolgen und hoher globaler Erfolgsrate. Die Erfolgsrate ist der Quotient von globalem Erfolgszähler und Testanzahlzähler.

Die vom Experimentator ausgeführten Experimente hängen von der aktuellen Controller-Beschreibung und der Führungsgröße ab. Das Ziel eines Experimentes ist es, geeignete Informationen zur Bewertung der Hypothese zu gewinnen. Experimente führen die in der Hypothese vorgeschlagene Optimierungsoperation durch. Dazu verändern sie die Controller-Beschreibung und stoßen eine Prozeßsimulation an. Als Ergebnis der Simulation werden die Meßwerte für jedes Bewertungskriterium zurückgegeben. Dabei kann sich z.B. herausstellen, daß das bearbeitete Problem zwar gelöst oder verringert wurde, die betrachtete Hypothese also nicht falsch ist, dabei aber ein anderes Bewertungskriterium verschlechtert wurde. Der Problemgenerator erzeugt in diesem Fall ein Folgeproblem.

Die Experimentauswahl sucht ein *passendes* Experiment aus, das geeignet ist, die benötigten Informationen zu generieren. Bei der Experimentauswahl werden die exakten Parameter für die in der Hypothese vorgegebene Optimierungsoperation bestimmt. So muß z.B. beim Verschieben eines Trapezes, das eine Fuzzy-Menge beschreibt, der Betrag für die Verschiebung angegeben werden.

Vor der Durchführung des Experimentes legt der Erwartungssetzer fest, welche Ergebnisse von dem Experiment erwartet werden. Der z.Z. verwendete Erwartungssetzer gibt vor, daß der neue Controller bezüglich der fünf Bewertungskriterien mindestens so gut sein sollte wie der bisher beste. Nach der Durchführung des Experiments durch den Experimentator vergleicht der Hypothesenwahrscheinlichkeitsmodifikator die Ergebnisse des Experiments mit den Erwartungen und stellt damit fest, ob die bearbeitete Hypothese richtig oder falsch ist. Daraufhin verändert er die Vertrauensdaten der aktuellen Hypothese, also den lokalen Mißerfolgszähler, den globalen Erfolgszähler und den Testanzahlzähler. Auf diese Weise wird das im Lernsystem vorhandene Wissen dauerhaft verändert. Die Wirkung der Änderung geht also über den aktuellen Optimierungsprozeß hinaus. Eine mehrfach erfolgreich angewandte Hypothese wird beim nächsten zu optimierenden Controller von der Hypothesenauswahl im Vergleich zu alternativen Hypothesen bevorzugt. Andererseits kommen Hypothesen, die sich als erfolglos herausgestellt haben, nicht mehr zur Anwendung und können schließlich aus der Wissensbasis des Lernsystems entfernt werden. Mit diesem z.Z. sehr einfachen numerischen Lernmechanismus, also der Inkrementierung der Zähler in den Vertrauensdaten, verändert das Lernsystem seine eigene Wissensbasis mit dem Ziel, die Suche im Raum aller möglichen Controller-Beschreibungen zu verkürzen. Hier wird also Wissensbasismodifikation auch zur Verbesserung der Problemlösungsgeschwindigkeit, d.h. zur Beschleunigung der Optimierung eingesetzt.

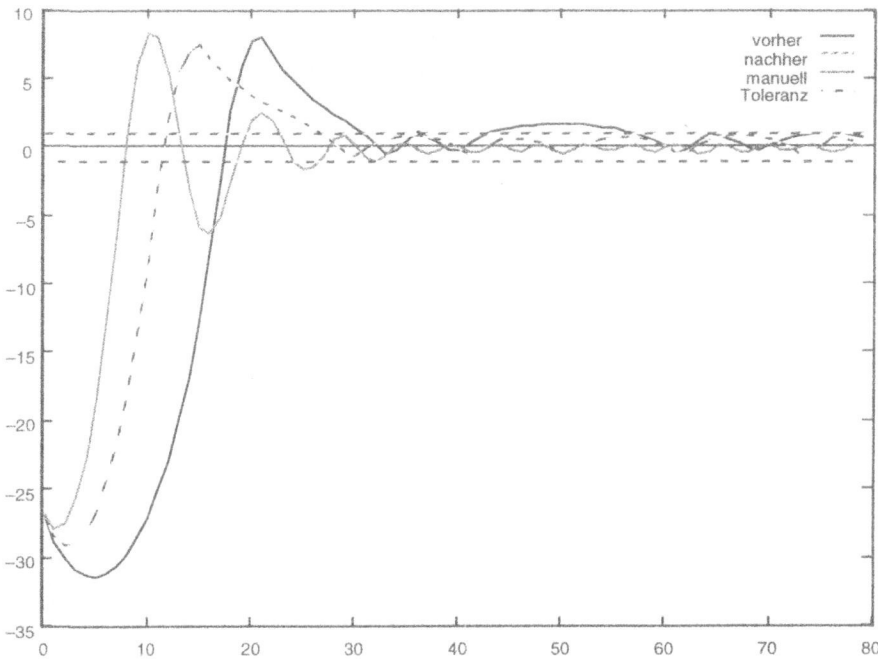

Abb. 8-8. Vergleich der Sprungantworten für einen manuellen Controller-Entwurf, einen nicht-optimierten Controller (vorher) und einen vom System optimierten Controller (nachher)

Vom Hypothesenwahrscheinlichkeitsmodifikator wird des weiteren überprüft, ob der veränderte Controller sämtlichen Qualitätskriterien entspricht, ob der Optimierungsprozeß also erfolgreich beendet werden kann. Falls weiter optimiert werden muß, aber die von der Hypothese vorgeschlagene Optimierungsoperation zumindest zu einer signifikanten Verbesserung des Controllers gemäß einer Gesamtbewertungsfunktion geführt hat, wird der neue, im Rahmen des Experiments erzeugte Controller weiter optimiert. Andernfalls, wenn sich also die Hypothese als falsch erwiesen hat, wird vor der weiteren Optimierung zum alten Controller zurückgesprungen.

Implementation und Bewertung eines Prototyps. Eine Prototypimplementation des oben beschriebenen neuen Ansatzes zur Optimierung von Fuzzy-Controllern wurde am Lehrstuhl Informatik 1 der Universität Dortmund im Rahmen einer Diplomarbeit [Buhtz, 1994] durchgeführt. Die Entdeckungslernkomponente wurde in Nexpert Object implementiert. Als Entwurfswerkzeug für

Fuzzy-Controller wurde das System Fuzzy-Control-Desk eingesetzt. Es erzeugt aus der textuellen Controller-Beschreibung ein C-Programm, das mit dem Simulationsprogramm zusammengebunden und ausgeführt wird.

Testergebnisse über die Optimierung eines Fuzzy-Controllers mit den Eingangswerten P und D für das „invertierte Pendel", einem typischem Beispielproblem für einen Regelungsprozeß, sowie für eine einfache Schiffsteuerung, liegen vor. Abbildung 8-8 zeigt die Sprungantworten von drei verschiedenen Controllern für das invertierte Pendel.

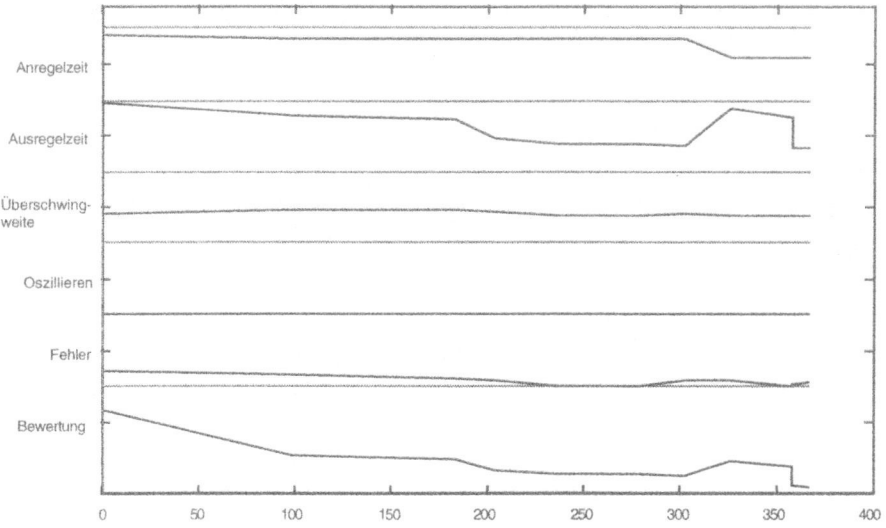

Abb. 8-9. Bewertungskriterien und Gesamtbewertung für eine Controller-Optimierung. Bei diesem Entwurf trat kein Oszillieren jenseits des in Abb. 8-8 gezeigten Toleranzbereichs auf. Deshalb ist keine Bewertung für dieses Kriterium abgebildet.

Der vom System optimierte Controller hat eine schlechtere Anregelzeit als der manuelle Entwurf, aber eine bessere Überschwingweite. Die Ausregelzeit ist bei den beiden Controllern gleich.

Die Entwicklung der fünf Bewertungskriterien sowie einer daraus abgeleiteten Gesamtbewertung für die Optimierung dieses Controllers wird in Abb. 8-9 gezeigt. Es ist deutlich zu sehen, daß die Verbesserung der Anregelzeit zunächst zu einer verschlechterten Ausregelzeit führt. Letztere kann jedoch durch weitere Optimierungsschritte wieder verbessert werden. Der Controller wird soweit optimiert, daß die Bewertung für jedes Kriterium unter die vorgegebene Schwelle sinkt. In Anhang 2 werden die einzelnen Optimierungsoperationen, die zur Erzeugung des endgültigen Controllers geführt haben, der Reihe nach angegeben.

Die Wirkung der dauerhaften Veränderung der Wissensbasis des maschinellen Lernsystems wird in Abb. 8-10 verdeutlicht. Dort wird die Entwicklung der Bewertungskriterien für zwei Optimierungsprozesse verglichen, die von demselben fehlerhaften Controller ausgehen. Der erste Optimierungsprozeß benutzt die initiale Wissensbasis, die noch keine Vertrauensdaten zu den Hypothesen enthält. Die Wissensbasis für den zweiten Optimierungsprozeß enthält dagegen schon Vertrauensdaten, die anhand früherer Optimierungsprozesse gelernt wurden. Beide Prozesse kommen zum gleichen Ergebnis, der erste benötigt jedoch drei Mal so viele Optimierungsschritte.

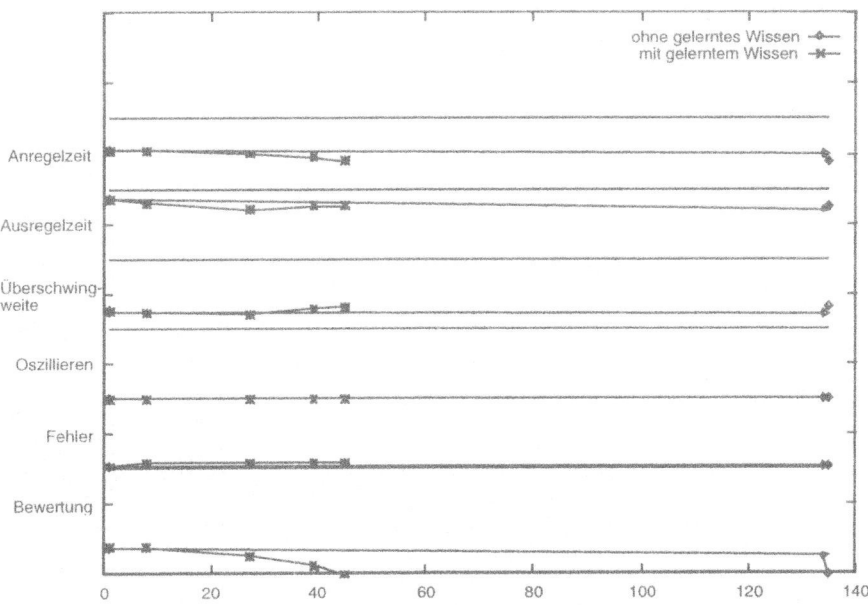

Abb. 8-10. Bewertungskriterien und Gesamtbewertung für zwei Controller-Optimierungen. Beim ersten Optimierungsprozeß waren noch keine gelernten Vertrauensdaten für die Hypothesen vorhanden.

Ein weiterer wichtiger Aspekt der Bewertung des Prototyps ist die Nützlichkeit der verschiedenen realisierten Optimierungsoperatoren. Es ist zu klären, ob sich die vorhandene Operatormenge tatsächlich vorteilhaft bei der Optimierung auswirkt. Insbesondere ist die Frage wichtig, ob der neue Operator zum Aufspalten eines linguistischen Terms bei einem Optimierungsprozeß wirklich genutzt wird, sich also sein Ergebnis gegenüber alternativen Operationen durchsetzen kann. Die Tests ergaben, daß tatsächlich alle Operatortypen für die Optimierung genutzt wurden. Wenn nur die Operatoren zur Manipulation der vorhandenen linguistischen Terme (ohne den Aufspaltungsoperator) zum Einsatz kommen, wird ein schlechteres Ergebnis erzielt. Das Resultat eines der hierzu durchgeführten Tests ist in Abb. 8-11 zusammengefaßt.

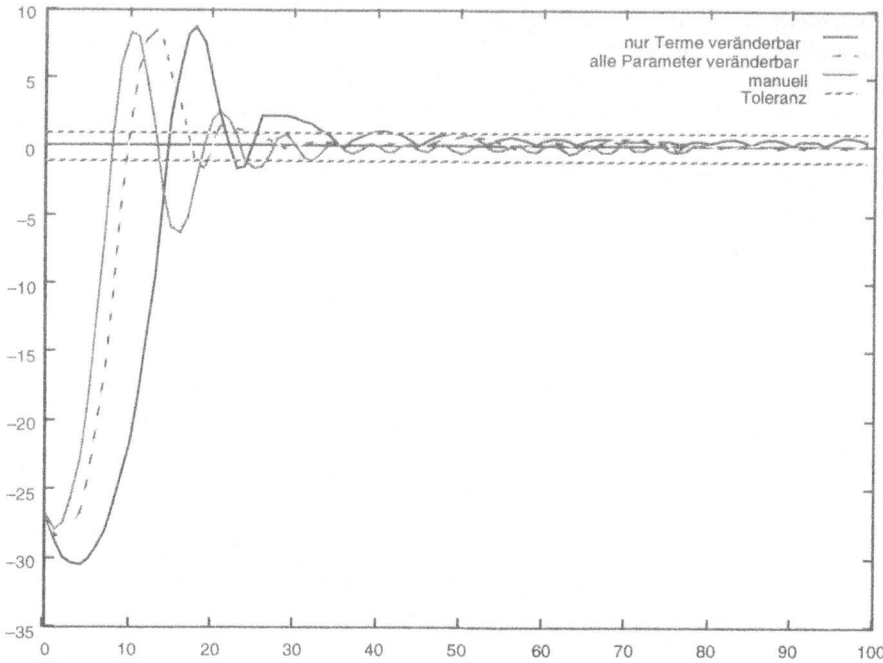

Abb. 8-11. Ergebnisvergleich für zwei Optimierungsprozesse. Während der eine alle vorhandenen Optimierungsoperatoren benutzt, ist der andere auf die Veränderung der vorhandenen linguistischen Terme beschränkt.

Bei diesem Optimierungsprozeß wurde bei der nicht-eingeschränkten Optimierung ein Term aufgespalten, Flanken eines Trapezes verbreitert, Flanken, Terme und Termgruppen verschoben, Regelkonklusionen verändert und die Inferenzmethode gewechselt. Der Test zeigt deutlich, daß die ausschließlich auf der Veränderung von Termen basierende Optimierung, die bei vielen verwandten Arbeiten üblich ist, zu einem schlechteren Ergebnis führt. Die vorgegebenen Toleranzbereiche für die Optimierungskriterien wurden daher nicht erreicht, obwohl mit 800 Versuchen doppelt so viele zur Verfügung standen wie für die Optimierung mit allen Operatoren. Entsprechendes gilt für die anderen vergleichenden Testläufe.

Die Wissensbasis für die Controller-Optimierung wurde anhand des Simulationsmodells für das invertierte Pendel aufgebaut und erprobt. Das nach Abschluß der Prototypimplementation zur Verfügung gestellte Simulationsmodell[13] für eine einfache Schiffsteuerung wurde eingesetzt, um die Eignung dieser Wissensbasis für die Optimierung von Controllern zu anderen Prozessen zu überprüfen. Ein Testergebnis hierzu ist in Abb. 8-12 zu sehen. Es zeigte sich, daß mit

---

[13] Das Simulationsmodell für die Schiffsteuerung wurde freundlicherweise von Attilio Giordana von der Universität Turin zur Verfügung gestellt.

der Wissensbasis tatsächlich auch die Optimierung eines Schiffsteuerungs-Controllers möglich ist. Allerdings brachten die anhand des invertierten Pendels gelernten Vertrauensdaten für die verschiedenen Hypothesen hier keinen Vorteil. Es zeigte sich also noch eine Schwäche des z.Z. implementierten einfachen numerischen Lernmechanismus zur permanenten Veränderung der Optimierungswissensbasis, wie unten genauer diskutiert wird.

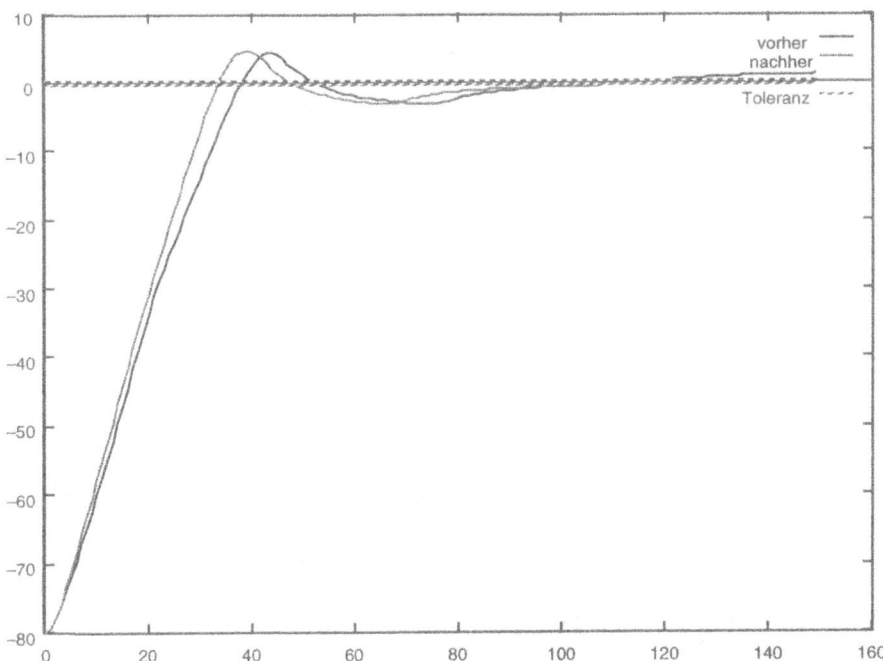

Abb. 8-12. Ergebnis der Optimierung des Controllers für eine einfache Schiffsteuerung. Während der nicht-optimierte Controller nicht in der Lage ist, die vorgegebene Führungsgröße einzustellen, gelingt dies mit der optimierten Version.

Diskussion des vorgestellten Ansatzes. In den beschriebenen Prototypen sind ein Entwurfswerkzeug für Fuzzy-Controller und ein Simulator für den zu regelnden Prozeß integriert. Das System kann selbständig Simulationsläufe auswählen, durchführen und auswerten. Durch dieses aktive Experimentieren ist es nicht auf eine explizit vorgegebene Menge von Beispielen angewiesen. Statt mit einem Simulator können die Experimente auch mit einem realen Prozeß durchgeführt werden. Durch die Kopplung von Lernsystem und simuliertem oder realem Prozeß unterstützt LEO (neben der Phase der Wissensbasismodifikation) auch den Wissensbasiseinsatz.

Aufgrund der expliziten Repräsentation des Optimierungswissens und -prozesses (also der Optimierungsoperatoren, der zu behebenden Schwachstellen des betrachteten Controllers, möglicher Ursachen für die Schwachstellen, der Experimente zu ihrer Beseitigung sowie der Historie des Optimierungsprozesses) ist die Vorgehensweise von LEO bei der Optimierung verständlicher und damit besser nachvollziehbar als bei herkömmlichen Ansätzen. Dieser Aspekt ermöglicht wie erwähnt die Kontrolle und Bewertung der Optimierung durch den Benutzer und ist deshalb von besonderer Bedeutung.

Im Gegensatz zu den meisten herkömmlichen Optimierungssystemen für Fuzzy-Controller erfolgt bei dem vorgestellten Ansatz eine flexible Auswahl verschiedenartiger Optimierungsoperatoren in Abhängigkeit vom aktuellen Zustand und der Vergangenheit des Optimierungsprozesses. Es steht eine größere Auswahl an Optimierungsoperatoren als bei anderen Systemen zur Verfügung. Damit können auch Schwächen in einer Controller-Beschreibung beseitigt werden, die in anderen Systemen nicht berücksichtigt werden. Insbesondere der Operator zum Aufspalten eines linguistischen Terms in zwei neue Terme findet sich nicht in den verwandten Arbeiten.

Für die Optimierung werden fünf verschiedene Bewertungskriterien berücksichtigt. Der implementierte Prototyp begnügt sich damit, jedes Kriterium so weit zu optimieren, daß vorgegebene Toleranzbereiche erreicht werden. Eine weitergehende Optimierung der verschiedenen Kriterien findet bisher noch nicht statt.

Während des Optimierungsvorgangs wird die Regelbasis des Lernsystems permanent verändert, um zukünftige Optimierungsläufe effektiver zu gestalten. Neben der Optimierung der Controller-Regelbasis mit dem Ziel, qualitativ bessere Ergebnisse zu erzielen, liegt hier also eine zweite Form der Wissensbasismodifikation vor, bei der die Problemlösungsgeschwindigkeit (hier die Lerngeschwindigkeit) verbessert werden soll. Durch diese Geschwindigkeitsoptimierung können vom Lernsystem zielgerichtetere Experimente durchgeführt werden, so daß damit ggf. auch bessere Lösungen gemäß den Bewertungskriterien gefunden werden, als es mit der vorgegeben Zeitbeschränkung möglich wäre.

Der im vorliegenden Prototyp implementierte numerische Lernmechanismus zur permanenten Veränderung der Wissensbasis ist in seiner jetzigen Form noch verbesserungsfähig. Es werden lediglich verschiedene Zähler erhöht, die Aufschluß über Erfolg und Mißerfolg der angewandten Operationen für die Optimierung eines der fünf betrachteten Kriterien geben sollen. Die durchgeführten Tests (s. Abb. 8-10) haben zwar ergeben, daß dieser Mechanismus sich tatsächlich positiv auswirkt, aber an dieser Stelle des Optimierungssystems wurden die Möglichkeiten des maschinellen Lernens bisher noch nicht ausgeschöpft. Bei weiterführenden Arbeiten soll ein neuer Lernmechanismus eingesetzt werden, der eine differenziertere Repräsentation der Klassen von Optimierungssituationen, in denen ein bestimmter Operator erfolgreich ist, ermöglicht. Dabei soll z.B. betrachtet werden, wie stark ein Operator in einer Situation wirkt, wie er auf alle betrachteten Kriterien wirkt, wie er am besten mit Vorgänger- und Nachfolgeroperationen kombiniert werden kann etc.

Der implementierte Prototyp ist auf PD-Controller und Prozesse mit einer Führungsgröße beschränkt. Ein Ansatzpunkt für weiterführende Arbeiten ist deshalb auch eine Erweiterung auf PID-Controller und Prozesse mit mehreren Führungs- und Meßgrößen. Ferner ist die Einbindung anderer Optimierungsverfahren in das System denkbar, z.B. der Aufruf eines neuronalen Netzes oder eines Evolutionsverfahrens, um eine vom maschinellen Lernsystem vorher ausgewählte Optimierungsoperation durchzuführen.

8.7 Abschließende Bemerkungen

Die in Kap. 8 vorgestellten Systeme und Ansätze verdeutlichen die vielfältigen Einsatzmöglichkeiten der Wissensbasismodifikation; verschiedene Zielrichtungen und Wirkungen für eine Modifikation wurden in Abschn. 8.1 vorgestellt. Den Möglichkeiten für die Wissensbasismodifikation stehen aber auch jeweils durch die gewählte Methode bedingte Einschränkungen gegenüber, die in den einzelnen Abschnitten kurz zur Sprache kamen.

Gerade die Wissensbasismodifikation wird häufig mit anderen Phasen des Lebenszyklus einer Wissensbasis wie z.B. dem Wissensbasiseinsatz und der Wissensbasiserweiterung gekoppelt. Weitere Ansätze für die Wissensbasismodifikation werden im Zusammenhang mit den Multistrategiesystemen COSIMA und LIMES in Kap. 10 angesprochen.

9. Globale Adaptierung der Wissensbasis

Die zentrale, aber bisher wenig beachtete Stellung der globalen Adaptierung im Lebenszyklus einer Wissensbasis soll in diesem Kapitel verdeutlicht werden. Nach einer Begriffscharakterisierung werden Möglichkeiten zur Unterstützung dieser Phase mit Methoden des maschinellen Lernens angesprochen.

9.1 Globale Adaptierung als Phase

Viele Wissensbasen hängen von Eigenschaften des Anwendungsgebiets ab, die nicht explizit oder nur unvollständig modelliert sind. Das ist gerade bei technischen Anwendungen der Fall, bei denen die betrachtete Aufgabenstellung von technologischen Gegebenheiten abhängt, deren exakte Modellierung den Rahmen eines wissensbasierten Systems sprengen würde. Insbesondere moderne Technologien sind häufigen Änderungen bzw. Weiterentwicklungen unterworfen, die zu Veränderungen dieser Eigenschaften des Anwendungsgebiets führen. Als Konsequenz solcher Veränderungen ergibt sich die Notwendigkeit für ein verändertes Ein-/Ausgabeverhalten des wissensbasierten Systems. Für (fast) alle der möglichen Eingaben muß damit eine andere Ausgabe vom System erzeugt werden. Das bedeutet, daß praktisch sämtliche bisher vom System bearbeiteten Beispiele ungültig werden, da sie nicht dem benötigten veränderten Ein-/Ausgabeverhalten des Systems entsprechen. Somit kann ein großer Teil oder sogar die gesamte Wissensbasis ungültig werden.

Die *globale Adaptierung* ist der Prozeß, bei dem alle betroffenen Teile der Wissensbasis an die veränderten Eigenschaften des Anwendungsgebiets angepaßt werden. Die bei der globalen Adaptierung notwendigen Veränderungen des Ein-/Ausgabeverhaltens unterscheiden sich von den Änderungen, die im Rahmen der im vorigen Kapitel angesprochenen Revision oder Aktualisierung einer Wissensbasis durchgeführt werden. Während bei jenen *lokale* Änderungen des Ein-/Ausgabeverhaltens durchgeführt werden, d.h. typischerweise fast alle alten Beispiele ihre Gültigkeit behalten, ist bei der globalen Adaptierung das Gegenteil der Fall. Entsprechend reichen bei der globalen Adaptierung *lokale* Änderungen in der Wissensbasis nicht aus, da alle Teile der Wissensbasis betroffen sein können. Trotzdem ist es ein wichtiges Ziel für die globale Adaptierung, den notwendigen Aufwand beschränkt zu halten, damit er nicht den Umfang eines von Grund auf durchgeführten Neuaufbaus der Wissensbasis einnimmt. Die veränderten Anforderungen im Vergleich zu Revision und Aktualisierung machen aber unmittelbar deutlich, daß für die globale Adaptierung andere Methoden benötigt werden, wie unten genauer ausgeführt wird.

Da der hier eingeführte Begriff der globalen Adaptierung neu ist, sich also nicht in verwandten Arbeiten findet, folgt hier zunächst noch eine präzisere Charakterisierung des Ausgangspunktes und des angestrebten Ergebnisses eines globalen Adaptierungsprozesses:

Gegeben ist eine Wissensbasis W, die von einem vorgegeben Interpreter f (der Kontrollkomponente des wissensbasierten Systems) interpretiert wird. Sei I die Menge der Eingaben für das wissensbasierte System und O die Menge der Ausgaben. f ist eine Funktion mit einer Wissensbasis W und einem Wert i aus I als Argumenten, die einen Wert o aus O ausgibt.

Ferner sei die Beispielmenge $B \subset I \times O$ gegeben, die das Ein-/Ausgabeverhalten des Systems beschreibt und von f unter Anwendung von W korrekt bearbeitet wird, d.h.

$$f(W, i) = o \text{ für alle } (i, o) \in B$$

Dabei kann B auch eine unendliche Menge sein.

Aufgrund von Änderungen von (nicht innerhalb der Wissensbasis modellierten) Eigenschaften des Sachbereichs wird nun eine neue Beispielmenge $B' \subset I \times O$ vorgegeben, die das veränderte Ein-/Ausgabeverhalten des Systems beschreibt. B' kann explizit als Menge oder durch einen Beispielgenerator vorgegeben sein, an den Anfragen gerichtet werden können. Dabei kann B' ebenfalls eine unendliche Menge sein.

Gesucht ist eine Wissensbasis W', die an die veränderten Eigenschaften des Sachbereichs angepaßt ist, für die also gilt:

$$f(W', i') = o' \text{ für alle } (i', o') \in B'$$

Dabei gilt typischerweise nicht, daß W' weiterhin die alten Beispiele korrekt bearbeitet, sondern es gilt:

$$f(W', i) \neq o \text{ für (fast) alle } (i, o) \in B$$

Globale Adaptierung ist nun ein Prozeß, der W unter Berücksichtigung einer Teilmenge $B1'$ der neuen Beispielmenge B' in die gesuchte Wissensbasis W' transformiert.

Die Problematik der globalen Adaptierung soll durch einige Beispiele weiter verdeutlicht werden:

- Diagnosesysteme für Automobile sind eine Aufgabenstellung, die stark von technologischen Gegebenheiten abhängt. Falls z.B. eine neue Motorentechnologie eingeführt wird, müssen wesentliche Teile einer entsprechenden Wissensbasis adaptiert werden.

- Die Art der Werkzeuge für den Entwurf und die Analyse integrierter Schaltungen hängt von der benutzten Fertigungstechnologie für Mikrochips ab. Hier sind fast jährliche Technologieverbesserungen die Regel, die Einfluß auf Schaltungsgrößen und -geschwindigkeiten haben. Diese Änderungen müssen bei Software-Werkzeugen für den Entwurf und die Analyse integrierter Schaltungen nachvollzogen werden, teils mit sehr erheblichem finanziellen und zeitlichen Aufwand.

- Die eine globale Adaptierung notwendig machenden veränderten Eigenschaften des Anwendungsgebietes müssen nicht zwangsläufig mit technologischen Entwicklungen zusammenhängen. Sie können z.b. auch durch veränderte soziale oder geographische Gegebenheiten hervorgerufen werden. Betrachten wir z.b. eine Wissensbasis für die Beratung beim Hausbau. Die Verwendung einer solchen Wissensbasis in einem anderen Land mit anderen wirtschaftlichen Rahmenbedingungen kann Änderungen in allen Teilen notwendig machen. Veränderte Eigenschaften des Sachbereichs sind hier z.b. die Arbeits- und die Materialkosten sowie deren Relation zueinander. In einem wirtschaftlich schwachen Land werden die Materialkosten einen größeren Teil der gesamten Baukosten ausmachen als in einem wirtschaftlich starken, wo die Arbeitskosten höher „zu Buche schlagen". Ferner sind abweichende rechtliche und klimatische Bedingungen zu berücksichtigen.

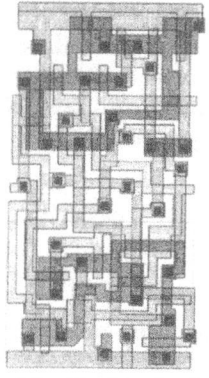

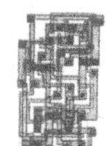

Neue Technologie

Alte Technologie

Abb. 9-1. Realisierung derselben Zelle, d.h. derselben Teilkomponente eines Moduls für integrierte Schaltungen, mit zwei verschiedenen Technologien. Es läßt sich erkennen, daß nicht alle Strukturen der linken Realisierung um den gleichen Faktor verkleinert wurden, d.h. es wurde kein sogenanntes λ-*Scaling* durchgeführt. So wurden z.B. die Kontakte (die schwarzen Quadrate) nicht so stark verkleinert wie andere Strukturen. (Die Layouts werden mit der freundlichen Genehmigung von TEMIC Telefunken microelectronic in Heilbronn abgebildet.)

Obwohl das Thema dieses Buches die Betrachtung wissensbasierter Systeme ist, soll hier darauf hingewiesen werden, daß die Problematik der globalen Adaptierung in gleicher Weise für andere Software-Systeme relevant ist. Auch für konventionelle Programme, für Datenbanken und für Bausteinbibliotheken kann globale Adaptierung notwendig werden und mit großem Aufwand verbunden sein. Die Adaptierung wird z.B. in der industriellen Praxis des Mikroelektonikentwurfs *manuell* durchgeführt. Durch eine veränderte Fertigungstechnologie ist jedes einzelne Element einer Modulbibliothek mit Komponenten für integrierte Schaltungen betroffen. Für jedes Element muß deshalb ein neues geometrisches Layout erstellt werden. Die Wirkung einer dadurch notwendigen Modifikation wird in Abb. 9-1 veranschaulicht.

Ein Ansatz zur automatischen globalen Adaptierung einer Modulbibliothek für integrierte Schaltungen wird in [Bos et al., 1994] vorgestellt. Die in Abb. 9-1 gezeigte Adaptierung der Zelle an die neue Technologie wurde von dem dort vorgestellten System CAMBIO automatisch durchgeführt.

In [Brück, 1993] werden verschiedene Situationen aufgezeigt, in denen die Adaptierung technischer Produkte, hier mit *Migration* bezeichnet, notwendig wird. Neben der bereits erwähnten Anpassung an geänderte technologische Randbedingungen werden die Migration zur Produktweiterentwicklung sowie die Migration zur Integration des Produktes in ein übergreifendes System diskutiert. Für die globale Adaptierung einer Wissensbasis an geänderte technologische Gegebenheiten fehlt bisher laut [Dietterich, 1994] die Unterstützung durch Methoden des maschinellen Lernens. Ein erster Ansatz dafür ist in dem in Abschn. 10.3 vorgestellten maschinellen Lernsystem LIMES umgesetzt worden. LIMES adaptiert eine Wissensbasis für die Abschätzung von Modulen integrierter Schaltungen, die durch Änderungen in der Fertigungstechnologie ungültig geworden ist.

9.2 Anforderungen an ein maschinelles Lernsystem für die globale Adaptierung

Es folgen einige prinzipielle Überlegungen und Anforderungen zu Methoden des maschinellen Lernens, die bei einer globalen Adaptierung eingesetzt werden sollen. Diese Überlegungen sind unabhängig von einer bestimmten Anwendung und können als Vorüberlegungen für die Entwicklung eines maschinellen Lernverfahrens für eine konkrete Anwendung dienen.

* Eine globale Adaptierung wird, wie oben erwähnt, durch Veränderungen von Eigenschaften des Anwendungsgebiets, die nicht explizit oder nur unvollständig modelliert sind, notwendig. Aufgrund dessen kommen hier deduktive Lerntechniken wie EBL, die das gesuchte Lernergebnis aus vorhandenem Hintergrundwissen ableiten, nicht in Frage. Das bedeutet nicht, daß bei der globalen Adaptierung auf jegliche Form von Hintergrundwissen verzichtet werden soll, es werden aber (auch) andere Schlußfolgerungen als die logische Deduktion zum Lernen benötigt. Statt der Deduktion bietet sich hier induktives Lernen, wie bei der globalen Adaptierung mit LIMES, oder Lernen durch Analogie [Carbonell, 1986] an. Hierfür werden Beispiele zu dem veränderten Anwendungsgebiet benötigt, die von der adaptierten Wissensbasis abgedeckt bzw. bei negativen Beispielen nicht abgedeckt werden sollen.

* Globale Adaptierung kann nur dann sinnvoll durchgeführt werden, wenn der Aufwand dafür geringer ist als der für einen kompletten Neuaufbau der Wissensbasis gemäß den veränderten Eigenschaften des Anwendungsgebiets. Für

diese Überlegung muß entsprechend geklärt werden, woran der zu vergleichende Aufwand gemessen wird. Bei manuell entwickelten Wissensbasen wird das entscheidende Maß der Arbeitsaufwand für den Benutzer sein. Hier kann ein maschinelles Lernsystem, das nur in beschränktem Maße auf Benutzervorgaben und -eingriffe angewiesen ist, eine deutliche Aufwandsreduktion bringen, selbst wenn die dabei benötigte Rechenzeit erheblich ist. Wenn, wie bei LIMES, die zu adaptierende Wissensbasis bereits maschinell gelernt, also weitgehend automatisch generiert wurde, muß der Aufwandsvergleich anders aussehen. Hier ist die Anzahl der benötigten Beispiele entscheidend. Die globale Adaptierung sollte deutlich weniger neue Beispiele benötigten, als für die ursprüngliche Generierung der Wissensbasis erforderlich waren.

- Damit eine globale Adaptierung praktikabel ist, muß soviel Information wie möglich aus der alten Wissensbasis für diesen Prozeß nutzbar gemacht werden. Dazu gilt es, Bedingungen, Relationen, Ähnlichkeiten, Tendenzen und andere Eigenschaften in der Wissensbasis zu identifizieren und auszunutzen, die von den veränderten Eigenschaften des Anwendungsgebiets nicht betroffen sind, also auch nach der Adaptierung erhalten bleiben. Solche *invarianten* Eigenschaften sind häufig nicht explizit in der Wissensbasis dargestellt, bestimmen aber die Struktur bzw. Ausprägung der in ihr repräsentierten Informationen.

  Betrachten wir z.B. nochmals die oben erwähnte Wissensbasis für die Beratung beim Hausbau, die an ein Land mit anderen wirtschaftlichen Rahmenbedingungen angepaßt werden soll. Hier bleiben Eigenschaften wir die Tatsache, daß eine Vergrößerung des geplanten Gebäudes zu einer Erhöhung der Baukosten führt, unverändert gültig. Ferner gilt z.B. unverändert, daß ein aus vorgefertigten Teilen erstelltes Gebäude billiger ist als ein frei geplantes (mit gleichem baulichen Standard). Solche invarianten Eigenschaften sind für die globale Adaptierung auszunutzen, um aus der alten Wissensbasis Wissen über den geänderten Sachbereich abzuleiten.

- Es kann typischerweise nicht davon ausgegangen werden, daß eine einzige, uniforme Transformation für die Adaptierung aller Bestandteile der Wissensbasis ausreicht. Wie bei der globalen Adaptierung mit LIMES ausgeführt wird, können in unterschiedlichen Teilen der Wissensbasis unterschiedliche Formen der Anpassung notwendig sein.

  Aus dem in Abb. 9-1 gezeigten Beispiel für die Anpassung an eine geänderte Fertigungstechnologie für integrierte Schaltungen wurde ersichtlich, daß hierbei nicht alle Strukturen um den gleichen Faktor verkleinert wurden. So wurden z.B. die Kontakte nicht so stark verkleinert wie andere Strukturen. Daraus ergibt sich, daß die Adaptierung für Schaltungen mit vielen Kontakten, z.B. für Speicherbausteine, zu einer geringeren Flächenreduktion führen kann als die Anpassung bei anderen Schaltungstypen.

- Die wichtige Bedeutung des Aufwands für eine globale Adaptierung wurde oben bereits angesprochen. Die Minimierung dieses Aufwandes ist ein wichtiges Ziel für ein Adaptierungsverfahren. Ein anderes naheliegendes Ziel betrifft die Qualität der resultierenden Wissensbasis. Sie sollte möglichst wenige bzw. möglichst geringe Fehler und sonstige Schwachstellen enthalten.

Die Qualität des neuen Wissens sollte also der Qualität der alten Wissensbasis möglichst nahekommen (falls nicht sogar eine verbesserte Qualität durch die Adaptierung möglich ist). Zwischen den beiden Zielen *minimaler Aufwand* und *maximale Qualität* kann sich jedoch ein Konflikt ergeben. Ein größerer Aufwand kann ggf. zu einer höheren Qualität führen, wie es bei LIMES der Fall ist. Zwischen diesen beiden konträren Zielen muß damit ein Kompromiß gefunden werden. Ist eine solche Abstimmung allerdings statisch vorgegeben, besteht die Gefahr, daß damit der aktuell durchzuführenden Adaptierung nicht hinreichend Rechnung getragen wird. Eine Lösung besteht hier in einer für den Benutzer einstellbaren Vorgabe für die Adaptierungsziele, z.B. durch die Vorgabe eines mindestens von der neuen Wissensbasis zu erfüllenden Qualitätskriteriums oder durch eine Beschränkung des maximal zulässigen Aufwands.

Insgesamt gesehen stellt die globale Adaptierung eine bedeutsame, aber bisher wenig beachtete Phase im Lebenszyklus einer Wissensbasis dar. Sie hat entscheidenden Einfluß auf die Lebensdauer der Wissensbasis. Ein erster Schritt zu ihrer Unterstützung mit Methoden des maschinellen Lernens ist die Adaptierungskomponente in LIMES, die Adaptierungen für eine bestimmte Klasse von Wissensbasen durchführen kann.

10. Multistrategiesysteme zur Unterstützung verschiedener Lebenszyklusphasen

Wie in Abschn. 3.3 beschrieben, gewinnen in letzter Zeit *Multistrategielernsysteme* zunehmend an Bedeutung [Michalski, 1993; Saitta et al., 1993; Morik, 1993; Tecuci, 1993; Pazzani, 1993; Michalski und Tecuci, 1994; Veloso und Carbonell, 1994]. Sie beinhalten eine Kombination mehrerer Lernstrategien, die kooperativ Wissen zu dem betrachteten Problemgebiet akquirieren. Michalski [Michalski, 1993] charakterisiert diese Klasse von Systemen so:

„Mit zunehmendem Verständnis der Möglichkeiten und Grenzen von Monostrategiemethoden ist ein zunehmendes Interesse an Multistrategielernsystemen, die zwei oder mehr Inferenztypen und/oder Berechnungsmechanismen verwenden, entstanden. Multistrategiesysteme haben das Potential für mehr Kompetenz, d.h. die Möglichkeit, einen viel größeren Bereich von Lernproblemen zu lösen als Monostrategiesysteme, da sie die Vorzüge der gegenseitigen Ergänzung der individuellen Lernstrategien nutzen können. Andererseits sind sie auch potentiell wesentlich komplexer, und deshalb stellt ihre Implementierung eine wesentlich größere Herausforderung dar."

Während in Kap. 4 bis 9 jeweils die Unterstützung einer Phase des Lebenszyklus einer Wissensbasis thematisiert wurde, soll nun verdeutlicht werden, daß mit Multistrategiesystemen eine umfassende Unterstützung des Lebenszyklus möglich ist. Die Kombination verschiedener Lernstrategien erleichtert es, einen Beitrag zu mehreren Phasen zu leisten.

Nach einem Überblick über verschiedene verwandte Arbeiten werden zwei Ansätze des Autors vorgestellt. Beim ersten, der im System COSIMA implementiert wurde, werden verschiedene Strategien und Lebenszyklusphasen eng miteinander verknüpft, die Strategien akquirieren Wissen kooperativ. Das System LIMES stellt hingegen jeweils verschiedene Strategien für die Lebenszyklusphasen zur Verfügung. Dieses Multistrategiesystem ist damit als bisher einziges nach dem in Abschn. 3.3 eingeführten Lebenszyklus-orientierten Integrationsansatz für Lernstrategien organisiert.

10.1 Verwandte Arbeiten zum Multistrategielernen

In der Literatur findet sich bereits eine Reihe von Ansätzen, bei denen mehrere Phasen des Lebenszyklus einer Wissensbasis mit Multistrategiesystemen unterstützt werden. Einige dieser Arbeiten wurden in den vorigen Kapiteln angesprochen. Eine kleine Auswahl von Multistrategiesystemen sowie die von ihnen unterstützten Phasen werden im folgenden kurz vorgestellt.

10.1.1 PROTOS und KI

Eine der ersten Arbeiten, die sich mit maschinellem Lernen für verschiedene Lebenszyklusphasen beschäftigen, ist [Bareiss et al., 1989]. Es wird betont, wie wichtig es ist, daß ein System den ganzen Entwicklungsprozeß einer Wissensbasis unterstützt und nicht nur eine einzelne Phase. Der Entwicklungsprozeß wird von den Autoren in die folgenden, möglicherweise miteinander verknüpften Phasen unterteilt:

a) Wissenserhebung (Elicitation)
Die grundlegende Terminologie und konzeptuelle Struktur der Wissensbasis wird hierbei festgelegt. Damit werden unter diesem Begriff Aktivitäten aus den Phasen Wissensmodellierung und Wissensbasisinitialisierung, gemäß der Phaseneinteilung für den Lebenszyklus einer Wissensbasis in Kap. 2, zusammengefaßt.

b) Verfeinerung (Refinement)
Die Wissensbasis wird erweitert, und es werden Fehler beseitigt. Diese Aktivitäten gehören zur Wissensbasiserweiterungsphase und zur Wissensbasisrevision, einem Spezialfall der Modifikation einer Wissensbasis.

c) Reformulierung (Reformulation)
Die Wissensbasis wird umgeformt, um die Problemlösungsgeschwindigkeit zu verbessern. Damit gehört die Reformulierung ebenfalls zur Phase der Wissensbasismodifikation.

Es werden zwei maschinelle Lernsysteme vorgestellt, die unterschiedliche Beiträge zu einer umfassenden Unterstützung des Entwicklungsprozesses einer Wissensbasis liefern.

Das fallbasierte Lernsystem PROTOS unterstützt die Wissenserhebung und die Verfeinerung. Sein Aufgabenbereich ist die heuristische Klassifikation. Für einen neuen Fall wird die Wissensbasis in Form eines Netzwerks von Klassen angewandt, um die beste Klasse für ihn zu finden. Die Klassen in der Wissensbasis enthalten repräsentative Fälle, die *Exemplare* genannt werden. Exemplare werden durch eine Liste von Attribut-Wert-Paaren beschrieben. Zusätzlich gibt es *Bereichswissen*, das Beziehungen zwischen Klassen, Exemplaren und weiteren Bestandteilen der Wissensbasis *erklären* kann.

Der erste Schritt im PROTOS-Klassifikationsverfahren besteht in der Bestimmung eines Exemplars mit starken Bezügen zu dem neuen Fall. Die Beschreibung des neuen Falls wird dabei benutzt, um Verweise auf Exemplare zu generieren. Damit wird eine *Klassifikationshypothese generiert*: Die Eigenschaften des neuen Falls „erinnern" an Exemplare in der Wissensbasis, die gemäß der aufsummierten Stärke der jeweils aktiven Erinnerungen bewertet werden. Die Klasse des Exemplars mit der höchsten Erinnerungsstärke wird als die Klassifikationshypothese ausgewählt.

Der zweite Schritt dient der *Bestätigung dieser Hypothese*. Die einzelnen Eigenschaften des alten Exemplars werden mit dem neuen Fall abgeglichen. Eine Eigenschaft, die nicht abgeglichen werden kann, stößt die Suche in der Wissensbasis nach einer Erklärung an, um damit heuristisch weitere Verbindungen zwischen Eigenschaften zu bestimmen. Wenn PROTOS keine geeignete Erklärung für die Beziehungen zwischen altem und neuem Exemplar finden kann, wird versucht, ein besseres Exemplar auszuwählen, und der Bestätigungsprozeß wird damit wiederholt.

PROTOS lernt während der Interaktion mit dem Benutzer. Bei Schwierigkeiten mit der Klassifikation werden entsprechende Fragen an den Benutzer gerichtet. Aufgrund der Antworten kann PROTOS sein Bereichswissen verfeinern. Diese Verfeinerung wird mit einer der Lernstrategien von PROTOS durchgeführt. Die zweite Lernstrategie führt nach der erfolgreichen Generierung einer Klassifikationshypothese neue Verbindungen in der Wissensbasis (Indices) ein oder verstärkt bereits vorhandene. Mit der dritten Lernstrategie wird ein Exemplar in die Wissensbasis eingefügt, falls es nicht klassifiziert werden konnte oder falls kein guter Abgleich mit den Eigenschaften eines vorhandenen Exemplars möglich war. PROTOS besitzt damit verschiedene Lernstrategien, die fest in die Problemlösung eingebunden sind und aus erfolgreichen bzw. erfolglosen Klassifizierungen lernen können.

Während des Beginns der Wissensbasisentwicklung, also der Wissenserhebung, liegt das Hauptgewicht auf anderen Lernstrategien als bei der späteren Verfeinerung der Wissensbasis. Der Übergang zwischen den Phasen ist hier dynamisch. Anfangs ist PROTOS unfähig, korrekte Klassifizierungen durchzuführen. Es werden vor allem neue Fälle und dazugehörige Erklärungen in Zusammenarbeit mit dem Benutzer gelernt. Im Laufe des Akquisitionsprozesses nimmt die Fähigkeit zur Klassifikation zu, auch wenn falsche Klassifizierungen noch regelmäßig auftreten. PROTOS kann auf jeden möglichen Fehlertyp (*es konnte keine Klassifikation gefunden werden, eine falsche Klassifikation wurde bestimmt, eine Klassifikation wurde nicht richtig erklärt*) gezielt reagieren und durch Fragen an den Benutzer die Verfeinerung der Wissensbasis vorantreiben. Mit der Zeit wird PROTOS ein autonomes Problemlösungswerkzeug und akquiriert weiteres Wissen, um die Erklärungen zu den gefundenen Klassifikationen zu verbessern. In der Verfeinerungsphase spielen also die ersten beiden Lernstrategien eine größere Rolle.

Als zentraler Schwachpunkt von PROTOS wird in [Bareiss et al., 1989] die mangelnde Integration des neuen Wissens in die Wissensbasis bezeichnet. Es können bei der Wissensbasisverfeinerung Inkonsistenzen entstehen, die unerkannt bleiben. Es wird also nur eine „flache" Integration des neuen Wissens durchgeführt.

Die „tiefe" Integration von Wissen während der Wissensbasisverfeinerung wird von dem maschinellem Lernsystem KI [Bareiss et al., 1989] durchgeführt. KI benutzt vorhandenes Wissen, um neue Information zu bewerten und seine

Konsequenzen zu bestimmen. Die Bestimmung der Konsequenzen legt Inkonsistenzen und Lücken in der Wissensbasis offen. In Zusammenarbeit mit dem Benutzer werden weitere Informationen erhoben, um die Inkonsistenzen aufzulösen und die Lücken zu schließen.

PROTOS und KI tragen zu einer umfassenden Unterstützung der Wissensbasisentwicklung bei. Da KI eine anders strukturierte Wissensbasis als PROTOS benötigt, können die beiden Werkzeuge allerdings nicht miteinander gekoppelt werden.

10.1.2 AKARS-1

Das System AKARS-1 (Automatic Knowledge Acquisition and Refinement System) unterstützt die Initialisierung einer Wissensbasis sowie ihre Verfeinerung, also eine spezielle Form der Wissensbasismodifikation [Leung und Wong, 1991]. Für diese zwei Phasen gibt es in AKARS-1 die zwei Komponenten AKA-2 und HERES, die jeweils eine eigene Lernstrategie realisieren.

AKA-2 generiert eine initiale Wissensbasis in Form einer Menge von Regeln aus einer Menge von Trainingsbeispielen. Die Regeln werden induktiv durch schrittweise Spezialisierung gelernt. Die Beispiele sind durch unscharfe Attribut-Wert-Paare beschrieben, d.h. jedes Paar ist mit einem Fuzzy-Wert markiert. Um die unpräzisen Beispielbeschreibungen auch in den Regeln zu berücksichtigen, werden diese mit unscharfen Bedingungen sowie mit Zuverlässigkeitswerten (Certainty Factors) versehen.

HERES erstellt Statistiken über die erfolgreichen bzw. fehlgeschlagenen Anwendungen jeder Regel und berechnet daraus eine Gesamtbewertung für die Qualität der initialen Regelbasis. Auf der Basis dieser Informationen erfolgt eine heuristische Verfeinerung der Wissensbasis. Regeln werden generalisiert und spezialisiert, unscharfe Bedingungen verändert.

In AKARS-1 gibt es also, wie oben ausgeführt, bereits eine Zuordnung von Lernstrategien zu Lebenszyklusphasen, allerdings beschränkt auf die zwei Phasen Wissensbasisinitialisierung und Wissensbasisverfeinerung als spezielle Form der Wissensbasismodifikation. Bei LIMES (Abschn. 10.3) wird dieses Prinzip für eine umfassende Unterstützung des Lebenszyklus einer Wissensbasis eingesetzt.

10.1.3 WHY

Das System WHY [Saitta et al., 1993], ein Nachfolger von ML-SMART [Bergadano et al., 1988], lernt und verfeinert eine Diagnosewissensbasis in der Prädikatenlogik erster Stufe. Es wird aus einer Menge von Beispielen sowie aus Hintergrundwissen gelernt, das aus einem kausalen Modell der Anwendung sowie einer phänomenologischen Theorie besteht. Es werden Induktion, Deduktion und Abduktion als Lernstrategien eingesetzt.

Das *kausale Modell* beschreibt Beziehungen zwischen den grundlegenden Begriffen des Anwendungsgebietes. Eine *kausale Abhängigkeit* läßt sich folgendermaßen charakterisieren: A ist die Ursache von B, wenn ein physikalischer Mechanismus angegeben werden kann, der erklärt, wie das Auftreten von A zu B

führt. Aus dem kausalen Modell wird mit dem abduktiven Schluß gelernt. *Abduktion* ist hierbei der Prozeß, bei dem Beobachtungen durch Ketten von Ursache-Wirkung-Abhängigkeiten rückwärtsverfolgt werden (Regression), bis die *primären* Ursachen erreicht werden. Diese haben die Rolle von Axiomen im kausalen Modell inne.

In einem kausalen Modell ist nicht sämtliche für das Lernen relevante Information enthalten. Es kann zu abstrakt sein, um ohne weitere Informationen das Lernen von nützlichen Regeln zu erlauben. Deshalb wird als Ergänzung des Hintergrundwissens eine *phänomenologische Theorie* eingesetzt, die die Verbindung zwischen den abstrakten Begriffen und ihren Instanzen in der realen Welt herstellt. Diese Theorie enthält strukturelle Informationen über Objekte sowie die Definition und taxonomische Organisation relevanter Klassen für die Anwendung. Ferner gibt es eine Menge von Regeln, die abstrakte Begriffe mit operationalen Prädikaten beschreiben (vergleiche dazu das Lernen operationaler Begriffe mit EBL in Abschn. 7.5). Aus der phänomenologischen Theorie wird deduktiv gelernt.

Die *Beispielmenge* wird für das induktive Lernen eingesetzt. Es wird eine Menge von Regeln gelernt, die Lücken im Hintergrundwissen schließen sollen.

Der globale Lernprozeß läuft bei WHY in mehreren Phasen ab, die sich in den Lebenszyklus einer Wissensbasis einordnen lassen. Eine Besonderheit ist hierbei, daß sowohl eine Phase für die Wissensverfeinerung als auch eine für die Theorierevision in WHY zum Einsatz kommen.

- *Wissenserhebung (Elicitation)*
  Das Hintergrundwissen, bestehend aus dem kausalen Modell und der phänomenologischen Theorie, wird vom Benutzer über die vorhandene Benutzungsschnittstelle eingegeben. Diese Aktivität läßt sich der Modellierungsphase zuordnen. Außerdem wird die Beispielmenge bereitgestellt.

- *Rechtfertigung (Justification)*
  Es wird ein „Rechtfertigungswald" (Justification Forest) durch Anwendung von vorwärtsgerichteter Deduktion auf die phänomenologische Theorie erzeugt. Das neue Wissen wird anhand der Beispielmenge überprüft und dem Hintergrundwissen hinzugefügt. Aus dem kausalen Modell wird entsprechend mit Abduktion gelernt. Somit gehört die Rechtfertigung zur Phase der Wissensbasiserweiterung (davon ausgehend, daß das Hintergrundwissen ein Bestandteil der Wissensbasis ist). Bei WHY wird explizit zwischen dem Hintergrundwissen und der *Zielwissensbasis* (Target Knowledge Base), also der resultierenden Diagnosewissensbasis, unterschieden.

- *Einschritt-Lernen (One-Step Learning)*
  Hier wird aus dem erweiterten Hintergrundwissen und der Beispielmenge die Zielwissensbasis, in Form einer Menge von Regeln, aufgebaut. Dabei wird induktiv gelernt. Aus der Sicht der Zielwissensbasis gehört das Einschritt-Lernen zur Phase der Wissensbasisinitialisierung. In Abhängigkeit von der Bewertung des gelernten Wissens wird die Wissensverfeinerungsphase oder die Theorierevision aufgerufen. Beide Aktivitäten fallen in die Phase der Wissensbasismodifikation.

- *Wissensverfeinerung (Knowledge Refinement)*
  Falls die Bewertung auf unzureichende Konsistenz und Vollständigkeit der Wissensbasis hinweist, wird die Wissensverfeinerung aufgerufen. Hierbei wird die Zielwissensbasis induktiv generalisiert bzw. spezialisiert. Ggf. wird auf die Interaktion mit dem Benutzer zurückgegriffen.

- *Theorierevision (Theory Revision)*
  Die Theorierevision wird notwendig, falls beim Einschritt-Lernen Widersprüche aufgetreten sind. Das ist insbesondere der Fall, wenn eine falsche Rechtfertigung gefunden oder eine benötigte Rechtfertigung nicht gefunden wurde. Hier kommen wiederum Induktion und Anfragen an den Benutzer zur Anwendung.

WHY deckt einen großen Teil des Lebenszyklus einer Wissensbasis ab. Durch die integrierte Performanzkomponente wird der Wissensbasiseinsatz ermöglicht. Das System unterstützt ferner die Wissensmodellierung, die Wissensbasisinitialisierung, die Wissensbasiserweiterung sowie die Wissensbasismodifikation. Dabei gehört zu Phasen nicht jeweils genau einer Strategie. Die gleiche Strategie kommt in verschiedenen Phasen zum Einsatz, ferner werden in einer Phase mehrere Strategien genutzt. Die Interaktion mit dem Benutzer spielt darüber hinaus eine entscheidende Rolle. Sie wird in mehreren Phasen durch eine benutzungsfreundliche Schnittstelle unterstützt. Zum anderen gibt es auch Phasen wie etwa die Wissenserhebung, die auf umfangreiche Eingaben des Benutzers angewiesen sind.

Eine weitere wichtige Eigenschaft von WHY ist die Verwendung eines *tiefen* Modells (Deep Model) der Anwendung, durch das Rechtfertigungen und Erklärungen möglich werden, die für den Lernprozeß genutzt werden können.

10.1.4 MOBAL

Auf die verschiedenen Lernkomponenten in MOBAL [Morik et al., 1993] sowie die zugrundeliegende prädikatenlogische Repräsentation wurde in den vorigen Kapiteln bereits ausführlich eingegangen. Hier soll deshalb nur noch in knapper Form erläutert werden, zu welchen Phasen des Lebenszyklus einer Wissensbasis MOBAL beitragen kann.

Die Unterstützung der Wissensmodellierung ist eine der Hauptzielrichtungen des Systems. Durch die kooperative Modellierung können maschinelle Lernstrategien bereits zur Durchführung dieser frühen Phase des Lebenszyklus einer Wissensbasis beitragen, s. Abschn. 4.3. Ferner kann MOBAL zur Wissensbasisinitialisierung eingesetzt werden. Aus vorgegebenen Beispielen sowie Hintergrundwissen (Regelmodelle, Prädikatdefinitionen, Topologie) kann mit RDT (Rule Discovery Tool) eine Menge von Regeln zur Problemlösung im betrachteten Anwendungsgebiet gelernt werden. Im Sinne der kooperativen Entwicklung einer Wissensbasis ist eher der Einsatz von Lernkomponenten von MOBAL für die Wissensbasiserweiterung typisch, bei der z.B. die Regeln teils vom Benutzer gelernt, teils durch RDT und CLT (Concept Learning Tool) akquiriert werden. Die Inferenzmaschine in MOBAL kann als Performanzkomponente für heuristische Klassifikationsprobleme eingesetzt werden, so daß auch die Phase des Wissensbasiseinsatzes vom System für diese Problemklasse durchgeführt werden kann. Wie in Abschn. 8.3.2 ausgeführt, ist ferner die Wissensrevision ein weiterer Schwerpunkt in MOBAL. Das Wissensrevisionswerkzeug KRT (Knowledge Revision Tool) unterstützt die minimale Revision einer fehlerbehafteten Wissensbasis.

Wie auch WHY deckt MOBAL einen großen Teil des Lebenszyklus einer Wissensbasis ab. Bis auf die globale Adaptierung wird zu jeder Phase ein Beitrag geliefert. Von den vielfältigen Möglichkeiten der Wissensbasismodifikation, s. Kap. 8, wird die Optimierung einer Wissensbasis zur Qualitätsverbesserung der Ergebnisse nicht berücksichtigt. Es ist allerdings auch generell schwer vorstellbar, daß diese Modifikationsart von einem maschinellen Lernsystem wie MOBAL unterstützt werden kann, das nicht auf eine bestimmte Anwendungsklasse zugeschnitten ist.

Eine zentrale Eigenschaft von MOBAL ist die enge Verzahnung der verschiedenen Lebenszyklusphasen. Statt einer festen Abfolge wird eine beliebige Anordnung, Gruppierung und Verbindung der Phasen ermöglicht. Wie bei WHY gibt es ferner keine eindeutige Zuordnung zwischen Phasen und Lernstrategien. Statt dessen ist die Strategieintegration an den verschiedenen Wissensarten ausgerichtet. Verschiedene Strategien lernen verschiedene Wissensarten. Das System hat also unterschiedliche Lernstrategien für die Akquisition von Regeln, Regelmodellen, Prädikattopologien, Sortentaxonomien etc. Für das Regellernen gibt es mehr als eine Strategie (vgl. Fußnote 10). RDT erzeugt neue Regeln, KRT revidiert vorhandene.

Ein Erfahrungsbericht zur Anwendung von MOBAL beim Floorplanning und ein Vergleich mit dem lernenden Floorplanning-Assistenten COSIMA wird in Abschn. 10.2.11 vorgestellt.

10.2 COSIMA: Unterstützung verschiedener Lebenszyklusphasen für die Anwendung „komplexes Entwerfen"

Das System COSIMA [Herrmann et al., 1994] stellt eine Anwendung von Multistrategielernen für ein komplexes[1] Entwurfsproblem dar. Es gibt bisher wenige Wissensakquisitionswerkzeuge, die Entwurfsprobleme unterstützen, noch weniger sind für komplexe Entwurfsprobleme geeignet. Die Entwicklung von COSIMA gehört zur anwendungsorientierten Erforschung des maschinellen Lernens. COSIMA wurde anhand der vorgegebenen Aufgabenstellung des Floorplannings, genauer des Entwurfs einer Floorplan-Topologie, entwickelt. Das Ziel war dabei, eine leistungsfähigere, besser abgestimmte Unterstützung für die Anwendung zu ermöglichen, als es mit anwendungsunabhängigen Lernsystemen möglich ist. Dabei wurden jedoch auch grundlegende Forschungsergebnisse erzielt, die über die Anwendung hinaus Relevanz für die maschinelle Lernforschung besitzen. Hierzu zählt z.B. die neue mehrstufige induktive Generalisierungsstrategie in COSIMA und die entwickelte Integration von Lernstrategien. COSIMA unterstützt die meisten Phasen des Lebenszyklus einer Wissensbasis. Das System trägt zur Verbesserung der vorgegebenen Modellierung bei, unterstützt die Wissensbasisinitialisierung, -erweiterung und die -modifikation. Ferner sind Lernen und Problemlösen in COSIMA eng miteinander verzahnt, es wird also auch der Einsatz des akquirierten Wissens ermöglicht.

Natürlich erfordert die Entwicklung eines auf eine Anwendung zugeschnittenen Lernsystems einen höheren Aufwand als die Verwendung eines vorhandenen, anwendungsunabhängigen Systems. Die Unterschiede zwischen diesen beiden Ansätzen werden unten beim Vergleich von COSIMA mit der Anwendung von MOBAL zur Akquisition von Floorplanning-Wissen diskutiert.

Bevor COSIMA vorgestellt wird, soll hier noch kurz auf das Anwendungsgebiet eingegangen werden. *Floorplanning* ist eine Teilaufgabe des Entwurfs integrierter Schaltungen. Beim Floorplanning wird eine strukturelle Hardware-Beschreibung, d.h. hier eine Liste von Blöcken und ihren Verbindungen, in eine geometrische Beschreibung übersetzt. Die funktionalen Blöcke werden auf einer zweidimensionalen Fläche plaziert und miteinander verbunden. Hierbei sind (zumindest) zwei Optimierungsziele zu beachten, die Minimierung der benötigten Fläche und die Minimierung der Gesamtlänge aller Verbindungen zwischen den Modulen. Abbildung 10-1 zeigt ein Beispiel für die Erzeugung eines Floorplans durch schrittweise Plazierung von Blöcken.

Während bei der einfachen Schrittfolge in Abb. 10-1 die vorliegende strukturelle Hardware-Beschreibung direkt in eine geometrische Beschreibung umgesetzt wurde, wird der Floorplanning-Prozeß häufig in zwei Teilprozesse aufgeteilt. Man unterscheidet dann zwischen der *Topologie-* und der *Geometrieplanung*. Bei der Festlegung der Topologie werden die relativen Positionen der Blöcke festgelegt, ohne auf ihre exakten Ausmaße einzugehen. Die darauf folgende Geometrieplanung legt die exakten geometrischen Positionen und Aus-

---

[1] Eine Klassifikation von Entwurfsproblemen findet sich in [Sriram, 1987]. Die dort charakterisierten Klassen des innovativen und des kreativen Entwurfs sollen hier als komplexe Entwurfsprobleme bezeichnet werden.

maße aller Blöcke fest. Daraus können ggf. auch Änderungen der festgelegten Topologie resultieren. Insbesondere während der frühen Phasen des Entwurfs integrierter Schaltungen kann Floorplanning generell noch nicht in exakter, endgültiger Form durchgeführt werden. So werden die exakten Größen der zu plazierenden Module erst später festgelegt. Also ist eine endgültige Geometrieplanung ohnehin erst in späteren Entwurfsphasen möglich. Trotzdem ist ein grobes, auch postulativ genanntes Floorplanning für die frühen Entwurfsphasen wichtig, damit erste Überlegungen zur Anordnung der Module nicht zu spät angestellt werden. Hier hat also gerade die Festlegung der Topologie, die weniger stark von den Ergebnissen späterer Entwurfsphasen abhängt, ihre Bedeutung. Wie unten erläutert wird, unterstützt COSIMA diese Topologieplanung beim Floorplanning.

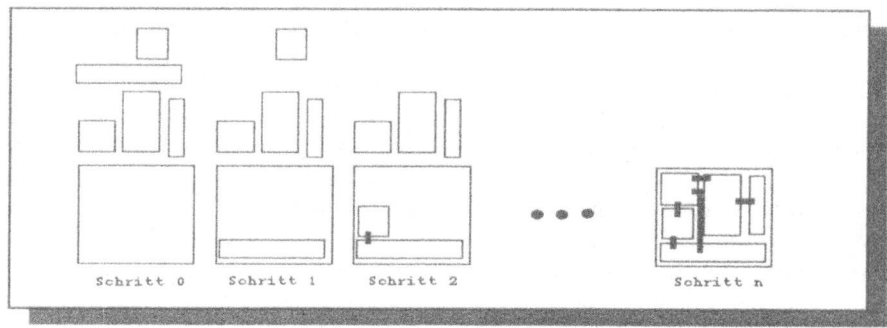

Abb. 10-1. Einfache Schrittfolge zur Erstellung eines Floorplans

10.2.1 Motivation für die Entwurfsentscheidungen

Im folgenden soll ausgeführt werden, welche Eigenschaften des Anwendungsgebiets Floorplanning für die Entwicklung von COSIMA von Bedeutung waren und welche Folgerungen sich daraus für den Systementwurf ergeben haben.

- *Komplexität der Aufgabenstellung*
  Beim komplexen Entwerfen werden typischerweise strukturierte Entwurfsobjekte betrachtet, die aus einer variablen Zahl von Teilobjekten bestehen. Damit kommen aussagenlogische Beschreibungen hierfür nicht in Frage. Statt dessen werden strukturelle Beschreibungen benötigt, die Relationen zwischen Teilobjekten explizit machen können. Die höhere Ausdruckskraft einer strukturellen Beschreibungssprache erkauft man sich aber durch eine wesentlich größere Komplexität beim Lernen aus solchen Beschreibungen. So muß z.B. beim induktiven Lernen aus strukturellen Beispielbeschreibungen, die jeweils aus mehreren Objekten bestehen, eine geeignete Zuordnung zwischen diesen Objekten gefunden werden. Bereits in Abschn. 4.2 wurden Komplexitätsbetrachtungen von Haussler zum induktiven Lernen aus strukturellen Beschreibungen erwähnt [Haussler, 1989], die diese Problematik verdeutlichen.

Eine weitere Schwierigkeit ergibt sich aus der Repräsentation, Analyse sowie Manipulation geometrischer bzw. topologischer Eigenschaften von Entwurfsobjekten. Um solche Eigenschaften adäquat beschreiben und daraus lernen zu können, müssen viele implizit vorhandene Aspekte der Entwurfsobjekte, wie z.B. Nachbarschaftsrelationen, explizit gemacht werden. Dadurch werden die Beschreibungen entsprechend aufgebläht. Der Bestimmung einer geeigneten Menge von Deskriptoren, also einer Teilaufgabe der Wissensmodellierung, kommt hier eine entsprechend große Bedeutung zu.

Die Repräsentation eines Floorplanning-Beispiels besteht typischerweise aus mehreren hundert Fakten. Das stellt besondere Anforderungen an die Leistungsfähigkeit der eingesetzten Lernstrategien. Ferner ergibt sich daraus die Notwendigkeit für inkrementelles Lernen, bei dem jedes Beispiel einzeln bearbeitet wird (und nicht alle gleichzeitig), da es nicht praktikabel ist, viele alte Beispiele gleichzeitig im Arbeitsspeicher zu halten.

- *Lernen von Wissen für ein Optimierungsproblem*
  Floorplanning ist ebenso wie die in Abschn. 7.4 beschriebene Datenpfadsynthese ein Optimierungsproblem. Es geht also bei der Lösung eines Floorplanning-Problems nicht darum, irgendeine korrekte Lösung zu finden, sondern ein gutes Resultat gemäß vorgegebenen Optimierungszielen. Die wichtigsten Optimierungsziele sind hier die Minimierung der benötigten Chip-Fläche und die Minimierung der Verbindungslängen. Die Berücksichtigung von Optimierungszielen bringt besondere Schwierigkeiten mit sich. Die Ziele beziehen sich auf die Qualität des fertiggestellten Entwurfsobjektes, also hier des resultierenden Floorplans. Hierfür läßt sich eine entsprechende Qualitätsbewertung angeben. Schwieriger ist hingegen die Bewertung der erreichten Zwischenzustände eines Floorplanning-Prozesses. Die Bewertung, ob ein Zwischenzustand zu einem guten Endergebnis vervollständigt werden kann, ist häufig schwer formal zu fassen, auch wenn sie für den geübten Benutzer keine Probleme bereitet. Eine Abhilfe bietet hier die Bewertung durch den Benutzer, die jedoch so organisiert werden muß, das er nicht durch eine Vielzahl schwer verständlicher Anfragen unangemessen belastet wird. Hier bieten sich Assistenzsysteme als geeignete Organisationsform für die Interaktion von Benutzer und System an, bei denen der Lernprozeß, wie in Abschn. 6.2 erläutert, in einen interaktiven Problemlösungsprozeß eingebettet ist.
  Viele verwandte Arbeiten zur Akquisition von Wissen für ein Entwurfsproblem wie z.B. SALT [Marcus et al., 1988] und LEAP [Mitchell et al., 1985] umgehen diese Problematik und lassen Optimierungsziele unberücksichtigt.

- *Hintergrundwissen nur in begrenzter Form vorhanden*
  Neben unvollständigem Wissen zur Bewertung und *Analyse* von Floorplanning-Zuständen fehlt es auch an Hintergrundwissen für die *Synthese*, also zur geeigneten Durchführung der Floorplanning-Schritte. Somit sind viele Lernverfahren, die umfangreiches Hintergrundwissen voraussetzen, nicht anwendbar. LEAP erwartet z.B. eine vollständige und korrekte Theorie als Hintergrundwissen. Ferner ist es nur schwer möglich, Fehler im Lernprozeß von vornherein auszuschließen. Hierzu zählen Übergeneralisierungen, bei denen

eine Hypothese oder Regel gelernt wird, die inkorrekterweise auch negative Beispiele abdeckt. Ein Lernsystem muß daher in die Lage versetzt werden, erkannte Fehler wieder zu beseitigen, z.B. durch Spezialisierung einer übergeneralisierten Regel.

Aufgrund des mangelnden Hintergrundwissens ist es naheliegend, daß durch maschinell gelerntes Wissen keine vollständige Automatisierung des Floorplanning-Prozesses erreicht werden kann. Auch dieser Aspekt spricht für die Organisationsform des lernenden Assistenzsystems.

• *Aspekte mit unterschiedlicher, veränderlicher Relevanz*
Von den vielen für die Beschreibung eines Floorplans benötigten Deskriptoren gibt es einige, die besonderes Gewicht beim Lernen und beim Problemlösen besitzen. Andere hingegen sind von untergeordneter Bedeutung, auch wenn sie nicht ohne Relevanz sind. Zur Darstellung dieser Unterschiede eignen sich numerische Gewichte, die jedem Prädikat zugeordnet werden können und einstellbar sind.

Floorplanning läuft in mehreren Phasen ab, für die unterschiedliche Informationen benötigt werden. So sind z.B. in der Anfangsphase, bei der Plazierung der ersten Blöcke, andere Aspekte wichtig als in der Endphase. Die unterschiedliche Bedeutung der verschiedenen Eigenschaften muß sich in der Beschreibungssprache ausdrücken lassen. Auch hierfür lassen sich Prädikatgewichte einsetzen.

10.2.2 Wissensrepräsentation

Das implementierte Floorplanning-Werkzeug COSIMA lernt inkrementell Regeln zur Generierung einer Floorplanning-Topologie. Die Geometrieplanung kann mit einem konventionellen Algorithmus durchgeführt werden [Watanabe, 1987]. Die Topologie wird als ein Gittergraph dargestellt [Watanabe, 1987], ein Graph, dessen Knoten mit Positionen auf einem zweidimensionalen Gitter markiert sind. Die Knoten repräsentieren die Blöcke des Floorplans; Gitterpositionen stellen die relative Plazierung der Blöcke dar. Zwei Blöcke sind mit einer Kante verbunden, wenn sie gemäß der eingegebenen Floorplan-Beschreibung eine Verbindung miteinander haben. Vier als Kreise gezeichnete Knoten sind mit den Himmelsrichtungen N, S, W, O markiert und repräsentieren die Ränder des Floorplans (s. Abb. 10-2).

Die für ein Lernsystem benötigte prädikative Floorplan-Beschreibung ist für die Manipulation mit Floorplanning-Operatoren nicht gut geeignet. Diese Operatoren fügen nicht einfach ein neues Faktum in eine Faktenbasis ein, wie das bei der vorwärtsgerichteten Ausführung einer Hornklausel der Fall ist, sondern sie *modifizieren* den aktuellen Floorplanning-Zustand und führen damit eine mehr oder weniger komplexe Prozedur durch. Damit werden einige Fakten ungültig, andere Fakten sind der Faktenbasis hinzuzufügen. Deshalb wird für COSIMA eine hybride Repräsentation verwendet: Die Manipulation des aktuellen Floorplanning-Zustandes wird durch eine Menge vordefinierter Floorplanning-Operatoren durchgeführt, die auf einer *objektorientierten* Darstellung arbeiten. Jeder Operator ist mittels einer LISP-Prozedur implementiert. Nach jeder Operatoranwendung wird der erreichte neue Zustand in eine *prädikative* Beschreibung übersetzt, auf der die Lernkomponente arbeiten kann. Die Prädikate können symbolische und numerische Argumenttypen besitzen. Sie beschreiben Eigenschaften von Blöcken wie z.B. die Größe eines Blocks, Relationen zwischen Blöcken, z.B. die Verbindungen zwischen Blöcken, sowie globale Eigenschaften des Floorplans, z.B. das Verhältnis von belegter zu unbenutzter Fläche. Eine Zustandsbeschreibung repräsentiert aber nicht nur den Gittergraphen, sondern auch die noch nicht plazierten Blöcke und globale Information über den Floorplanning-Prozeß, z.B. die aktuell zu bearbeitende Teilaufgabe.

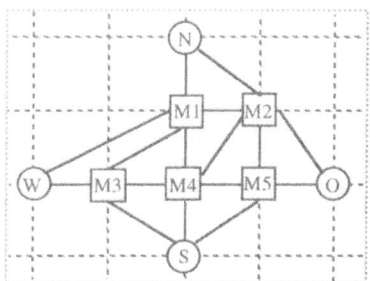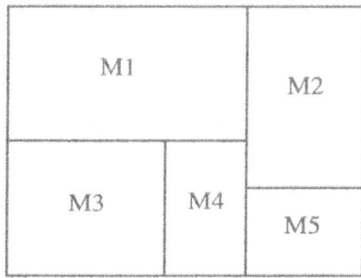

Abb. 10-2. Gittergraph zur Darstellung einer Floorplan-Topologie (links) und eine entsprechende Floorplan-Geometrie (rechts)

Floorplanning-Operatoren bei COSIMA sind z.B.

- place (block, x-position, y-position)
- place_beside (block1, direction, block2)
- place_between (block1, block2, block3)
- connect (block1, block2)
- move (block, direction, number_of_positions)
- remove_block (block)
- enlarge_grid (number, side)

Das Ziel des Lernprozesses ist es, die Klasse von Situationen zu bestimmen, in denen jeweils ein bestimmter Operator erfolgreich angewandt werden kann (entsprechend den Optimierungszielen). Jedes Beispiel für den Lernprozeß besteht aus der Beschreibung eines Floorplanning-Zustandes zusammen mit einem Operator, der auf bestimmte Weise auf den Zustand angewandt werden kann. Die generalisierte Beschreibung einer Menge von Floorplanning-Zuständen, repräsentiert als Konjunktion von Prädikatinstanzen, bildet dann die linke Seite einer vom Lernsystem erzeugten Produktionsregel. Auf der rechten Seite steht der Operator mit entsprechender Parameterbelegung (vgl. Beispielregel in Abb. 10-3). Auf diese Weise wird von COSIMA Strategiewissen gelernt, da es nicht einfach um das Lernen von Situationsklassen geht, in denen ein Operator korrekt angewandt werden kann, sondern um Situationen für eine *erfolgreiche* Anwendung. Die exakte Bewertung einer Operatoranwendung gemäß den vorgegebenen Zielen kann von COSIMA aufgrund des fehlenden Bereichswissens nicht durchgeführt werden. Diese Information steckt aber implizit in den vom Systembenutzer erhaltenen Beispielen. Es wird erwartet, daß der Benutzer nur nützliche Operatoranwendungen als Beispiele vorgibt, also solche, die zu einem qualitativ guten Floorplan führen. COSIMA besitzt allerdings eine Bewertungsfunktion, die einen „minimalen" Qualitätsstandard für Operatoranwendungen erzwingt, indem der neue Zustand auf Eigenschaften hin überprüft wird, die ein akzeptabler Folgezustand mindestens besitzen muß.

```
IF Phase = Start
     AND Aufgabe = Auswahl
     AND B ist der Block, der zu den anderen die
         größte Verbindungsstärke besitzt
THEN Wähle B als den nächsten zu plazierenden
     Block aus
```

Abb. 10-3. Beispiel für eine sehr einfache gelernte Regel (zur besseren Lesbarkeit wurden die Prädikate in eine informelle Beschreibung übersetzt)

10.2.3 Kombination verschiedener Lernstrategien

Die in Abschn. 10.2.1 beschriebenen Eigenschaften des Anwendungsgebiets haben zu der folgenden Auswahl und Kombination von Lernstrategien in COSIMA geführt:

Grundlegende Lernstrategie ist die *selektive*[2] *induktive Generalisierung*, mit der Floorplanning-Regeln aus Beispielen gelernt werden. Die Generalisierung läuft inkrementell ab. Jedes Mal wenn ein einzelnes neues Beispiel verfügbar wird, wird die entsprechende Regel zu dem im Beispiel verwendeten Operator generalisiert.

Übergeneralisierungen werden durch die *induktive Spezialisierung* beseitigt. Eine Übergeneralisierung wird dadurch erkannt, daß eine Regel auf ein negatives Beispiel anwendbar ist, also inkonsistent ist. Beispiele werden entweder von der in COSIMA eingebauten Bewertungsfunktion oder vom Benutzer als negativ klassifiziert.

Die *konstruktive Induktion* übernimmt bei COSIMA drei verschiedene Funktionen:

---

[2] Wie in Abschn. 4.4 erwähnt, wird zwischen selektiver und konstruktiver Induktion unterschieden. Bei der selektiven Induktion werden zum Lernen von Begriffsbeschreibungen ausschließlich bereits vorhandene Deskriptoren eingesetzt, während die konstruktive Induktion die Deskriptormenge erweitert.

1) Vor einem Generalisierungsschritt werden die miteinander abzugleichenden Beschreibungen eines Beispiels und einer Regel durch die Konstruktion neuer Prädikate verfeinert. Damit soll das Ergebnis der anschließenden Generalisierung verbessert werden.

2) Typischerweise führt jeder selektive induktive Generalisierungsschritt bei strukturellen Beschreibungen zu einer Menge alternativer Generalisierungen, aus denen eine als Lernergebnis auszuwählen ist. Die verschiedenen Alternativen werden durch Instanzen neu konstruierter Prädikate erweitert. Mit den Ergebnissen dieser Erweiterung wird eine heuristische Auswahl der „besten" Generalisierung möglich.

3) Falls die selektive induktive Spezialisierung nicht in der Lage ist, die Übergeneralisierung einer Regel zu beseitigen, wird die konstruktive Induktion als alternative Spezialisierungsstrategie eingesetzt. Dieser Fall tritt auf, falls die korrekte Diskriminierung eines negativen Beispiels mit der vorhandenen Deskriptormenge nicht möglich ist. Dieser Anwendungskontext für die konstruktive Induktion ähnelt der Anwendung des Werkzeugs CLT bei der Wissensrevision in MOBAL.

Alle drei hier angesprochenen Lernstrategien benutzen die oben erwähnten Prädikatgewichte. Diese haben damit einen wesentlichen Einfluß auf alle Komponenten in COSIMA. Auf der Basis von Statistiken über den Verlauf einer Reihe von Generalisierungen wird in COSIMA als weitere, numerische Lernstrategie die *Justierung von Prädikatgewichten* durchgeführt, um die Ergebnisse der anderen Strategien zu verbessern.

Abbildung 10-4 verdeutlicht das Zusammenspiel der Lernstrategien in COSIMA. In den nächsten Abschnitten werden die vier verschiedenen Lernstrategien genauer vorgestellt. In Abschn. 10.2.10 wird die für COSIMA gewählte Kombination von Lernstrategien diskutiert.

10.2.4 Selektive induktive Generalisierung mit dem mehrstufigen Abgleich

Der im folgenden vorgestellte *mehrstufige Abgleich* ist ein neues induktives Generalisierungsverfahren, das zum ersten Mal bei dem Lernsystem LEFT [Herrmann und Beckmann, 1992 und 1994], dem Vorgängersystem von COSIMA, eingesetzt wurde. Der mehrstufige Abgleich erzeugt speziellste Generalisierungen[3] (Most Specific Generalizations). Das Generalisierungsverfahren wurde speziell für das Lernen aus komplexen, strukturellen Beispielen mit beschränktem Hintergrundwissen entwickelt. Die folgende Darstellung des mehrstufigen Abgleichs orientiert sich an [Herrmann und Beckmann, 1994].

---

[3] Eine Hypothese heiß speziellste Generalisierung, wenn sie alle positiven Beispiele abdeckt (und ggf. keines der negativen) und es keine speziellere Hypothese gibt, die ebenfalls diese Eigenschaft besitzt. Die Ist-spezieller-als-Relation definiert eine Halbordnung im Raum aller Hypothesen, vergleiche auch [Herrmann, 1994a]. Gibt es mehrere speziellste Generalisierungen für die gleiche Beispielmenge, so sind diese unvergleichbar gemäß der Halbordnung.

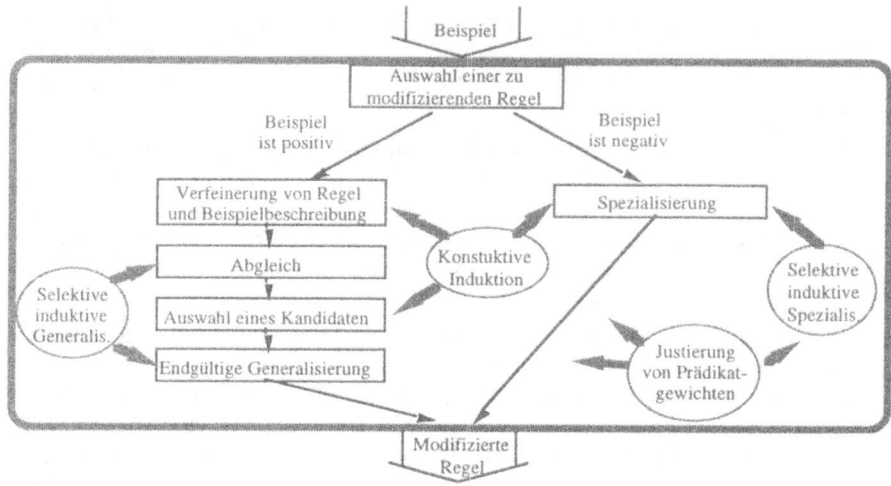

Abb. 10-4. Zusammenspiel der Lernstrategien in COSIMA. Selektive induktive Generalisierung und konstruktive Induktion arbeiten gemeinsam ein positives Beispiel in eine vorhandene Regel ein. Durch induktive Spezialisierung oder konstruktive Induktion werden Übergeneralisierungen beseitigt. Die Justierung von Prädikatgewichten beeinflußt die anderen drei Lernstrategien.

Verschiedene Generalisierungen und Objektzuordnungen. Haussler [Haussler, 1989] hat gezeigt, daß die Größe der Menge aller alternativen speziellsten Generalisierungen exponentiell in der Anzahl der Beispiele wachsen kann, sogar wenn jedes Beispiel nur aus zwei Objekten besteht, die mit n Attributen, ohne binäre Relationen, beschrieben sind. Da Beispiele für ein komplexes Entwurfsproblem typischerweise eine größere Zahl von Objekten enthalten, zwischen denen verschiedene Relationen bestehen und beachtet werden müssen, vergrößert sich damit die Komplexität zusätzlich. Im Extremfall kann es schon für zwei Beispiele mit je n Objekten $n!$ verschiedene speziellste Generalisierungen geben.

Die verschiedenen speziellsten Generalisierungen ergeben sich aus der Tatsache, daß beim Lernen aus strukturellen Beispielen, die aus jeweils mehreren Objekten bestehen, *Objektzuordnungen* festgelegt werden müssen. Die Objekte aus zwei miteinander abzugleichenden und zu generalisierenden Beispielen müssen in einer Objektzuordnung paarweise aneinander gebunden werden, sie enthält damit maximal n dieser elementaren *Objektbindungen*. Beim mehrstufigen Abgleich werden nur *konsistente* Objektzuordnungen erzeugt, d.h. jedes Objekt des einen Beispiels wird höchstens an eines des anderen gebunden.[4] Nur auf der

---

[4] Eine (konsistente) Objektzuordnung ist demgemäß eine bijektive Funktion von einer Teilmenge der Objekte des einen Beispiels in eine Teilmenge der Objekte des anderen. Eine Objektzuordnung ist *maximal*, wenn sie sich nicht konsistent um eine weitere Objektbindung erweitern läßt. In vielen logikorientierten Systemen werden auch Mehrfachbindungen, d.h. inkonsistente Objektzuordnungen, eingesetzt, bei denen ein

Basis einer Objektzuordnung kann dann entschieden werden, welche Relationen und Objekteigenschaften die beiden Beispiele als Gemeinsamkeit haben, also in die Generalisierung gehören. Unterschiedliche Objektzuordnungen führen damit zu verschiedenen Generalisierungen. Für je n Objekte sind maximal $n!$ Objektzuordnungen möglich.

Aufgrund der vielen Alternativen ist es bei komplexen Beispielbeschreibungen nicht praktikabel, *alle* speziellsten Generalisierungen zu erzeugen, was bei Systemen wie LEX [Mitchell et al., 1983] und X-Search [Watanabe und Rendell, 1990] der Fall ist. Deshalb ist ein Mechanismus erforderlich, der verhindert, daß ungünstige Generalisierungen erzeugt werden. Diese Anforderung kann durch geeignete *Voreinstellungen* für den Lernprozeß, vgl. Abschn. 4.5, realisiert werden. Beim mehrstufigen Abgleich sind solche Voreinstellungen durch eine Bewertungsfunktion gegeben. Mit ihr werden Generalisierungen bereits vor ihrer Fertigstellung, also schon während ihrer schrittweisen Erzeugung, fortlaufend bewertet, um nur erfolgversprechende Kandidaten zu erzeugen. Die zu bewertenden Zwischenergebnisse eines Generalisierungsprozesses werden auch als *Zwischengeneralisierungen* (Intermediate Generalizations) bezeichnet. Bei der Bewertung von Zwischengeneralisierungen wird die Tatsache ausgenutzt, daß die verschiedenen Aspekte einer Beispielbeschreibung bei vielen komplexen Aufgabenstellungen, wie z.b. beim Floorplanning, unterschiedliche Bedeutung, ausgedrückt durch die Prädikatgewichte, haben. Eine gute speziellste Generalisierung muß die wichtigen Aspekte bevorzugt berücksichtigen. Die Auswahl der Objektzuordnungen muß deshalb von den wichtigen Prädikaten dominiert werden.

Die Bedeutung und der Einfluß der Objektzuordnungen soll nun anhand eines Beispiels verdeutlicht werden.

Beispiel für zwei verschiedene Objektzuordnungen. In Abb. 10-5 sind zwei Beispiele für einen (unfertigen) Floorplan dargestellt. Jedes Beispiel besteht aus 7 Objekten, hier Blöcken, die auf vielfältige Weise einander zugeordnet werden können. Zwei Objektzuordnungen sind z.B.

L1: (A:1, B:2, C:3, D:4, E:5, F:6, G:7) *und*
L2: (A:2, B:6, C:3, D:5, E:1, F:7, G:4)

Die erste Objektzuordnung richtet sich nach der Floorplan-Topologie. Die aneinander gebundenen Blöcke haben in beiden Beispielen dieselbe relative Position und dieselben Nachbarn (gemäß den Bindungen). Die zweite Objektzuordnung berücksichtigt die Form und Größe der Blöcke. Hierin stimmen die aneinander gebundenen Blöcke überein. Wenn das Hauptziel für das Floorplanning die Minimierung der Verbindungslängen ist, sind die Topologieaspekte am wichtig-

---

Objekt an mehrere andere gebunden wird, z.B. [Plotkin, 1970; Kodratoff und Ganascia, 1986; Bisson, 1992]. Diese Mehrfachbindungen sind für komplexe Entwurfsprobleme wie Floorplanning nicht geeignet. Floorplanning-Operatoren wie z.B. die *Plazierung von Bock A zwischen B und C* müssen sich auf eine eindeutig festgelegte Teilstruktur innerhalb des zu manipulierenden Floorplans beziehen. Diese ist bei Hypothesen, die Mehrfachbindungen enthalten, i.allg. nicht gegeben.

sten. Die entsprechenden Prädikate erhalten dann die größten Gewichte. Andererseits dürfen die Aspekte Form und Größe auch nicht unberücksichtigt bleiben.

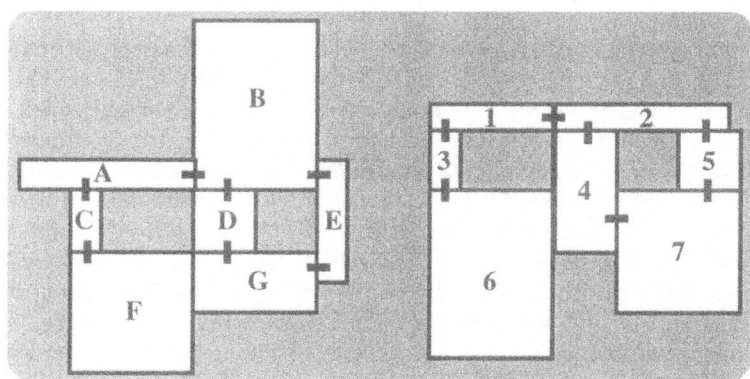

Abb. 10-5. Zwei einfache Beispiele für einen unfertigen Floorplan. Wegen der besseren Anschaulichkeit verwenden wir hier Beispiele für die Geometrieplanung beim Floorplanning statt der in COSIMA verwendeten Gittergraphen.

Prädikatgewichte. Wie das obige Beispiel gezeigt hat, läßt sich zwischen Prädikaten unterscheiden, die die grundlegende Struktur und fundamentale Eigenschaften eines Floorplans beschreiben und anderen, die weniger wichtige Zusatzinformationen darstellen. Prädikatgewichte machen diese Unterschiede explizit und für ein Lernsystem nutzbar. Sie stellen damit eine einfache Form von Hintergrundwissen über das Anwendungsgebiet dar, das beim mehrstufigen Abgleich vorgegeben werden muß. Die Prädikatgewichte dienen als Grundlage für die oben erwähnte Bewertung von Zwischen- und resultierenden Generalisierungen.

Bei der Erzeugung einer Generalisierung werden die Fakten in den beiden Beispielbeschreibungen (bzw. in einer Beispiel- und einer Regelbeschreibung) unter Berücksichtigung der Objektzuordnung miteinander abgeglichen. Der Abgleich zweier Fakten ist dann möglich, wenn sie Instanzen des gleichen Prädikats P sind und die Objekte in den Argumenten gemäß der Objektzuordnung aneinander gebunden sind. Jedes Faktum F in einer resultierenden Generalisierung korrespondiert also mit einem Paar von Fakten $F1$ und $F2$ in den beiden Beispielen mit $F1 = P(A_1, A_2, \ldots, A_n)$ und $F2 = P(B_1, B_2, \ldots, B_n)$. Das Gewicht von F ergibt sich nun aus der Ähnlichkeit zwischen $F1$ und $F2$, die wie folgt definiert ist:

$$\text{sim}(F1, F2) = \text{Gewicht } (P) * \prod_{i=1}^{n} \text{sim}(A_i, B_i)$$

Der Wertebereich für die Ähnlichkeit eines einzelnen Paars von Argumenten (A_i,B_i) ist das geschlossene Intervall [0,1]. Die Berechnung von $sim(A_i,B_i)$ hängt vom Argumenttyp ab. Für Objekte, wie z.b. die Blöcke eines Floorplans, wird sie auf den Wert 1 gesetzt. Bei positiven numerischen Argumenten ist sie der Quotient aus dem Minimum und dem Maximum der beiden Werte.[5] Wenn der Abstand zwischen den numerischen Werten eine vorgegebene Grenze überschreitet, wird das generalisierte Faktum F beim Abgleich entfernt, da es nicht genügend Aussagekraft besitzt. Dieses Entfernen einer Bedingung (Dropping Condition) tritt typischerweise auf, nachdem eine Regel bereits mehrfach generalisiert wurde.

Das Gesamtgewicht einer Generalisierung, also das Ergebnis der numerischen Bewertungsfunktion, ist die Summe der Gewichte für die in ihr enthaltenen Fakten, die nach o.a. Formel berechnet wurden. Diese Bewertung impliziert, daß nicht unbedingt die Generalisierung mit den meisten Fakten bevorzugt wird, sondern eine mit vielen wichtigen, hochbewerteten generalisierten Fakten. Auf diese Weise wird heuristisch die beste resultierende Generalisierung, die auf einer bestimmten Objektbindung basiert, ausgewählt. Ebenso werden Zwischengeneralisierungen, die erst einige Fakten enthalten, bewertet.

Beispiel für den Einfluß von Prädikatgewichten auf die Bewertung von Objektbindungen und Generalisierungen. Das folgende Beispiel verdeutlicht den Unterschied zwischen einem Abgleich zweier Beispiele mit gleichgewichteten und unterschiedlich gewichteten Prädikaten. Da realistische Floorplanning-Beispiele mit mehreren hundert Fakten beschrieben werden müssen, beschränken wir uns hier auf stark vereinfachte, künstliche Beispiele. Abbildung 10-6 zeigt die miteinander abzugleichenden Beispiele.

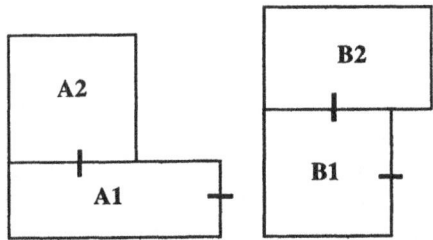

Abb. 10-6. Zwei einfache Floorplan-Beispiele, die miteinander abgeglichen und generalisiert werden sollen.

---

[5] Dieses Ähnlichkeitsmaß bringt zum Ausdruck, daß z.B. die Ähnlichkeit zwischen den Werten 1 und 2 die gleiche ist wie die Ähnlichkeit zwischen 10 und 20. Eine Alternative stellt ein normiertes Ähnlichkeitsmaß dar, bei dem der Betrag der Differenz der beiden Werte durch das Maximum des gesamten Wertebereichs dividiert wird.

Die prädikativen Beschreibungen der beiden Beispiele sehen folgendermaßen aus:

Beispiel 1:	Beispiel 2:
placed (A1)	placed (B1)
placed (A2)	placed (B2)
area (A1, 20)	area (B1, 20)
area (A2, 20)	area (B2, 20)
connections (A1, 4)	connections (B1, 8)
connections (A2, 2)	connections (B2, 1)
shape (A1, non-square)	shape (B1, square)
shape (A2, square)	shape (B2, non-square)

Es werden nun zwei alternative Abgleiche betrachtet. Beim ersten erhalten alle Prädikate das gleiche Gewicht mit dem Wert 10. Der zweite Abgleich benutzt als Hintergrundwissen die folgenden Prädikatgewichte:

placed: 10, area: 20, connections: 40, shape: 10.

Für die beiden Beispiele gibt es zwei verschiedene Generalisierungen, die sich aus den beiden alternativen Objektzuordnungen ergeben. Die beiden Objektzuordnungen und die numerische Bewertung der daraus resultierenden Generalisierungen für die beiden Abgleiche werden in Tabelle 10-1 angegeben.

Tabelle 10-1. Objektzuordnungen und die numerische Bewertung der daraus resultierenden Generalisierungen für Abgleiche mit gleichen bzw. unterschiedlichen Prädikatgewichten

Objektzuordnungen	gleiche Gewichte	verschiedene Gewichte
L1: (A1:B1, A2:B2)	60	110
L2: (A1:B2, A2:B1)	65	100

Aufgrund der hohen Bewertung des Prädikats *connections* erhält die aus L1 resultierende Generalisierung die höhere Bewertung bei unterschiedlich gewichteten Prädikaten. Die Verbindungen in L1 werden höher gewichtet als die in L2, da die entsprechenden numerischen Werte für die Verbindungsstärke näher beieinander liegen, also ähnlich zueinander sind. Wenn Hintergrundwissen zur Prädikatbewertung fehlt, also alle gleich bewertet sind, erhält hingegen L2 die bessere Bewertung. Ein konventionelles Generalisierungsverfahren, wie z.B. das in SPROUTER [Hayes-Roth und McDermott, 1977], würde ebenfalls die beiden Objektzuordnungen finden, hat aber kein Wissen, um daraus die bessere Zuordnung auszuwählen.

Die beiden alternativen Objektzuordnungen führen zu den folgenden Generalisierungen:

für L1:	*für L2:*
placed (X1)	placed (X1)
placed (X2)	placed (X2)
area (X1, 20)	area (X1, 20)
area (X2, 20)	area (X2, 20)

```
connections (X1, [4..8])      connections (X1, [2..8])
connections (X2, [1..2])      connections (X2, [1..4])
shape (X1, rectangle)         shape (X1, square)
shape (X2, rectangle)         shape (X2, non-square)
```

Das zweite Argument des Prädikats *shape* wird mit dem Generalisierungsoperator „Aufstieg im Konzeptbaum" [Michalski, 1983] generalisiert. Der Konzeptbaum (Concept Hierarchy Tree) beschreibt eine Hierarchie von Begriffen und enthält als Blätter die Werte *square* und *non-square* sowie den Wert *rectangle* als ihren Vaterknoten.

Man beachte, daß die beiden Generalisierungen gemäß der Ist-spezieller-als-Halbordnung unvergleichbar sind, beide sind speziellste Generalisierungen. Die Instanzen des Prädikats *connections* in L1 sind spezieller als die entsprechenden Instanzen in L2. Umgekehrt verhält es sich bei den Instanzen von *shape*.

Es sei hier noch angemerkt, daß es bei größeren Floorplanning-Beispielen eher untypisch ist, daß zwei alternative Generalisierungen jeweils gleich viele Instanzen derselben Prädikate enthalten. Typischerweise können nicht alle Fakten der Beispielbeschreibungen in eine Generalisierung mit einfließen.

Der Algorithmus für den mehrstufigen Abgleich. Der entscheidende und komplexeste Schritt bei der induktiven Generalisierung struktureller Beispielbeschreibungen ist die Bestimmung der Objektzuordnung. Wie auch SPROUTER bestimmt COSIMA zunächst alle elementaren Objektbindungen. Diese werden dann schrittweise zu einer *maximalen* Objektzuordnung kombiniert, die nicht mehr konsistent erweitert werden kann. Aus der Objektzuordnung läßt sich dann eindeutig die resultierende Generalisierung erzeugen. Die Bestimmung der Objektzuordnung wird in COSIMA von dem mehrstufigen Abgleich durchgeführt. Der in Tabelle 10-2 angegebene Algorithmus verstärkt die Wirkung der Prädikatgewichte auf die resultierende Generalisierung und beschleunigt den Abgleich wesentlich. Die Grundidee besteht hierbei in der Aufspaltung der Prädikate in zwei Teilmengen und der getrennten Verarbeitung der entsprechenden Teile der Beispielbeschreibungen.

In der ersten Stufe, dem *initialen Abgleich*, werden nur die „wichtigen" Fakten in den Beispielbeschreibungen miteinander abgeglichen. Das sind alle Instanzen solcher Prädikate, deren Gewichte über einem vorgegebenen Schwellwert liegen. Anhand dieses wichtigen Teils der Beispielbeschreibungen werden elementare Objektbindungen bestimmt und daraus alternative Objektzuordnungen abgeleitet.

Da i.allg. noch nicht alle Objekte in diesem wichtigen Teil der Beispielbeschreibungen als Argumente vorkommen, müssen die Objektzuordnungen in der zweiten Stufe, dem *vervollständigten Abgleich*, erweitert werden. Dazu werden jetzt die übrigen Fakten der Beispielbeschreibungen betrachtet. Durch die so gefundenen zusätzlichen elementaren Objektbindungen werden die Objektzuordnungen ergänzt, aber nicht revidiert. Damit wird sichergestellt, daß die wichtigen Fakten den entscheidenden Einfluß auf die Objektzuordnungen und damit mittelbar auf die resultierenden Generalisierungen haben, selbst wenn ihre Anzahl gering im Vergleich zu den restlichen Fakten ist.

Tabelle 10-2. Algorithmus für den mehrstufigen Abgleich, hier als zweistufige Version angegeben

```
Die Prädikate der Beispielbeschreibungssprache werden in
zwei Gruppen aufgeteilt, die wichtigen W und die rest-
lichen U.

Initialer Abgleich
Erzeuge für die zwei Beispiele Beschreibungen B1 und B2
nur mit Instanzen von Elementen aus W.
Berechne die Menge der maximalen Objektzuordnungen Z für
B1 und B2.
Bestimme die Menge Z+ der n besten (am höchsten
bewerteten) Objektzuordnungen.

Vervollständigter Abgleich
Erzeuge für die zwei Beispiele Beschreibungen B1' und B2'
nur mit Instanzen von Elementen aus U.
Berechne für B1' und B2' die Menge der maximalen Objektzu-
ordnungen Z', die Verlängerungen von Elementen aus Z+
sind.
Bestimme das beste Element z aus Z'.

Erzeugung der resultierenden speziellsten
Generalisierung
Bestimme alle Fakten aus B1 ∪ B1' und B2 ∪ B2', die gemäß
z in ihren Argumenten miteinander korrespondieren.
Erzeuge daraus generalisierte Fakten durch Anwendung von
Generalisierungsoperatoren (Intervallbildung, Aufstieg im
Konzeptbaum etc.)
```

Die obige Beschreibung bezieht sich auf einen mehrstufigen Abgleich mit zwei Stufen. Entsprechend verläuft ein Abgleich mit mehreren Stufen, für den die Prädikatmenge in mehrere Teilmengen mit jeweils ähnlichen Prädikatbewertungen aufzuteilen ist. In jeder Stufe wird dabei die Prozedur zur Erzeugung bzw. Erweiterung von Objektzuordnungen aufgerufen, die jeweils eine vorgegebene Zahl von N besten Objektzuordnungen generiert. Dabei werden elementare Objektbindungen gemäß den Fakten, in denen sie vertreten sind, bewertet und mit der heuristischen Hill-Climbing-Suchstrategie zu Objektzuordnungen zusammengefaßt. Bei der schrittweisen Zusammenfassung wird jeweils mit den am höchsten bewerteten Objektbindungen begonnen. Eine genaue Beschreibung der Prozedur findet sich in [Herrmann und Beckmann, 1994].

Beispiel für eine Objektzuordnung beim initialen Abgleich. Jedes der zwei Floorplan-Beispiele in Abb. 10-7 besteht aus 9 Blöcken. Die Beschreibungssprache enthält die folgenden drei Prädikate:

connected(<block>, <block>)   mit dem Gewicht 40
area(<block>, <integer>)   mit dem Gewicht 15
shape(<block>, <type of shape>) mit dem Gewicht 10

Der Schwellwert für die Unterscheidung zwischen wichtigen und sonstigen Prädikaten ist hier 30. Der wichtige Teil der Beispielbeschreibungen besteht damit nur aus Instanzen des Prädikats *connected*. Nach dem initialen Abgleich werden deshalb nur solche Blöcke aneinander gebunden, die in Instanzen dieses

Prädikats als Argumente vorkommen. Der initiale Abgleich berechnet daraus die folgende beste Objektzuordnung:

(A:1, B:2, C:3, D:4, E:5, F:6, G:7)

Die anderen Blöcke, die keine Verbindungen zu bereits plazierten Objekten besitzen, werden erst beim vervollständigten Abgleich gemäß ihrem Auftreten in Instanzen der Prädikate *area* und *shape* aneinander gebunden. Somit kann die obige Objektzuordnung etwa folgendermaßen vervollständigt werden:

(A:1, B:2, C:3, D:4, E:5, F:6, G:7, H:8, I:9)

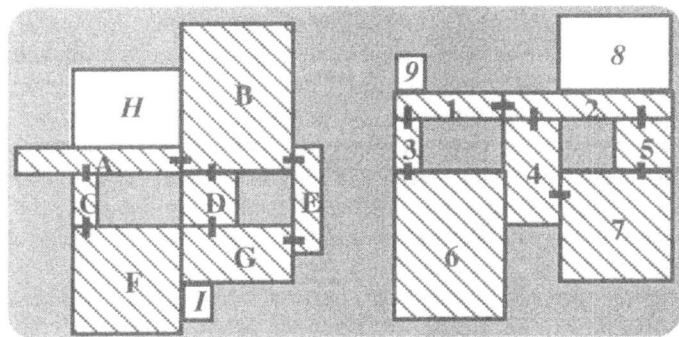

Abb. 10-7. Zwei Floorplan-Beispiele nach dem initialen Abgleich. Die schraffierten Blöcke sind bereits in der dazugehörigen Objektzuordnung aneinander gebunden worden.

Diskussion des mehrstufigen Abgleichs. Beim mehrstufigen Abgleich wird der Beispielbeschreibungsraum und der Hypothesenraum in zwei oder mehrere disjunkte Teile aufgespalten, die den Stufen des Algorithmus zugeordnet sind. Damit findet die Suche nach den besten Objektzuordnungen und den resultierenden Generalisierungen nacheinander in verschiedenen Teilräumen statt. Da nur die besten Objektzuordnungen im ersten Teilraum an die Suche im zweiten Teilraum übergeben werden, ist leicht einzusehen, daß durch den mehrstufigen Abgleich eine signifikante Reduktion des Aufwands für die Suche im Vergleich zu einer einstufigen Vorgehensweise vollzogen wird. Diese Suchräume unterscheiden sich z.B. von den Abstraktionsräumen (Abstraction Spaces) in ABSTRIPS [Sacerdoti, 1974], bei denen der initiale Raum in dem sekundären Raum enthalten ist.

Bei induktiven Lernstrategien, die nur einige der möglichen speziellsten Generalisierungen erzeugen, kann typischerweise nicht garantiert werden, daß die entsprechend einer vorgegebenen Bewertungsfunktion beste darunter ist. Es werden also Heuristiken benötigt, die den Suchprozeß und die Erzeugung erfolgversprechender Zwischengeneralisierungen steuern. Falls, wie beim Floorplanning, für einen Sachbereich einfaches Hintergrundwissen in Form von Prädikatbewertungen verfügbar ist und damit eine Aufspaltung in wichtige und zusätzliche Prädikate ermöglicht wird, stellt die vom mehrstufigen Abgleich vorgenommene Aufspaltung des Suchraums eine wirkungsvolle Heuristik dar. Wie Tests ergeben haben, werden damit auch qualitativ *bessere* Generalisierungen gemäß der Bewertung durch Benutzer gefunden. Das läßt sich durch folgende Beobachtung begründen: Nur die wichtigen Prädikate sind geeignet, um die Struktur der angestrebten Generalisierung festzulegen. Es muß verhindert werden, daß sie bei der Auswahl zwischen alternativen Zuordnungen durch viele unwichtige „überstimmt" werden. Letzteres kann passieren, wenn alle Prädikate gleichzeitig betrachtet werden. Das gilt insbesondere für Anwendungen wie die beschriebene Topologieplanung innerhalb des Floorplannings, bei denen die Anzahl der zusätzlichen Fakten in einer Beispielbeschreibung viel größer ist als die Zahl der wichtigen. Die zusätzlichen Fakten werden benötigt, um die Generalisierungen diskriminanter zu machen und Übergeneralisierungen zu vermeiden.

Verwandte Arbeiten zur selektiven induktiven Generalisierung.
SPROUTER [Hayes-Roth und McDermott, 1977] ist eines der ersten Systeme, die spezielleste Generalisierungen aus strukturellen Beschreibungen unter Verwendung von konsistenten Objektzuordnungen lernen. Als Argumente in den Deskriptoren sind bei SPROUTER lediglich Objektbezeichner zugelassen. Andere, symbolische oder numerische Argumenttypen gibt es nicht. Zwischengeneralisierungen werden durch die folgenden anwendungsunabhängigen Heuristiken bewertet und ausgewählt: (i) Generalisierungen, die viele Fakten überdecken, werden ebenso bevorzugt wie (ii) Generalisierungen, die auf wenigen Objektbindungen basieren. Anwendungsbezogenes Wissen fehlt in SPROUTER.
    Bei INDUCE 1.2 [Dieterich und Michalski, 1983] werden einstellige und mehrstellige Deskriptoren unterschiedlich verarbeitet. Die zugrundeliegende Annahme ist hier, daß die (Beispielstruktur angebenden) mehrstelligen Deskriptoren wichtiger sind als die einstelligen. Diese Heuristik ist also weniger flexibel als die Aufspaltung in wichtige und zusätzliche Fakten beim mehrstufigen Abgleich. Die Bewertungsfunktion in INDUCE wählt Zwischengeneralisierungen anhand verschiedener Kriterien aus wie z.B. die Anzahl überdeckter Beispiele, die Länge der Generalisierung und die Kosten der Generalisierung gemäß einem Maß für die Kosten jedes Deskriptors.
    KBG [Bisson, 1992] bildet aus unklassifizierten Beispielen induktiv neue Begriffe (Concept Formation). Das System verwendet Hintergrundwissen in Form einer logischen Theorie, die vor dem Abgleich auf die Beispielbeschreibungen angewandt wird, um diese zu erweitern (Saturation). Dieser Saturationsschritt kann sehr komplex sein. KBG verwendet ebenfalls bewertete Prädikate. Sie gehen in ein komplexes Verfahren zur Berechung der Ähnlichkeit zwischen Objekten und ganzen Beispielen ein. Es wird eine rekursive Definition der Objektähnlichkeiten aufgestellt, die durch ein Gleichungssystem gelöst wird. KBG erlaubt Mehrfachbindungen von Objekten, die, wie erwähnt, für Floorplanning und verwandte Probleme nicht geeignet sind.
    Malefiz [Herrmann und Beckmann, 1989] lernt ebenso wie COSIMA Regeln für die schrittweise Erzeugung eines Floorplans. Das Generalisierungsverfahren

ist an SPROUTER angelehnt, verwendet aber zusätzlich bewertete Prädikate sowie verschiedene numerische und symbolische Argumenttypen. Bei der Generalisierung wird nicht zwischen wichtigen und zusätzlichen Prädikaten unterschieden, was ein Hauptgrund für die geringe Performanz des Systems ist. Es ist nur für die Generalisierung sehr kleiner Floorplanning-Beispiele einsetzbar.

10.2.5 Selektive induktive Spezialisierung

Die induktive Spezialisierungsstrategie kommt zum Einsatz, falls eine Regel auf den aktuellen Floorplanning-Zustand anwendbar ist und ihre von COSIMA vorgeschlagene Anwendung abgelehnt wurde. Die Ablehnung einer Regelanwendung bedeutet, daß sie, gemäß den Optimierungszielen, zu einem ungünstigen Floorplanning-Folgezustand führen würde. Die Ablehnung wird entweder vom Benutzer oder von der in COSIMA eingebauten Bewertungsfunktion für Floorplanning-Zustände vorgenommen.

Da, wie oben erwähnt, beim Floorplanning *inkrementell* gelernt werden sollte, kommen Spezialisierungsstrategien, die gleichzeitig eine Menge von Beispielen analysieren, nicht in Frage. Das ist etwa bei RDT innerhalb von MOBAL und bei der Wissensverfeinerungskomponente in WHY [Saitta et al., 1993] der Fall.

Eine einfache Strategie für die inkrementelle Spezialisierung ist das Einfügen von Ausnahmebeispielen in die zu spezialisierende Regel. Damit wird explizit angegeben, daß beim Auftreten eines bestimmten negativen Beispiels die Anwendung der Regel zu unterbinden ist. Diese einfache Strategie wurde bei LEFT [Herrmann und Beckmann, 1994] eingesetzt. Da hier der Regel jeweils komplette Beispielbeschreibungen als Ausnahmen hinzugefügt werden mußten, führte das sehr schnell zu einer „Explosion" der Regellängen, erwies sich also für den praktischen Einsatz als nicht geeignet.

Eine andere inkrementelle Spezialisierungsstrategie wird in dem System LAIR [Elio und Watanabe, 1991] eingesetzt. Das System vergleicht jedes neue (positive oder negative) Beispiel mit der aktuellen, ggf. später zu spezialisierenden Regel und verwendet die Unterschiede für den Aufbau bzw. die Erweiterung einer Liste von Kandidaten für eine Spezialisierung. LAIR setzt konstruktive Induktion zur Generierung eines Faktums ein, mit dem eine Regel spezialisiert werden kann. Dabei wird als Hintergrundwissen eine Hornklauseltheorie benutzt. Wegen des mangelnden Hintergrundwissens über Floorplanning kann diese Konstruktionsstrategie bei COSIMA nicht eingesetzt werden. (Die COSIMA-Strategie für die konstruktive Induktion wird im nächsten Abschnitt erläutert.) Die Idee einer Liste von Kandidaten für die Spezialisierung kann hingegen von LAIR übernommen werden. Für COSIMA wurde die Vorgehensweise zum Aufbau und zur Aktualisierung der Kandidatenliste verfeinert. Bei LAIR wird ein Kandidat aus der Liste entfernt, wenn er einem einzigen neuen Beispiel widerspricht. In COSIMA hingegen werden alle Fakten in der Kandidatenliste, dem sogenannten *Spezialisierungsteil* einer Regel, abgelegt, die in mindestens $C\%$ aller Beispiele aufgetreten sind.[6] Dabei werden sowohl Beispiele, anhand derer die Regel generalisiert wurde, betrachtet als auch Beispiele, auf die die Regel angewandt wurde. C ist ein vom Benutzer einstellbarer Parameter. Eine Verkleinerung von C vergrößert den Spezialisierungsteil. Jedes Faktum im Spezialisierungsteil ist mit zwei numerischen Werten markiert:

1) der Prozentsatz der bisher gesehenen Lernbeispiele (die für die Generalisierung der Regel eingesetzten Beispiele), die das Faktum enthalten,

2) der Prozentsatz der Anwendungsbeispiele (auf die die Regel bisher angewandt wurde), die das Faktum enthalten.

Wenn eine Regel auf ein negatives Beispiel anwendbar ist, ist sie übergeneralisiert und muß spezialisiert werden. Durch die Hinzunahme eines neuen Faktums zur Regelprämisse, das das negative Beispiel diskriminiert, also von diesem nicht erfüllt ist, wird die Spezialisierung erzielt. Auf diese Weise werden generellste Spezialisierungen erzeugt, die Regel wird damit minimal spezialisiert. In Analogie zu den speziellsten Generalisierungen [Haussler, 1989] gibt es hier wiederum viele Alternativen, so daß die Auswahl der besten oder einer *geeigneten* generellsten Spezialisierung von entscheidender Bedeutung ist. In COSIMA werden zwei verschiedene Spezialisierungsoperatoren [Dietterich und Michalski, 1983] für die Erzeugung einer generellsten Spezialisierung eingesetzt, die beide die Informationen im Spezialisierungsteil der Regel als Voreinstellungen (Bias) benutzen, um ein neues Faktum zur Regelprämisse hinzuzufügen.

a) *Die Einführung einer Ausnahmebedingung (Introducing Exception)*
   Die Negation eines Faktums aus dem Spezialisierungsteil, das in dem negativen Beispiel und in wenigen positiven Beispielen (aber in mindestens $C\%$) vorkommt, wird dem Bedingungteil der Regel hinzugefügt.

b) *Das Hinzufügen einer Bedingung (Adding Condition)*
   Dem Bedingungteil der Regel wird ein Faktum hinzugefügt, das nicht in dem negativen Beispiel, aber in den meisten der positiven Beispiele (nahe 100%) auftritt.

Durch beide Spezialisierungsoperatoren können alte Beispiele diskriminiert werden, die als positiv klassifiziert wurden. Dieser Effekt ist beabsichtigt, da die Klassifikation der Beispiele in der betrachteten Floorplanning-Anwendung unsicher ist. Das gilt insbesondere, wenn sie auf die eingebaute Bewertungsfunktion für Floorplanning-Zustände zurückgeht. Wie oben erwähnt, liegt die Ursache dieser Problematik in dem unvollständigen Hintergrundwissen zur Analyse eines Zwischenzustandes. Falsche Klassifikationen sind entsprechend eine Hauptursache für Übergeneralisierungen. Trotzdem muß die Zahl der diskriminierten Beispiele klein gehalten werden, um die Wirkung der Spezialisierung zu minimie-

---

[6] Um die Konstruktion des Spezialisierungsteils weniger abhängig von der Beispielreihenfolge zu machen, werden bei den ersten betrachteten Beispielen *alle* möglichen Kandidaten in diese Liste übernommen. Erst nachdem mehrere Lern- bzw. Anwendungsbeispiele analysiert wurden, werden die weniger häufig aufgetretenen Kandidaten aus der Liste entfernt.

ren. Hierfür beinhaltet der Spezialisierungsteil die notwendigen Informationen. Der Spezialisierungsteil in COSIMA ist statistisch wesentlich relevanter als die oben erwähnte Kandidatenliste in LAIR. Auch andere inkrementelle Spezialisierungsstrategien, wie etwa die in ACT eingesetzte Strategie [Anderson, 1986], verwenden einen im Vergleich zu COSIMA einfacheren Mechanismus für die Diskriminierung. Dort wird die Diskriminierung nur durch die Analyse je *eines* positiven und *eines* negativen Beispiels gesteuert. Ihr Einfluß auf die Gesamtmenge der Beispiele kann damit nur unzureichend abgeschätzt werden.

COSIMA verwendet eine Reihe unterschiedlicher Kriterien für die Bewertung alternativer Spezialisierungen, die mit den o.a. Operatoren a) und b) generiert wurden, sowie für die dabei durchzuführende heuristische Auswahl des „besten" Faktums zur Erweiterung der Regelprämisse:

- *Anzahl der als positiv klassifizierten bekannten Beispiele, die durch das neue Faktum diskriminiert werden*
  Wie oben erwähnt wurde, sollte diese Anzahl minimiert werden, um die Wirkung der Spezialisierung klein zu halten.

- *Gewicht des Prädikats, aus dem das Faktum instantiiert wurde*
  In der vorliegenden Implementierung werden Instanzen hoch bewerteter Prädikate bevorzugt, damit der Regel eine signifikante Bedingung hinzugefügt wird.[7]

- *Statistiken über die frühere Verwendung des entsprechenden Prädikats zur Diskriminierung*
  Mit diesen Statistiken wird festgehalten, wie erfolgreich Instanzen dieses Prädikats bei früheren Spezialisierungsschritten gewesen sind. Ein Prädikat, das bereits mehrfach bei erfolgreichen Spezialisierungen eingesetzt wurde, wird bevorzugt.

- *Anzahl der Objekte, auf die in der Regel vor und nach der Spezialisierung verwiesen wird*
  Die Hinzunahme eines einzigen Faktums zu einer Regel kann die Anzahl der referenzierten Objekte, d.h. die Anzahl der Variablen, erhöhen. Das stellt eine tiefgreifende Modifikation der Regel dar, die bereits im Zusammenhang mit der Restrukturierung einer Wissensbasis in Abschn. 8.4 angesprochen wurde. Da Spezialisierungen mit geringer Wirkung bei COSIMA bevorzugt werden, werden Spezialisierungen höher bewertet, die die Anzahl der referenzierten Objekte unverändert lassen.

Neben den o.a. Operatoren a) und b), die ein Faktum zum Bedingungsteil der Regel hinzufügen, werden in COSIMA noch die folgenden Spezialisierungsoperatoren eingesetzt, die inverse Operatoren zu Standardgeneralisierungsoperatoren [Michalski, 1983] darstellen: *Abstieg im Konzeptbaum, Verkleinerung eines*

---

[7] Dieses Bewertungskriterium ist stark heuristisch. Die Bevorzugung von Instanzen mit geringem Prädikatgewicht ist ebenfalls denkbar. Das Hinzufügen der Instanz eines „unwichtigen" Prädikats kann als geringerer Spezialisierungsschritt interpretiert werden. Dadurch ist allerdings die Gefahr gegeben, daß irrelevante Information in die Regel gelangt, die sich nicht zur Charakterisierung der Beispielmenge eignet.

Intervalls, Umwandlung einer Variablen in eine Konstante, Entfernen einer Alternative (in einer lokalen Disjunktion). Diese Operatoren beziehen sich auf die Argumente in Fakten, die in der Regel bereits enthalten sind. Da COSIMA den Einfluß dieser Spezialisierungsoperatoren auf die Menge der bereits bekannten Beispiele nicht abschätzen kann, werden die Operatoren a) und b) bevorzugt.

Durch die beschriebenen Kriterien und Statistiken erfolgt die heuristische Auswahl von Spezialisierungskandidaten in COSIMA zielgerichteter als bei den genannten anderen inkrementellen Spezialisierungsansätzen. Eine detaillierte Beschreibung der Spezialisierungsstrategie von COSIMA findet sich in [Ackermann, 1992].

10.2.6 Konstruktive Induktion

Bereits in Abschn. 4.4 wurde die konstruktive Induktion als eine Möglichkeit zur Verfeinerung der einer Wissensbasis zugrunde liegenden Modellierung vorgestellt. Es wurde erläutert, daß sich die bestehenden Arbeiten in wissensbasierte und syntaktische Ansätze unterteilen lassen. Während wissensbasierte Ansätze anwendungsspezifisches Hintergrundwissen bei der Konstruktion neuer Deskriptoren einsetzen, benutzen syntaktische Ansätze anwendungsunabhängige Voreinstellungen, um den Raum für die Suche nach geeigneten neuen Deskriptoren zu beschränken. In COSIMA werden diese beiden Ansätze miteinander kombiniert. Damit kann bei der Konstruktion Wissen über die Anwendung in dem vorhandenen Maße nutzbar gemacht werden, die Konstruktion kann jedoch auch in Situationen, bei denen geeignetes Hintergrundwissen fehlt, durch den syntaktischen Ansatz vorgenommen werden.

Wie in Abschn. 10.2.3 erwähnt, gibt es in COSIMA drei verschiedene Einsatzgebiete für die konstruktive Induktion. Die Konstruktionsoperatoren von COSIMA werden im folgenden im Zusammenhang mit der Darstellung dieser Einsatzgebiete erläutert. Dabei werden jeweils nur die grundlegenden Ideen der verschiedenen Operatoren und Einsatzformen vorgestellt. Eine detaillierte Beschreibung der konstruktiven Induktion in COSIMA findet sich in [Reipa, 1993].

Verfeinerung von Beispielbeschreibungen und Regeln vor dem Abgleich. Konstruktive Induktion wird hier vor dem Abgleich zweier Beispiele bzw. eines Beispiels und einer Regel angewandt, um die Aussagekraft der beiden Beschreibungen zu erhöhen. Das bedeutet, daß Aspekte der beschriebenen Floorplanning-Situationen explizit gemacht werden sollen, die bisher nur implizit in den Beschreibungen enthalten sind.

Hierfür wird zum einen Hintergrundwissen in Form einer Menge vordefinierter Konstruktionsoperatoren angewandt, also der wissensbasierte Konstruktionsansatz eingesetzt. Aus den beiden vorhandenen Beschreibungen werden Instanzen neuer Prädikate konstruiert, die in der Beispiel- und Hypothesensprache nicht enthalten sind, aber nützlich für den betrachteten Sachbereich sein können. In COSIMA sind z.B. die beiden folgenden Konstruktionsoperatoren implementiert, die aus [Michalski, 1983] stammen:

- *Zählen der Instanzen eines Prädikats, die alle an einer bestimmten Argument-position denselben Wert besitzen*
  Es soll z.b. das folgende Prädikat betrachtet werden:
  block_state(<block>, <state-value>). Der Wertebereich für das Argument <state-value> ist hier die Menge {placed, unplaced}. Durch das konstruierte Prädikat #placed_blocks(<number>) wird die Anzahl der bereits plazierten Blöcke in der Beschreibung eines Floorplanning-Zustandes explizit gemacht.

- *Bestimmung der Instanz eines Prädikats, das an einer bestimmten Argument-position den größten Wert besitzt*
  Beispiel: Durch das konstruierte Prädikat maximum_area(<block>) wird explizit gemacht, welches Objekt das größte in der Beschreibung eines Floorplanning-Zustandes ist.

Durch die vordefinierten Konstruktionsoperatoren wird eine diverse Menge von Instanzen für neue Prädikate erzeugt. So kann z.b. der o.a. Operator zur Bestimmung der Instanz mit einem größten Wert an einer bestimmten Argu-mentposition auf jedes Prädikat mit mindestens einem numerischen Argumenttyp angewandt werden. Deshalb erfolgt eine heuristische Bewertung der generierten Kandidaten, und nur die bestbewerteten Fakten werden den betrachteten Be-schreibungen hinzugefügt.[8] Diese Erweiterung der Deskriptormenge wirkt sich nur auf diese Beschreibungen aus. Es erfolgt hier keine globale Erweiterung der Beispiel- und Hypothesensprache. Da für verschiedene Regeln unterschiedliche konstruierte Prädikate nützlich sein können, wird durch diese konservative Stra-tegie ein „Aufblähen" der Beschreibungssprachen verhindert.

Neben der Erweiterung der Beispielbeschreibungen und Regeln erfolgt mit dem syntaktischen Konstruktionsansatz eine *Kompaktierung* der Beschreibungen. Dabei werden, ähnlich wie bei der in Abschn. 8.4 beschriebenen Restrukturie-rung, durch Hornklauseln definierte Zwischenkonzepte in die Beschreibungen eingefügt. Wie dort vorgestellt, werden die unifizierten Literale in einer Be-schreibung durch den Kopf der Hornklausel, also den Bezeichner für das Zwi-schenkonzept, ersetzt. Dadurch wird die Länge der Beschreibungen reduziert, d.h. eine Kompaktierung erreicht, und es werden Informationen über Teilstruk-turen in ihnen explizit gemacht. Ein Beispiel hierzu findet sich in Abb. 10-8.

Das dargestellte Zwischenkonzept „Ecke" beschreibt eine Teilstruktur in ei-nem Floorplan, die für eine Plazierungsoperation relevant sein kann. Eine Ecke besteht aus drei miteinander verbundenen Blöcken, die L-förmig angeordnet sind. Zu der in Abb. 10-8 zur besseren Anschauung gezeigten geometrischen Repräsentation gibt es eine entsprechende Teilstruktur in einer durch Gittergra-phen repräsentierten Floorplan-Topologie. Durch Zwischenkonzepte können also mehrere Blöcke zu Teilstrukturen zusammengefaßt werden.

COSIMA verwendet die aus MOBAL bekannten Regelmodelle für die syntak-tische Konstruktion neuer, durch Hornklauseln beschriebener, Zwischenkon-

---

[8] Die kritische Bedeutung einer Bewertung von konstruierten Deskriptoren wurde bereits in Abschn. 4.4 angesprochen. Ggf. ist hier zusätzlich zur heuristischen Bewer-tung durch das System auch eine Auswahl unter den verbliebenen Kandidaten durch den Benutzer sinnvoll.

zepte. Um die Menge der generierten Kandidaten auch hierbei zu beschränken, werden Sorten für die Prädikatvariablen in den Regelmodellen eingesetzt, die die Möglichkeiten für die Instantiierung der Prädikatvariablen einschränken. Abbildung 10-9 zeigt ein Beispielregelmodell. Dieses Modell wurde für die Generierung des Zwischenkonzeptes für „Ecke" eingesetzt.

```
corner(a,b,c) :-
    on_same_line(a,b,horizontal),
    on_same_line(a,c,vertical),
    direct_neighbour(a,b),
    direct_neighbour(a,c),
    state_connection(a,b,existing),
    state_connection(a,c,existing)
```

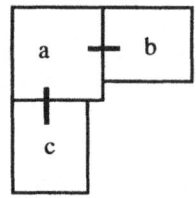

Abb. 10-8. Zwischenkonzept zur Beschreibung der Teilstruktur „Ecke" in einem Floorplan (links) und eine entsprechende geometrische Repräsentation in einem Floorplan-Beispiel (rechts)

Die syntaktische und die wissensbasierte Konstruktionsmethode in COSIMA können kombiniert werden. Ein durch einen vordefinierten Konstruktionsoperator erzeugtes Prädikat kann z.B. in den Rumpf der Definition eines Zwischenkonzeptes eingesetzt werden. Ferner können für die Definition von Zwischenkonzepten bereits definierte, andere Zwischenkonzepte verwendet werden.

```
new(X,Y,Z) :- P(X,Y,horizontal) ∧ Type (P) = IndirectNeighbourhood,
              P(X,Z,vertical),
              Q(X,Y) ∧ Type (Q) = DirectNeighbourhood,
              Q(X,Z),
              R(X,Y,existing) ∧ Type (R) = Connection,
              R(X,Z,existing)
```

Abb. 10-9. Regelmodell für die Konstruktion von Zwischenkonzepten in COSIMA. „new" steht für einen neuen Prädikatbezeichner, der automatisch bei der Instantiierung des Modells erzeugt wird. Sorten für die Prädikatvariablen sind als kursiv gedruckte Ausdrücke angegeben.

Auch bei der Definition von Zwischenkonzepten ist eine Bewertung der generierten Kandidaten unverzichtbar. Gerade bei einer syntaktischen Konstruktionsmethode muß mit einer großen Zahl irrelevanter Kandidaten gerechnet werden. Die Bewertungsfunktion in COSIMA zur Auswahl von Kandidaten basiert auf den folgenden Kriterien:

• Anzahl der Literale in dem verwendeten Regelmodell

- Anzahl der Instanzen des neuen Zwischenbegriffs in den beiden betrachteten Beschreibungen
- Ausmaß der erzielten Kompaktierung
- Erfolg des Regelmodells bei früheren Instantiierungen

Diese Kriterien fließen in eine numerische Bewertung der Kandidaten ein. Die am besten bewerteten werden zur Kompaktierung der abzugleichenden Beispielbeschreibungen und Regeln eingesetzt.

Auswahl unter alternativen Generalisierungen. Hier wird die konstruktive Induktion in Verbindung mit der selektiven induktiven Generalisierung eingesetzt. Wie oben erwähnt wurde, gibt es beim Lernen aus strukturellen Beschreibungen typischerweise eine große Zahl alternativer speziellster Generalisierungen. Die numerische Bewertung der verschiedenen Alternativen beim mehrstufigen Abgleich liefert hierzu bereits einen wichtigen Beitrag. Allerdings können auch hier mehrere Generalisierungen mit der gleichen maximalen Bewertung auftreten, zwischen denen noch ausgewählt werden muß. Hieraus ergibt sich ein klar umrissener Anwendungskontext für die konstruktive Induktion, durch den eine gezieltere Konstruktion neuer Deskriptoren möglich ist als bei der obigen Verfeinerung von Beschreibungen vor dem Abgleich.[9]

Es wird für die alternativen speziellsten Generalisierungen jeweils versucht, sie durch Instanzen von neuen, durch konstruktive Induktion erzeugten Prädikaten zu erweitern. (Kompaktierung findet in diesem Anwendungskontext nicht statt.) Ein Faktum kann einer Generalisierung dann hinzugefügt werden, wenn es für die gemäß der Objektzuordnung aneinander gebundenen Objekte in den beiden generalisierten Beschreibungen gültig ist. Wenn die durch das Faktum repräsentierte Eigenschaft für die korrespondierenden Objekte in beiden Beschreibungen gültig ist, steigt damit die Evidenz, daß die der Generalisierung zugrunde liegende Objektzuordnung adäquat ist. Die Bewertung der Generalisierung wird entsprechend erhöht, indem ihr der Wert für das neue Faktum hinzugefügt wird. Dieser Wert wird aus den Prädikatgewichten der bei der Konstruktion verwendeten vorhandenen Prädikate berechnet.

Ob die Instanz eines konstruierten Prädikats tatsächlich der untersuchten Generalisierung hinzugefügt wird, hängt von dem Ergebnis der oben erwähnten Bewertungsfunktion ab. Da durch den Anwendungskontext bereits eine Beschränkung der generierten Kandidatenmenge gegeben ist, liegt hier der Schwellwert für die Akzeptanz eines Kandidaten niedriger als bei der Verfeinerung von Beschreibungen vor dem Abgleich. Es können also Kandidaten in die Generalisierung aufgenommen werden, die vor dem Abgleich verworfen wurden.

Die diesem Einsatz der konstruktiven Induktion zugrunde liegende Heuristik läßt sich so ausdrücken: Wenn die Instanz eines konstruierten Prädikats für die korrespondierenden Objekte in beiden Beispielbeschreibungen (bzw. einer Bei-

---

[9] Die Bedeutung eines geeigneten Anwendungskontexts für das Lernen neuer Deskriptoren wurde bereits bei dem Einsatz von CLT innerhalb der Wissensrevision mit der MOBAL-Komponente RDT angesprochen.

spielbeschreibung und einer Regel) erfüllt ist, spricht das für die Relevanz des konstruierten Deskriptors. Da die hiermit repräsentierte Eigenschaft von den einander zugeordneten Objekten in beiden Beispielen erfüllt wird, drückt die der Generalisierung zugrunde liegende Objektzuordnung wahrscheinlich besser die Ähnlichkeiten zwischen den beiden Beispielen aus als andere Objektzuordnungen, für die diese Eigenschaft nicht gilt. Auf diese Weise wirken die konstruierten Deskriptoren also als *Voreinstellungen* zur Bewertung alternativer Hypothesen (Evaluation Bias). Andererseits wirkt der Anwendungskontext als Voreinstellung für die Suche nach geeigneten Kandidaten innerhalb der konstruktiven Induktion (Search Bias). Die Rolle verschiedener Voreinstellungen in COSIMA wird in [Herrmann, 1994] diskutiert.

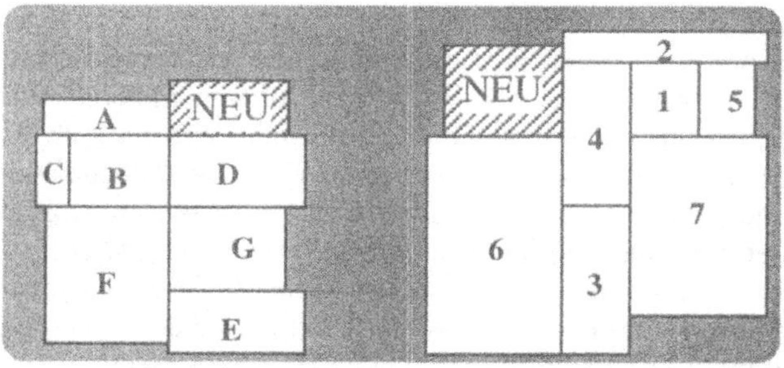

Abb. 10-10. Zwei Floorplanning-Beispiele, bei denen jeweils ein neuer Block in eine Ecke plaziert wird, die sich aus bereits plazierten Blöcken zusammensetzt.

Abbildung 10-10 zeigt ein Beispiel für den Einsatz von konstruktiver Induktion zur Auswahl unter alternativen Objektzuordnungen (und den dazugehörigen gleichbewerteten Generalisierungen). Zwei dieser Objektzuordnungen sind

L1: (A:2, B:7, D:4, ...)   *und*
L2: (A:6, B:3, D:4, ...) .

Mit „NEU" ist die Stelle im Floorplan bezeichnet, an die ein noch unplazierter Block positioniert werden soll. Als Kandidat für einen neuen Deskriptor wird wiederum die in Abb. 10-8 vorgestellte *Ecke* betrachtet. Besonders interessant sind hierbei die Nachbarn des zu plazierenden Blocks. Die Auswertung von *Ecke* ergibt, daß die in L2 aneinander gebundenen Nachbarn A und D bzw. 6 und 4 jeweils zusammen mit einem weiteren Block (B bzw. 3) eine Ecke im Floorplan bilden. Deshalb kann die zu L2 gehörige Generalisierung um eine Instanz von *Ecke* erweitert werden. Ihre Bewertung wird entsprechend erhöht. Da für L1 Entsprechendes nicht möglich ist, wird die zu L2 gehörige Generalisierung als bester Kandidat ausgewählt.

Spezialisierung mittels konstruktiver Induktion. Die selektive induktive Spezialisierung stellt, wie oben beschrieben, verschiedene Operationen zur Bestimmung eines diskriminierenden Faktums zur Verfügung. Falls keine von ihnen ein solches Faktum findet, wird die konstruktive Induktion als alternative Spezialisierungsstrategie aufgerufen. Die Instanz eines neu konstruierten Prädikats dient damit zur Beseitigung der aufgetretenen Übergeneralisierung.

Ebenso wie die anderen Lernstrategien in COSIMA wird die konstruktive Induktion inkrementell durchgeführt. Bei der Konstruktion neuer Prädikate werden jeweils nur zwei Beschreibungen (Beispiele und Regeln) analysiert. Wenn eine durch konstruktive Induktion verfeinerte Regel später weiter generalisiert wird, wird die Nützlichkeit der neu eingefügten Instanzen überprüft. Wenn sie für ein neues positives Lernbeispiel nicht gültig sind, werden diese Instanzen entsprechend wieder entfernt (Dropping Condition).

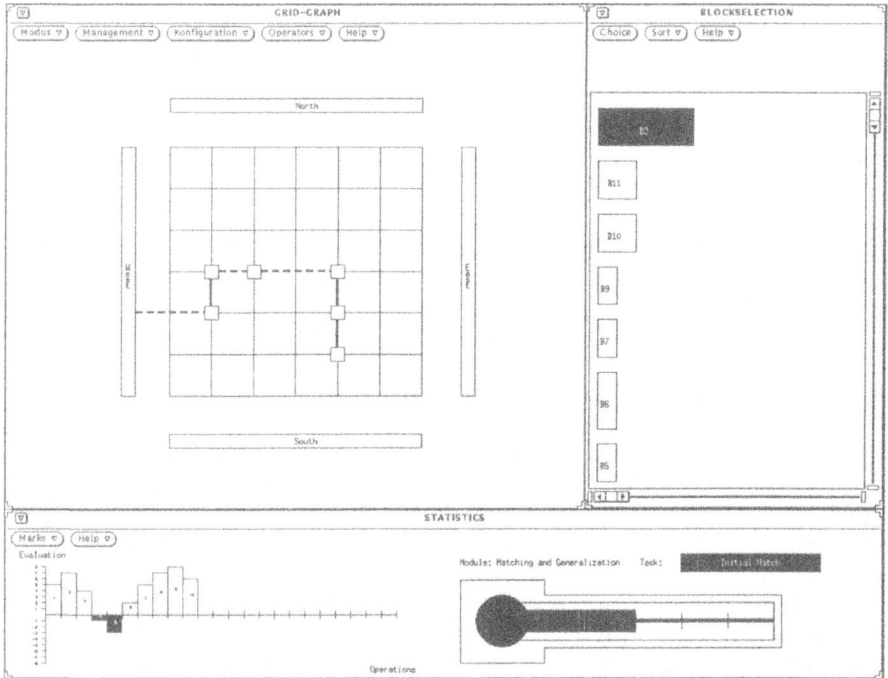

Abb. 10-11. Die interaktive graphische Benutzungsoberfläche von COSIMA. Das rechts oben liegende Fenster zeigt die sortierte Liste der noch zu plazierenden Blöcke. Die Blöcke werden auf dem Gittergraph im oberen linken Fenster plaziert. Auf diese Weise wird die Floorplan-Topologie schrittweise entworfen. Das untere Fenster zeigt Statistiken über den Ablauf des Entwurfs. Die Kurve auf der linken Seite gibt Qualitätsbewertungen für die letzten Floorplanning-Schritte an. Das Diagramm auf der rechten Seite des Fensters informiert über das Fortschreiten des aktuellen Abgleich- und Generalisierungsprozesses.

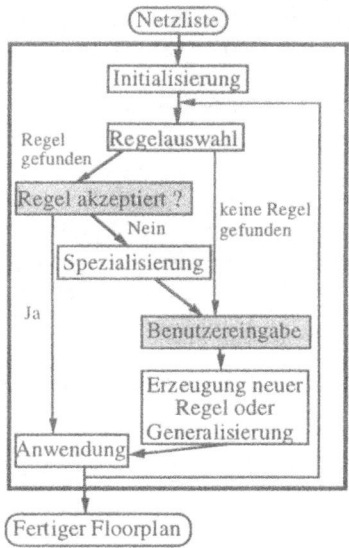

Abb. 10-12. Die verschiedenen Aktivitäten bei der Auswahl und Anwendung einer Regel. Grau unterlegte Felder bezeichnen Aktivitäten des Benutzers, die anderen die Systemaktivitäten.

10.2.7 Justierung von Prädikatgewichten

Die kritische Bedeutung der Prädikatgewichte für die verschiedenen induktiven Lernstrategien in COSIMA wurde bereits angesprochen. Es kann von einem Experten für die betrachtete Anwendung erwartet werden, daß er die Menge der Deskriptoren in wichtige und „unwichtige" aufteilen kann und möglicherweise noch eine partielle Ordnung der Elemente beider Mengen vornimmt. Aus diesen Informationen lassen sich *initiale* Prädikatgewichte ableiten. Eine Modifikation dieser initialen Werte wird in COSIMA von einem statistischen Justierungsmechanismus durchgeführt. Er analysiert regelmäßig die durchgeführten Generalisierungs- und Spezialisierungsschritte und bewertet damit die Relevanz der verschiedenen Prädikate für den Lernprozeß. Auf der Basis dieser Statistiken werden die Prädikatgewichte angepaßt. So wird z.B. das Gewicht eines hochbewerteten Prädikats, dessen Instanzen regelmäßig nach einigen Generalisierungsschritten aus einer Regel entfernt werden, verringert.

10.2.8 Organisation als lernendes Assistenzsystem

COSIMA ist als interaktives, lernendes Assistenzsystem organisiert. Die COSIMA-Performanzkomponente enthält einen komfortablen graphischen Editor (s. Abb. 10-11), mit dem der Benutzer den Floorplanning-Prozeß schrittweise durchführen kann. Dazu kann er die Ausführung der verschiedenen Floor-planning-Operatoren anstoßen. Gemäß den gelernten Regeln macht COSIMA nach jeder ausgeführten Operation einen Vorschlag für den nächsten Floor-planning-Schritt, über dessen Annahme der Benutzer entscheidet.

Abbildung 10-12 zeigt die einzelnen Aktionen, die bei jedem Floorplanning-Schritt durchgeführt werden. Die eingegebene Netzliste (Liste von Blöcken und ihren Verbindungen) wird vom System in die objektorientierte Repräsentation übersetzt. Der erzeugte Startzustand besteht aus einem noch leeren Gittergraphen und der vollständigen Liste der unplazierten Blöcke. Nun sucht COSIMA nach einem geeigneten Operator für den aktuellen Systemzustand. Dazu überprüft das System, ob eine bereits gelernte Regel aus der Wissensbasis angewandt werden kann. Falls eine anwendbare Regel gefunden wurde, wird sie dem Benutzer zur Ausführung vorgeschlagen. Wenn sie akzeptiert wird, kommt es zur Operatoran-wendung, und ein neuer Floorplanning-Zustand wird erreicht. In diesem Fall wird für diesen Problemlösungsschritt kein neues Wissen gelernt, da es in der Regel bereits vorhanden ist.

Wurde die Regel abgelehnt, wird sie vom Benutzer als inkorrekt für die aktu-elle Situation klassifiziert, oder sie entspricht nicht dem Entwurfsstil des Entwer-fers. Daher muß sie spezialisiert werden, damit sie beim nächsten Mal in dieser Situation nicht mehr feuern kann. Der Benutzer wird nun gebeten, einen alternativen Operator für die aktuelle Situation zu wählen und seine Ausführung mittels der graphischen Benutzungsschnittstelle zu veranlassen. Auf diese Weise erzeugt er ein neues Beispiel, aus dem gelernt werden kann. Wenn es bereits eine Regel in der Wissensbasis für diesen Operator gibt, wird der Benutzer gefragt, ob der aktuelle Zustand ähnlich ihrem Bedingungsteil ist.[10] Im positiven Fall wird die Regel anhand des neuen Beispiels induktiv generalisiert, um sie auch für die aktuelle Situation anwendbar zu machen. Im negativen Fall, oder falls es noch keine Regel für den Operator gibt, wird eine neue Regel erzeugt, die die aktuelle Situationsbeschreibung als Bedingungsteil erhält.

Nach der nun folgenden Operatoranwendung wird der beschriebene Zyklus erneut durchlaufen, d.h. das System sucht erneut nach einer anwendbaren Regel. Nach der Plazierung aller Blöcke wird der Zyklus schließlich verlassen.

---

[10] Es reicht i.allg. nicht aus, für jeden Floorplanning-Operator nur eine Regel zu lernen. Da ein und derselbe Operator in sehr unterschiedlichen Situationen sinnvoll angewandt werden kann, würde die Beschränkung auf nur eine Regel pro Operator sehr schnell zu Übergeneralisierungen führen. In der aktuellen Implementierung von COSIMA fehlt ein Mechanismus, der die Ähnlichkeit ganzer Beispiele bewerten kann. Also kann das System nicht entscheiden, ob ein neues Beispiel in die von einer linken Regelseite repräsentierten Klasse gehört oder ob eine neue Regel generiert werden muß. Hier wäre im Rahmen zukünftiger Arbeiten noch zu klären, ob ein Verfahren für die Bildung neuer Begriffe (Concept Formation) mit einem Ähnlichkeitsmaß für ganze Beispiele, wie es in KBG [Bisson, 1992] vorhanden ist, diese Entscheidung bei der vorliegenden Anwendung qualifiziert treffen kann.

10.2.9 Beitrag zu den verschiedenen Lebenszyklusphasen

Durch die beschriebenen Lernstrategien baut COSIMA schrittweise eine anfangs leere Wissensbasis mit Floorplanning-Regeln auf. Hierbei gibt es einen fließenden Übergang zwischen den Phasen der Wissensbasisinitialisierung und -erweiterung. Bei der Generalisierung und Spezialisierung vorhandener Regeln wird in die Phase der Wissensbasismodifikation gewechselt. Die Regelspezialisierung gehört zu der in Abschn. 8.3.2 diskutierten Wissensrevision. Durch die konstruktive Induktion wird ferner die der Wissensbasis zugrunde liegende Modellierung verfeinert. Die integrierte Performanzkomponente ist für die Phase des Wissensbasiseinsatzes zuständig.

Charakteristisch für das Zusammenspiel der Lernstrategien in COSIMA ist die enge Verzahnung der verschiedenen genannten Phasen des Lebenszyklus einer Wissensbasis. Das liegt u.a. darin begründet, daß der Benutzer den Systemablauf durch seine Interaktion mit der Performanzkomponente steuert. Abhängig von der Entscheidung des Benutzers bezüglich der Eignung einer von COSIMA vorgeschlagenen Regel, wird z.B. während der Problemlösung entweder in die Phase der Wissensbasiserweiterung oder in die Wissensbasismodifikationsphase gewechselt.

10.2.10 Gründe für die gewählte Kombination von Lernstrategien

Tabelle 10-3 faßt die Lernaufgaben für die vier verschiedenen Lernstrategien in COSIMA zusammen. Wie in Abschn. 3.3 beschrieben, wird eine Lernaufgabe durch die verwendete Eingabe, das benötigte Hintergrundwissen und das angestrebte Lernziel charakterisiert.

Bei den ersten drei Strategien (selektive induktive Generalisierung, selektive induktive Spezialisierung, konstruktive Induktion) liegt eine Integration auf der Mikroebene vor (vgl. Abschn. 3.3), d.h. sie ergänzen sich direkt während ihrer Ausführung. Bei der schrittweisen Akquisition jeweils einer Regel können nämlich alle drei Strategien beteiligt sein. Die Kopplung der Justierung von Prädikatgewichten mit den anderen Strategien ist weniger eng. Während letztere für die Akquisition von Problemlösungsregeln verantwortlich sind, wird durch erstere Hintergrundwissen verfeinert. Dieser Integrationsansatz bezieht sich also auf die Akquisition verschiedener Wissensarten durch verschiedene Strategien und entspricht damit dem Typ 3) der Klassifikation von Integrationsansätzen in Abschn. 3.3.

Der Aufwand für die Entwicklung eines Multistrategiesystems mit vier verschiedenen Lernstrategien ist höher als bei Monostrategiesystemen (wie z.B. ID3) und muß durch signifikante Vorteile oder zu erfüllende Anforderungen an das Lernsystem ausgeglichen werden. Diese werden nun für COSIMA erörtert:

Tabelle 10-3. Beschreibung der Lernaufgaben für die verschiedenen Lernstrategien in COSIMA

Lernstrategie	Eingabe	Hintergrundwissen	Lernziel
Selektive induktive Generalisierung	Positives Beispiel und zu generalisierende Regel	Aufspaltung der Prädikatmenge, Prädikatgewichte, Definition der Wertebereiche für die verschiedenen Argumenttypen (z.B. Konzeptbäume)	Bestimmung einer speziellsten Generalisierung der Regel, mit der das positive Beispiel überdeckt wird
Selektive induktive Spezialisierung	Negatives Beispiel und zu generalisierende Regel Spezialisierungsteil der Regel mit Liste von Kandidaten für die Spezialisierung	Prädikatgewichte, Definition der Wertebereiche für die verschiedenen Argumenttypen, Daten über bisherige Spezialisierungen, Bewertungsfunktion für Spezialisierungskandidaten	Bestimmung einer generellsten Spezialisierung der Regel, mit der das negative Beispiel diskriminiert wird
Konstruktive Induktion	Beispiel und zu verfeinernde Regel Zwischenergebnisse der selektiven induktiven Generalisierung	Prädikatgewichte, Konstruktionsoperatoren, Regelmodelle, Bewertungsfunktion für neue Zwischenkonzepte	1) Bestimmung von ergänzten und kompaktierten Beschreibungen für Beispiel und Regel 2) Bestimmung von zusätzlichen Fakten, um unter alternativen Generalisierungen auswählen zu können. 3) Bestimmung einer generellsten Spezialisierung der Regel, mit der das negative Beispiel diskriminiert wird
Justierung von Prädikatgewichten	Alte Prädikatgewichte Daten über bisherige Generalisierungen und Spezialisierungen	—	Bestimmung von veränderten Prädikatgewichten, die zu besseren Ergebnissen bei den anderen Lernstrategien führen

- Die Notwendigkeit für eine Kopplung von induktiver Generalisierung und Spezialisierung, die sich auch bei vielen anderen maschinellen Lernsystemen findet, ergibt sich aus dem mangelhaften Hintergrundwissen für den Sachbereich. Wie bei vielen induktiven Lernsystemen fehlt Wissen, um die Korrektheit eines Generalisierungsschrittes in jedem Fall sicherzustellen. Die Konsistenz der generalisierten Regel ist also bei COSIMA nicht garantiert. Damit sind Übergeneralisierungen nicht grundsätzlich vermeidbar. Um solche Fehler bei der Generalisierung wieder zu beseitigen, ist eine Spezialisierungsstrategie erforderlich. Die einfache Rücknahme früherer Generalisierungsschritte ist dazu keine Alternative, da bei COSIMA inkrementell gelernt wird und weder alte Versionen der Regeln noch die bisher benutzten Trainingsbeispiele verfügbar sind.

- Durch die konstruktive Induktion werden Deskriptoren für Eigenschaften des Sachbereichs erzeugt, die nicht generell für die Beschreibung von Beispielen und Regeln relevant, aber in bestimmten Situationen unverzichtbar sind, um hinreichend spezielle, aussagekräftige Regeln zu lernen. Betrachten wir als Beispiel das Prädikat maximum_connection(<block1>, <block2>), das durch einen vordefinierten Konstruktionsoperator erzeugt werden kann. Es sagt aus, daß <block1> derjenige Block im Floorplan ist, der die stärkste Verbindung zu <block2> hat. Da auch die zweitstärkste Verbindung und die schwächste Verbindung sowie viele andere Maximumaussagen interessant für eine bestimmte Floorplanning-Situation sein können, würde eine *permanente* Erweiterung der Beschreibungssprache für Beispiele und Hypothesen zu einer Explosion der Beispielbeschreibungen und Regeln führen. Damit wären diese kaum noch handhabbar und würden viele irrelevante Informationen enthalten. Das gilt sowohl für die permanente Erweiterung der Beschreibungssprache *vor* dem Beginn des Lernprozesses um bekannte, in bestimmten Situationen potentiell relevante Eigenschaften (also den Verzicht auf konstruktive Induktion) als auch für eine permanente Erweiterung *während* des Lernprozesses durch konstruktive Induktion. Die permanente Erweiterung der Beschreibungssprache ist bei herkömmlichen Ansätzen für die konstruktive Induktion üblich. Der oben erwähnte Verzicht auf konstruktive Induktion ist insbesondere bei dem in COSIMA neben den vordefinierten Konstruktionsoperatoren enthaltenen syntaktischen Konstruktionsverfahren nicht realisierbar, da hierbei die Kandidatenmenge für neue Prädikate noch viel größer ist als bei den Konstruktionsoperatoren.

Entscheidend für die Nützlichkeit und Handhabbarkeit der konstruktiven Induktion bei COSIMA ist situationsabhängige, bedarfsgesteuerte Erweiterung der Beschreibungssprache mit Wirkung nur auf die aktuell betrachtete Regel. Dieses wird insbesondere bei der engen Verzahnung von selektiver induktiver Generalisierung und konstruktiver Induktion möglich. In diesem Anwendungskontext stellt die konstruktive Induktion wie in Abschn.10.2.6 erläutert gezielt neue Deskriptoren bereit, die eine Auswahl unter alternativen speziellsten Generalisierungen ermöglichen.[11]

Insgesamt gesehen läßt sich also folgern, daß die konstruktive Induktion einen unverzichtbaren Beitrag zum Lernen von Regeln mit COSIMA darstellt.

• Die Justierung von Prädikatgewichten ist wie erwähnt weniger eng an die anderen Strategien gekoppelt. Wenn in einem Sachbereich hinreichend präzise numerische Prädikatbewertungen verfügbar sind, kann auf diese Lernstrategie verzichtet werden. Wenn aber wie beim Floorplanning nur grobe Angaben zu den Gewichten verfügbar sind, stellt die Justierung einen nützlichen, wichtigen Beitrag zum Lernsystem dar.

Diese Überlegungen zur Notwendigkeit der Integration verschiedener Strategien bei COSIMA sind zwar durch die Anwendung beim Floorplanning motiviert, beziehen sich aber auf Eigenschaften dieser Anwendung, die sie mit vielen anderen Aufgabenstellungen gemeinsam hat. So sind z.B. ein Mangel an Hintergrundwissen und das Vorhandensein komplexer, struktureller Beispielbeschrei-

---

[11] Der Anwendungskontext für die konstruktive Induktion innerhalb der Spezialisierung fällt bei COSIMA eher als „Nebenprodukt" ab, da hier die gleichen Konstruktionsverfahren wie bei der Unterstützung der selektiven induktiven Generalisierung eingesetzt werden. Somit ist hierfür praktisch kein zusätzlicher Entwicklungsaufwand erforderlich gewesen.

bungen bei vielen anderen praxisrelevanten Anwendungen ebenfalls gegeben. Damit bietet die Architektur des Lernsystems auch generelle Hinweise zu Anwendungsmöglichkeiten für Multistrategiesysteme und insbesondere zu Möglichkeiten für die Integration von Lernstrategien.

10.2.11 Vergleich mit anderen Werkzeugen für Floorplanning

Es gibt eine Reihe von Werkzeugen, die einen Floorplan automatisch ohne die Möglichkeit der Benutzerinteraktion erzeugen, z.b. das Min-Cut-Verfahren [Breuer, 1977; Lengauer, 1990]. Typischerweise sind die Implementationen auf einen Entwurfsstil beschränkt, z.b. auf das sogenannte Slicing. Ziel von COSIMA ist es nicht in erster Linie, mit den Ergebnissen dieser Werkzeuge zu konkurrieren, sondern eine *flexiblere* Alternative zu bieten, bei der der Benutzer selber zentrale Entwurfsentscheidungen treffen und den gesamten Entwurfsprozeß kontrollieren kann. Aufgrund seiner Organisation als lernendes Assistenzsystem kann COSIMA ferner die Wissensbasis an den Entwurfsstil des Benutzers anpassen[12] (vgl. auch [Herrmann, 1996]). Damit wird eine wesentlich größere Flexibilität als bei konventionellen automatischen Systemen erreicht.

10.2.12 Vergleich mit der Anwendung von MOBAL für das Floorplanning

Die Entwicklung eines maschinellen Lernsystems wie COSIMA, das auf eine bestimmte, komplexe Anwendung zugeschnitten ist, erfordert einen erheblichen Aufwand. Es stellt sich daher die Frage, ob dieser Aufwand nicht deutlich reduziert werden kann, indem ein anwendungsunabhängiges maschinelles Lernsystem eingesetzt wird. Andererseits ist zu klären, wie gut sich allgemeine Lernmethoden und Repräsentationsmechanismen auf eine komplexe Anwendung ausrichten lassen, z.B. durch die Bereitstellung von Hintergrundwissen und Voreinstellungen. Um diesen Fragen nachzugehen und gleichzeitig mögliche Vor- und Nachteile des anwendungsunabhängigen Ansatzes zu analysieren, wurde im Rahmen einer Diplomarbeit MOBAL für die Modellierung von Wissen über den Entwurf einer Floorplan-Topologie eingesetzt [Gnörlich, 1995].

Zunächst ist festzustellen, daß MOBAL und COSIMA unterschiedlich bei der Wissensakquisition vorgehen. Während MOBAL den Ansatz der kooperativen Modellierung unter starker Beteiligung des Benutzers verfolgt, wird bei COSIMA bereits eine spezielle Modellierung der Anwendung vorgegeben, die lediglich durch konstruktive Induktion verfeinert werden kann. COSIMA sieht

---

[12] Diese Anpassung setzt voraus, daß der Benutzer dem System *korrekte* Beispiele für Floorplanning-Schritte vorgibt. Falls ungünstige oder falsche Schritte als Beispiele geliefert werden, wird inkorrektes Wissen gelernt. Das System hat kein Wissen, um die Lösung des Benutzers zu verifizieren. Ansätze zur Überprüfung der Benutzervorgaben ergeben sich aber durch eine vorhandene Bewertungsfunktion, durch die zumindest überprüft wird, ob ein vorgegebener Entwurfsschritt gemessen an den Entwurfszielen nicht nachweisbar ungünstig ist.

also bezüglich der Modellierung keine unmittelbare Einflußnahme des Benutzers vor, der dadurch auch überfordert wäre: Das System ist für den Anwender konzipiert, d.h. für den Entwickler integrierter Schaltungen, der i.d.R. keine Vorkenntnisse zur Wissensmodellierung hat. Auch die in beiden Systemen verwendeten Lernstrategien unterscheiden sich deutlich. Während COSIMA Regeln inkrementell, unter Betrachtung jeweils nur eines neuen Beispiels, lernt, erwartet RDT als die zentrale Lernkomponente in MOBAL eine Menge von Beispielen. Bei nachträglicher Veränderung dieser Menge ist allerdings eine Revision des gelernten Wissens möglich.

Zunächst ergaben sich bei der Arbeit mit MOBAL, speziell mit den verschiedenen Lernkomponenten, einige technische Probleme,[13] die hier nur kurz exemplarisch angesprochen werden sollen. So wurde z.B. bei der Modellierung von Floorplanning-Wissen die häufige Verwendung der sogenannten eingebauten Prädikate notwendig, durch die vordefinierte Funktionen über den Fakten der Wissensbasis definiert sind, wie z.B. die Berechnung eines maximalen Argumentes oder die Aufsummierung einer Menge von Werten an einer bestimmten Argumentposition. Diese eingebauten Prädikate spielen eine ähnliche Rolle wie die bei der konstruktiven Induktion in COSIMA aus vordefinierten Konstruktionsoperatoren generierten neuen Prädikate. Als Problem ergab sich, daß mit RDT keine Regeln gelernt werden konnten, die solche eingebauten Prädikate enthalten.

Eher grundsätzlicher Natur sind die Probleme beim Lernen von Regeln mit langer Prämisse. Mit COSIMA wurden Regeln gelernt, die aus einer dreistelligen Zahl von Literalen bestehen. Aufgrund der für RDT benötigten Voreinstellungen in Form einer Menge von Regelmodellen erwies sich das Lernen von Regeln mit mehr als 15 Literalen als nicht praktikabel. Das liegt darin begründet, daß die syntaktische Struktur einer zu lernenden Regel durch ein geeignetes Regelmodell vorgegeben werden muß. Wenn sehr lange Regeln gelernt werden müssen, „explodiert" die erforderliche Menge von Modellen, da für jede mögliche Regellänge eine Anzahl von Modellen als Voreinstellungen erforderlich ist[14] (falls nicht vorab genau bekannt ist, welche Regel jeweils von RDT gefunden werden soll, was eine unrealistische Annahme ist).

Die Probleme mit den beschränkten Regellängen zeigten deutlich, daß bei der Arbeit mit MOBAL eine grundsätzlich andere Modellierung des Floorplanning-Wissens als bei COSIMA erforderlich ist. Hier erwies sich die intensive Nutzung von Zwischenkonzepten als geeignete Lösung. Diese wurden zwar bereits in COSIMA bei der konstruktiven Induktion für die Erkennung von Teilstrukturen im Floorplan genutzt, damit wurde aber nur eine graduelle Kompaktierung der Regeln erzielt. Bei der Modellierung mit MOBAL wurde hingegen eine einzelne

---

[13] Es ist nicht auszuschließen, daß eine bessere Lösung oder Vermeidung einiger der technischen Probleme bei mehr Erfahrung im Umgang mit dem System möglich gewesen wäre.

[14] Im Rahmen der Diplomarbeit wurde auch mit der neuen Lernkomponente GRDT [Klingspor, 1994] in MOBAL experimentiert. Sie konnte teilweise das Lernen der Floorplanning-Regeln verbessern. Die notwendige Beschränkung auf kürzere Regeln blieb aber bestehen.

Floorplanning-Regel, die einen Entwurfsschritt wie etwa die Plazierung eines Blocks repräsentiert, durch mehrere Regeln ersetzt, die gemeinsam die Entscheidung über einen Floorplanning-Schritt durchführen. So wurde z.B. die Entscheidung über eine Plazierung folgendermaßen aufgeteilt:

1) Treffen einer groben Vorauswahl unter allen vorhandenen Plazierungsmöglichkeiten für einen vorgegebenen unplazierten Block

2) Ablehnen derjenigen Möglichkeiten, bei denen sich eine nachteilige Eigenschaft identifizieren läßt

3) Bestimmung der besten Möglichkeit(en) innerhalb der verbliebenen Alternativen

Die von MOBAL auferlegten Beschränkungen der Regellängen tragen somit zu einer sinnvollen, für den Benutzer nachvollziehbaren Strukturierung des Anwendungsgebietes bei, hatten also einen positiven Effekt auf die Modellierung. Allerdings mußten auch noch einige Einschränkungen des in COSIMA vorhandenen Floorplanning-Modells vorgenommen werden, um schließlich Regeln mit handhabbarer Länge zu erhalten. So wurde bei den Gittergraphen z.B. auf die gesonderte Behandlung des Randes der Plazierungsfläche verzichtet.

Weitere Schwierigkeiten ergaben sich bei der Wissensrevision mit der Komponente KRT. Wie in Abschn. 8.3.2 beschrieben, werden dabei als bevorzugte Revisionsoperatoren die Einführung globaler Ausnahmen (minimaler Spezialisierungsoperator) und die Einführung lokaler Ausnahmen (Lokalisierungsoperator) eingesetzt. Hiermit werden die Möglichkeiten für die Belegung von Variablen eingeschränkt. Diese Vorgehensweise ist nur dann sinnvoll, wenn die Kenntnis der in Ausnahmen aufzunehmenden Objektbezeichner eine signifikante Information darstellt. Das ist der Fall, wenn bestimmte Objekte immer durch gleichbleibende Eigenschaften gekennzeichnet sind, egal in welchem Kontext, d.h. in welcher Verbindung mit anderen Objekten, sie in einem Beispiel auftreten. Häufig kommt das bei Variablen vor, die nur mit einer endlichen Anzahl von Objekten aus einer vorab bekannten Menge belegt werden können. Die beim Floorplanning vorhandenen Objekte besitzen keine solche „Identität", d.h. sie sind nicht durch solche unverrückbaren Eigenschaften gekennzeichnet. Objektbezeichner sind statt dessen beliebig austauschbar, jedes Beispiel kann mit ausschließlich in anderen Beispielen bisher nicht aufgetretenen Objektbezeichnern versehen sein. Entsprechend kann nicht erwartet werden, daß alle existierenden Objektbezeichner in der Menge der Trainingsbeispiele vorkommen. Hier erwies sich deshalb die Verwendung von Ausnahmen als nicht sinnvoll.

Die beim Floorplanning eingesetzten Operatoren verändern den aktuellen Floorplanning-Zustand. Bei einer prädikatenlogischen Repräsentation müssen dabei einige Elemente aus der Faktenbasis entfernt und andere hinzugefügt werden. Solche Transformationen werden von der MOBAL-Performanzkomponente, die auf heuristische Klassifikationsprobleme beschränkt ist, nicht unterstützt. Sie können zwar im Prinzip von der Performanzkomponente durchgeführt werden, indem alle Fakten mit Zeitpunkten versehen werden und durch die Transformation ein neuer Zeitpunkt eingeführt wird. Aufgrund der dadurch allerdings erfolgten „Aufblähung" der Wissensbasis, erwies sich diese Lösung als nicht praktikabel.

Insgesamt ergab die Modellierung mit MOBAL, daß die verschiedenen Lernkomponenten beim Floorplanning nur sehr eingeschränkt genutzt werden konnten. Es wurden keine Regeln gelernt, die vorher nicht bereits bekannt waren. Andererseits konnten durch RDT einzelne manuell eingegebene Regeln verfeinert werden. Demgegenüber erwies sich MOBAL als geeignetes, komfortables Modellierungswerkzeug für Floorplanning. Als vorteilhaft stellte sich heraus, daß MOBAL bereits zu einem sehr frühen Zeitpunkt der Modellierung einsetzbar ist (im Gegensatz zu der bei COSIMA praktizierten Vorgehensweise). Ferner bietet die graphische Benutzungsoberfläche von MOBAL eine gute Unterstützung der Modellierungsarbeit. Auch die Repräsentationsmechanismen zeigten sich als hinreichend ausdrucksstark für die betrachtete komplexe Anwendung.

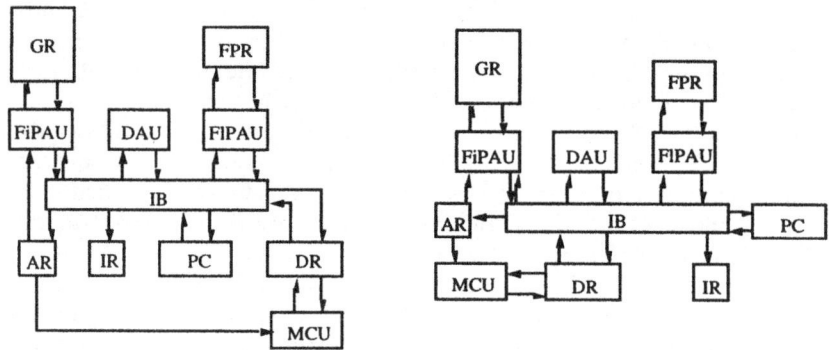

Abb. 10-13. Topologie eines Floorplans für die IBM S360/370 CPU: Originale Topologie (links) und das von den gelernten Regeln erzielte Ergebnis (rechts)

10.2.13 Experimentelle Ergebnisse

COSIMA wurde im Rahmen von drei Diplomarbeiten an der Universität Dortmund implementiert [Ackermann, 1992; Peters, 1992; Reipa, 1993]. Dabei wurde CommonLisp zusammen mit der Ergänzung für die objektorientierte Repräsentation CLOS auf einer Sun Sparcstation eingesetzt. Das System ist in der Lage, praxisrelevante Floorplanning-Regeln zu repräsentieren, akquirieren und generalisieren, die zu guten Ergebnissen gemäß den Entwurfszielen führen. Abbildung 10-13 zeigt die Originaltopologie einer IBM S360/370 CPU und ein alternatives Ergebnis, das mit dem mehrstufigen Abgleich gelernt wurde.[15] Die Topologie der beiden abgebildeten Lösungen ist sehr ähnlich, d.h. sie haben vergleichbare Qualität.

---

[15] Zur besseren Visualisierung wurde der mit dem gelernten Wissen erzeugte Gittergraph in die gleiche Topologiedarstellung umgesetzt, die beim Ausgangsbeispiel vorgegeben war, ohne dabei die im Gittergraphen festgelegte Topologie zu verändern.

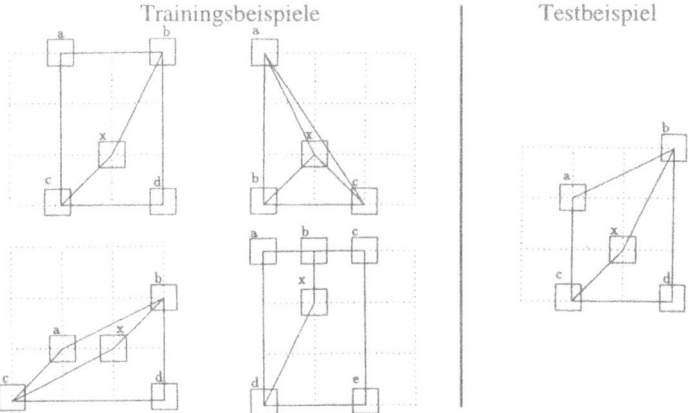

Abb. 10-14. Beispiele für das Lernen einer Floorplanning-Regel

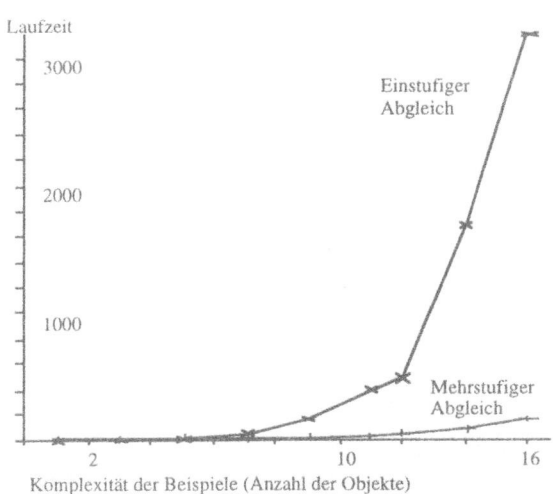

Abb. 10-15. Vergleich von Laufzeiten für einstufigen und mehrstufigen Abgleich

Die Trainingsbeispiele für das Lernen einer Regel können sich erheblich voneinander unterscheiden. Dies wird durch Abb. 10-14 veranschaulicht.

Die vier positiven Trainingsbeispiele, dargestellt als Gittergraphen, wurden zum Lernen einer Regel eingesetzt, die sich informell folgendermaßen beschreiben läßt:

FALLS es eine unbesetzte Gitterposition gibt, die von mehreren zyklisch
      miteinander verbunden plazierten Blöcken umgeben ist,
DANN plaziere den Block X auf diese Position

Das Testbeispiel wurde von der gelernten Regel abgedeckt, also korrekt als positives Beispiel klassifiziert.

Weitere Tests ergaben, daß durch den mehrstufigen Abgleich der Abgleich und die Generalisierung von Beispielen beschleunigt wird. Abbildung 10-15 zeigt hierzu das Ergebnis einer Testreihe. Der mehrstufige Abgleich wurde hierbei mit einer anderen Version des Algorithmus verglichen, die auf nur eine Stufe beschränkt ist, d.h. alle Prädikate werden beim Abgleich gleichzeitig betrachtet.

Tests ergaben außerdem, daß durch den mehrstufigen Abgleich auch bessere Ergebnisse produziert werden. In mehreren Fällen wurde beim mehrstufigen Abgleich die intendierte speziellste Generalisierung gefunden, bei der einstufigen Variante jedoch nicht.

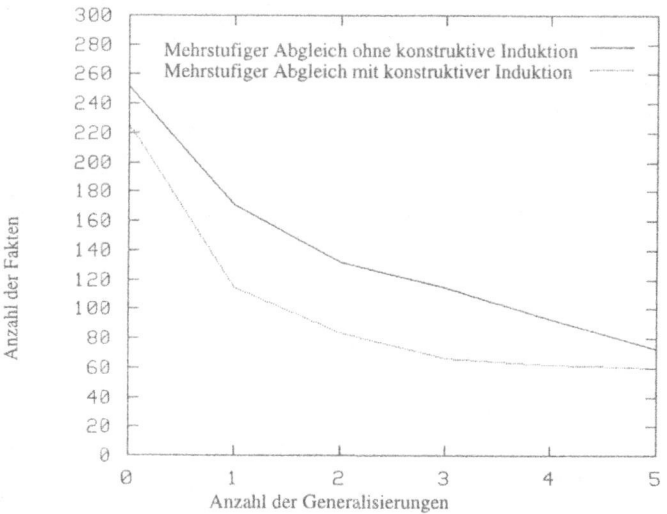

Abb. 10-16. Entwicklung der Größe einer Regel bei der Generalisierung durch den mehrstufigen Abgleich ohne konstruktive Induktion (obere Kurve) bzw. mit (untere Kurve)

Die Ergebnisse einer Testserie über die Wirkung der Kompaktierung von Regeln mit konstruktiver Induktion ist in Abb. 10-16 zu sehen. Hierbei wurde eine Regel anhand mehrerer Beispiele, die jeweils aus 250 bis 520 Fakten bestehen, schrittweise generalisiert. Jedes Beispiel enthält eine oder mehrere Instanzen des in Abb. 10-8 beschriebenen Zwischenkonzeptes „Ecke". Abbildung 10-16 veranschaulicht, wie sich die Beschreibungslänge der Regel beim mehrstufigen Abgleich ohne bzw. mit integrierter konstruktiver Induktion verhält. Typischerweise ist beim Lernen aus Floorplanning-Beispielen nur ein kleinerer Teil der Beispielbeschreibungen für die zu lernende Regel relevant. Diesen gilt es bei der Generalisierung von den irrelevanten Teilen zu isolieren. Deshalb ist das

Weglassen einer Bedingung (Dropping Condition) der am häufigsten zum Einsatz kommende Generalisierungsoperator.

Die Kombination von mehrstufigem Abgleich und konstruktiver Induktion hat mehrere Wirkungen. Sie führt von Anfang an zu einer Reduktion der Regelgröße, die Anzahl der Fakten stabilisiert sich außerdem in der Regel schneller als bei der Generalisierung ohne konstruktive Induktion. Ferner zeigten verschiedene Testreihen, daß sich die Kombination der zwei Lernstrategien positiv auf die Qualität der gelernten Regeln auswirkt. Es wurde eine signifikante Verbesserung der Fehlerrate erreicht.

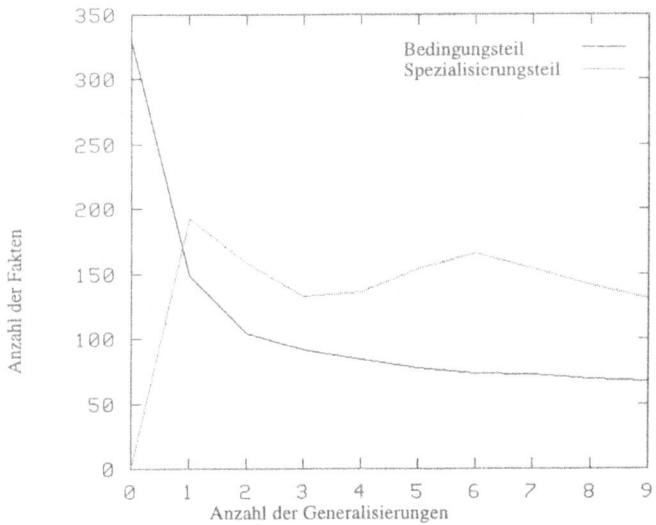

Abb. 10-17. Entwicklung der Größe des Spezialisierungs- und des Bedingungsteils einer Regel während einer Folge von Generalisierungsschritten

Der in Abb. 10-17 dokumentierte Testlauf befaßte sich mit der Entwicklung des Spezialisierungsteils einer Regel bei einer Reihe von Generalisierungsschritten. Es zeigte sich, daß der Spezialisierungsteil zwar während der gesamten Reihe größer war als der Bedingungsteil der Regel, aber die Generalisierungsschritte führten zu keiner signifikanten Vergrößerung des Spezialisierungsteils, eine kombinatorische Explosion blieb hier aus. Damit hebt sich die Spezialisierungsstrategie positiv von der einfachen inkrementellen Spezialisierung in LEFT [Herrmann und Beckmann, 1994] ab, bei der der Spezialisierungsteil nach wenigen Schritten ein Vielfaches der Größe des Bedingungsteils annahm.

Insgesamt gesehen werden durch die hier beschriebenen experimentellen Ergebnisse bereits einige Eigenschaften der verschiedenen Lernstrategien in COSIMA deutlich. Einige weitere Aspekte, z.B. der Einfluß von Veränderungen der Prädikatgewichte auf die Qualität der Lernergebnisse sowie die Lerngeschwindigkeit, müssen noch durch zukünftige Experimente analysiert werden.

10.2.14 Diskussion

Das System COSIMA [Herrmann et al., 1994] stellt eine Anwendung von Multistrategielernen für ein komplexes Entwurfsproblem dar, bei dem nur beschränktes Hintergrundwissen verfügbar ist. Im Zusammenhang mit der Entwicklung von COSIMA wurden auch grundlegende Forschungsergebnisse erzielt, die über die Anwendung hinaus Relevanz für die maschinelle Lernforschung besitzen.

Der mehrstufiger Abgleich in COSIMA ist eine neue induktive Generalisierungsstrategie, die auch für große Beispielbeschreibungen anwendbar ist und eine heuristische Bewertung für Generalisierungen und Zwischengeneralisierungen enthält. Damit diese Lernstrategie auch für eine andere Anwendung eingesetzt werden kann, müssen folgende Voraussetzungen gegeben sein:

- Eine Gewichtung der Prädikate gemäß ihrer Bedeutung in dem Sachbereich oder in einem bestimmten Kontext innerhalb des Sachbereichs muß möglich sein. Die Prädikatgewichte haben zentrale Bedeutung für den Erfolg des mehrstufigen Abgleichs und der anderen Lernstrategien in COSIMA.

- Anhand der Gewichte muß es möglich sein, die Prädikatmenge in zwei oder mehrere Teilmengen zu zerlegen, deren Elemente jeweils ähnliches Gewicht haben.

COSIMA enthält eine neuartige Integration von induktiven, inkrementellen Lernstrategien. Insbesondere der Anwendungskontext für die konstruktive Induktion, bei dem unter alternativen speziellsten Generalisierungen ausgewählt wird, findet sich nicht in anderen Multistrategiesystemen.

Wichtig ist ferner die Einbettung von COSIMA-Lernstrategien in einen geeigneten, interaktiven Problemlösungskontext, durch den ohne besondere Belastung des Benutzers Beispiele bereitgestellt werden und zum anderen auch (partiell) gelerntes Problemlösungswissen nutzbar gemacht wird, ohne daß damit eine komplette Automatisierung der Problemlösung erzielt werden muß. Aus dem Problemlösungskontext heraus ergibt sich auch der dynamische Wechsel zwischen verschiedenen Phasen des Lebenszyklus einer Wissensbasis in COSIMA. Die Phasen sind also eng miteinander verknüpft.

10.3 LIMES: Umfassende Unterstützung des Lebenszyklus einer Wissensbasis

Durch das im folgenden vorgestellte System LIMES [Herrmann, 1988, 1988a, 1991] werden drei verschiedene Beiträge zur Forschung für das Themengebiet maschinelles Lernen bzw. für das primäre Anwendungsgebiet Entwurf integrierter Schaltungen geliefert.[16]
Ein zentrales Ergebnis bezieht sich auf die Integration von Lernstrategien. Während die wichtigsten Lernstrategien in COSIMA auf der Mikroebene integriert sind, liegt in LIMES (LearnIng Module EStimations) eine andere Integrationsart vor. Die Lernstrategien sind nach dem in Abschn. 3.3 eingeführten Lebenszyklus-orientierten Integrationsansatz organisiert. Das bedeutet, daß für die verschiedenen Phasen des Lebenszyklus jeweils spezielle Strategien bereitgestellt werden. Durch LIMES wird nachgewiesen, daß die Lebenszyklus-orientierte Integration von Lernstrategien eine nützliche Organisationsform für Multistrategiesysteme darstellt, bei der gezielt auf die Erfordernisse jeder Phase eingegangen werden kann, falls die unterstützte Problemklasse (hier die Klasse der groben Abschätzungsprobleme) die dafür notwendigen Voraussetzungen erfüllt. LIMES unterstützt bis auf die Wissensmodellierung *alle* Phasen des Lebenszyklus einer Wissensbasis.
Als weiteres Ergebnis enthält LIMES als erstes und bisher einziges System eine Lernstrategie für die globale Adaptierung. Dadurch wird für die betrachtete Problemklasse nachgewiesen, daß eine Unterstützung für diese wichtige, bisher vernachlässigte Phase des Lebenszyklus einer Wissensbasis möglich ist. Durch die Adaptierung wird erreicht, daß eine Wissensbasis auch nach Veränderungen in den Eigenschaften des Anwendungsgebietes, wie z.B. technologische Entwicklungen, die ein stark verändertes Ein-/Ausgabeverhalten des Systems notwendig machen, einsetzbar bleibt. Damit wird eine komplette Neuentwicklung der Wissensbasis vermieden.
Schließlich wird mit LIMES auch ein relevanter Beitrag zum Entwurf integrierter Schaltungen erbracht. Die von LIMES durchgeführten groben Abschätzungen werden während der frühen Entwurfsphasen benötigt und können von bisherigen Werkzeugen nicht durchgeführt werden. Somit stellt LIMES auch eine praxisrelevante technische Anwendung für maschinelles Lernen dar.

10.3.1 Abschätzungen — die unterstützte Problemklasse

Bevor das System ausführlich beschrieben wird, soll zunächst die Klasse von Aufgaben vorgestellt werden, für die LIMES-Lernstrategien eingesetzt werden können. Ferner wird verdeutlicht, daß innerhalb des Entwurfs integrierter Schaltungen ein Bedarf für die von LIMES generierten Abschätzungen besteht.

---

[16] Die zentralen in Abschn. 10.3 dargestellten Ergebnisse sind bisher unveröffentlicht. Eine Publikation in einer Fachzeitschrift ist in Vorbereitung [Herrmann, 1997].

Einsatz von Abschätzungen bei einer Problemlösung. Abschätzungen werden in vielen verschiedenen Anwendungsgebieten eingesetzt. *Abschätzungen* sagen das Ergebnis bzw. die Wirkung einer Operation oder Funktion vorher, die noch nicht ausgeführt wurde. Insbesondere für teure, zeitaufwendige, gefährliche oder mit sonstigen Nachteilen behaftete Operationen sind Abschätzungen nützlich. Durch den Einsatz von Abschätzungen kann ein Problemlösungsprozeß vorangetrieben werden, ohne daß die abzuschätzende Operation oder Funktion tatsächlich ausgeführt werden muß. Damit ergeben sich Vorteile für bearbeitete Aufgaben, z.B. eine Kostenreduktion oder eine Beschleunigung. Abschätzungen stellen damit heuristisches Wissen dar, das zur Problemlösung beitragen kann.

Beispiele für Abschätzungen sind Kosten- und Zeitabschätzungen beim Hausbau, Abschätzungen über die Auswirkung der Luftverschmutzung auf den Wert von Gebäuden [Harrison und Rubinfeld, 1978], Abschätzungen über den Stromverbrauch einer Hardware-Komponente und über die freigesetzte Wärme bei einem chemischen Experiment. In [Breiman et al., 1984] wird ferner über den Einsatz von Abschätzungen bei der Verbrechensbekämpfung und bei den Molekularstrukturen toxischer Substanzen berichtet.

Abschätzungen können keine exakten Werte liefern. Im Gegensatz zu einer exakten Berechnung oder Ausführung wird ein *approximatives* Ergebnis bestimmt. Dabei werden unvollständige Informationen über die betrachtete Operation oder Funktion verwendet, statt einer vollständigen Beschreibung liegt nur eine grobe Spezifikation vor. In Abhängigkeit von unbekannten Einflußfaktoren kann es deshalb für die gleiche Spezifikation unterschiedliche, exakte Resultate geben, die einen bestimmten Teilbereich oder ein Intervall innerhalb des Wertebereichs für die Resultate abdecken. Die Größe dieses Teilbereichs hängt von der Komplexität der abzuschätzenden Operation oder Funktion ab. Der Einsatz von Abschätzungen ist für eine Anwendung dann sinnvoll, wenn dieser Teilbereich, also der Bereich möglicher Resultate, für ein und dieselbe Spezifikation im Vergleich zur Größe des gesamten Wertebereichs klein ist.

Als Beispiel sollen hier die Abschätzungen beim Hausbau betrachtet werden. Vor dem eigentlichen Baubeginn und noch vor einer genauen (kostenpflichtigen) Planung muß zuerst die Finanzierbarkeit eines möglichen Vorhabens geklärt werden. Zumindest die Größenordnung der Kosten für ein Gebäude, das bestimmte Anforderungen erfüllt, muß vorab klar sein, damit entschieden werden kann, ob sich die Planung eines solchen Vorhabens überhaupt lohnt. Zu diesem Zeitpunkt sind eine Reihe von Einflußfaktoren, wie z.B. die geologische Beschaffenheit des Baugrundes, die Preisentwicklung beim Baumaterial oder das Wetter in den nächsten Monaten, noch unklar. Trotzdem sind Kosten- und Zeitabschätzungen für diese Klasse komplexer Operationen, also die Abwicklung von Bauvorhaben, unverzichtbar. Die Alternative, eine Versuch-und-Irrtum-Vorgehensweise, kommt hier wie auch bei vielen anderen Anwendungsgebieten nicht in Frage. Bei einigen Anwendungen wird eine Operation sogar mehrfach abgeschätzt. Am Anfang wird eine grobe Abschätzung benötigt, um über die prinzipielle Ausführbarkeit der betrachteten Operation zu entscheiden. In einer späteren Phase kann eine detailliertere Abschätzung eingesetzt werden, um über die Fortführung der noch nicht vollendeten Operation zu entscheiden. Auch zu diesem Zeitpunkt kann der Abbruch oder die Modifikation einer sich unvorteilhaft entwickelnden Operation sinnvoll sein.

Abschätzungen können entweder direkt vom für die Problemlösung verantwortlichen Benutzer verwendet oder in ein Problemlösungssystem integriert werden.

Lernen von Abschätzungen ist die Akquisition dieses heuristischen Wissens durch induktives Lernen aus Beispielen. LIMES stellt einen Ansatz für das Lernen von groben Abschätzungen dar, die in einer frühen Phase der Problemlösung eingesetzt werden können. Die von LIMES verarbeiteten Beispiele bestehen aus einer Reihe von einfachen Attribut-Wert-Paaren für die Spezifikation der abzuschätzenden Operation bzw. Funktion und aus einem numerischen Wert für das erzielte Ergebnis. Beim Lernen von Abschätzungen wird die Approximation einer „idealen" Abschätzungsfunktion f angestrebt, die das exakte Ergebnis für jede vorgegebene Spezifikation liefert.[17] In diesem Zusammenhang wird auch der Begriff Funktionsabschätzung (Function Estimation) verwendet. Der Definitionsbereich für f ist die Menge aller Spezifikationen S, der Bildbereich die reellen Zahlen oder ein Teilbereich von $\mathbb{R}$, d.h.

$$f: S \to \mathbb{R}$$

Für grobe Abschätzungen beim Hausbau sind z.B. die folgenden Attribute relevant:

- Anzahl der benötigten Räume
- Größe des Baugrundes
- Lage des Baugrundes
- Unterkellerung des Gebäudes, mit der Wertemenge {ja, nein}
- Baustil, mit einer hierarchischen Wertemenge, die verschiedene Arten von Holz-, Fertig- und Steinhäusern unterscheidet

Auf der Basis dieser Informationen ist eine erste Kosten- und Zeitabschätzung für ein Bauvorhaben möglich, aufgrund derer über eine Verfeinerung der Spezifikation, eine den Aufwand reduzierende Modifikation des Vorhabens oder einen Abbruch des Vorhabens entschieden werden kann. Bei dieser Anwendung werden Abschätzungen typischerweise von einem Experten des Fachgebietes durchgeführt. Ein Software-Werkzeug kann hier zur Beratung von Laien dienen oder als Komponente eines Planungssystems eingesetzt werden.

Für Kosten- und Zeitabschätzungen haben unterschiedliche Attribute den größten Einfluß auf das Ergebnis. Für Zeitabschätzungen sind die Informationen über den Baustil und die Anzahl der Räume am wichtigsten. Auch die Unterkellerung ist relevant, die Größe des Baugrundes hat hingegen nur geringen Einfluß auf das Abschätzungsergebnis. Bei Kostenabschätzungen ergeben sich andere

---

[17] Wie oben erwähnt wurde, gibt es bei vielen Anwendungen keine solche ideale Abschätzungsfunktion, die einen einzigen korrekten Wert für jede Spezifikation liefert. Statt dessen besteht das exakte Ergebnis aus einem Intervall. In diesem Fall kann eine gelernte Abschätzungsfunktion entweder dieses Intervall approximieren oder den Mittelwert. Bei LIMES ist beides möglich.

Prioritäten für die Attribute. Hier gehört die Größe des Baugrundes zu den wichtigsten Einflußfaktoren. Trainingsbeispiele für das Lernen von Abschätzungen, die exakte Kosten- und Zeitangaben enthalten, sind als Daten über fertiggestellte Gebäude erhältlich. Aus diesen Beispielen kann mit LIMES eine heuristische Abschätzungswissensbasis aufgebaut werden, wie unten erläutert wird.

Warum ist gerade bei einer Abschätzungswissensbasis die Unterstützung verschiedener Lebenszyklusphasen wichtig? Warum kann eine einmal vorhandene Wissensbasis nicht unverändert gehalten werden? Gerade bei technischen Anwendungen werden regelmäßig neue Beispiele verfügbar, die neue Informationen über aktuelle Trends und Präferenzen bei der Problemlösung enthalten. Deshalb ist die Unterstützung der *Wissensbasiserweiterung* bei Abschätzungen unverzichtbar. Allein durch die Einarbeitung neuer Beispiele kann allerdings die Qualität einer Wissensbasis nicht sichergestellt werden. Beim Einsatz der Wissensbasis können Schwächen auftreten, die z.B. durch fehlende oder untypische Beispiele für einen bestimmten Aspekt der Anwendung verursacht wurden. Hieraus ergibt sich die Notwendigkeit einer *Modifikation der Wissensbasis*.

Schließlich sind noch die in Kap. 9 angesprochenen grundlegenden Änderungen von Eigenschaften des Anwendungsgebietes zu beachten. Wie erwähnt kann dieses z.B. bei Abschätzungen für den Hausbau auftreten, wenn die Wissensbasis in einem anderen Land mit anderen wirtschaftlichen Rahmenbedingungen angewandt werden soll. In diesem Fall ist eine *globale Adaptierung der Wissensbasis* erforderlich.

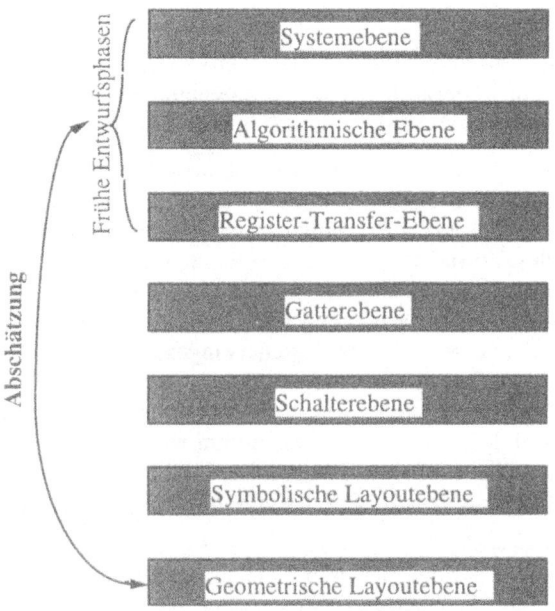

Abb. 10-18. Abstraktionsebenen für den Entwurf integrierter Schaltungen

Es zeigt sich also, wie wichtig die kontinuierliche Pflege einer Abschätzungs-wissensbasis ist. Abschätzungen sollen nun exemplarisch genauer studiert werden anhand der primären Anwendung für LIMES, den frühen Phasen des Entwurfs integrierter Schaltungen.

Abschätzungen beim Entwurf integrierter Schaltungen. Der Entwurf integrierter Schaltungen wird primär top-down durchgeführt. Dabei werden verschiedene Abstraktionsebenen durchlaufen, s. Abb. 10-18. Angefangen bei einer Beschreibung auf der Systemebene, wird das Entwurfsobjekt schrittweise verfeinert bzw. transformiert und damit auf den nachfolgenden Ebenen be-schrieben. Auf jeder Ebene müssen verschiedene Sichtweisen berücksichtigt werden (Funktion, Struktur und Geometrie der Schaltung).[18] Wenn die Schal-tungsbeschreibung auf einer Ebene die vorgegebenen Entwurfsziele und Rand-bedingungen nicht erfüllt, muß ein Entwurfsschritt rückgängig gemacht und zu einer früheren Ebene zurückgesprungen werden (Redesign).

Als ein Problem ergeben sich bei diesem Mehrebenen-Entwurfsstil die Ab-hängigkeiten zwischen den frühen und den späteren Entwurfsphasen. Die Wir-kungen eines Entwurfsschrittes auf einer Abstraktionsebene auf die späteren Ebenen muß berücksichtigt werden, obwohl seine exakte Wirkungsweise nicht vorhergesagt werden kann. Hier werden Abschätzungen genutzt, um Redesign und eine damit verbundene Versuch-und-Irrtum-Vorgehensweise weitgehend zu vermeiden. Abschätzungen gehören damit zu dem *Analyse*wissen, das zur Durch-führung der *Synthese*schritte beim Entwurf integrierter Schaltungen benötigt wird.

Abschätzungen können in verschiedenen Phasen des Entwurfs integrierter Schaltungen eingesetzt werden. LIMES lernt grobe Abschätzungen für die frü-hen Entwurfsphasen wie etwa die Planung einer Chip-Architektur.

Chip-Architekturplanung ist die Teilaufgabe des Schaltungsentwurfs, die eine algorithmische Verhaltensbeschreibung in eine strukturelle Schaltungsbeschrei-bung auf Register-Transfer-Ebene transformiert. Da die resultierende Chip-Flä-che bereits in dieser frühen Entwurfsphase zu berücksichtigen ist, ist hier der Einsatz von Abschätzungen notwendig. Die von LIMES bereitgestellten Abschät-zungen werden für den Chip-Architekturplaner CHARM [Temme, 1989; Temme und Markhof, 1991] benötigt. CHARM synthetisiert die Chip-Architektur in drei Hauptschritten:

* *Auswahl eines geeigneten Chip-Architekturschemas*
  Durch die Chip-Architekturschemata werden die acht vom System unterstütz-zen Architekturklassen repräsentiert (von-Neumann-Architektur, Pipeline Arrays etc.). CHARM wählt das am besten geeignete Schema anhand von Eigenschaften, die aus der Verhaltensbeschreibung extrahiert wurden, sowie den vorgegebenen Randbedingungen aus.

---

[18] Das Ebenenmodell wurde hier der Abbildung und Erläuterung des komplizierteren Y-Diagramms [Walker und Thomas, 1985] vorgezogen, in dem die Darstellung von Abstraktionsebenen und Sichtweisen kombiniert wird.

- *Instantiierung des ausgewählten Schemas*
  Hier werden Werte für die wichtigsten Parameter des Schemas bestimmt, z.B.
  die Anzahl der Prozessoren in einem Multiprozessorsystem, die Typen der
  Verbindungssysteme, die Speichergrößen etc.
- *Erzeugung der Register-Transfer-Beschreibung*
  Bei diesem Schritt, der Mikroarchitektursynthese, werden für die Komponen-
  ten des instantiierten Schemas Register-Transfer-Module bestimmt (Register,
  Busse etc.). Die resultierende strukturelle Beschreibung ist der Chip-Archi-
  tekturplan.

Um sicherzustellen, daß der erzeugte Chip-Architekturplan den vorgegebenen
Randbedingungen genügt, muß die benötigte Chip-Fläche näherungsweise bestimmt werden. Hierfür werden von LIMES Flächenabschätzungen bereitgestellt.
Damit ist eine grobe Bestimmung des Flächenbedarfs möglich. Falls eine Randbedingung verletzt wird, ist Redesign erforderlich. Dieser Schritt kann zu einem
modifizierten Chip-Architekturplan, zu einer veränderten Instantiierung des ausgewählten Schemas oder sogar zur Auswahl eines anderen Schemas führen.

Während der Chip-Architekturplanung sind generell nur sehr grobe Abschätzungen möglich, da die Register-Transfer-Komponenten erst sehr grob spezifiziert sind. Trotzdem kann schon hier auf Abschätzungen nicht verzichtet werden,
damit die Verletzung von Randbedingungen so früh wie möglich festgestellt
wird. Das bedeutet nicht, daß Flächenaspekte hier bereits abschließend betrachtet
werden können. In späteren Entwurfsphasen muß vielmehr eine detailliertere
Betrachtung erfolgen. Hierfür können konventionelle Abschätzungswerkzeuge
eingesetzt werden (s.u.).

LIMES kann auch als eigenständiges System genutzt werden, das Informationen für den Entwerfer bei einer manuellen Planung der Chip-Architektur be-
reitstellt.

Konventionelle Abschätzer für integrierte Schaltungen [Chen und Bushnell,
1988; Zimmermann, 1988; Kurdahi und Parker, 1989; Chen und Gajski, 1990;
Kurdahi und Ramachandran, 1990] benötigen in Vergleich zu LIMES eine
detailliertere Beschreibung des abzuschätzenden Moduls, z.B. eine Beschreibung
auf der Gatterebene. Sie sind typischerweise auf einen bestimmten Entwurfsstil
für integrierte Schaltungen, z.B. den Standardzellenentwurf, beschränkt. Auf der
Basis dieser genaueren Spezifikationen sind Abschätzungen mit relativ geringer
Fehlerrate, d.h. weniger als 10%, möglich. Da die benötigte Modulspezifikation
allerdings erst während späterer Entwurfsphasen verfügbar wird, können konventionelle Abschätzer nicht für frühe Entwurfsschritte wie die Chip-Architekturplanung eingesetzt werden. Sie ergänzen vielmehr die groben Abschätzungen
vom LIMES.

Experten für den Schaltungsentwurf lernen das Abschätzen durch die aus früheren Entwürfen gewonnenen Erfahrungen. Bei der Abschätzung erinnern sie
sich an alte Entwürfe oder betrachten die Entwürfe ihrer Kollegen und verwen-

den diese Informationen für ähnliche Teile des aktuellen Entwurfs.[19] Die „manuelle" Akquisition von Abschätzungswissen erfordert daher mehrjährige Erfahrung in der Schaltungsentwicklung. Die bei der Abschätzung ausgenutzte Grundidee besagt, daß ähnliche Modulspezifikationen auch zu ähnlichen Realisierungen, genauer zu ähnlichen Modulflächen, führen. Diese Ähnlichkeiten werden beim induktiven Lernen aus Beispielen ausgenutzt.

Insgesamt gesehen wird also deutlich, daß die von LIMES erzeugten groben Abschätzungen eine Lücke innerhalb der CAD-Unterstützung für die frühen Phasen des Entwurfs integrierter Schaltungen schließen, die von konventionellen Abschätzern nicht ausgefüllt wird. Somit unterstützt LIMES eine praxisrelevante, neue Anwendung für maschinelles Lernen. Die nun folgenden Abschnitte haben die verschiedenen in LIMES integrierten Lernstrategien zum Inhalt.

10.3.2 Konzept des Abschätzers

LIMES lernt Abschätzungswissen induktiv aus Beispielen. Jede Beispielbeschreibung besteht aus Attribut-Wert-Paaren, die die auszuführende Operation spezifizieren (z.B. die Realisierung eines Moduls), und einem numerischen Wert, der das Resultat der Operation angibt (z.B. die Fläche des realisierten Moduls).

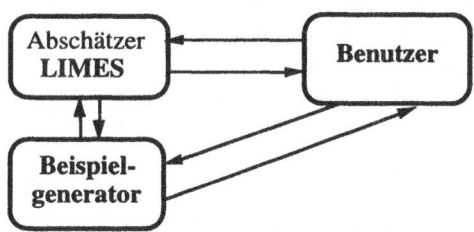

Abb. 10-19. Umgebung des Abschätzers LIMES

Die Umgebung von LIMES besteht aus einem Beispielgenerator und dem Benutzer, s. Abb. 10-19. Der Benutzer kann auch ein Programm sein, das die Abschätzungen zur Problemlösung einsetzt. Der Beispielgenerator kann hier entweder ein Experte für das Anwendungsgebiet sein, der Beispiele zur Verfügung stellt, oder ein Programm, das Beispiele produziert, z.B. ein Modulgenerator für integrierte Schaltungen.[20] Bei einem solchen Modulgenerator fallen regelmäßig

---

[19] Diese Charakterisierung der Vorgehensweise des Schaltungsentwicklers beruht auf Diskussionen mit Experten eines führenden deutschen Herstellers für integrierte Schaltungen.

[20] Ein Modulgenerator für integrierte Schaltungen kann die gewünschte Realisierung entweder durch einen automatisch durchgeführten Schaltungsentwurf bereitstellen oder durch den Zugriff auf eine Modulbibliothek. Auch Kombinationen der beiden Alternativen sind möglich.

Beispiele an, die aus durchgeführten Schaltungsentwürfen stammen. Damit wird eine große Menge von Beispielen erzeugt, die ohne zusätzlichen Aufwand für die Abschätzung genutzt werden können. LIMES beobachtet den Beispielgenerator und erzeugt daraufhin eine Abschätzungswissensbasis. Damit können Abschätzungen für vom Benutzer vorgegebene Spezifikationen geliefert werden.[21]

LIMES ist ein Multistrategiesystem, das nach dem Lebenszyklus-orientierten Integrationsansatz für Lernstrategien organisiert ist. Die verschiedenen Phasen des Lebenszyklus einer Wissensbasis werden durch unterschiedliche Strategien unterstützt, die hier kurz vorgestellt und in den nachfolgenden Abschnitten genauer abgehandelt werden.

- *Wissensbasisinitialisierung*
  Als Startpunkt für die Generierung einer Abschätzungswissensbasis liegt eine Menge von Beispielen aus dem Beispielgenerator vor, z.B. eine Menge von Modulen früherer Schaltungsentwürfe. Wenn zu Beginn gleich eine signifikante Zahl von Beispielen vorliegt, eignet sich am besten eine Lernstrategie, die eine Beispielmenge als Ganzes verarbeiten kann, d.h. (anders als z.B. COSIMA) nichtinkrementell lernt. Deshalb baut LIMES die initiale Wissensbasis mit einem nichtinkrementellen Verfahren zur Begriffsbildung (Concept Formation) auf. Die Wissensbasis besteht aus einem gerichteten, azyklischen Wurzelgraphen, dessen Knoten als *Abschätzungsklassen* bezeichnet werden. Neben der attributbasierten Klassendefinition sind in jeder Klasse auch die gelernten Abschätzungsdaten enthalten.

- *Wissensbasiseinsatz*
  Die vom gelernten Wissen unterstützte Problemlösungsaufgabe ist die Abschätzung. Die Performanzkomponente benutzt die Wissensbasis auf folgende Weise: Für die vorgegebene Spezifikation einer abzuschätzenden Operation wird die am besten geeignete Abschätzungsklasse bestimmt. Aus den Abschätzungsdaten in dieser Klasse wird das Ergebnis abgeleitet.

- *Wissensbasiserweiterung*
  Durch eine nichtinkrementelle Lernstrategie wird zwar die Initialisierung einer Wissensbasis adäquat unterstützt, nicht jedoch die spätere Einarbeitung neuer Beispiele, die wie erwähnt unverzichtbar ist. Ein jeweiliger kompletter Neuaufbau der Wissensbasis mit sämtlichen alten und neuen Beispielen verbietet sich aus Effizienzgründen. Deshalb gibt es in LIMES eine eigene, inkrementelle Lernstrategie für die Wissensbasiserweiterung, die anhand der neuen Beispiele Erweiterungen (und lokale Änderungen) an der Wissensbasis vornimmt.

- *Wissensbasismodifikation*
  Während des Einsatzes und der Erweiterung einer Wissensbasis können Probleme auftreten, die einer gesonderten Behandlung bedürfen. So können im Abschätzungsgraphen negative Eigenschaften, im folgenden als *Schwachstellen* bezeichnet, sichtbar werden, die zu mangelhaften Abschätzungsergebnissen führen können. Zu ihrer Entdeckung, Einordnung und Beseitigung besitzt

---

[21] Wie in [Herrmann, 1991] erläutert wird, kann LIMES neben Flächenabschätzungen noch andere Abschätzungen für Module integrierter Schaltungen liefern.

LIMES eine weitere Lernstrategie, die Modifikationen an der Wissensbasis vornimmt.

- *Globale Adaptierung der Wissensbasis*
  Diese neue Lernstrategie befaßt sich mit der in Kap. 9 erörterten Problematik von veränderten Eigenschaften des Anwendungsgebietes, die sämtliche Einträge der Wissensbasis ungültig machen können und ein stark verändertes Ein-/Ausgabeverhalten des wissensbasierten Systems notwendig machen. Das ist bei Abschätzungen für Module integrierter Schaltungen der Fall, wenn sich die den Beispielen und dem Modulgenerator zugrunde liegende Fertigungstechnologie geändert hat. Die Lernstrategie führt Experimente mit dem Beispielgenerator durch und stellt damit systematisch fest, auf welche Weise die verschiedenen Teile der Wissensbasis zu adaptieren sind.

Nach dieser Übersicht werden nun die verschiedenen Strategien einzeln vorgestellt.

10.3.3 Nichtinkrementelle Wissensbasisinitialisierung

Um die initiale Wissensbasis aus einer Menge von Beispielen aufzubauen, wird ein nichtinkrementelles Verfahren zur Begriffsbildung eingesetzt, das die unten vorgestellte Beispielbeschreibungssprache benutzt. Aus den folgenden Gründen ist ein nichtinkrementelles Verfahren am besten für die Wissensbasisinitialisierung innerhalb von LIMES geeignet: Für den Erhalt einer einsetzbaren initialen Wissensbasis wird eine Menge von Beispielen benötigt, anhand derer sich Statistiken über die Anzahl der für eine potentielle Klasse verfügbaren Beispiele sowie die Streuung der numerischen Ergebnisse aufstellen lassen. Diese statistischen Daten beeinflussen die Struktur der zu generierenden Wissensbasis. Da bei einer inkrementellen Lernstrategie zunächst keine statistisch relevante Beispielmenge vorliegt, würden also in der Anfangsphase viele ungünstige Strukturentscheidungen zu erwarten sein, die, ähnlich wie bei dem inkrementellen Lernsystem COBWEB [Fisher, 1987], anhand neuer Beispiele wieder rückgängig gemacht werden müßten. Andererseits greift bei LIMES der Vorteil eines inkrementellen Verfahrens, nämlich die schnelle Einsetzbarkeit von Wissen, das erst anhand weniger Beispiele gelernt wurde, nicht, da Abschätzungsdaten erst dann sinnvoll eingesetzt werden können, wenn sie auf einer (statistisch relevanten) Beispielmenge beruhen. Außerdem kann bei Abschätzungsproblemen wie der Flächenabschätzung für Module integrierter Schaltungen von Vorhandensein einer initialen Menge von Beispielen, die aus früheren Schaltungsentwürfen stammen, ausgegangen werden.

Jede Beispielbeschreibung für LIMES besteht aus zwei Teilen, einer Spezifikation der auszuführenden Operation und einem entsprechenden numerischen Ergebnis. Die Spezifikation wird für die Auswahl und Definition der bei der Begriffsbildung erzeugten Klassen benutzt. Aus den numerischen Ergebnissen in den Beispielbeschreibungen werden die Abschätzungsinformationen und Qualitätsbewertungen für die Klassen abgeleitet.

Verschiedene Spezifikationen können einen unterschiedlichen Detaillierungsgrad besitzen. So sind z.B. für die Zeitabschätzung beim Hausbau die Attribute

Baustil und *Anzahl der benötigen Räume* selbst für eine sehr grobe Abschätzung unverzichtbar, während die Attribute *Größe des Baugrundes* und *Lage des Baugrundes* optional sind, da sie geringeren Einfluß auf die Bauzeit haben. Es sollte auch die Abschätzung von weniger detaillierten und damit generelleren Spezifikationen, d.h. solchen mit fehlenden Werten für einige der Attribute, möglich sein. (Der Detaillierungsgrad einer Spezifikation hat allerdings Einfluß auf die Qualität des Abschätzungsergebnisses.) Das zu lernende Abschätzungswissen muß also auf unterschiedlich detaillierte Spezifikationen anwendbar sein. Man braucht deshalb sowohl sehr generelle Klassen zur Unterstützung von groben Spezifikationen als auch speziellere Klassen, die auf detaillierte Spezifikationen zugeschnitten sind. Es werden also Klassen mit unterschiedlichem Generalitätsgrad benötigt.

Die Spezifikationssprache für die Abschätzung von Modulen integrierter Schaltungen enthält die folgenden numerischen und symbolischen Attribute:

- *Modulfunktion:* Als Wertebereich liegt hier eine hierarchisch strukturierte Menge von Symbolen vor, die die Funktion des Moduls und den Algorithmus zu ihrer Realisierung spezifizieren. So spezifiziert z.B. das Symbol „Carry Lookahead Adder" die mathematische Funktion „Addition" und den „Carry-Lookahead"-Algorithmus zu ihrer Realisierung.

- *Dimensionierung:* Hier wird die Bitbreite von Operatoren bzw. die Größe von Speichermodulen angegeben.

- *Form:* Neben Rechtecken können Module auch andere rechtwinklige Polygone als Form annehmen. Zum Beispiel sind L-förmige Module zulässig. Die Form wird hier ebenfalls durch eine hierarchisch strukturierte Menge von Symbolen spezifiziert.

- *Anschlüsse:* Die Verteilung der Anschlüsse über den Rand der Modulfläche wird hier grob spezifiziert.

- *Technologie:* Falls der Modulgenerator mehr als einen Fertigungsprozeß unterstützt, muß dieser hier durch die Angabe eines Symbols spezifiziert werden.

Die Wertebereiche für die Attribute *Modulfunktion*, *Form* und *Technologie* werden durch drei Konzeptbäume definiert. Abbildung 10-20 zeigt exemplarisch den Konzeptbaum für *Modulfunktion*.

Wie oben erwähnt, ist die Lernstrategie zur Begriffsbildung in LIMES nichtinkrementell. Wie bei anderen Verfahren für die Begriffsbildung wird eine hierarchisch strukturierte Menge von Klassen aufgebaut. Neben dem Aspekt der Inkrementalität gibt es eine Reihe weiterer Unterschiede zu bekannten Verfahren für die Begriffsbildung wie z.B. COBWEB [Fisher, 1987] und UNIMEM [Lebowitz, 1987], die sich aus den Anforderungen der Problemklasse, also den Abschätzungsproblemen, ergeben:

a) *Es gibt eine von der Anwendung bestimmte Ordnung für die Menge der Attribute gemäß ihrer Bedeutung für die Abschätzung*
   Wie oben erwähnt wurde, gibt es *unverzichtbare* und *optionale* Attribute für eine abzuschätzende Spezifikation. Diese von der Anwendung abhängige

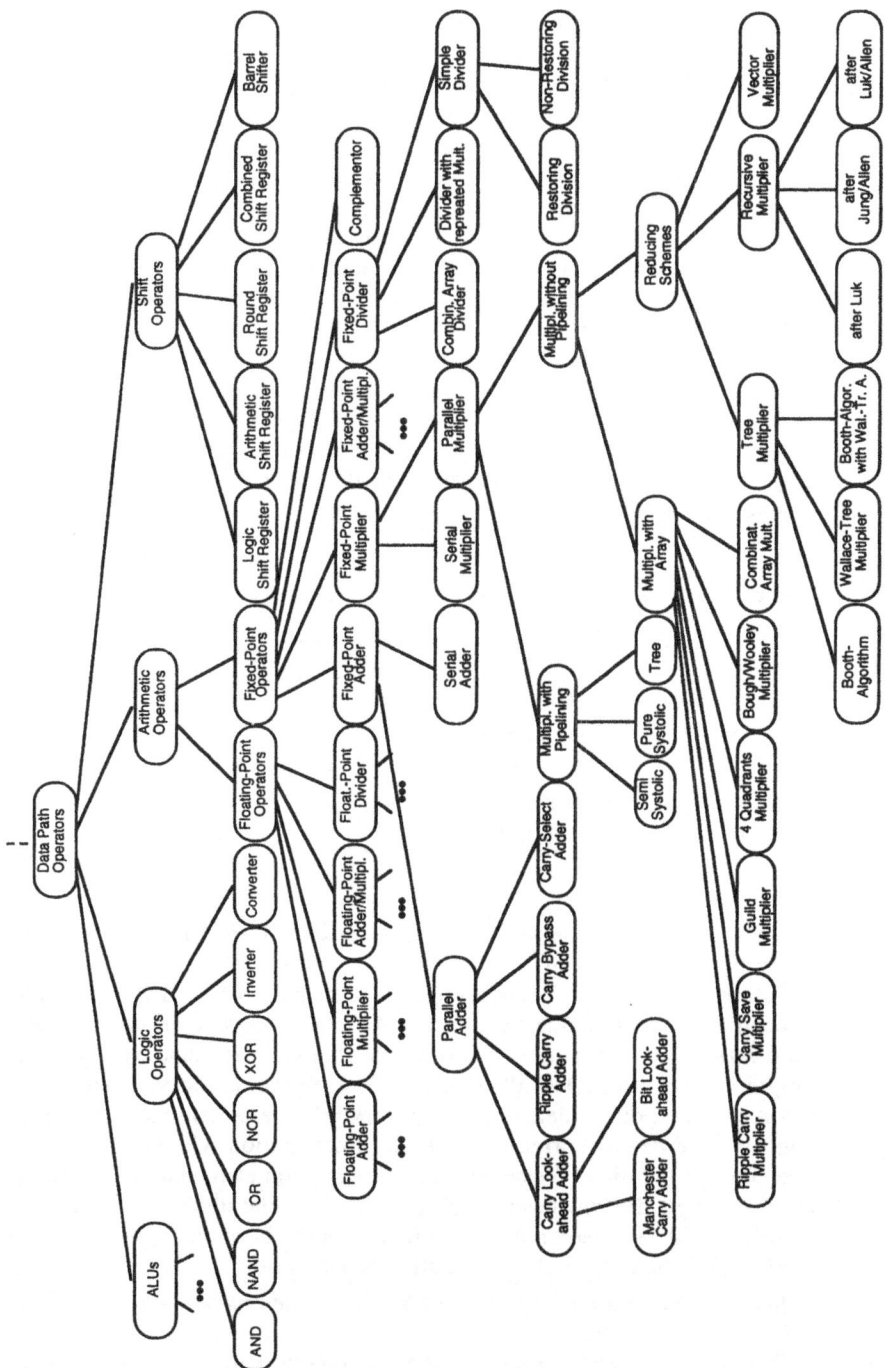

Abb. 10-20. Ausschnitt aus dem Konzeptbaum für das Attribut *Modulfunktion*

Bewertung der Attribute läßt sich mit den Prädikatgewichten bei COSIMA vergleichen. Sie wird bei LIMES durch *Attributprioritäten* ausgedrückt, die die Generierung von Klassen für die Abschätzungswissensbasis steuern. So wird etwa die Erzeugung einer Klassendefinition verhindert, die Werte für die optionalen Attribute, aber nicht für die unverzichtbaren hat. Eine solche Klasse würde sich auf Beispiele beziehen, die sich in den weniger relevanten Attributen ähneln, jedoch Unähnlichkeiten bezüglich der unverzichtbaren Attribute vernachlässigen. Eine Funktion zur Bewertung von Kandidaten bei der Klassenerzeugung (Category Utility Function), die sich nicht auf solches anwendungsspezifisches Wissen stützen kann, würde die Erzeugung solcher ungeeigneten Klassen zulassen.

Bei der Spezifikation von Modulen integrierter Schaltungen hat neben den unverzichtbaren Attributen *Modulfunktion* und *Dimensionierung* das Attribut *Technologie* den größten Einfluß auf das Abschätzungsergebnis. Angaben zu den anderen Attributen sind nur dann sinnvoll, wenn auch Werte für diese wichtigsten drei vorliegen. Die Attributprioritäten für diese Anwendung sind in Tabelle 10-4 zusammengefaßt.

Tabelle 10-4. Prioritäten für die Attribute einer Modulspezifikation

Attribut	Priorität
Modulfunktion	3
Dimensionierung	3
Technologie	2
Form	1
Anschlüsse	1

b) *Für jede Kombination von Werten der unverzichtbaren Attribute wird eine Abschätzungsklasse benötigt*
Ein wichtiges Ziel für die Abschätzungswissensbasis ist, daß für möglichst alle Spezifikationen zumindest eine grobe Abschätzung geliefert werden kann. Die unverzichtbaren Attribute enthalten die minimale für eine Spezifikation benötigte Information. Deshalb wird für jede Kombination von Werten zu diesen Attributen, die in den Beispielen vorkommt, eine Abschätzungsklasse erzeugt und die dazugehörige Abschätzungsinformation wie unten beschrieben berechnet. Auf diese Weise wird eine Menge von elementaren, disjunkten Klassen erzeugt, die die gesamte Beispielmenge überdeckt. Die Elemente einer solchen Klasse werden als ähnlich zueinander bezeichnet, da sie identische Werte für die unverzichtbaren Attribute besitzen.

c) *Die Qualität einer Abschätzungsklasse hängt von den numerischen Ergebnissen der Beispiele für die Klasse ab*
Das Resultat einer Abschätzung ist nicht die Klassifikation der eingegebenen Spezifikation, sondern die numerische Abschätzung des Ergebnisses der spezifizierten Operation. Eine Qualitätsfunktion für Klassen sollte deshalb

bewerten, wie gut eine Vorhersage des Ergebnisses anhand der angegebenen Attributwerte möglich ist. Als eine Verallgemeinerung des Maßes für die *Vorhersagekraft* (Predictability) in COBWEB wird zu diesem Zweck in CLASSIT [Gennari et al., 1989] die Standardabweichung der Ergebniswerte in der Beispielmenge verwendet. Auf ähnliche Weise ist das Qualitätsmaß in LIMES definiert. Es wird für eine Klasse K aus der relativen Varianz RV und der Anzahl der vorhandenen Beispiele folgendermaßen berechnet:

$$Qualität(K) = \begin{cases} 0 & falls \ \#Beispiele < E \\ \dfrac{1}{RV} & sonst \end{cases}$$

E ist eine (vom Benutzer einstellbare) untere Grenze für die Anzahl der Beispiele, die in einer aussagekräftigen Abschätzungsklasse enthalten sein müssen. Die relative Varianz RV ist der Quotient aus der Varianz der Ergebniswerte und dem Durchschnittswert.

Sei $\bar{x}$ der Durchschnittswert für die Ergebniswerte $x_1, \ldots, x_n$. Dann ist

$$RV(x_1, \ldots, x_n) = \sqrt{\frac{\sum_{i=1}^{n}(x_i - \bar{x})^2}{n}} \cdot \frac{1}{\bar{x}}$$

Durch RV wird die Abweichung der Ergebniswerte unabhängig von ihrer absoluten Größe betrachtet. Damit kann die Varianz von Klassen mit Daten in unterschiedlichen Größenordnungen adäquat verglichen werden. Falls RV gering ist und die Anzahl der Beispiele größer als E, hat eine Abschätzungsklasse also eine gute Qualität. Mit zunehmender Varianz nimmt die Qualität entsprechend ab. Eine Klasse mit zu geringer Beispielzahl hat die geringste Qualität, da ihre Beispiele nicht hinreichend repräsentativ für die betrachtete Anwendung sind. Die Qualität einer Klasse ist unabhängig von den anderen Klassen in der Wissensbasis.

Durch die Qualitätsfunktion wird die Suche nach Klassen mit Werten für mehr als die unverzichtbaren Attribute gesteuert. LIMES sucht dazu in der Beispielmenge nach häufig (mindestens E-mal) auftretenden Kombinationen von Attributwerten. Für jede dieser Kombinationen, die zusätzlich das unten angegebene Monotoniekriterium erfüllen, wird eine Abschätzungsklasse erzeugt, falls ihre Qualität einen vom Benutzer einstellbaren Mindestwert Q übersteigt.

Eine Kombination von Attributwerten wird als *monoton* bezeichnet, wenn sie folgende Bedingung erfüllt: Falls ein Wert für ein Attribut A mit der Priorität P_A in der Kombination enthalten ist, sind auch Werte für alle Attribute, die höhere Prioritäten als P_A haben, darin vertreten.[22]

---

[22] Das Monotoniekriterium erzwingt, daß optionale Attribute mit höheren Prioritäten bei der Klassenbildung bevorzugt werden. Falls bei einem Anwendungsgebiet keine solchen Prioritäten bestimmt werden können, erhalten alle Attribute eine einheitliche Priorität und das Monotoniekriterium ist damit ohne Wirkung.

Aus diesen Ausführungen wird deutlich, daß die Bildung neuer Klassen gemäß den beschriebenen Kriterien mit einer *inkrementellen* Lernstrategie nicht möglich ist. Tabelle 10-5 zeigt den nichtinkrementellen Algorithmus für die Begriffsbildung in LIMES.

Der Algorithmus erzeugt zuerst eine Menge disjunkter, elementarer Abschätzungsklassen, die die gesamte Beispielmenge überdecken. Andere Klassen werden nur hinzugefügt, falls sie durch eine monotone Kombination von Attributwerten definiert sind und das Qualitätskriterium erfüllen. Es entsteht ein gerichteter, zyklenfreier Wurzelgraph, der *Abschätzungsgraph*, dessen Kanten durch die Ist-spezieller-als-Relation gegeben sind. Somit wird durch die Beispielmenge und die Attributprioritäten die Struktur des Graphen bestimmt. Durch diese Informationen sowie das Monotoniekriterium wird die Kandidatenmenge für Abschätzungsklassen bei LIMES im Vergleich zu anderen Begriffsbildungsverfahren stark reduziert und die Suche nach Kandidaten deutlich vereinfacht.

Ein Beispielgraph ist in Abb. 10-21 zu sehen. Die Wurzel dieses Graphen wird in Schritt 1) des Algorithmus erzeugt. Schritt 2) erzeugt die Klassen auf der nächsten Ebene, also No 2 und No 3, sowie weitere, nicht abgebildete Bruderknoten. Die restlichen Klassen werden von Schritt 3) generiert.

Tabelle 10-5. Der nichtinkrementelle Algorithmus für die Wissensbasisinitialisierung

Eingabe:	Eine Beispielmenge *EX*
Resultat:	Ein gerichteter, zyklenfreier Wurzelgraph mit Abschätzungsklassen

1) Erzeuge eine Wurzelklasse *ROOT*, die alle Elemente aus *EX* enthält;
2) **Für** jede Kombination von Werten $V_1, \dots, V_n$ für die unverzichtbaren Attribute in *EX* **führe aus**
   Erzeuge einen neuen Sohn der Wurzel *CHILD* und instantiiere ihn mit den Werten $V_1, \dots, V_n$;
   Berechne die Abschätzungsdaten für *CHILD* aus den Beispielen für *CHILD* in *EX*;
3) **Für** jeden Sohn *CHILD* der Wurzel **führe aus**
   Erzeuge alle monotonen Erweiterungen *ER* von *CHILD* um solche weiteren Attributwerte, die in den Beispielen für *CHILD* vorkommen;
   Falls *Qualität(ER)* > untere Schranke *Q*
   Dann füge *ER* in den Graphen gemäß der Ist-spezieller-als-Relation für Klassen ein und berechne die dazugehörigen Abschätzungsdaten

Wie werden die Abschätzungsdaten in den einzelnen Klassen berechnet? Dazu wird eine statistische Analyse der Ergebniswerte für die Beispiele der Klasse durchgeführt. Hierbei ist zu beachten, daß Elemente der initialen Beispielmenge und der Menge der später zusätzlich verfügbar werdenden Beispiele mehrfach auftreten können. (Es handelt sich hier also strenggenommen um Multimengen.) Da es nicht praktikabel ist, solche doppelten Elemente explizit zu entfernen, muß dem mehrfachen Auftreten von Elementen bei der Bestimmung der Abschätzungsdaten Rechnung getragen werden. Da ferner nicht vorausgesetzt werden kann, daß die Auftrittshäufigkeit von Beispielen während der gesamten Lebensdauer einer Wissensbasis gleichbleibend ist, wird gefordert, daß die Berechnung der Abschätzungsdaten in einer Klasse nicht von der Wahrscheinlichkeitsverteilung der Beispiele abhängt. Zumindest sollte das mehrfache Auftreten eines Beispiels nicht zu einem anderen Ergebnis führen als das einmalige Auftreten.

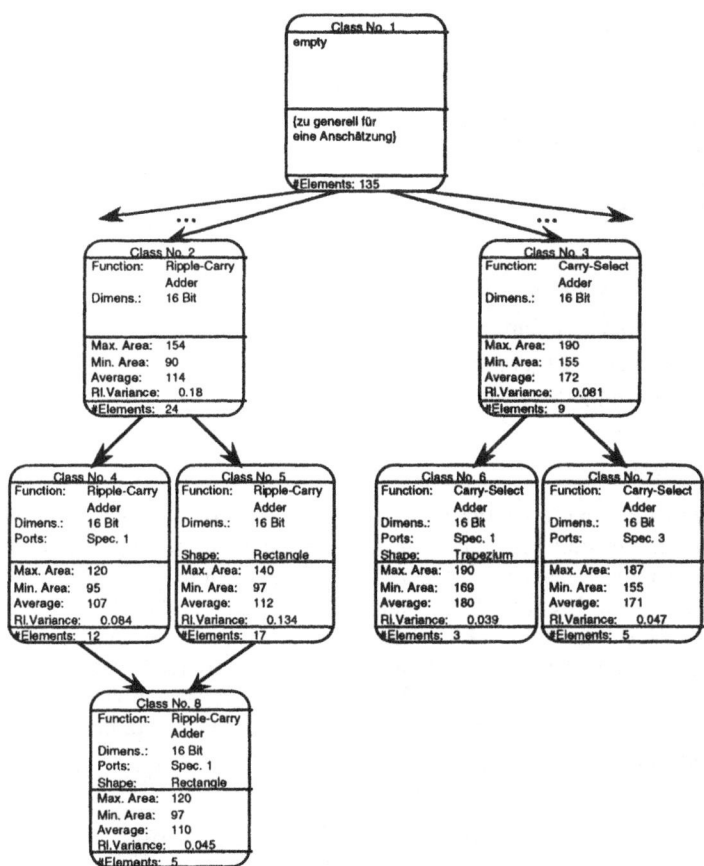

Abb. 10-21. Ein Graph mit Abschätzungsklassen sowie den Daten für die Flächenabschätzungen von Modulen integrierter Schaltungen. (Das Attribut *Technologie* ist nicht mit abgebildet.)

Aufgrund dieser Anforderung erfolgt bei der Berechnung der Abschätzungsdaten für eine Klasse eine selektive Verarbeitung der Beispiele. Es werden nur die C größten und die C kleinsten Ergebniswerte innerhalb der Menge der bisher für die Klasse bekannten Beispiele für die Berechnung herangezogen. Doppelt auftauchende Beispiele werden ignoriert.[23] Die Statistiken beziehen sich also al-

---

[23] LIMES bietet zwei alternative Darstellungen für die beiden Teilmengen mit extremen Werten an. Bei Darstellung *A* werden nur die Ergebniswerte in der Klasse abgelegt.

lein auf diese beiden Teilmengen mit extremen Werten. C ist ein vom Benutzer einstellbarer Parameter, der die Qualität und den Aufwand für die Berechnung der Abschätzungsdaten steuert. Wenn C hinreichend groß gewählt wird, finden auch Ergebniswerte Berücksichtigung, die nahe am Durchschnitt sämtlicher Werte liegen. Wenn bei der späteren inkrementellen Erweiterung der Wissensbasis weitere Beispiele verfügbar werden, werden die beiden Teilmengen mit extremen Werten entsprechend aktualisiert und die Abschätzungsdaten demgemäß angepaßt. Es wird also z.B. der kleinste der C größten Werte durch einen neuen, größeren Wert ersetzt. Somit wird sichergestellt, daß jedes Beispiel nicht mehr als einmal in die Abschätzungsdaten eingeht. Auch die Reihenfolge der bei einer inkrementellen Erweiterung verfügbar werdenden Beispiele ist für das Endergebnis irrelevant.

Die folgenden Abschätzungsdaten werden für jede Klasse berechnet:

- Maximum aller Ergebniswerte
- Minimum aller Ergebniswerte
- Durchschnitt der Ergebniswerte
- Relative Varianz der Ergebniswerte
- Qualität der Klasse
- Extremdifferenz D

Der Durchschnittswert ist typischerweise für die Abschätzung am besten geeignet. Maximum und Minimum können für die Abschätzung des schlechtesten bzw. besten Falls eingesetzt werden. Die Extremdifferenz D gibt die Differenz zwischen dem Durchschnitt der C maximalen Werte und dem Durchschnitt der C minimalen Werte an. Jede Aktualisierung der beiden Teilmengen mit extremen Werten aufgrund neu verfügbarer Beispiele führt zu einer Vergrößerung von D. Die Extremdifferenz wird für die globale Adaptierung einer Wissensbasis benötigt. Damit kann, wie unten ausgeführt wird, die Konvergenz der Abschätzungsdaten beobachtet werden.

10.3.4 Einsatz der Wissensbasis für die Abschätzung

Wie in Kap. 6 ausgeführt, ist die Integration von Lernen und Problemlösen eine wichtige Forderung für praxisrelevante maschinelle Lernsysteme. Aufbau und Pflege einer Wissensbasis können nicht unabhängig vom Wissensbasiseinsatz betrieben werden. Deshalb ist in das maschinelle Lernsystem LIMES eine Pro-

---

Wenn also ein Wert mehrfach auftaucht, wird er auf jeden Fall nur einmal abgespeichert. Darstellung B ist genauer, erfordert aber auch mehr Speicherplatz. Hier werden die kompletten Beispielbeschreibungen, also neben den Ergebniswerten auch die dazugehörigen Spezifikationen, in die Klasse übernommen. Damit lassen sich zwei Beispiele mit unterschiedlichen Spezifikationen, aber gleichem Ergebniswert unterscheiden. Sie können also beide bei der Berechnung der Abschätzungsdaten berücksichtigt werden. Darstellung B ist nur bei Beispielbeschreibungssprachen mit einer geringen Zahl von Attributen einsetzbar, wie etwa bei der vorgestellten Sprache für Module integrierter Schaltungen.

blemlösungskomponente integriert. Sie liefert für eine vorgegebene Spezifikation einen numerischen Wert (sowie ggf. weitere Informationen) zurück. Dazu durchläuft sie den Abschätzungsgraphen von der Wurzel aus. Für eine abzuschätzende Spezifikation wird die speziellste Klasse bestimmt, die sie abdeckt. Bei der Suche muß ein Pfad von der Wurzel zu dieser Klasse durchlaufen werden.[24] Der Durchschnittswert und, wenn gewünscht, auch weitere Werte werden als Abschätzungsergebnis ausgegeben.

Beispiel für eine Abschätzung. Die folgende Spezifikation für ein Schaltungsmodul soll mit dem Graphen in Abb. 10-21 abgeschätzt werden:

Modulfunktion:	ripple-carry adder
Dimensionierung:	16 bit
Anschlüsse:	Spec. 1
Form:	L-förmig

Angefangen bei der Wurzel, wird der Graph durchsucht. Es wird festgestellt, daß die Spezifikation zu Klasse No. 2 gehört. Die weitere Suche betrachtet die Söhne dieser Klasse. No. 4 ist eine speziellere Klasse, in die das Beispiel gehört. Da der einzige Sohn von No. 4, also Klasse No. 8, einen anderen Wert für das Attribut *Form* besitzt, ist No. 4 die speziellste Klasse, in die die Spezifikation fällt. Der Durchschnittswert 107 wird ausgegeben. Der (in Abb. 10-21 nicht gezeigte) Qualitätswert informiert den Benutzer ferner über die Zuverlässigkeit der Abschätzung.

10.3.5 Inkrementelle Erweiterung der Wissensbasis

Die Vorteile einer nichtinkrementellen Lernstrategie für die Wissensbasisinitialisierung wurden bereits zu Beginn von Abschn. 10.3.3 erörtert. Die Lernstrategie für die Wissensbasisinitialisierung analysiert eine Beispielmenge als Ganzes, um daraus die Struktur des Abschätzungsgraphen abzuleiten. Sie ist also nicht für die Erweiterung der Wissensbasis geeignet. Trotzdem kann auf die inkrementelle Erweiterung der Wissensbasis bei LIMES nicht verzichtet werden. Als erster Grund ist die Verfügbarkeit neuer Beispiele, die in die Wissensbasis aufgenommen werden sollen, zu nennen. So fallen z.B. beim Schaltungsentwurf durch fertiggestellte neue Schaltungen regelmäßig neue Beispiele an. Ein jeweiliger kompletter, nichtinkrementeller Neuaufbau der Wissensbasis mit sämtlichen alten und neuen Beispielen verbietet sich aus Effizienzgründen. Deshalb wird bei LIMES die Wissensbasisinitialisierung und die -erweiterung mit zwei verschiedenen Lernstrategien durchgeführt. Der zweite Grund für eine Strategie zur inkrementellen Erweiterung der Wissensbasis ergibt sich aus dem Wissensbasiseinsatz. Während des Einsatzes kann sich der Bedarf für eine Erweiterung zeigen, dem

---

[24] Es gibt im Abschätzungsgraphen nicht in jedem Fall eine eindeutige speziellste Klasse für die Abschätzung einer Spezifikation. Wenn z.B. Klasse No. 8 in dem Graphen aus Abb. 10-21 fehlen würde, würden einige Spezifikationen sowohl Klasse No. 4 als auch No. 5 als speziellste passende Klassen haben. In diesem Fall wird die Abschätzung als Mittelwert aus den Daten in beiden Klassen errechnet.

daraufhin durch eine gezielte, lokale Erweiterung der Wissensbasis Rechnung getragen werden kann.

Einarbeitung neuer Beispiele. Jedes Mal, wenn ein oder mehrere neue Beispiele verfügbar werden, werden sie in die Wissensbasis eingearbeitet. Für ein neues Beispiel werden zunächst alle Klassen bestimmt, in die das Beispiel gehört. Der Ergebniswert des Beispiels wird in die Teilmengen mit extremen Werten aufgenommen, falls er zu den C größten bzw. C kleinsten Werten in einer Klasse gehört. In diesem Fall werden die Abschätzungsdaten der Klasse neu berechnet.[25] Die Zuverlässigkeit der Abschätzungsdaten erhöht sich somit inkrementell.

Die Einarbeitung eines neuen Beispiels beeinflußt nur die Klassen, in die es gehört. Es findet keine Veränderung der Wissensbasisstruktur statt. Um häufige Strukturänderungen zu vermeiden, wird bei LIMES, im Gegensatz zu inkrementellen Systemen wie UNIMEM und COBWEB, beim Auftauchen einzelner neuer Beispiele keine Überprüfung und Anpassung der Wissensbasisstruktur vorgenommen. Solche Anpassungen werden statt dessen

- beim Wissensbasiseinsatz angestoßen, falls sich Bedarf dazu zeigt,
- während regelmäßig stattfindender Wartungsphasen systematisch durchgeführt.

Wissensbasiserweiterung im Bedarfsfall. Falls sich beim Wissensbasiseinsatz zeigt, daß eine geeignete Klasse für eine Abschätzung fehlt, wird durch induktive Generalisierung oder Spezialisierung eine neue Klasse erzeugt und der Wissensbasis hinzugefügt. Als Strukturveränderung wird hier also lediglich die Erweiterung des Abschätzungsgraphens durchgeführt, während andere Strukturveränderungen, die eine Wissensbasismodifikation bedeuten, nur im Rahmen der im nächsten Abschnitt vorgestellten Wartungsphasen durchgeführt werden.

Bei der *induktiven Generalisierung* ist der Ausgangspunkt eine Abschätzungsklasse, die zu speziell für die aktuell abzuschätzende Spezifikation ist, d.h. sie enthält Werte für optionale Attribute, die in der Spezifikation nicht oder mit anderen Werten vorkommen. Außerdem fehlt eine geeignete Oberklasse. Aus dieser Klasse und ähnlichen Nachbarklassen wird eine neue Klasse abgeleitet, die eine Oberklasse der spezielleren wird. Bei dieser Generalisierung werden die Generalisierungsregeln *Aufstieg im Konzeptbaum* und *Weglassen einer Bedingung* eingesetzt [Michalski, 1983].

Bei den generalisierten Abschätzungsklassen wird ein verallgemeinerter Ähnlichkeitsbegriff angewandt. Zwei Spezifikationen sind nicht nur ähnlich, wenn sie *identische Werte* für einige ihrer Attribute besitzen, sondern auch wenn sie *ähnliche Werte* haben. Der Grad der Ähnlichkeit hängt von der Anzahl identischer

---

[25] Strenggenommen findet hiermit eine Wissensbasismodifikation (in Kombination mit einer Wissensbasiserweiterung) statt. Der typische Charakter einer Wissensrevision bzw. -verfeinerung fehlt hier jedoch, da die Neuberechnung der Daten durch eine einfache statistische Prozedur erfolgt. Eine Wissensbasiserweiterung liegt dann vor, wenn eine der Teilmengen bisher weniger als C extreme Werte enthielt und durch das neue Beispiel ein zusätzliches Element erhält.

oder ähnlicher Werte ab. Die Ähnlichkeit von Attributwerten wird durch die oben erwähnten Konzeptbäume ausgedrückt, s. auch Abb. 10-20. Zwei Werte in einem Baum sind ähnlich, falls die dazugehörigen Knoten denselben Vater haben oder falls die Pfade zu ihrem engsten gemeinsamen Vorfahren kurz sind. Durch die Länge der Pfade wird damit der Grad der Ähnlichkeit vorgegeben.[26]

Unter Benutzung der Konzeptbäume und der zu speziellen Klasse wird eine neue Abschätzungsklasse erzeugt, indem ein Wert in der Klassenbeschreibung durch einen generelleren ersetzt wird (s. Abb. 10-22) oder der Wert eines optionalen Attributs entfernt wird. Es gibt folgende Voreinstellungen für diese Generalisierung:

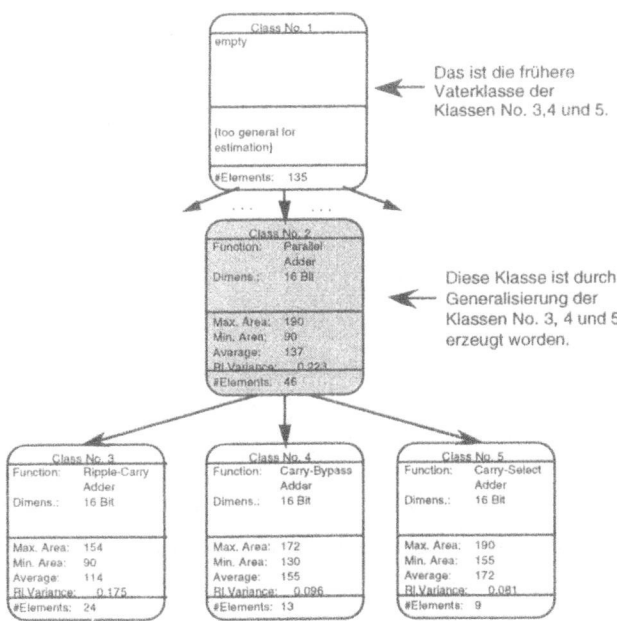

Abb. 10-22. Beispiel für eine Generalisierung. Mit der neuen Klasse werden beliebige Varianten eines 16-bit-Paralleladdierers abgeschätzt.

- Es werden nur Klassen in den Graphen aufgenommen, die das Qualitätskriterium (*Qualität(Klasse)* > Q) erfüllen.
- Um möglichst gering zu generalisieren, wird zunächst eine Generalisierung anhand von Attributen mit geringer Priorität versucht. Erst wenn diese

---

[26] Der Grad der Ähnlichkeit ist durch die folgende Halbordnung definiert: Seien a, b, c, d Knoten in einem Konzeptbaum. Sei $EGV(x,y)$ der engste gemeinsame Vorfahr von zwei Knoten x und y. a ist ähnlicher zu b als c zu d, falls $EGV(c,d)$ im Konzeptbaum ein Vorfahr von $EGV(a,b)$ ist.

Attribute bereits generalisiert oder entfernt worden sind, werden Attribute mit höherer Priorität generalisiert. Hier wird also die anwendungsspezifische Bewertung der Attribute berücksichtigt.

• Nur die unteren Ebenen der Konzeptbäume werden für die Generalisierung verwendet. Attributwerte der höheren Ebene haben sich nicht für die Generalisierung bewährt. So ist z.B. beim Schaltungsentwurf eine Klasse mit der Modulfunktion *Arithmetic Operator* zu generell, um einen Nutzen für die Abschätzung zu bieten.

Die neue Klasse wird in den Graphen eingefügt, d.h. sie wird Oberklasse und Unterklasse für bereits vorhandene Klassen. Letztere Klassen verbleiben im Graphen, da Abschätzungswissen mit unterschiedlichem Generalitätsgrad benötigt wird. Die Nützlichkeit von Klassen wird generell in den Wartungsphasen überprüft.

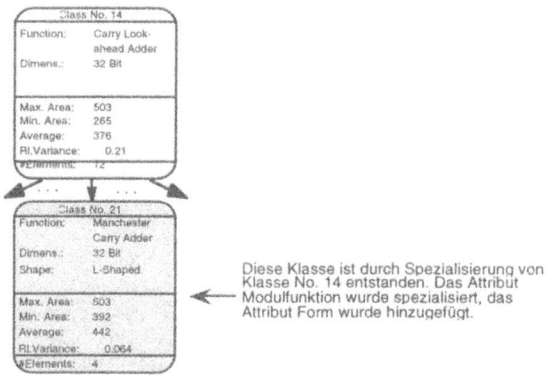

Abb. 10-23. Spezialisierung einer Klasse, um eine vorgegebene Spezifikation besser abschätzen zu können.

Die *induktive Spezialisierung* dient ebenfalls dazu, eine besser geeignete Klasse für eine abzuschätzende Spezifikation zu generieren. Ausgangspunkt ist hier eine generelle Klasse, für die eine geeignete Unterklasse fehlt. Die beiden Spezialisierungsoperatoren (*Abstieg im Konzeptbaum* und *Hinzufügen einer Bedingung*) sind die inversen Operatoren zu den o.a. Generalisierungsoperatoren. Abbildung 10-23 zeigt ein Beispiel für die Spezialisierung.

Die zu generelle Klasse wird so spezialisiert, daß die abzuschätzende Spezifikation in die neue Klasse fällt. Falls zu wenige Beispiele für die neue Klasse verfügbar sind, werden durch *aktives Experimentieren* (s. Abschn. 10.3.7) neue Beispiele dafür erzeugt. Damit die neue Klasse in den Graphen übernommen werden kann, muß sie ebenfalls das Qualitätskriterium erfüllen.

10.3.6 Modifikation der Wissensbasis:
Aufdecken und Beheben von Schwachstellen

Schwachstellen sind Eigenschaften einer Wissensbasis, die sich negativ auf die Ergebnisse oder die Geschwindigkeit des Wissensbasiseinsatzes, also die Performanz der Problemlösungskomponente, auswirken können. Bei LIMES können Schwachstellen im Abschätzungsgraphen insbesondere zu mangelhaften Abschätzungsergebnissen führen. Schwachstellen können zum einen im Rahmen der inkrementellen Wissensbasiserweiterung entstehen. Ferner können bereits seit längerem vorhandene Schwachstellen während des Wissensbasiseinsatzes sichtbar werden.

Beim Aufdecken von Schwachstellen werden teilweise andere Aspekte des Abschätzungsgraphen betrachtet als bei der inkrementellen Wissensbasiserweiterung, z.B. das Vorhandensein von „Lücken" oder unbenutzten Klassen im Graphen. Deshalb wird für die Analyse und Beseitigung von Schwachstellen auf jeden Fall eine zusätzliche Lernstrategie (d.h. ein eigener Berechnungsmechanismus) benötigt. Die Strategie zur Wissensbasiserweiterung reicht hierfür nicht aus. Diese Notwendigkeit ist unabhängig von der Frage, ob das Beheben von Schwachstellen in Verbindung mit der Wissensbasiserweiterung oder unabhängig davon durchgeführt wird, gegeben.

Das Aufdecken und das Beheben von Schwachstellen, also die in LIMES unterstützte Form der Wissensbasismodifikation, wird aus folgenden Gründen in einer separaten *Wartungsphase*, also getrennt von der Wissensbasiserweiterung und vom Wissensbasiseinsatz, durchgeführt: Im Gegensatz zu Revisionsverfahren, die die Konsistenz jedes einzelnen Beispiels zur Wissensbasis herstellen sollen (z.B. die Revision mit KRT), ist bei LIMES der Einfluß eines einzelnen Beispiels geringer. Erst wenn sich eine Menge neuer Beispiele angesammelt hat, ist hinreichendes „Material" für die Veränderung der Struktur des Graphen vorhanden. Bei der Wartungsphase geht es nämlich nicht wie bei logikorientierten Systemen um die Umwandlung einer falschen Systemausgabe in eine richtige. Statt dessen geht es um eine *Verbesserung* der Abschätzungsergebnisse, d.h. um die Verringerung der jeweiligen Differenz zwischen einem Abschätzungswert und dem dazugehörigen exakten Resultat. Mit der getrennt ablaufenden Wartungsphase wird damit eine „Lazy Revision" der Wissensbasis durchgeführt, d.h. die Wissensbasismodifikation wird nicht direkt beim Auftreten eines neuen Beispiels durchgeführt, sondern bis zur nächsten Wartungsphase verzögert. Für die Trennung dieser Phase vom Wissensbasiseinsatz spricht ferner der erhebliche Aufwand, der mit den Experimenten innerhalb der Wartung verbunden sein kann.

Nach dieser Begründung für die Organisation der Wissensbasismodifikation als von den anderen Lernstrategien losgelöste Strategie wird nun das bei LIMES angewandte Verfahren vorgestellt. Die Qualität der Abschätzungen hängt primär von dem in den Klassen des Graphen enthaltenen Wissen ab. Obwohl bei der Erzeugung der Klassen das Qualitätskriterium berücksichtigt wird, können trotzdem Schwachstellen im Graphen auftreten. Folgende Schwachstellen werden von der Wartungsphase berücksichtigt:

Die Qualität einer Klasse ist zu gering. Durch neue Beispiele, die einer Klasse hinzugefügt werden, kann ihre Qualität unter die vorgegebene Schwelle sinken. Deshalb wird in der Wartungsphase die Qualität jeder Klasse im Graphen überprüft. Bei einem Unterschreiten der Schwelle sind zwei Fälle zu unterscheiden:

- *Es werden noch zusätzliche Beispiele für die Klasse benötigt*
  Dieser Fall kann auftreten, wenn durch eine geringe Zahl neuer extremer Beispiele die Qualität der Klasse verschlechtert wurde. Mittels aktiven Experimentierens, s.u., werden weitere Beispiele für die Klasse erzeugt und damit die Qualität der Klasse genauer analysiert. Falls die unzureichende Qualität durch die Experimente bestätigt wird, wird die Klasse entfernt.

- *Die Klasse hat sich bereits als unzureichend herausgestellt*
  Wenn bereits eine große Anzahl von Beispielen für die Klasse vorliegt, sind weitere Experimente nicht mehr erforderlich. Die Klasse ist zu generell für den Einsatz zur Abschätzung und wird entfernt.

Eine zusätzliche Klasse mit hinreichender Qualität fehlt im Graphen. Die inkrementell verfügbar werdenden neuen Beispiele können einen Einfluß auf die Struktur des Abschätzungsgraphen haben. Durch diese Beispiele kann die Generierung neuer Klassen mit hinreichender Qualität ermöglicht werden. Deshalb wird die Menge der neuen Beispiele in jeder Wartungsphase analysiert und neue Klassen, die jetzt das Qualitätskriterium erfüllen, werden in den Graphen eingefügt.

Eine Klasse wird nie benutzt. Durch eine einfache Statistik über die Nutzung von Klassen während des Wissensbasiseinsatzes wird festgehalten, wie oft eine Klasse für die Abschätzung eingesetzt wird. Auf der Basis dieser Information können Klassen, die nie benutzt werden, erkannt und aus dem Graphen entfernt werden, falls der Benutzer dieser Operation generell oder im Einzelfall zustimmt.

Es gibt eine „Lücke" im Graphen. Bei der Abschätzung werden, wie oben erläutert, Klassen mit unterschiedlichem Generalitätsgrad benötigt, um sowohl grobe als auch detailliertere Abschätzungen zu unterstützen. Diese Forderung sollte sich auch in der Struktur des Graphen „widerspiegeln". Um dem Bedarf für unterschiedlich detaillierte Abschätzungen Rechnung zu tragen, sollte der „Abstand" zwischen einer Klasse A und ihrem Sohn B nicht zu groß werden. Der *Spezialisierungsabstand* zwischen diesen beiden Klassen ist definiert als die Anzahl der minimalen Generalisierungsschritte, die benötigt werden, um aus B die Klasse A zu erhalten. Wenn dieser Abstand sehr groß ist, gibt es eine „Lücke" im Graphen, d.h. es fehlt eine geeignete Klasse zwischen A und B. Um diese Schwachstelle zu beseitigen, wird eine neue Klasse erzeugt, die den Spezialisierungsabstand halbiert, s. Abb. 10-24. Wenn für die Qualität erforderlich, werden dafür neue Beispiele mit aktivem Experimentieren erzeugt.

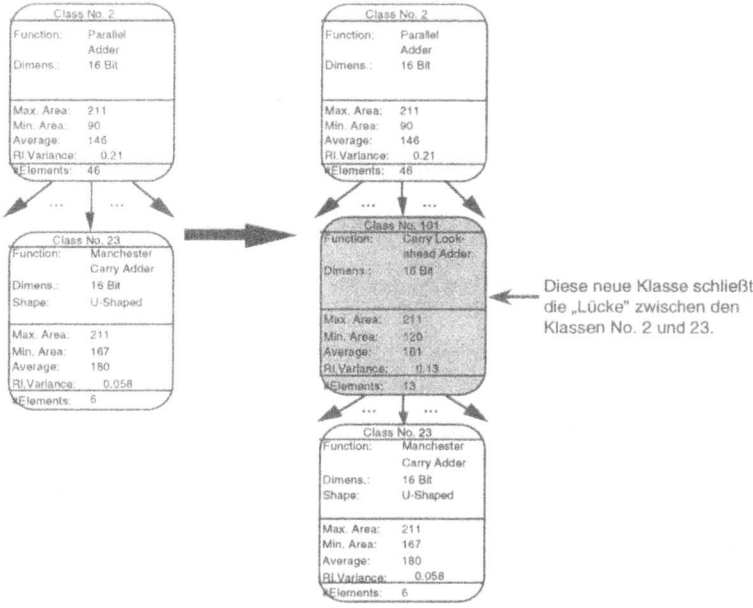

Abb. 10-24. Verringerung des Spezialisierungsabstandes zwischen zwei Klassen

10.3.7 Aktives Experimentieren

Nachdem die verschiedenen Schwachstellen vorgestellt wurden, fehlt noch die Erläuterung des Verfahrens, mit dem LIMES neue Beispiele erhält, die u.a. bei der Behebung von Schwachstellen benötigt werden. Während die meisten Beispiele für den Aufbau und die inkrementelle Erweiterung der Abschätzungswissensbasis auf der passiven Beobachtung des Beispielgenerators beruhen, also nicht extra von LIMES angefordert wurden, wird hier anders vorgegangen. *Aktives Experimentieren* „manipuliert die Umgebung des Lernsystems (hier den Beispielgenerator), um die Resultate der Manipulation zu beobachten" [Carbonell et al., 1983]. Das Ziel ist der Erhalt einer neuen Beispielmenge, die auf eine bestimmte Aufgabe zur Erweiterung oder Manipulation eines Teils der Wissensbasis zugeschnitten ist. Ein Einsatz von Experimenten zur Verfeinerung einer Wissensbasis wurde z.B. bereits in PRODIGY [Carbonell und Gil, 1990] vorgenommen.

Für jedes aktive Experiment werden zunächst neue Spezifikationen für eine abzuschätzende Operation generiert. Für diese Generierung werden vorhandene Beispielspezifikationen, vorhandene Abschätzungsklassen und die Konzeptbäume verwendet. Die neuen Spezifikationen werden an den Beispielgenerator weitergeleitet, der Realisierungen für sie erzeugt. Je nach Art des Generators bedeutet das eine Anfrage an den Benutzer oder eine automatische Generierung der Realisierung. Letzteres ist beim Modulgenerator für integrierte Schaltungen der Fall. Die Auswertung der experimentellen Ergebnisse dient als Grundlage für die notwendige Erweiterung und Modifikation der Wissensbasis. Für die Erzeugung neuer Spezifikationen gibt es zwei verschiedene Möglichkeiten.

Perturbation. Bei der Perturbation [Porter, 1984] werden neue Spezifikationen durch Modifikation einer bekannten Beispielspezifikation erzeugt. Dafür stehen drei Modifikationsoperatoren zur Verfügung:

1) Entfernen eines Attribut-Wert-Paares aus der Spezifikation für ein optionales Attribut

2) Hinzufügen eines Attribut-Wert-Paares für ein in der Spezifikation noch nicht vertretenes Attribut

3) Austauschen eines Attributwertes durch einen ähnlichen (d.h. durch den Wert eines Bruderknotens im Konzeptbaum)

Die Anwendung eines dieser Operatoren führt jeweils zu einer neuen Spezifikation, die ähnlich zu der modifizierten ist. Die Freiheitsgrade der drei Operatoren können auch so eingeschränkt werden, daß bestimmte Attribut-Wert-Paare, z.B. für die unverzichtbaren Attribute, unverändert bleiben. Durch mehrfache Anwendung der Perturbation kann eine Menge ähnlicher Beispiele erzeugt werden, die z.B. für die Initialisierung einer neuen Abschätzungsklasse benötigt wird.

Generierung einer Menge verschiedenartiger Beispiele. Bei der unten vorgestellten globalen Adaptierung wird eine Menge von Spezifikationen benötigt, die über den gesamten Abschätzungsgraphen oder einen vorgegebenen Teilgraphen verteilt sind. Es sind also verschiedenartige Beispiele erforderlich, die sich nicht ähnlich sind. Für die Generierung einer solchen Menge können ebenfalls die Konzeptbäume eingesetzt werden. Hierzu werden Blätter (oder Knoten, die nahe bei einem Blatt liegen) aus den verschiedenen Teilbäumen eines Konzeptbaumes ausgewählt. Die erhaltenen Wertemengen aus den drei Konzeptbäumen werden um Werte für die restlichen Attribute ergänzt und zu einer Menge verschiedenartiger Spezifikationen kombiniert.

10.3.8 Globale Adaptierung der Wissensbasis

Die wichtige Rolle dieser Phase des Lebenszyklus einer Wissensbasis wurde bereits in Kap. 9 diskutiert. Insbesondere bei technischen Anwendungen hat die globale Adaptierung eine zentrale Bedeutung für die Lebensdauer einer Wissensbasis. Daß speziell die Module einer integrierten Schaltung von der Notwendigkeit einer Adaptierung betroffen sein können, veranschaulicht Abb. 9-1. Es wurde ebenfalls bereits gezeigt, daß die bei der globalen Adaptierung durchgeführte Lernaufgabe, insbesondere die notwendige Veränderung des Ein-/Ausgabeverhaltens, sich grundlegend von den Aufgaben bei der Revision oder Aktualisierung einer Wissensbasis unterscheidet. Entsprechende Unterschiede gibt es zwischen der globalen Adaptierung und der Behebung von Schwachstellen im Abschätzungsgraphen bei LIMES. Daraus folgt, daß für diese Phase des Lebenszyklus bei LIMES ebenfalls eine eigene Lernstrategie benötigt wird, mit der die Adaptierung von Wissensbasen für Abschätzungsprobleme, repräsentiert als

Graph von Abschätzungsklassen, durchgeführt wird. Die Strategie für die globale Adaptierung in LIMES stellt damit einen ersten Ansatz für die Automatisierung der globalen Adaptierung mit Methoden des maschinellen Lernens dar.

Die Adaptierungsstrategie in LIMES basiert auf den in Abschn. 9.2 formulierten generellen Anforderungen an maschinelle Lernsysteme für die globale Adaptierung. Ihre Aufgabe ist es, Bedingungen, Relationen, Ähnlichkeiten, Tendenzen und andere Eigenschaften in der Wissensbasis zu identifizieren und auszunutzen, die von den veränderten Eigenschaften des Anwendungsgebiets nicht betroffen sind, also auch nach der Adaptierung erhalten bleiben. Wie bereits in den anderen Lernstrategien spielt hier das Hintergrundwissen in Form von Attributprioritäten und Konzeptbäumen eine entscheidende Rolle. Dieses Wissen bestimmt die Struktur eines Abschätzungsgraphen wesentlich mit. Es bleibt auch nach einer Adaptierung weitgehend gültig. So haben z.B. die unverzichtbaren Attribute weiterhin einen größeren Einfluß auf das Abschätzungsergebnis als die optionalen.

Beispiel. Die Wissensbasis für die Abschätzung beim Hausbau soll in einem anderen Land mit anderen wirtschaftlichen Rahmenbedingungen eingesetzt werden, muß also dementsprechend adaptiert werden. Unverändert bleibt z.B. die Tatsache, daß die Baukosten für ein unterkellertes Haus höher sind als für ein Gebäude ohne Keller. Bei der Abschätzung der Bauzeit ist der Baustil weiterhin von größerer Bedeutung als die Lage und die Größe des Grundstücks.

Vorgehensweise bei der globalen Adaptierung. Um die Wirkung der veränderten Eigenschaften des Anwendungsgebiets auf die Abschätzungswissensbasis zu analysieren, wird Entdeckungslernen eingesetzt. Die Architektur der Adaptierungskomponente in LIMES ist an das System für wissenschaftliches Entdeckungslernen (Scientific Discovery) KEKADA angelehnt, s. Abb. 8-7. Diese Architektur wurde ebenfalls für die in Abschn. 8.6.1 beschriebene Optimierung von Fuzzy-Controllern eingesetzt. Für die Anwendung bei der globalen Adaptierung wurde sie um eine weitere Komponente erweitert, wie in [Herrmann, 1992] ausgeführt wird. Im folgenden wird der Algorithmus vorgestellt, der durch das Zusammenspiel der verschiedenen Komponenten dieser Architektur realisiert wird, ohne daß auf seine Verteilung auf die Komponenten eingegangen wird.

Das Ziel der Adaptierungskomponente ist die Konstruktion eines *neuen Abschätzungsgraphen*, der korrekte Abschätzungsdaten für das veränderte Anwendungsgebiet enthält und somit das benötigte veränderte Ein-/Ausgabeverhalten des Abschätzers LIMES realisiert. Dafür wird zunächst eine Kopie des alten Graphen angelegt, bei der die Abschätzungsdaten in allen Klassen den Status *ungültig* erhalten. Anschließend wird eine Hypothese über die Relationen zwischen den Daten im alten Graphen und den (noch zu ermittelnden) korrekten Daten des neuen Graphen aufgestellt. Diese Hypothese wird während des Adaptierungsprozesses schrittweise verfeinert. Nachdem die angestrebte Hypothese gefunden wurde, können damit die Daten für den neuen Graphen abgeleitet werden.

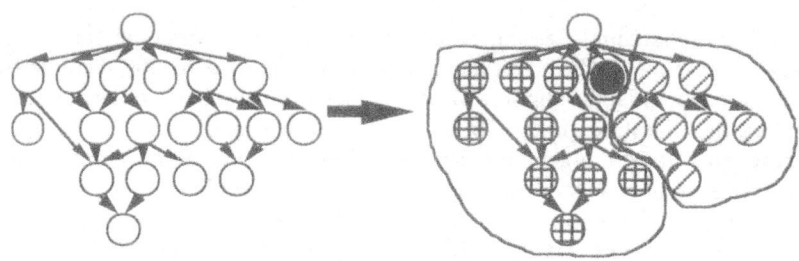

Abb. 10-25. Dekomposition des neuen Abschätzungsgraphen in Teilgraphen

Als Starthypothese wird per Default die Annahme gewählt, daß sich sämtliche korrespondierenden Daten in den beiden Graphen einheitlich um denselben konstanten Faktor unterscheiden. Dieses ist der einfachste (aber untypische) Fall. Damit ließen sich alle Daten des neuen Graphen durch Multiplikation mit dem Faktor direkt aus den alten Daten ableiten. Durch Experimente mit dem Beispielgenerator (s. Abschn. 10.3.7) wird die Starthypothese schrittweise verfeinert. Dabei wird der neue Abschätzungsgraph disjunkt in mehrere zusammenhängende Teilgraphen zerlegt (s. Abb. 10-25).

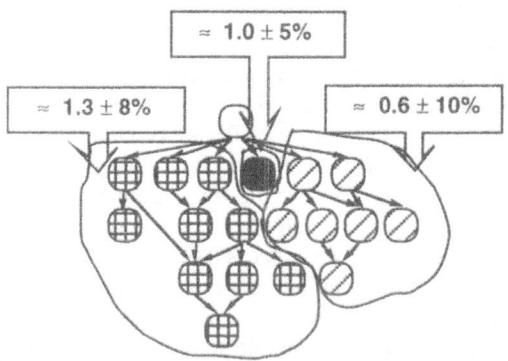

Abb. 10-26. Markierung jedes Teilgraphen des neuen Abschätzungsgraphen mit einer Beschreibung des Verhältnisses zu den Daten des alten Graphen sowie einem Toleranzbereich

Das Ziel ist hierbei, den Graphen so zu zerlegen, daß für jeden Teilgraphen jeweils ein nahezu konstantes Verhältnis zu den Daten des alten Graphen existiert. Die gesuchte Hypothese besteht damit aus der richtigen Zerlegung des Graphen und der Markierung jedes Teilgraphen mit einer Beschreibung des Verhältnisses zu den Daten des alten Graphen (s. Abb. 10-26).

In Abhängigkeit vom Grad der Ähnlichkeit zwischen alten und neuen Abschätzungsdaten ist eine grobe oder feinere Zerlegung des Graphen erforderlich. Die
Dekomposition wird schrittweise durchgeführt. Falls für einen Teilgraphen kein
annähernd konstantes Verhältnis zu den Daten des alten Graphen gefunden wird,
wird er weiter zerlegt. Nachdem die endgültige Zerlegung gefunden wurde,
können für jeden Teilgraphen die neuen Abschätzungsdaten aus dem konstanten
Verhältnis abgeleitet werden.

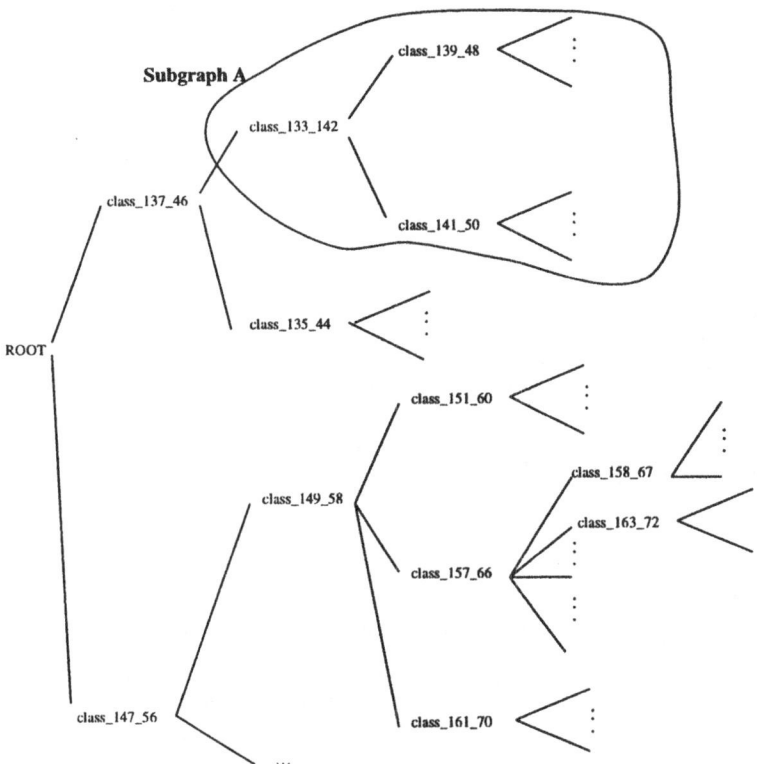

Abb. 10-27. Struktur eines Graphen, der global adaptiert wird. (Nur die oberen Ebenen
des Graphen, der insgesamt 144 Knoten besitzt, sind hier abgebildet.)

Beispiel für eine Adaptierung. Abbildung 10-27 zeigt die Struktur eines
Graphen für die Abschätzung von Modulen integrierter Schaltungen. Da die
Fertigungstechnologie für die Schaltungsherstellung ausgetauscht wurde und
damit der *alte Modulgenerator* durch einen *neuen* ersetzt worden ist, der zu dem
neuen Fertigungsprozeß gehört, wird eine globale Adaptierung notwendig. In
Tabelle 10-6 werden die von der Adaptierungskomponente durchgeführten
Schritte aufgelistet.

Tabelle 10-6. Abfolge der Schritte, die von der Adaptierungskomponente bei der globalen Adaptierung des Graphen in Abb. 10-27 durchgeführt werden.

1)	Der neue Graph wird mit einer Kopie des alten initialisiert; alle Abschätzungsdaten werden auf *ungültig* gesetzt.
2)	Eine Starthypothese wird ausgewählt. Sie besagt, daß der alte und der neue Modulgenerator immer die gleichen Modulgrößen erzeugen, d.h. alle alten Abschätzungsdaten können wiederverwendet werden. Zwei alternative, nicht ausgewählte Starthypothesen besagen, daß der neue Modulgenerator immer kleinere bzw. immer größere Daten liefert.
3)	Es wird eine erste Menge von Experimenten durchgeführt. Dazu werden einige Klassen aus verschiedenen Teilen des Graphen ausgewählt. Für jede Klasse wird eine konstante Zahl von Spezifikationen erzeugt und an den neuen Modulgenerator weitergeleitet. Aus den Ergebnissen werden neue Abschätzungsdaten für die ausgewählten Klassen berechnet und mit den alten Daten verglichen.
4)	Die Auswertung der experimentellen Ergebnisse weist auf eine globale Reduktion der Modulgrößen hin. Deshalb wird die ausgewählte Starthypothese verworfen und die alternative Hypothese "der neue Generator liefert immer kleinere Modulgrößen" wird ausgewählt.
5)	Um diese Hypothese genauer zu überprüfen, wird eine zweite Menge von Experimenten durchgeführt.
6)	Die Experimente liefern keine volle Bestätigung für die Hypothese. Die Ergebnisse für einige der dieses Mal ausgewählten Klassen widersprechen ihr. Deshalb ist eine Verfeinerung der Hypothese notwendig.
7)	Um eine verfeinerte, konsistente Hypothese zu erhalten, wird eine Zerlegung des Graphen bestimmt, bei der es ein gleichförmiges Verhältnis zwischen alten und neuen Daten in jedem Teilgraphen gibt (bzw. innerhalb der bereits untersuchten Klassen in jedem Teilgraphen). Es wird festgestellt, daß es nur in Teilgraph A (s. Abb. 10-27) Klassen gibt, die der Hypothese aus Schritt 4 widersprechen. Deshalb wird der Graph in die zwei Teilgraphen A und B unterteilt. Die verfeinerte Hypothese besagt für Teilgraph B "der neue Generator liefert immer kleinere Modulgrößen" und für Teilgraph A "unbekannt".
8)	Aus den experimentellen Ergebnissen wird das Verhältnis zwischen alten und neuen Daten im Teilgraphen B berechnet. Für alle bei den Experimenten noch nicht untersuchten Klassen in diesem Teilgraphen werden die Abschätzungsdaten abgeleitet.
9)	Anhand einer dritten Menge von Experimenten wird Teilgraph A weiter untersucht...
10)	Teilgraph B wird erneut untersucht. Anhand weiterer Experimente wird die aktuelle Hypothese überprüft und ggf. weiter verfeinert.

• • •

Der Benutzer kann den Adaptierungsaufwand beschränken, indem er eine Obergrenze für die bei den Experimenten erzeugten neuen Beispiele vorgibt. Solange bis diese Grenze erreicht ist, wird die aktuelle Hypothese durch weitere Experimente überprüft. Falls Fehler in der Hypothese gefunden werden, d.h. falls das ermittelte Verhältnis der Daten eines Teilgraphen zu den Daten des alten Graphen nicht korrekt ist, wird der Teilgraph weiter zerlegt. Bei der Adaptierung werden auch ggf. neue Klassen in den Graphen aufgenommen und Klassen mit mangelnder Qualität entfernt.

Nach dieser anschaulichen Darstellung der Adaptierungskomponente folgt im nächsten Abschnitt eine präzisere Darstellung des Algorithmus.

10.3.9 Globale Adaptierung
als Prozeß der Identifikation im Grenzwert

Die Theorie der induktiven Inferenz [Gold, 1967; Angluin und Smith, 1983] stellt einen geeigneten formalen Rahmen zur Darstellung und Analyse des Algorithmus für die globale Adaptierung dar. Er kann als ein Prozeß formalisiert werden, der die zu lernende Hypothese im Grenzwert identifiziert (identification in the limit). Wichtig ist hierbei der Aspekt, daß die Adaptierung *monoton* gegen den korrekten Abschätzungsgraphen konvergiert, d.h. daß eine systematische Suche im Raum aller möglichen Hypothesen erfolgt.[27]

Identifikation im Grenzwert. Mit den theoretischen Arbeiten über die Identifikation im Grenzwert läßt sich die induktive Inferenz formal beschreiben und analysieren. Der Grundgedanke der Identifikation im Grenzwert läßt sich grob folgendermaßen charakterisieren [Angluin und Smith, 1983]:

Induktive Inferenz wird als ein unendlicher, inkrementeller Prozeß betrachtet, der von einer induktiven Inferenzmethode M durchgeführt wird. Diese Methode erhält eine unendliche Folge von Beispielen e_1, e_2, e_3, ... für den zu lernenden Begriff Co als Eingabe. M antwortet darauf mit der Ausgabe von Hypothesen für Co, die auf der jeweils bisher eingegebenen Beispielmenge basieren. Wenn die aktuelle Hypothese inkonsistent zu einem neuen Beispiel ist, wird sie korrigiert.[28] Da M wiederholt auf größer werdende Mengen von Beispielen für Co angewandt wird, wird durch M eine unendliche Folge von Hypothesen h_1, h_2, h_3, ... generiert. Falls eine Zahl $n \in N$ existiert, so daß h_n eine korrekte Beschreibung von Co ist und ferner gilt

$$h_n = h_{n+1} = h_{n+2} = \ldots,$$

dann identifiziert M den Begriff Co korrekt im Grenzwert der Beispielfolge. Es wird nicht gefordert, daß M feststellen kann, ob die korrekte Hypothese erreicht wurde. Neue Beispiele können ggf. der aktuellen Hypothese widersprechen und damit deutlich machen, daß sie noch nicht korrekt ist.

Eigenschaften des Algorithmus für die globale Adaptierung. Um zu zeigen, daß die globale Adaptierung in LIMES als ein Prozeß der Identifikation im Grenzwert formalisiert werden kann, sind zunächst einige Begriffe zu klären:

---

[27] Die Bedeutung einer systematischen Suche im Hypothesenraum wird in [Angluin und Smith, 1990, S. 412] angesprochen: „Eine fundamentale Methode für die induktive Inferenz ist, auf eine systematische Art den Raum möglicher Regeln zu durchsuchen, um die erste Regel zu finden, die zu allen bisher gesehenen Beispielen konsistent ist, und sie zur aktuellen Hypothese zu machen."

[28] Hier wird lediglich *eine* mögliche Formalisierung der Identifikation im Grenzwert umrissen, die zur Analyse der globalen Adaptierung geeignet ist. Diese wird in [Angluin und Smith, 1983, S. 254] als *konservativ* bezeichnet, da die aktuelle Hypothese genau dann verändert wird, wenn ein neues Beispiel auftaucht, zu dem diese inkonsistent ist. Es gibt auch andere Ansätze, bei denen z.B. inkonsistente Hypothesen beibehalten werden, also nicht sofort korrigiert werden müssen. In [Angluin und Smith, 1983] werden zahlreiche unterschiedliche Ansätze vorgestellt.

Die *Beispiele* sind, wie in Abschn. 10.3.1 beschrieben, Paare aus der Spezifikation einer abzuschätzenden Operation und einem numerischen Wert für das Ergebnis. Die für die Adaptierung benötigten Beispiele werden durch aktives Experimentieren erzeugt. Hier kann also die Inferenzmethode die Folge der eingegebenen Beispiele beeinflussen. Diese Form der Beispielpräsentation wird in [Angluin und Smith, 1983, S. 244] als *Präsentation durch einen Informanten* bezeichnet. Ein Informant ist hier ein Orakel, das von der Inferenzmethode befragt werden kann.[29]

Der zu lernende *Begriff Co* ist eine Abschätzungsfunktion

$$f: S \rightarrow I\!R^+$$

wobei S die Menge aller Spezifikationen ist. f wird hier als ein Graph von Abschätzungsklassen (mit der dazugehörigen Performanzkomponente) repräsentiert.

Die Inferenzmethode *konvergiert*, wenn sie den „idealen Abschätzer" im Grenzwert identifiziert.

Der *ideale Abschätzer* wird durch denjenigen Abschätzungsgraphen repräsentiert, der mit der LIMES-Lernstrategie für die Wissensbasisinitialisierung und den folgenden idealisierten Annahmen erzeugt werden würde:

- Die (möglicherweise unendliche) Menge aller verschiedenen Beispiele steht für die Konstruktion des Graphen zur Verfügung.

- Alle Klassen im Graphen erfüllen das Qualitätskriterium.

- Alle überhaupt möglichen Klassen, die das Qualitätskriterium erfüllen, sind im Graphen vorhanden.

Der *Hypothesenraum* beschreibt die Menge aller Hypothesen, die von der Inferenzmethode erzeugt werden können. Er wird durch die *Hypothesensprache* beschrieben. Jede Hypothese repräsentiert eine (korrekte oder inkorrekte) Abschätzungsfunktion. Der Hypothesenraum ist repräsentiert als die Menge aller *markierten Abschätzungsgraphen*. Die Markierungen beziehen sich auf die Zerlegung des Graphen (Abb. 10-25), die Angabe eines Verhältnisses zwischen alten und neuen Abschätzungsdaten für jeden Teilgraphen (Abb. 10-26) sowie Informationen über den Status der Abschätzungsdaten in jeder Klasse. Die Hypothesensprache beschreibt damit die folgenden Markierungen:

- *Markierung des Graphen mit einer disjunkten Zerlegung in Teilgraphen*
  Jeder Teilgraph besteht aus einer Menge von Klassen, für die ein ähnliches Verhältnis zwischen alten und neuen Abschätzungsdaten vermutet wird. Die Inferenzmethode verfeinert die Zerlegung inkrementell.

- *Markierung jedes Teilgraphen mit der Angabe eines Verhältnisses zwischen alten und neuen Abschätzungsdaten*

---

[29] Eine Besonderheit bei der globalen Adaptierung bei LIMES ist, daß je nach dem aktuellen Zustand des Adaptierungsprozesses die Beispielspezifikationen für die Orakelbefragungen systematisch mit Perturbation oder zufällig erzeugt werden.

Für jeden Teilgraphen beschreibt die sogenannte *Verhältnishypothese* entweder eine generelle Tendenz für die Relation zwischen den Abschätzungsdaten oder ein bestimmtes numerisches Verhältnis. Es gibt vier elementare Tendenzen:

- *ad>nd*, die alten Daten sind immer größer als die entsprechenden neuen.
- *ad<nd*, die alten Daten sind immer kleiner als die entsprechenden neuen.
- *ad=nd*, die alten Daten sind immer ungefähr gleich groß wir die entsprechenden neuen.
- *ad≠nd*, die alten Daten sind manchmal kleiner und manchmal größer als die entsprechenden neuen.

Eine Verhältnishypothese kann eine Disjunktion von mehreren dieser elementaren Tendenzen sein. Ein bestimmtes numerisches Verhältnis beschreibt den Quotienten zwischen einem neuen und einem alten Datum sowie einen Toleranzbereich für die maximale Abweichung von diesem Wert:

$$\frac{ad}{nd} \approx X \pm Y\ \%$$

Y darf hierbei eine obere Toleranzschwelle Y_0 nicht überschreiten.

- *Markierung jeder Klasse mit einer Aussage über den Status der Abschätzungsdaten*
  Die Daten in einer Klasse können entweder *ungültig*, aus alten Daten *abgeleitet* oder *aus neuen Beispielen* mit einer Extremdifferenz D berechnet sein. D bezeichnet, wie in Abschn. 10.3.3 definiert, die Differenz zwischen den zwei Durchschnittswerten der C maximalen und den C minimalen Ergebniswerten in einer Klasse.

Die *Inferenzmethode M* navigiert systematisch durch den Hypothesenraum, indem die Starthypothese schrittweise verfeinert und auf diese Weise die Adaptierung durchgeführt wird. Die Inferenzmethode wird in Tabelle 10-7 angegeben, die systematische Suche im Hypothesenraum wird im darauffolgenden Abschnitt behandelt.

Halbordnung für den Hypothesenraum. Wie oben bereits erwähnt, wird der Hypothesenraum von der Inferenzmethode systematisch durchsucht. Um diese Aussage zu präzisieren, wird eine Halbordnung für diesen Raum definiert. Eine *systematische Suche* bedeutet dann bei der globalen Adaptierung, wie unten genauer ausgeführt wird, daß die mehrfache Erzeugung derselben Hypothese ausgeschlossen ist. In den meisten Fällen entsteht durch eine Verfeinerung der aktuellen Hypothese eine neue Hypothese, die gemäß der Halbordnung größer ist als ihre Vorgängerin.

Tabelle 10-7. Die Inferenzmethode, d.h. der Algorithmus für die globale Adaptierung eines Abschätzungsgraphen

---

1) Initialisiere den neuen Abschätzungsgraphen mit einer Kopie des alten Graphen. Markiere die Daten in allen Klassen als *ungültig*.

2) Wähle gemäß der aktuellen Zerlegung des Graphen einen Teilgraphen, der weiter untersucht werden soll. Bevorzuge dabei Teilgraphen, die noch nicht untersucht wurden. Falls keine solchen vorhanden sind, wähle zufällig.

3) Fallunterscheidung

3a) *Der ausgewählte Teilgraph wird zum ersten Mal untersucht:*
  • Initialisiere die Verhältnishypothese für diesen Teilgraphen mit dem folgenden generellsten Ausdruck: $ad>nd \lor ad<nd \lor ad=nd \lor ad\neq nd$
  • Solange die Hypothese aus einer Disjunktion von mehreren elementaren Tendenzen besteht:
    Erzeuge durch aktives Experimentieren neue Beispiele für ausgewählte Klassen im Teilgraphen.
    Berechne mit den Ergebnissen Abschätzungsdaten für diese Klassen und markiere die Daten als *aus neuen Beispielen berechnet*.
    Entferne diejenigen elementaren Tendenzen aus der o.a. Disjunktion, die inkonsistent zu den neuen Beispielen sind.

3b) *Der ausgewählte Teilgraph wurde bereits früher untersucht:*
  (In diesem Fall gibt es bereits eine Verhältnishypothese in Form eines Quotienten.)
  • Wähle zufällig mehrere Klassen aus dem Teilgraphen und erzeuge für sie neue Beispiele durch aktives Experimentieren anhand von zufällig erzeugten Spezifikationen.
  • Berechne mit den Ergebnissen Abschätzungsdaten für diese Klassen und markiere die Daten als *aus neuen Beispielen berechnet*.
  • Erzeuge ggf. neue Klassen mit hinreichender Qualität aus den neuen Beispielen und entferne vorhandene Klassen mit unzureichender Qualität.
  • Falls die Verhältnishypothese inkonsistent zu den neuen Abschätzungsdaten ist, gehe zu 4b) sonst gehe zu 2).

4) Fallunterscheidung

4a) *Verhältnishypothese $\in$ {ad>nd, ad<nd, ad=nd}*
  • Berechne das numerische Verhältnis in Form eines Quotienten zwischen alten und neuen Abschätzungsdaten sowie einen Toleranzbereich.
  • Leite daraus Abschätzungsdaten für alle Klassen, deren Daten nicht *aus neuen Beispielen berechnet* sind, ab und markiere sie als *abgeleitet*.
  • Gehe zu 2).

4b) *Verhältnishypothese = ad\neq nd*
  • Wähle Klassen aus den verschiedenen "Zweigen" des Teilgraphen und erzeuge für sie neue Beispiele durch aktives Experimentieren.
  • Berechne mit den Ergebnissen Abschätzungsdaten für diese Klassen und markiere die Daten als *aus neuen Beispielen berechnet*.
  • Zerlege den Teilgraphen gemäß diesen Daten so in kleinere Teilgraphen, daß jeder von ihnen eine elementare Tendenz als Verhältnishypothese besitzt.
  • Gehe zu 2).

Die Verwendung einer Halbordnung, um eine systematische Suche im Hypothesenraum zu ermöglichen, wird bereits in [Angluin und Smith, 1983] erwähnt. Als Beispiel wird das System MIS [Shapiro, 1983] genannt, bei dem durch Subsumption eine Halbordnung auf einer Menge von Hornklauseln definiert wird. Die Subsumption beschreibt hier die Ist-spezieller-als-Beziehung zwischen Hornklauseln. MIS beginnt die Suche nach der korrekten Hypothese mit einer generellen Hypothese, die schrittweise spezialisiert wird, solange neue Inkonsistenzen auftreten. Spezialisierung wird in MIS durch die Unifikation zweier Variablen, durch die Substitution einer Variable durch einen Term und durch das Hinzufügen eines negierten Atoms zu einer Klausel vorgenommen. Die Spezialisierung führt damit zu komplizierteren (längeren) Hypothesen. Shapiro verwendet auch den Begriff der *Verfeinerung* für die Spezialisierung der Hornklauseln. Wie sieht nun die Halbordnung für die globale Adaptierung bei LIMES aus? Eine Hypothese G wird als Verfeinerung eine Hypothese H bezeichnet, falls G gemäß der Halbordnung $PO1\text{–}3$ größer ist als H ($G >_{PO1\text{–}3} H$). $PO1\text{–}3$ setzt sich aus den folgenden drei Halbordnungen für die verschiedenen Markierungen einer Hypothese zusammen:

PO1: Diese Halbordnung bezieht sich auf die Zerlegung eines Abschätzungsgraphen. Ein markierter Abschätzungsgraph G ist gemäß *PO1* größer als ein anderer Graph H, falls G aus H durch eine Verfeinerung der Zerlegung in H entstanden ist.

PO2: Diese Halbordnung bezieht sich auf die Verhältnishypothesen in den Teilgraphen. Ein markierter Abschätzungsgraph G ist gemäß *PO2* größer als ein anderer Graph H, falls G aus H durch eine Verfeinerung einer Verhältnishypothese entstanden ist. Eine Verhältnishypothese, die aus einer Disjunktion von elementaren Tendenzen besteht, wird verfeinert, indem ein Term aus der Disjunktion entfernt wird oder indem sie in ein numerisches Verhältnis umgewandelt wird.

PO3: Ein markierter Abschätzungsgraph G ist gemäß *PO3* größer als ein anderer Graph H, falls G aus H durch eine Verfeinerung der Abschätzungsdaten in einer Klasse entstanden ist. Die Daten in einer Klasse können durch eine der folgenden drei Operationen verfeinert werden:
  − Umwandlung von *ungültigen* Daten in *abgeleitete,*
  − Umwandlung von *ungültigen* oder *abgeleiteten* Daten in *aus neuen Beispielen berechnete* Daten,
  − Erhöhung der Extremdifferenz D für Daten, die *aus neuen Beispielen berechnet* worden sind.

Unter Verwendung von *PO1*, *PO2* und *PO3* kann die Halbordnung $PO1\text{–}3$ definiert werden. Ein markierter Abschätzungsgraph G ist gemäß $PO1\text{–}3$ größer als ein anderer Graph H genau dann, wenn folgendes gilt:

$$G >_{PO1} H \lor (G =_{PO1} H \land G >_{PO2} H) \lor (G =_{PO1} H \land G =_{PO2} H \land G >_{PO3} H).$$

Wie bei MIS wird durch $PO1\text{–}3$ also die Verfeinerung von Hypothesen definiert. Um möglichst einfache Hypothesen zu erhalten, wird bei LIMES ebenfalls ausgehend von einer groben Starthypothese nur solange verfeinert, bis keine Inkonsistenzen zu neuen Beispielen entstehen. Damit wird dem Zielkonflikt zwischen dem Wunsch nach einer möglichst einfachen und möglichst akkuraten Hypothese Rechnung getragen. Da es verschiedene Hypothesen im Hypothesenraum gibt, die den zu lernenden Begriff korrekt identifizieren, wird die Bestimmung einer möglichst einfachen, korrekten Hypothese angestrebt. Die Bedeutung der Berücksichtigung solcher Zielkonflikte bei der Wahl einer Inferenzmethode wurde bereits in [Angluin und Smith, 1983] aufgezeigt.

Die Verwendung des Begriffs *Verfeinerung* im Zusammenhang mit *PO1–3* bedarf noch einer genaueren Betrachtung. *PO1*, also die durch die Zerlegung in Teilgraphen definierte Halbordnung, bezieht sich (wie die Subsumption bei MIS) auf die Spezialisierung von Hypothesen. Eine gegebene Zerlegung repräsentiert die Aussage, daß für die Klassen innerhalb jedes Teilgraphen ein ähnliches Verhältnis zwischen alten und neuen Abschätzungsdaten besteht. Wird einer der Teilgraphen weiter in kleinere Teilgraphen zerlegt, so entstehen kleinere Klassenmengen, für die jeweils ein ähnliches Verhältnis zwischen alten und neuen Abschätzungsdaten ausgesagt wird. Der feineren Zerlegung des Graphen entspricht also eine detailliertere Zerlegung der Menge aller Klassen in Teilmengen ähnlicher Klassen. Damit repräsentiert die feinere Zerlegung eine speziellere Aussage zu Ähnlichkeiten innerhalb der Menge aller Klassen.

PO2 bezieht sich auf die Markierung der Teilgraphen mit der Angabe eines Verhältnisses zwischen alten und neuen Abschätzungsdaten. Die Vergrößerung einer solchen Verhältnishypothese bzgl. *PO2* ist ebenfalls eine Spezialisierung: Angefangen bei der generellsten Aussage

$$ad > nd \lor ad < nd \lor ad = nd \lor ad \neq nd$$

wird eine Verhältnishypothese durch Entfernen von elementaren Tendenzen aus dieser Disjunktion spezialisiert. Nachdem nur eine elementare Tendenz übrig geblieben ist, wird diese weiter zu einem bestimmten numerischen Verhältnis zwischen alten und neuen Daten spezialisiert.

PO3 beschreibt den Status der Daten in den einzelnen Klassen. Die Verfeinerung einer Aussage bzgl. *PO3* verbessert die Qualität und damit die Zuverlässigkeit der Abschätzungsdaten. Während *ungültige* Daten gar nicht für die Abschätzung einsetzbar sind, stellen *abgeleitete* Daten eine Annäherung der gesuchten Abschätzungsdaten dar. Zuverlässigere Daten liegen schließlich bei *aus neuen Beispielen berechneten* Daten vor. Bei letzteren wird anhand der Extremdifferenz D noch genauer differenziert. Mit zunehmender Anzahl von Beispielen für eine Klasse erhöht sich D und damit die Qualität der Daten. Wie in Abschn. 10.3.3 beschrieben, gibt D die Differenz zwischen dem Durchschnitt der C maximalen Werte und dem Durchschnitt der C minimalen Werte an. Zur Berechnung der Extremdifferenz und aller Abschätzungsdaten in der Klasse werden jeweils nur die C maximalen und C minimalen (paarweise verschiedenen) Ergebniswerte berücksichtigt. Wenn also ein neuer extremer Wert in einem neuen Beispiel auftritt, wird D entsprechend vergrößert, da ein „weniger extremer" Wert in einer der beiden Mengen gegen den neuen Wert ausgetauscht wird und sich damit der Durchschnitt der maximalen Werte vergrößert bzw. der Durchschnitt der minimalen Werte verringert. Dieser Prozeß geht solange weiter, bis die $2C$ absoluten Maximal- und Minimalwerte für die betrachtete Klasse in der Beispielmenge aufgetreten sind. Danach treten keine weiteren Änderungen ein. Der endgültige Wert für D und die endgültigen Abschätzungsdaten sind somit identifiziert worden. Anhand der Vergrößerung von D kann also die Konvergenz der Abschätzungsdaten beobachtet werden.

Insgesamt gesehen bezieht sich die Verfeinerung von Hypothesen gemäß der Halbordnung *PO1–3* demnach auf die Spezialisierung von Hypothesen sowie die Erhöhung der Zuverlässigkeit für die Abschätzungsdaten.

Für den praktischen Nutzen der Adaptierung ist in erster Linie die systematische Suche im Hypothesenraum durch die schrittweise Verfeinerung der zunächst groben Hypothese über das Verhältnis zwischen alten und neuen Abschätzungsdaten von Bedeutung. Mittels dieser Hypothese und dem vorhandenen Hintergrundwissen lassen sich jeweils frühzeitig während des Adaptierungsprozesses Abschätzungsdaten ableiten, die später (gemäß *PO3*) weiter verbessert werden. Es ist also möglich, lange bevor der größte Teil der Klassen mit neuen Beispielen versorgt wird, Abschätzungsdaten abzuleiten. Die Zwischenergebnisse der Adaptierung können damit als eine *Approximation des gesuchten idealen Abschätzers* verwendet werden. Diese Aussage ist von zentraler Bedeutung für die Nutzbarkeit der globalen Adaptierung.

Die Inferenzmethode sorgt ferner dafür, daß insbesondere bei einer verfeinerten Zerlegung des Abschätzungsgraphen eine gleichmäßige Verfeinerung der verschiedenen Teilgraphen erfolgt. Noch nicht betrachtete Teilgraphen werden bevorzugt mit neuen Beispielen versorgt und ggf. verfeinert.

Auf die praktische Bedeutung der systematischen Suche im Hypothesenraum wird in der Diskussion des nun folgenden Korrektheitsnachweises für die globale Adaptierung nochmals eingegangen.

Korrektheitsnachweis für die globale Adaptierung. Im folgenden soll gezeigt werden, daß die Inferenzmethode für die globale Adaptierung den gesuchten Begriff im Grenzwert korrekt identifiziert und dabei eine systematische Suche im Hypothesenraum durchführt. Hierbei wird kein formaler Beweis erbracht sondern verbal begründet, warum diese Behauptungen erfüllt sind.[30]

Für den Nachweis der Korrektheit und Effizienz der Inferenzmethode im obigen Sinne müssen im einzelnen die folgenden Behauptungen bewiesen werden:

a) Keine Hypothese wird mehr als einmal von der Inferenzmethode generiert.

b) Bei der Suche im Hypothesenraum wird eine korrekte Hypothese erreicht.

c) Nachdem eine korrekte Hypothese erreicht wurde, wird sie nicht mehr verändert.

Um *Behauptung a)* zu beweisen, müssen die einzelnen elementaren Schritte analysiert werden, mit denen in der Inferenzmethode von der aktuellen Hypothese zu eine Nachfolgerhypothese übergegangen wird. Die Inferenzmethode enthält sieben verschiedene solcher *Inferenzschritte*:

(i)   Verfeinerung der Zerlegung des Abschätzungsgraphen

(ii)   Verfeinerung einer Verhältnishypothese für einem Teilgraphen

(iii) Umwandlung *ungültiger* Daten in *abgeleitete*

(iv)   Umwandlung *ungültiger* oder *abgeleiteter* Daten in *aus neuen Beispielen berechnete* Daten

---

[30] Für einen vollständigen formalen Beweis wäre eine exakte Formalisierung der Inferenzmethode notwendig. Da in ihr einige komplexe Operationen enthalten sind, würde das den Rahmen dieses Buches sprengen. Die komplette Implementierung der globalen Adaptierung besteht aus mehreren tausend Zeilen CommonLisp- und KEE-Code.

(v)   Erhöhung der Extremdifferenz *D* für Daten, die *aus neuen Beispielen berechnet* worden sind

(vi)   Einfügen einer neuen Klasse mit hinreichender Qualität in den Graphen

(vii) Entfernen einer vorhandenen Klasse mit unzureichender Qualität aus dem Graphen

Für die ersten fünf Inferenzschritte ist es leicht einsichtig, daß sie zu einer unmittelbaren Vergrößerung einer Hypothese gemäß *PO1-3* führen.

Zu (i): Da dieser Schritt eine Hypothese gemäß *PO1* vergrößert, wird diese damit per definitionem auch gemäß *PO1-3* vergrößert.

Zu (ii): Hiermit wird eine Hypothese gemäß *PO2* vergrößert. Da die Verfeinerung der Verhältnishypothese keinen Einfluß auf die Zerlegung des Teilgraphen hat, bleibt die Hypothese gemäß *PO1* unverändert. Damit ergibt sich insgesamt eine Vergrößerung gemäß *PO1-3*.

Zu (iii)-(v): Jeder dieser drei Inferenzschritte vergrößert eine Hypothese gemäß *PO3*. Da diese Operationen zu keiner Veränderung der Zerlegung des Graphen oder einer Verhältnishypothese führen, wird auch hiermit eine Vergrößerung gemäß *PO1-3* bewirkt.

Da jeder dieser fünf Inferenzschritte zu einer vergrößerten Hypothese führt, ergibt sich direkt, daß mit keiner Sequenz solcher Schritte eine Hypothese zum zweiten Mal erzeugt werden kann. Die Wirkung der anderen beiden Inferenzschritte ist weniger offensichtlich und bedarf einer genaueren Analyse.

Schritt (vi) fügt eine neue Klasse in den Graphen ein. Damit wird zum einen keine Veränderung der Graphzerlegung bewirkt. Die neue Klasse wird in den Teilgraphen, zu dem ihr Vaterknoten gehört, aufgenommen.[31] Die globale Zerlegung des Graphen wird dadurch aber nicht verändert. Die Verhältnishypothese des Teilgraphen ist durch das Einfügen des Knotens ebenfalls nicht betroffen. Insgesamt wird damit durch Schritt (vi) im Prinzip keine Veränderung des Graphen bezüglich *PO1* und *PO2* bewirkt. Mit der gleichen Argumentation ergibt sich eine entsprechende Aussage für Schritt (vii), also das Entfernen eines Knotens aus dem Graphen.[32] Welche Wirkung haben diese Inferenzschritte nun auf *PO3*? Zunächst gilt für jeden einzelnen dieser Schritte, daß er keine Wirkung bezüglich *PO3* erzielt. Wenn eine Klasse entfernt oder eingefügt wird, ist damit keine Vergleichsmöglichkeit mit einer vorherigen bzw. nachfolgenden Variante der Klasse gegeben, es folgt daraus also keine Veränderung bezüglich *PO3*. Und wie verhält sich eine Sequenz von Schritten des Typs (vi) und (vii)? Kann dadurch eine alte Hypothese reproduziert werden? Zur Beantwortung dieser

---

[31] Falls die neue Klasse mehrere Väter im Graphen besitzt, wird einer davon ausgewählt. Genau betrachtet wird durch die Hinzunahme des neuen Knotens der Graph in einen anderen umgewandelt, der bezüglich PO1 nicht mit dem alten vergleichbar ist, da sich die beiden Knotenmengen unterscheiden. Beide Graphen besitzen aber die gleiche Zerlegung in Teilgraphen und können deshalb als bezüglich PO1 äquivalent betrachtet werden. Auf eine formale Repräsentation dieses Sachverhalts in der Definition von PO1 wird hier verzichtet.

[32] Als Spezialfall kann sich durch diesen Schritt ein leerer Teilgraph ergeben. Dadurch bleibt aber die Argumentation hinsichtlich der Korrektheit und systematischen Suche der globalen Adaptierung unberührt.

Frage müssen die Bedingungen für das Einfügen bzw. Entfernen einer Klasse genauer betrachtet werden. Eine Klasse wird entfernt, falls ihre Qualität unter die Grenze Q sinkt. Das kann durch neue extreme Beispiele verursacht werden, die die relative Varianz innerhalb der beiden Teilmengen mit den extremen Beispielen vergrößern. Bei der weiteren Analyse des Teilgraphen, zu dem diese Klasse gehörte, in Schritt 3b) der Inferenzmethode, können neue extreme Beispiele verfügbar werden, die in diese Klasse gehören würden. Dadurch kann der (untypische) Fall auftreten, daß mit der nun vorliegenden erweiterten Beispielmenge die entfernte Klasse wieder hinreichende Qualität besitzen würde. Dieses wird in Schritt 3b) überprüft, der ggf. die Klasse durch Anwendung des Inferenzschrittes (vi) wieder in den Graphen einfügt. Die Daten in der wieder eingefügten Klasse unterscheiden sich jedoch von ihrer vorherigen Inkarnation. Durch die neuen extremen Beispiele wurden die beiden Teilmengen mit extremen Werten verändert. Daraus resultiert eine Vergrößerung der Extremdifferenz D im Vergleich zu der vorherigen Inkarnation. Also ergibt sich eine Vergrößerung der Hypothese bezüglich *PO3* und insgesamt eine Vergrößerung bezüglich *PO1–3*. Demnach kann auch durch eine Folge von Inferenzschritten des Typs (vi) und (vii) keine alte Hypothese reproduziert werden.

Für den Nachweis der Korrektheit von *Behauptung b)* reichen die folgenden Argumente aus: Alle Schritte in der Inferenzmethode sind endlich. Die Schritte 3a) und 4) werden endlich oft durchgeführt, bis die endgültige Zerlegung des Graphen gefunden wurde und alle Teilgraphen mindestens einmal untersucht wurden. Danach wird bei jedem Durchlauf des Algorithmus Schritt 3b) ausgeführt, so daß wiederholt neue Beispiele für die verschiedenen Teilgraphen erzeugt werden. Da die Erzeugung in diesem Schritt zufällig erfolgt, müssen zu einem bestimmten Zeitpunkt die C absolut größten und die C *absolut* kleinsten Ergebniswerte für jede Klasse vorgekommen sein. Danach treten keine weiteren Veränderungen in den Abschätzungsdaten ein. Deshalb kann es auch keine Veränderungen der Verhältnishypothesen mehr geben. Da die Daten auf die gleiche Weise berechnet wurden wie bei der nichtinkrementellen Strategie zur Wissensbasisinitialisierung, sind sie identisch mit den Daten der entsprechenden Klassen des idealen Abschätzers.

Da ferner in Schritt 3b) alle noch fehlenden Klassen mit hinreichender Qualität erzeugt werden sowie Klassen mit unzureichender Qualität entfernt, ergibt sich, daß die gleichen Klassen im Graphen enthalten sind wie im idealen Abschätzer. Insgesamt gesehen wird damit der ideale Abschätzer im Grenzwert identifiziert.[33]

Die obigen Überlegungen enthalten auch die wesentlichen Begründungen für *Behauptung c)*. Ein korrekter Abschätzungsgraph wird, wie oben ausgeführt, erreicht, nachdem die absolut extremen Ergebniswerte für alle Abschätzungsklassen aufgetreten sind. Danach können sich durch weitere Beispiele weder Änderungen der Abschätzungsdaten noch der Verhältnishypothesen noch der

---

[33] Diese Aussage impliziert nicht, daß die identifizierte korrekte Hypothese eine eindeutig festgelegte, minimale Zerlegung des Abschätzungsgraphen besitzt. Es kann also in dieser Hinsicht verschiedene Hypothesen gegeben, die den idealen Abschätzer im Grenzwert identifizieren.

Zerlegung des Graphen ergeben. Also werden keine Veränderungen der Hypothese mehr vorgenommen.

Insgesamt folgt daraus, daß der gesuchte Begriff, d.h. der ideale Abschätzer, im Grenzwert korrekt identifiziert wird und dabei eine systematische Suche im Hypothesenraum durchführt wird.

Diskussion des Korrektheitsnachweises. Isoliert betrachtet ist die Aussage, daß im Grenzwert der korrekte Begriff identifiziert wird, nur wenig aufschlußreich hinsichtlich der praktischen Einsetzbarkeit des Verfahrens für die globale Adaptierung. Für diesen Teil des obigen Nachweises könnte im Adaptierungsalgorithmus sogar auf die schrittweise Zerlegung des Abschätzungsgraphen und die Verhältnishypothesen verzichtet werden. Es reicht aus, wenn für zufällig ausgewählte Klassen zufällig ausgewählte Beispiele erzeugt werden.

Bei der in LIMES verwendeten Beschreibungssprache für Modulspezifikationen gibt es sogar insgesamt nur eine endliche Zahl von Spezifikationen (und von Abschätzungsklassen). Die Beispielmenge ist jedoch trotzdem nicht endlich, da es für jede Spezifikation eine beliebig große Zahl von Ergebniswerten, die innerhalb eines Intervalls liegen, geben kann. Für die Konvergenz der Abschätzungsdaten sind jedoch nur die $2C$ absolut extremen Ergebniswerte für jede Klasse relevant, so daß insgesamt, nachdem diese endlich vielen Beispiele in der Beispielfolge vorgekommen sind, die Konvergenz eintritt. Da zusätzlich gefordert (und durch die zufällige Auswahl der Beispiele gewährleistet) wird, daß die Auftrittswahrscheinlichkeit in der durch aktives Experimentieren erzeugten Beispielfolge für jedes Beispiel > 0 ist, ist der Nachweis der Konvergenz für die vorgegebene Beschreibungssprache trivial. Die Adaptierungsmethode in LIMES läßt sich aber im Prinzip auch für unendliche Beschreibungssprachen anwenden, speziell solche Sprachen, bei denen Attribute mit unendlichem, geordnetem Wertebereich auftreten. Zum Beispiel kann bei der Kostenabschätzung für den Hausbau die Grundstücksgröße durch die Menge der positiven rationalen Zahlen angegeben werden. In diesem Fall müßte eine Abschätzungsklasse jeweils ein Intervall dieses Wertebereichs statt eines einzelnen Werts beinhalten. Hierfür müßte dann das Verfahren für die Klassenbildung noch angepaßt werden.

Von größerer praktischer Relevanz als die reine Konvergenzaussage ist hingegen die systematische Suche im Hypothesenraum. Durch die Erzeugung einer zunächst groben Hypothese über das Verhältnis zwischen alten und neuen Abschätzungsdaten, die schrittweise verfeinert wird, ergibt sich, daß der neue Graph zunehmend zuverlässiger wird. Bei dieser Verfeinerung spielen die schrittweise Zerlegung des Abschätzungsgraphen und die Verhältnishypothesen eine entscheidende Rolle. Damit können, lange bevor der größte Teil der Klassen mit neuen Beispielen versorgt wird, Abschätzungsdaten abgeleitet werden. Das spiegelt den in Abschn. 9.2 erwähnten Aspekt wider, daß eine globale Adaptierung nur dann praktisch relevant ist, wenn der Aufwand dafür deutlich geringer ist als der für einen kompletten Neuaufbau des Graphen. Die Zwischenergebnisse der Adaptierung können also wie erwähnt als eine Approximation des gesuchten idealen Abschätzers verwendet werden. Die im anschließenden Abschnitt vorgestellten Testergebnisse für die globale Adaptierung bestätigen diese Aussage ebenfalls. Ein Zwischenergebnis ist aber nur dann als Approximation akzeptabel, wenn klar ist, daß der (abgebrochene) Prozeß wirklich gegen den gesuchten idealen Abschätzer konvergiert. Deshalb ist auch der Beweis von Behauptung b) und c) wichtig.

Durch die Vorgabe einer Obergrenze für die Generierung neuer Beispiele ist dem Benutzer die Möglichkeit zur Kontrolle des Adaptierungsprozesses gegeben. Damit kann er die Abstimmung zwischen den konträren Zielen der Minimierung des Aufwandes und der Maximierung der Qualität des generierten Wissens vornehmen.

Die systematische Suche im Hypothesenraum ist nicht nur durch die Verfeinerung von Hypothesen gemäß *PO1–3* charakterisiert, sondern auch durch die in der Inferenzmethode enthaltenen Kontrollentscheidungen, die diesen Verfeinerungsprozeß steuern. Insbesondere die bevorzugte Behandlung von noch nicht betrachteten Teilgraphen in Schritt 2) der Inferenzmethode sowie das Vorgehen bei der Auswahl von Klassen für die Experimente in Schritt 3a) ermöglichen eine gleichmäßige Verfeinerung der Hypothesen. Die zufällige Auswahl von Klassen und Beispielen für die Experimente spielt erst im späteren Teil des Adaptierungsprozesses die entscheidende Rolle. Die für die gleichmäßige Verfeinerung der Hypothesen verantwortlichen Kontrollentscheidungen sind in den obigen Nachweis der Korrektheit und Effizienz der Inferenzmethode nicht eingeflossen, da sie sich nur schwer mit dem formalen Rahmen der Identifikation im Grenzwert fassen lassen. Sie spielen aber für den praktischen Ablauf einer Adaptierung eine wichtige Rolle.

Wie bereits erwähnt, wird bei LIMES ausgehend von einer groben Starthypothese nur so lange verfeinert, bis keine Inkonsistenzen mehr zu neuen Beispielen entstehen. Damit wird das Ziel verfolgt, möglichst einfache konsistente Hypothesen zu erhalten. Es kann allerdings nicht garantiert werden, daß das Verfahren für die globale Adaptierung in jedem Fall die konsistente Hypothese mit der gröbsten Zerlegung des Abschätzungsgraphen in Teilgraphen findet. Die Bestimmung einer Zerlegung erfolgt auf der Basis von statistischen Daten über die in Schritt 4b) der Inferenzmethode durchgeführten Experimente. Da nicht sicher ist, daß bei diesen Experimenten die „aussagekräftigsten" Beispiele für die Bestimmung der Zerlegung gefunden werden, kann eine ungünstige Zerlegung gewählt werden, die dann in späteren Schritten anhand weiterer Beispiele verfeinert wird und letztendlich zu einer Verfeinerung einer gröberen, in einer anderen korrekten Hypothese enthaltenen Zerlegung führt.[34]

Die Überlegungen zur Identifikation im Grenzwert enthalten keine Aussage über die Anzahl der bei der Adaptierung benötigten Beispiele. Es ist leicht einsehbar, daß im schlechtesten Fall hierfür keine geringere Zahl als für einen kompletten Neuaufbau der Wissensbasis benötigt wird. In diesem Fall gibt es keine Ähnlichkeiten zwischen den alten und neuen Abschätzungsgraphen, die für die Adaptierung ausgenutzt werden könnten. Eine Adaptierung ist in diesem extremen Fall also nicht erfolgversprechend. Die der Adaptierung bei LIMES

---

[34] Ein Operator für das Verschmelzen von benachbarten Teilgraphen mit ähnlicher Verhältnishypothese könnte hier Abhilfe schaffen. Damit ließen sich ungünstige Zerlegungen rückgängig machen, die sich bei weiteren Experimenten als zu fein herausgestellt haben.

zugrunde liegende Annahme, die durch die empirischen Ergebnisse für die Abschätzungen bei integrierten Schaltungen bestätigt wurde, besagt, daß das Hintergrundwissen in Form der Konzeptbäume und der Attributprioritäten *grundlegende* Eigenschaften des Sachbereichs beschreibt, die auch bei einer Adaptierung gültig bleiben und dafür ausgenutzt werden können. Deshalb ist ein kompletter Neuaufbau des Graphen in der Praxis nicht erforderlich. Der tatsächlich benötigte Aufwand für die Adaptierung hängt von dem Grad der Ähnlichkeiten zwischen altem und neuem Graphen ab.

Anders als beim PAC-Lernen [Valiant, 1984; Blumer et al., 1989] wird bei der globalen Adaptierung die Identifikation einer korrekten Hypothese[35] nicht nur mit einer gewissen Wahrscheinlichkeit von $1-\delta$ erreicht. Mit der (geringen) Wahrscheinlichkeit von δ kann die ausgegebene Hypothese beim PAC-Lernen völlig falsch sein. Die Ergebnisse der globalen Adaptierung sind ferner nicht von der Wahrscheinlichkeitsverteilung der Beispiele abhängig. Es muß lediglich gewährleistet sein, daß jedes Beispiel (oder zumindest die $2C$ absolut extremen Beispiele für jede Klasse) im Grenzwert mindestens einmal in der Beispielfolge auftaucht. Durch das aktive Experimentieren erhält die Inferenzmethode wie erwähnt die Möglichkeit zur Beeinflussung der Beispielfolge. Dadurch wird insbesondere in der Anfangsphase der Adaptierung erreicht, daß die Beispiele über die verschiedenen Teilgraphen verteilt sind. Auf diese Weise wird eine gleichmäßige Verfeinerung aller Teile des Graphen unterstützt.

10.3.10 Analyse des lernenden Abschätzers

LIMES wurde auf eine SUN Sparcstation mit Common Lisp und KEE implementiert. In Abschn. 10.3.1 wurde bereits ausgeführt, daß die erzeugten Flächenabschätzungen für die frühen Phasen des Entwurfs integrierter Schaltungen benötigt werden und damit eine Lücke innerhalb der CAD-Unterstützung für die frühen Phasen des Entwurfs integrierter Schaltungen schließen, die von konventionellen Abschätzern nicht ausgefüllt wird.

Im folgenden werden nun Testergebnisse für LIMES sowie eine vergleichende Analyse vorgestellt.

Testergebnisse. Abbildung 10-28 zeigt eine Testmenge mit Beispielen für eine Abschätzungsklasse zur Flächenabschätzung von Modulen integrierter Schaltungen. Die Beispiele wurden mit einem industriellen CAD-System entworfen. Die Ergebnisse für die Abschätzungsklasse sind in Tabelle 10-8 enthalten.

---

[35] Die meisten Arbeiten zum PAC-Lernen beziehen sich auf das Lernen von Begriffen. In [Simon, 1993] werden Funktionen als zu lernende Hypothesen betrachtet. In einem an das PAC-Lernen angelehnten Lernmodell werden untere Schranken für die Anzahl der Beispiele angegeben, die zum Lernen von bestimmten Funktionsklassen benötigt werden.

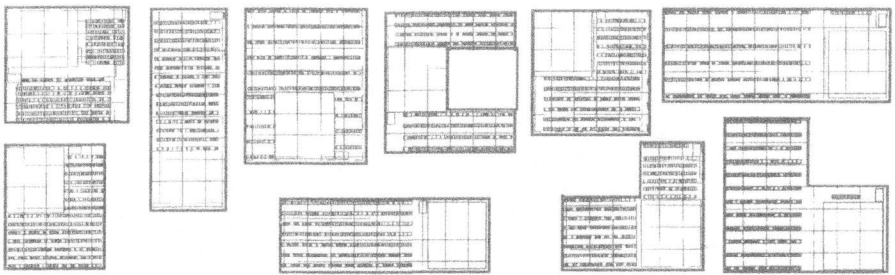

Abb. 10-28. Testmenge mit Beispielen für die Flächenabschätzung von Modulen integrierter Schaltungen. Die verschiedenen Realisierungen für einen 8-bit-Parallelmultiplizierer besitzen unterschiedliche Formen und Seitenverhältnisse. Hiermit wird die Bandbreite verschiedener Realisierungsmöglichkeiten demonstriert. Es tauchen gebräuchliche und weniger typische Formen und Seitenverhältnisse auf. Die Beispiele wurden mit den CADENCE-CAD-Werkzeugen unter Benutzung der ES2-Standardzellen-Bibliothek in einer 1,5-μ-CMOS-Technologie realisiert.

Alle abgebildeten Module haben die gleiche Funktion, Dimensionierung und Technologie. Formen und Anschlüsse unterscheiden sich. Der in Tabelle 10-8 enthaltene Durchschnittswert in den Abschätzungsdaten 40,23 wird als Abschätzungsresultat für Spezifikationen benutzt, die in diese Klasse gehören. Im schlechtesten Fall wäre (gemäß der Beispielmenge) der Maximalwert 52,64 das korrekte Abschätzungsergebnis. Das ergibt für den schlechtesten Fall einen Fehler von 23,6%. Varianz und relative Varianz zeigen aber, daß die durchschnittliche Fehlerrate deutlich geringer ist. Diese Fehlerrate läßt einen Einsatz für grobe Abschätzungen in den frühen Phasen des Entwurfs integrierter Schaltungen zu. Für genauere Abschätzungen werden detailliertere Modulspezifikationen benötigt.

Tabelle 10-8. Abschätzungsdaten für die Klasse der 8-bit-Parallelmultiplizierer, die aus der Beispielmenge in Abb. 10-28 berechnet wurden.

Maximum	52,64
Minimum	32,00
Durchschnitt	40,23
Varianz	6,54
Relative Varianz	0,16

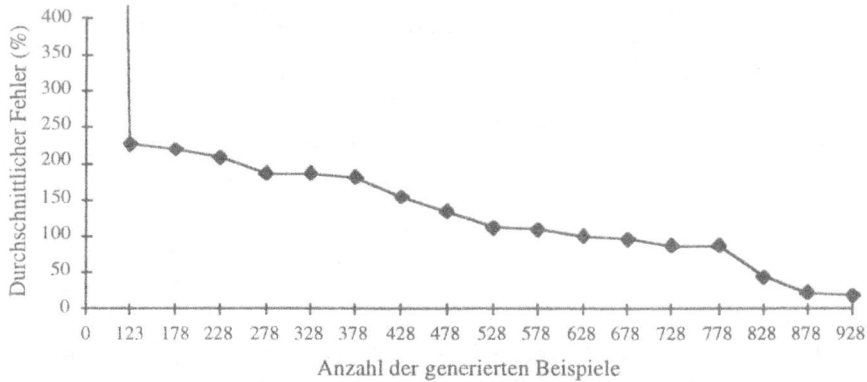

Abb. 10-29. Adaptierung des Abschätzungsgraphen aus Abb. 10-27. Nach jeder Experimentfolge werden die Ergebnisse des neuen Graphen mit dem „idealen" Graphen verglichen.

Die Abbildungen 10-29 bis 10-31 zeigen Testergebnisse für die globale Adaptierung. Hierbei wurde jeweils der in Abb. 10-27 gezeigte Abschätzungsgraph mit 144 Klassen adaptiert.

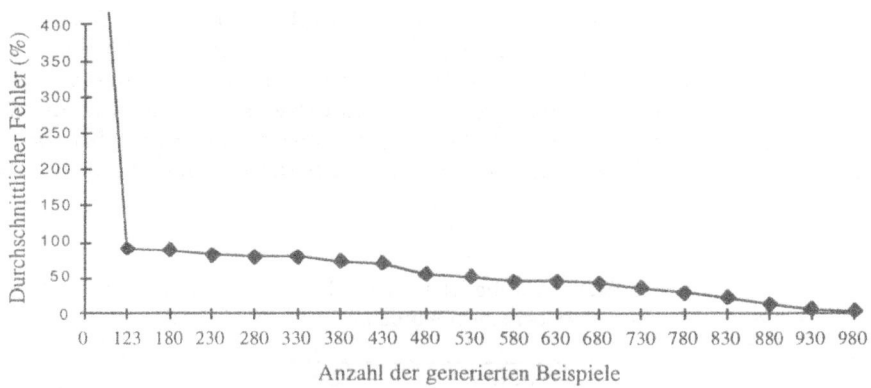

Abb. 10-30. Adaptierung des Abschätzungsgraphen aus Abb. 10-27. Hier wurde ein anderer neuer Modulgenerator verwendet als in Abb. 10-29.

Um die Zwischenschritte der Adaptierung bewerten zu können, wurde nach jeder Folge von Experimenten der bereits teilweise adaptierte Graph mit einem „idealen" Graphen verglichen. Dieser „ideale" Graph wurde durch einen kompletten Neuaufbau der Wissensbasis anhand einer Menge von Beispielen für den neuen Modulgenerator, die für jede Klasse eine größere Anzahl von Beispielen enthält, generiert.[36] Nach jedem Zwischenschritt wurden die Ergebnisse von 50 Abschätzungen mit dem teilweise adaptierten und dem „idealen" Graphen miteinander verglichen und die durchschnittliche prozentuale Abweichung der Ergebnisse berechnet.

Die abgebildeten Kurven bestätigen, daß sich die Adaptierung dem „idealen" Graphen monoton annähert. Jede Experimentfolge verbessert die Qualität des Abschätzungsgraphen. Der initiale Adaptierungsschritt hat dabei die größte Wirkung, da hier *ungültige* Daten durch *abgeleitete* ersetzt werden. Bei der in Abb. 10-29 gezeigten globalen Adaptierung wird eine vergleichsweise große Anzahl an Beispielen benötigt, bis der durchschnittliche Fehler unter die 100%-Marke sinkt. Hier besteht nur mittlere Ähnlichkeit zwischen dem alten und dem neuen Modulgenerator.

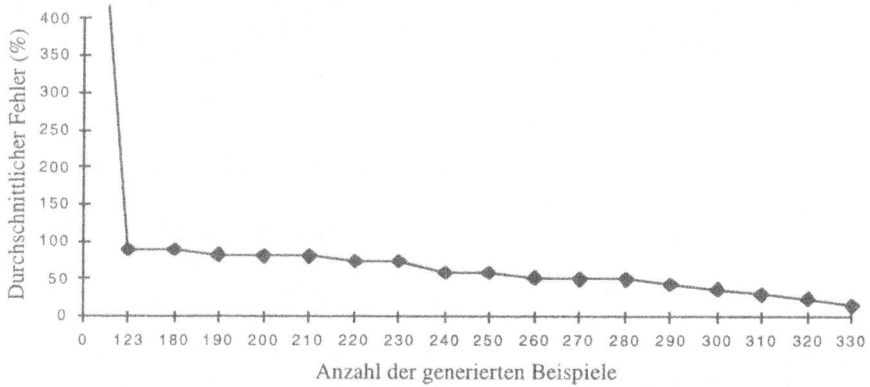

Abb. 10-31. Adaptierung des Abschätzungsgraphen aus Abb. 10-27. Hier wurde der gleiche neue Modulgenerator verwendet wie in Abb. 10-30. Es wurden jedoch andere Einstellungen für die Adaptierungsparameter gewählt.

Bei der in Abb. 10-30 gezeigten Adaptierung wird ein anderer neuer Modulgenerator für die Adaptierung eingesetzt. Hier besteht eine größere Ähnlichkeit, die Adaptierung konvergiert deutlich schneller. Abbildung 10-31 schließlich zeigt einen Adaptierungsprozeß für den gleichen neuen Modulgenerator wie in Abb. 10-30, aber mit anderen Einstellungen für die Adaptierungsparameter. Hierdurch konnte eine deutlich schnellere Konvergenz erzielt werden. Von weiteren Experimente mit anderen Einstellungen ist eine zusätzliche Beschleunigung des Adaptierungsprozesses zu erwarten. Aufgrund der bei den Experimenten benutzen Einstellungen der Adaptierungsparameter wird der Graph während der

---

[36] Da kein realer Modulgenerator für die automatische Erzeugung von Beispielrealisierungen zur Verfügung stand, wurden für diese Testreihen verschiedene „simulierte" Generatoren eingesetzt.

abgebildeten Adaptierungsschrittfolgen nur in zwei Teilgraphen zerlegt. Das bedingt eine relativ langsame Verbesserung der Fehlerrate nach den initialen Schritten. Durch die zukünftige Bestimmung von besseren Werten für die Parameter ist eine signifikante Beschleunigung des Adaptierungsprozesses zu erwarten.

Vergleichende Analyse. Um die Besonderheit der für LIMES gewählten Abschätzungsmethode zu verdeutlichen, werden nun die Unterschiede zu dem bekannten System CART [Breiman et al., 1984] diskutiert, das ebenfalls Abschätzungen lernen kann. CART lernt aus Beispielbeschreibungen in Form von Attribut-Wert-Paaren die Approximation einer Funktion f. Dazu werden *Regressionsbäume* (Regression Trees) aufgebaut. Ein Regressionsbaum ähnelt einem Entscheidungsbaum, hat aber andere Werte in den Blättern. Statt einer Klasse enthält ein Blatt den vorhergesagten Wert aus dem Wertebereich von f sowie die Standardabweichung aller Werte aus den Beispielen, die in das Blatt gehören.

Es lassen sich eine Reihe von Unterschieden zwischen CART und LIMES aufzählen, von denen einige mit dem in CART fehlenden Hintergrundwissen zusammenhängen:

1) Es gibt keine vorgegebenen Attributprioritäten in CART. Statt dessen versucht CART, allein durch eine statistische Analyse der Beispielmenge eine Bewertung der Attribute zu bestimmen. Diese Bewertung hängt stark von den zu Verfügung stehenden Beispielen ab. Ein Einflußfaktor ist hier die Wahrscheinlichkeitsverteilung, die der Trainingsmenge zugrunde liegt. LIMES ist von einer solchen Verteilung unabhängig. In [Breiman et al., 1984] wird eine Beispielanwendung mit 5 verschiedenen Trainingsmengen analysiert. In Abhängigkeit von der gewählten Menge variiert die Bewertung der Attribute in CART von 35 bis 100 innerhalb des Intervalls [0,100]. Da von den Attributbewertungen die Struktur des erzeugten Baumes abhängt, kann das Lernergebnis von zufälligen Korrelationen in der Trainingsmenge abhängen. Die bei LIMES vorgegebenen Attributprioritäten reduzieren den Einfluß der Trainingsmenge auf die Struktur des Abschätzungsgraphen. So werden z.B. optionale Attribute grundsätzlich nicht in den obersten Ebenen des Graphen berücksichtigt.

2) Die Strategie für die globale Adaptierung in LIMES kann nicht auf die Regressionsbäume von CART angewandt werden. Hierfür fehlt ebenfalls bei CART das Hintergrundwissen in Form der Attributprioritäten und der Konzeptbäume, das invariant bezüglich der veränderten Eigenschaften des Sachbereichs ist und die Struktur der erzeugten Wissensbasis wesentlich mitbestimmt.

3) In CART hat jeder innere Knoten des Regressionsbaumes genau zwei Söhne, es werden also binäre Bäume erzeugt. Bei LIMES wird die Anzahl der Nachfolger eines Knotens durch das Hintergrundwissen beeinflußt.

4) Nur die Blätter eines Regressionsbaumes werden für die Abschätzung eingesetzt. Die inneren Knoten enthalten keine Abschätzungsdaten, sind also für die Abschätzung unvollständiger Spezifikationen nicht geeignet. Statt dessen wird eine unvollständige Spezifikationen in CART mit Hilfe von statistischen Daten

vervollständigt und damit ein Blatt für die Abschätzung bestimmt. Auf diese Weise wird die zu erwartende Ungenauigkeit dieser Abschätzung verborgen. Die Standardabweichung in dem verwendeten Blatt beschreibt die Qualität dieser Abschätzung nicht korrekt, da die Unsicherheit der statistischen Vervollständigung nicht berücksichtigt wird. Bei LIMES zählt die Verwendung von generellen Abschätzungsklassen zu einer der zentralen Eigenschaften. Durch sie wird auch die Qualität der Abschätzung explizit gemacht (und kann vom Benutzer berücksichtigt werden), da sämtliche für die unvollständige Spezifikation relevanten, bekannten Beispiele bei der Generierung der Klasse berücksichtigt werden.

5) CART unterstützt nicht die inkrementelle Modifikation eines Regressionsbaumes in Abhängigkeit vom Wissensbasiseinsatz. In LIMES wird dafür induktive Generalisierung und Spezialisierung eingesetzt, wodurch in Abhängigkeit von durchzuführenden Abschätzungen neue Klassen in den Graphen eingefügt werden. Das Monostrategielernsystem CART unterstützt hingegen nur die nichtinkrementelle Wissensbasisinitialisierung.[37]

6) In CART werden weder die automatische Erzeugung von Beispielspezifikationen noch Experimente mit einem Beispielgenerator ermöglicht. Es gibt ferner keine Diagnose oder Beseitigung von Schwachstellen in der Wissensbasis. Dafür würde Wissen über den Sachbereich sowie eine zusätzliche Lernstrategie benötigt.

Einschränkungen von LIMES. LIMES demonstriert, daß mit einem einzigen System eine umfassende Unterstützung des Lebenszyklus einer Wissensbasis möglich ist. Das wird anhand der relevanten, aber vergleichsweise einfach strukturierten Problemklasse der Abschätzungsaufgaben (s. Abschn. 10.3.1) demonstriert. Um eine entsprechende Unterstützung für komplexere Probleme zu realisieren, insbesondere für die Verarbeitung von strukturellen Beschreibungen, ist zusätzliche Forschungsarbeit erforderlich.

LIMES kann nur aus Beispielbeschreibungen mit Attribut-Wert-Paaren lernen. Wie auch bei CART wird vorausgesetzt, daß in einer konstanten Anzahl solcher Paare genügend Informationen für eine grobe Abschätzung enthalten sind. Wenn genauere Informationen verfügbar sind, z.B. strukturelle Modulbeschreibungen bei späteren Phasen des Entwurfs integrierter Schaltungen, sollten andere Abschätzungsverfahren eingesetzt werden, von denen dann genauere Ergebnisse zu erwarten sind.

LIMES ist ferner auf Sachbereiche eingeschränkt, bei denen Hintergrundwissen in Form von Konzeptbäumen und Attributprioritäten verfügbar ist. Dieses Wissen wird benötigt; anderes Hintergrundwissen, z.B. eine Theorie über den Sachbereich, kann hingegen nicht verwendet werden.

In den Abschätzungsklassen werden $2C$ Ergebniswerte (und optional die dazugehörigen Spezifikationen) explizit abgespeichert. Eine Erhöhung des Parameters C erhöht die Zuverlässigkeit der Abschätzungen, aber auch gleichzeitig den

---

[37] In [Crawford, 1990] wird CART um inkrementelles Lernen erweitert. Es wird eine eingeschränkte Reorganisation des Baumes ermöglicht, falls regelmäßig neue Trainingsbeispiele verfügbar werden.

Speicherplatzbedarf. Hier besteht also ein Zielkonflikt (Trade-Off), für den bei einer Anwendung jeweils ein geeigneter Kompromiß zu bestimmten ist.

Die Strategien für die globale Adaptierung und die Behebung von Schwachstellen in LIMES hängen von Experimenten mit dem Beispielgenerator ab. Hierfür ist ein *automatischer* Beispielgenerator, wie etwa der Modulgenerator für integrierte Schaltungen, vorteilhaft. Im anderen Fall, wenn also statt dessen Anfragen an den Benutzer gestellt werden, ist nur eine sehr beschränkte Zahl von Experimenten vertretbar. Es können dann vermutlich nur die ersten Schritte der globalen Adaptierung durchgeführt werden, mit denen eine vorläufige Approximation des „idealen" Graphen erzielt werden kann.

Die Wissensbasismodifikation ist in der realisierten Wartungsphase auf die Entdeckung und Beseitigung von einfacheren Schwachstellen beschränkt. Es gibt eine Reihe von anderen Schwachstellen, die z.Z. nicht unterstützt werden. Dazu gehören Operationen zur Modifikation des Hintergrundwissens, insbesondere der Konzeptbäume. Zum Beispiel bietet sich das Entfernen, Aufspalten oder Verschmelzen von Knoten in Abhängigkeit von dem Einfluß der Knoten auf den Abschätzungsgraphen an. In [Reich und Fenves, 1991] wird hierfür konstruktive Induktion eingesetzt. Andere (interaktive) Modifikationen sollten sich auf die Erweiterung der Spezifikationssprache um neue Attributwerte und neue Attribute beziehen. Damit würde dann auch die Wissensmodellierung vom System unterstützt.

10.3.11 Verwandte Arbeiten zu den verschiedenen Lernstrategien

LIMES hat als Gesamtsystem betrachtet keine starken Ähnlichkeiten mit anderen Systemen. Berührungspunkte und Unterschiede zu anderen Multistrategiesystemen wurden bereits in Abschn. 10.1 deutlich. Als ein System für die gleiche Problemklasse wie LIMES ist CART bereits ausführlich diskutiert worden. Im folgenden werden verwandte Arbeiten angesprochen, bei denen es Bezüge zu einzelnen Lernstrategien in LIMES gibt.

Die Strategien für die Wissensbasisinitialisierung stellen ein Verfahren zur Begriffsbildung dar. Neben UNIMEM [Lebowitz, 1987] gehören CLUSTER/2 [Michalski und Stepp, 1983] und COBWEB [Fisher, 1987] zu den bekanntesten Vertretern dieser Klasse von Systemen. Bereits in Abschn. 4.4 und 10.2.4 wurden mit CLT [Morik et al., 1993], KLUSTER [Kietz und Morik, 1994] und KBG [Bisson, 1992] weitere Ansätze für die Begriffsbildung angesprochen, bei denen Hintergundwissen in wesentlich komplexerer Form eingesetzt wird, als das bei der Begriffsbildung in LIMES der Fall ist.

CLUSTER/2. Mit CLUSTER/2 wurde erstmals die Bildung neuer Begriffe mit ihren beiden Teilaufgaben Aggregation und Charakterisierung unterstützt. In CLUSTER/2 wird mit einem nichtinkrementellen Lernverfahren eine Hierarchie von Begriffen erzeugt. Dazu wird ein komplexer Suchalgorithmus auf mehreren verschachtelten Ebenen durchgeführt, wobei jeweils eine Benutzer-definierte Bewertungsfunktion eingesetzt wird. Auf der obersten Ebene sucht der Algorithmus innerhalb einer Menge von Partitionen mit unterschiedlichen Anzahlen von Klassen. CLUSTER/2 hat keine Performanzkomponente.

Im Unterschied zu CLUSTER/2 wird bei LIMES zwischen der nichtinkrementellen Erzeugung einer Wissensbasis und ihrer inkrementellen Erweiterung bzw. Modifikation unterschieden. Damit kann eine zu Beginn des Lernprozesses vorliegende Beispielmenge effektiv für den Aufbau der Wissensbasis genutzt werden. Die spätere Berücksichtigung neuer Beispiele wird ebenfalls unterstützt. Ein zentraler Unterschied zwischen beiden Lernsystemen besteht in der Vorgehensweise bei der Auswahl von Klassen, die in die Wissensbasis eingefügt werden sollen. Durch die Attributprioritäten und das dazugehörige Monotoniekriterium wird bei LIMES die Suche nach Kandidaten stark eingeschränkt. Die Bewertung von Klassen erfolgt unabhängig von Nachbarklassen, sie hängt nur von den zur Klasse gehörigen Ergebniswerten ab. LIMES besitzt eine Performanzkomponente, die Abschätzungen durchführt.

COBWEB. Die Bildung von Begriffen wird in COBWEB inkrementell durchgeführt. COBWEB baut eine Hierarchie von Begriffen in Form eines Klassifikationsbaumes auf. Klassifikation und Lernen sind bei COBWEB miteinander verknüpft. Jedes neue (unklassifizierte) Beispiel wird in die Hierarchie eingeordnet und verändert sie bei diesem Prozeß. Es gibt verschiedene Operationen für die inkrementelle Modifikation des Baumes: Erzeugung eines Blattes, Aufspalten eines Knotens, Verschmelzen zweier benachbarter Knoten. Die Modifikation des Baumes wird durch ein *globales* Qualitätskriterium gesteuert, bei dem die Ähnlichkeiten zwischen den Elementen der gleichen Klassen und die Unähnlichkeit zwischen Elementen verschiedener Klassen bewertet werden. COBWEB unterstützt als Problemlösungsaufgabe die Vorhersage von fehlenden Attributwerten.

Das Qualitätskriterium in LIMES ist mit der Bewertung von Ähnlichkeiten zwischen den Elementen der gleichen Klasse in COBWEB verwandt. Wie erwähnt wird es in LIMES nur zur getrennten Bewertung einzelner Klassen eingesetzt und nur auf die durch das Hintergrundwissen stark beschränkte Menge von Kandidaten angewandt. Im Gegensatz zu COBWEB läuft bei LIMES Lernen und Problemlösen in verschiedenen Phasen ab. Da eine abzuschätzende Spezifikation keinen Ergebniswert enthält, kann sie nicht als Trainingsbeispiel verwendet werden.

LEX. Dieses induktive Lernsystem [Mitchell et al., 1983] ist in einen Problemlöser für die symbolische Integration eingebettet. Es lernt inkrementell heuristische Regeln für die Verbesserung der Problemlösungsfähigkeiten. LIMES hat mit LEX die Integration von induktivem Lernen, aktivem Experimentieren und Problemlösen gemeinsam. Sie findet sich z.B. auch noch in PRODIGY [Carbonell und Gil, 1990]. Die Experimente in LEX gehen ebenfalls von automatisch generierten Beispielspezifikationen aus, die durch Modifikation vorhandener Beispiele erzeugt werden.

CARPER. Das System CARPER [Schlimmer, 1993] wurde bereits in Abschn. 8.2 angesprochen. Es ist ein maschinelles Lernsystem, das aus Datenbanken bekannte Fehlertypen in Wissensbasen unter Verwendung von Integritätsbedingungen bestimmt. Diese Aufgabe ist mit der Entdeckung von Schwachstellen bei LIMES verwandt. Beide Systeme zielen auf eine verbesserte Qualität der Wissensbasis. CARPER reduziert die Anzahl der inkorrekten Anfragen an die Wissensbasis, LIMES verbessert die Qualität der Abschätzungen. Ein Vorteil von CARPER ist die Möglichkeit zum induktiven Lernen neuer Integritätsbedingungen, die dann auf die Wissensbasis angewandt werden können. Damit wird die Abhängigkeit von Vorgaben des Benutzers reduziert. CARPER kann andererseits keine aktiven Experimente durchführen.

KEDS. In KEDS [Raho und Lu, 1993] wird wie auch in LIMES Entdeckungslernen mit der Begriffsbildung kombiniert. Das System lernt ein probabilistisches Modell aus n mehrdimensionalen Datensätzen, von denen jeder aus einem reellwertigen, abhängigen Attribut y sowie p numerischen oder symbolischen, unabhängigen Attributen besteht. KEDS geht nach der Teile-und-herrsche-Strategie vor und zerlegt den Problemraum in mehrere kleinere Teilbereiche. Für jeden Teilbereich wird ein separates Modell entdeckt. Die Modelle werden aus verschiedenen Grundmustern (Templates) für Gleichungen, die Polynome enthalten, generiert. Die Partitionierung des Problemraums und das Entdecken der dazugehörigen Modelle wird folgendermaßen kombiniert: Jeder Aufruf des KEDS-Algorithmus für ein bestimmtes Gleichungsgrundmuster produziert mehrere Kandidaten in Form von Paaren aus einem Teilbereich und einer dazugehörigen Gleichung. Die Partitionierung stützt sich auf in den Daten entdeckte Abhängigkeiten. Der Entdeckungsprozeß ist wiederum jeweils auf den von der Partitionierung vorgegebenen Teilbereich beschränkt.

Die Vorgehensweise im Lernprozeß bei KEDS besitzt Ähnlichkeiten mit der globalen Adaptierung in LIMES. Durch die Zerlegung des Abschätzungsgraphen wird ebenfalls ein Partitionierungsschritt durchgeführt, an den sich eine mathematische Charakterisierung der Regionen (Teilgraphen) anschließt. Die aufgestellten Verhältnishypothesen für die Teilgraphen sind einfacher als die Modelle in KEDS. KEDS führt kein aktives Experimentieren durch.

IE. Das System IE (Instructionless Experimenter) [Shrager, 1987] lernt durch Experimente mit einem (programmierbaren) Gerät, hier einem Spielzeugauto, ein Modell über das Gerät. Diese prinzipielle Vorgehensweise hat ebenfalls Ähnlichkeit mit der globalen Adaptierung in LIMES. Bei beiden Systemen geht es darum, Wissen über das Verhalten eines unbekannten Objektes zu lernen, indem Experimente formuliert, mit Erwartungen versehen, durchgeführt und ausgewertet werden. Bei LIMES ist das unbekannte Objekt der neue Beispielgenerator, bei IE das Gerät.

10.3.12 Diskussion der Lebenszyklus-orientierten Integration von Lernstrategien

Bei der Vorstellung der einzelnen Lernstrategien in LIMES wurden bereits Gründe für die Zuordnung verschiedener Lernaufgaben zu verschiedenen Strategien aufgeführt. Die für LIMES getroffenen Entwurfsentscheidungen bezüglich der Auswahl und Organisation der Strategien sind teilweise von der betrachteten Problemklasse, also den Abschätzungsproblemen, abhängig. In diesem Abschnitt geht es nun darum, über diese spezielle Problemklasse hinausgehend, die Eignung des Lebenszyklus-orientierten Integrationsansatzes zu diskutieren. Dabei kann es nicht das Ziel sein, eine generelle „Überlegenheit" dieses Ansatzes gegenüber den anderen in Abschn. 3.3 vorgestellten Integrationsansätzen zu belegen. Daß in Abhängigkeit von den Eigenschaften der jeweiligen Lernaufgabe unterschiedliche Ansätze für die Strategieintegration zu wählen sind, wird bereits durch die Unterschiede zwischen der Strategieintegration bei COSIMA und bei LIMES deutlich. Hier sollen statt dessen generelle Voraussetzungen und Vorbedingungen für den erfolgreichen Einsatz des Lebenszyklus-orientierten Integrationsansatzes aus den Erfahrungen mit LIMES abgeleitet werden. Es gilt insbesondere zu erörtern, wann es sinnvoll ist, verschiedene Lebenszyklusphasen mit verschiedenen Lernstrategien zu unterstützen. Dazu wird im folgenden diskutiert, welche Vorteile es bringt, jeweils zwei oder mehrere Lebenszyklusphasen nicht mit ein und derselben Strategie zu unterstützen.

- *Getrennte Strategien für die Wissensbasisinitialisierung und die Wissensbasiserweiterung sowie -modifikation*
  Nichtinkrementelle Lernstrategien besitzen Vorteile, da sie Strukturentscheidungen und sonstige Entscheidungen über den Aufbau der zu lernenden Hypothese direkt auf der Basis einer komplett vorliegenden Beispielmenge durchführen können. Das ist z.B. wichtig, wenn die Lernstrategie Statistiken über die Beispielmenge für die Generierung der Hypothese einsetzt. Ein Beispiel hierfür ist die Lernstrategie von RDT (s. Abschn. 4.3). Bei der Generierung einer Hypothese wird hier überprüft, wieviel Prozent der Beispiele sie bestätigt. In Abhängigkeit von dem Prozentsatz wird sie ggf. weiter spezialisiert.
  Durch eine nichtinkrementelle Strategie wird damit das mühsame, nicht immer erfolgreiche Beseitigen von anhand der ersten Beispiele getroffenen falschen Entscheidungen überflüssig, das bei inkrementellen Strategien auftreten kann. Bei vielen inkrementellen Strategien ist das Lernergebnis von der Bearbeitungsreihenfolge der Beispiele abhängig.
  Nichtinkrementelle Lernstrategien besitzen also verschiedene Vorteile und bieten sich insbesondere bei Anwendungen an, bei denen bereits zu Beginn des Lernprozesses eine Menge von Beispielen verfügbar ist. (Genau das ist bei der von COSIMA unterstützten Anwendung nicht der Fall.) Trotzdem kann bei vielen Anwendungen auch nach dem Beginn des Wissensbasiseinsatzes nicht auf die Berücksichtigung neuer Beispiele verzichtet werden. Gerade bei technischen Anwendungen ist regelmäßig mit neuen Beispielen zu rechnen, die zusätzliche relevante Information für die Wissensbasis enthalten. Ferner kann sich der Bedarf für eine Wissensbasiserweiterung oder -revision teilweise erst während des Wissensbasiseinsatzes zeigen, was bei LIMES der Fall ist. Eine inkrementelle Erweiterung oder -modifikation der Wissensbasis ist dann also unverzichtbar. Die Triviallösung hierfür, nämlich der Einsatz der nichtinkrementellen Strategie in einem „pseudoinkrementellen" Modus, bei dem die Wissensbasis jeweils anhand der kompletten Beispielmenge neu

aufgebaut wird, verbietet sich typischerweise schon aus Gründen der Effizienz. Damit ergibt sich der Bedarf für eine zusätzliche Lernstrategie zur Wissensbasiserweiterung oder -revision, falls für die Wissensbasisinitialisierung eine nichtinkrementelle Strategie verwendet wird.[38]

- *Getrennte Strategien für die Wissensbasiserweiterung und die Wissensbasismodifikation*
  Diese Trennung ist dann sinnvoll, wenn sich die Lernaufgaben für die Unterstützung der Wissensbasiserweiterung und die Wissensbasismodifikation signifikant unterscheiden. Wenn also die Eingaben oder die Ziele für die Lernaufgaben stark voneinander abweichen, bieten sich für sie verschiedene Strategien an. Unterschiede in den Eingaben ergeben sich beispielsweise bei Modifikationsaufgaben, die unabhängig von neuen (bisher dem System unbekannten) Beispielen ablaufen, während das typische an einer Wissensbasiserweiterung gerade das Vorhandensein neuer Beispiele ist. So kommt z.B. die in Abschn. 8.4 beschriebene Restrukturierung einer Wissensbasis ohne neue Beispiele aus. Das Lernziel ist hier auch völlig anders als bei der Wissensbasiserweiterung. Während die Restrukturierung das Ein-/Ausgabeverhalten der Wissensbasis unverändert läßt, soll bei der Erweiterung der Wissensbasis das Gegenteil erzielt werden, also ein verändertes bzw. für neue Problemfälle erweitertes Verhalten.
  Auch die Entdeckung von Schwachstellen in LIMES wird ohne neue Beispiele begonnen. Diese werden erst später in bestimmten Situationen durch aktives Experimentieren erzeugt. Die Lernziele bei der Schwachstellenbeseitigung wie z.B. das Entfernen ungenutzter Klassen und das Schließen von Lücken im Abschätzungsgraphen unterscheiden sich ebenfalls deutlich von der inkrementellen Wissensbasiserweiterung.
  Weitere mögliche Unterschiede, die getrennte Strategien nahelegen, beziehen sich auf den Wirkungsbereich eines Lernschrittes. Während die Wissensbasiserweiterung typischerweise lokale Wirkung hat, kann sich eine Restrukturierung oder eine Beseitigung von Schwachstellen global auf die Wissensbasis auswirken.

- *Getrennte Strategien für die globale Adaptierung und die anderen Lernstrategien*
  Unterschiede zwischen der Aufgabenstellung bei der globalen Adaptierung und anderen Phasen des Lebenszyklus einer Wissensbasis wurden bereits in Kap. 9 angesprochen. Während bei der Wissensbasiserweiterung und -modifikation typischerweise *lokale* Änderungen des Ein-/Ausgabeverhaltens durchgeführt werden, d.h. fast alle alten Beispiele ihre Gültigkeit behalten, ist bei der globalen Adaptierung das Gegenteil der Fall. Es können hier sämtliche bisher vom System bearbeiteten Beispiele ungültig werden, da sie nicht dem benötigten veränderten Ein-/Ausgabeverhalten des Systems entsprechen. Die Unterschiede zur Wissensbasisinitialisierung liegen ebenfalls auf der Hand. Bei der globalen Adaptierung geht es ja um eine Anpassung einer bereits vorhandenen Wissensbasis. Damit ist die Eingabe für die Lernaufgabe völlig

---

[38] So können z.B. bei MOBAL mit RDT gelernte Regeln durch die Revisionskomponente RDT später modifiziert werden.

anders als bei der Initialisierung einer Wissensbasis. Es liegt also nahe, daß die globale Adaptierung von einer separaten Lernstrategie durchzuführen ist.

Insgesamt gesehen wird deutlich, daß es bei sehr unterschiedlichen Aufgabenstellungen sinnvoll sein kann, verschiedene Phasen des Lebenszyklus einer Wissensbasis mit unterschiedlichen Lernstrategien zu unterstützen. Die Nützlichkeit des Lebenszyklus-orientierten Integrationsansatzes ist also nicht auf das System LIMES beschränkt. Die oben dargestellten Überlegungen zur Verteilung von Lernaufgaben auf unterschiedliche Strategien sind ferner unabhängig von der Frage, ob die verschiedenen Strategien für die unterstützten Phasen sequentiell oder im Zusammenhang ausgeführt werden. Auch wenn verschiedene Phasen miteinander verknüpft sind, kann die Lebenszyklus-orientierte Integration von Strategien eingesetzt werden.

10.3.13 Abschließende Diskussion

LIMES unterstützt als erstes maschinelles Lernsystem die globale Adaptierung einer Wissensbasis. Die Grundidee der Adaptierungsstrategie ist einfach: Hintergrundwissen, das von den Veränderungen innerhalb des Sachbereichs nicht betroffen ist, und neue Beispiele werden eingesetzt, um die Auswirkungen dieser Veränderungen auf die Wissensbasis festzustellen und die notwendigen Anpassungen vorzunehmen. Damit wird das benötigte veränderte Ein-/Ausgabeverhalten des wissensbasierten Systems realisiert. Diese Grundidee wurde mit der Entwicklung der Adaptierungskomponente für die Klasse der Abschätzungsprobleme (mit dem dazugehörigen einfach strukturierten Hintergrundwissen) erfolgreich umgesetzt.

Die Adaptierungskomponente ist eines der wenigen maschinellen Lernprogramme, die eine praxisrelevante Anwendung unterstützen und die gleichzeitig mit theoretischen Mitteln formal beschrieben und analysiert wurden. Es wurde gezeigt, daß sich die Adaptierung monoton an die gesuchten Ergebnisse annähert und diese auch im Grenzwert erreicht. Die monotone Konvergenz impliziert, daß Zwischenergebnisse der Adaptierung als approximative Ergebnisse verwendet werden können.

LIMES enthält ferner ein neues Verfahren für die Begriffsbildung. Es zeichnet sich durch die Verwendung von Hintergrundwissen in einfacher Form aus. Durch Attributprioritäten und Konzeptbäume wird eine extensive Suche nach geeigneten Klassen vermieden.

LIMES wurde auf eine kleine, aber relevante Teilaufgabe des Entwurfs integrierter Schaltungen angewandt: die Abschätzungen für Schaltungsmodule. Die groben Abschätzungen werden für frühe Entwurfsphasen wie etwa die Chip-Architekturplanung benötigt. Es wird damit eine Lücke innerhalb der CAD-Unterstützung für die frühen Phasen des Schaltungsentwurfs geschlossen, die von konventionellen Abschätzern nicht ausgefüllt wird. Als global adaptierbarer Abschätzer macht LIMES Werkzeuge wie den Chip-Architekturplaner von technologiespezifischen Aspekten weitgehend unabhängig. Die technologiespezifischen Informationen sind in der Abschätzungswissensbasis konzentriert und brauchen deshalb nicht in dem Programm repräsentiert zu werden, das die Abschätzungen verwendet.

Ein zentrales Ergebnis der beschriebenen Systementwicklung bezieht sich auf die Integration von Lernstrategien. LIMES ist nach dem neuen Lebenszyklus-orientierten Integrationsansatz für Lernstrategien organisiert. Für alle Phasen außer der Wissensmodellierung werden dabei verschiedene Lernstrategien bereitgestellt. Ein Schwerpunkt liegt hierbei auf den späteren Phasen des Lebenszyklus, also der Wissensbasiserweiterung und -modifikation sowie der globalen Adaptierung. LIMES zeigt, daß die Lebenszyklus-orientierte Integration von Lernstrategien eine nützliche Organisationsform für Multistrategiesysteme darstellt, bei der gezielt auf die Erfordernisse jeder Phase eingegangen werden kann, falls die unterstützte Problemklasse die dafür notwendigen Voraussetzungen erfüllt.

11. Zusammenfassung und Ausblick

Thema dieses Buches ist der Lebenszyklus einer Wissensbasis. Es wurde ein Phasenmodell aufgestellt, das die gesamte Lebensdauer einer Wissensbasis abdeckt, angefangen bei konzeptionellen Arbeiten im Rahmen der Wissensmodellierung bis hin zu einer weitgehenden Überarbeitung der Wissensbasis im Rahmen der globalen Adaptierung. Insbesondere erfolgt durch das Phasenmodell eine systematische Analyse und Klassifikation der Aktivitäten zur Manipulation einer Wissensbasis nach deren Initialisierung.

Für jede Phase werden Ansätze innerhalb des maschinellen Lernens aufgezeigt, die zu ihrer Unterstützung eingesetzt werden können. Um dem Leser ein Methodenrepertoire für die Entwicklung und Wartung von Wissensbasen zur Verfügung zu stellen, wurden diese Ansätze in den verschiedenen Kapiteln jeweils klassifiziert und anhand einiger Beispielsysteme genauer dargestellt.

Die Systeme LEDA, LEO, COSIMA und LIMES repräsentieren die zentralen Forschungsergebnisse des Buches. Sie führen jeweils völlig unterschiedliche Lernaufgaben mit verschiedenen Lernalgorithmen durch. Damit werden Beiträge sowohl zum Themengebiet maschinelles Lernen als auch zum jeweiligen Anwendungsgebiet geliefert.

- Das System LEDA dient zur Wissensbasiserweiterung. Es lernt Makrooperatoren für die Datenpfadsynthese. Dabei wird eine funktionale Beschreibung in eine strukturelle transformiert. Während herkömmliche Arbeiten zum Lernen von Design-Wissen auf Makrooperatoren für die schrittweise Verfeinerung der eingegebenen Beschreibung beschränkt sind, werden bei LEDA erstmals Makrooperatoren für den bei dieser Anwendung benötigten, mächtigeren Transformationsansatz akquiriert. Ferner ist LEDA das erste System zum Lernen von Makrooperatoren, das eine explizite Repräsentation und Verarbeitung von Optimierungszielen (Objectives) innerhalb der Performanzkomponente ermöglicht. Die Berücksichtigung solcher Ziele ist eine unverzichtbare Forderung für viele komplexe Design-Probleme.

- Mit dem System LEO wurde ein neuer Ansatz für die Wissensbasismodifikation vorgestellt, bei dem es darum geht, die Wissensbasis zu optimieren, um qualitativ bessere Ergebnisse zu erzielen. Für die Optimierung von Fuzzy-Controllern wurde hier erstmals eine Architektur für das Entdeckungslernen eingesetzt, die sich durch eine explizite (kombiniert symbolisch/numerische)

Repräsentation des Optimierungswissens und -prozesses auszeichnet. Durch diese Repräsentation ist die Vorgehensweise bei der Optimierung verständlicher und damit besser nachvollziehbar als bei herkömmlichen Ansätzen. LEO ist ferner durch eine flexible Auswahl innerhalb einer vielseitigen Menge von teilweise neuartigen Operatoren charakterisiert. Damit können auch Schwächen in einer Controller-Beschreibung beseitigt werden, z.B. eine zu geringe Zahl von linguistischen Termen für eine Variable, die in anderen Systemen nicht berücksichtigt werden. Als weitere wichtige Eigenschaft von LEO ist die permanente Veränderung der Optimierungswissensbasis hervorzuheben, durch die eine Beschleunigung der Optimierungsprozesse möglich wird.

Um eine umfassende Unterstützung des Lebenszyklus einer Wissensbasis zu unterstützen, sind maschinelle Lernsysteme, die sich auf mehrere Phasen beziehen, von besonderem Interesse. Hierfür sind gerade Multistrategiesysteme gut geeignet, in denen eine Kombination verschiedener Lernstrategien realisiert ist. Die Einsatzmöglichkeiten dieser Systeme zur Unterstützung des Lebenszyklus wurden durch zwei eigene Arbeiten verdeutlicht, die verschiedene Arten der Strategieintegration beinhalten:

- COSIMA ist ein lernendes Assistenzsystem für Floorplanning, einer Teilaufgabe des Entwurfs integrierter Schaltungen. In COSIMA sind die drei wichtigsten Lernstrategien auf der Mikroebene integriert, d.h. mehrere Strategien kooperieren bei der Akquisition eines Eintrags der Wissensbasis. Die neuartige Strategieintegration in COSIMA weist der konstruktiven Induktion eine besondere Rolle zu. Sie steuert die selektive induktive Generalisierung, die durch das neue Verfahren des mehrstufigen Abgleichs realisiert wird. COSIMA unterstützt die Phasen Wissensbasisinitialisierung, -einsatz, -erweiterung und -modifikation und leistet ferner einen Beitrag zur Wissensmodellierungsphase.

- LIMES lernt induktiv Wissen für die Flächenabschätzung von Modulen integrierter Schaltungen. In LIMES wird erstmals der neue Lebenszyklus-orientierte Integrationsansatz für Lernstrategien umgesetzt. Das System unterstützt außer der Wissensmodellierung alle Phasen des Lebenszyklus. Für jede Phase wird eine speziell auf sie zugeschnittene Lernstrategie eingesetzt. Es kann damit gezielt auf die Erfordernisse jeder Phase eingegangen werden. Insbesondere wird hier erstmals die globale Adaptierung einer Wissensbasis mit maschinellem Lernen unterstützt.

Die unterschiedlichen Ansätze für die Integration von Lernstrategien in COSIMA und LIMES zeigen, daß die Wahl einer geeigneten Integrationsform von den Gegebenheiten der zu unterstützenden Anwendung (und weiteren Anforderungen) abhängt. Es wurde in Abschn. 10.2 und 10.3 verdeutlicht, welche Faktoren zu den Strategieintegrationen in COSIMA und LIMES geführt haben. Beide Systeme stellen damit auch Fallstudien für Multistrategielernen dar, die über die betrachteten Anwendungen hinausreichende Erkenntnisse über die Integration von Lernstrategien beinhalten. Viele dieser Faktoren, die zu den Architekturentscheidungen bei COSIMA und LIMES geführt haben, finden sich auch in weiteren Problemklassen.

Ein wichtiges gemeinsames Thema bei der Entwicklung von LEDA, LEO, COSIMA und LIMES war die Bestimmung adäquater Formen der Integration von Lernen und Problemlösen. Da der Erfolg eines anwendungsorientierten maschinellen Lernsystems entscheidend von dieser Integration mitbestimmt wird (vgl. Kap. 6), mußte jeweils eine für die Anwendungsklasse angemessene Integrationsform gewählt werden. LEDA und COSIMA wurden als lernende Assistenzsysteme organisiert, da für beide Anwendungen eine vollständige Automatisierung durch das akquirierte Wissen nicht möglich ist. Außerdem sind vorgegebene Beispielsammlungen nicht verfügbar, sondern müssen erst durch die Beobachtung des Benutzers schrittweise aufgebaut werden. Bei LIMES ist die Problemlösung wesentlich einfacher strukturiert als bei der schrittweisen Erzeugung einer Schaltungsbeschreibung mit LEDA oder COSIMA. Sie besteht hier jeweils aus der Berechnung eines Abschätzungswertes aus den Daten im gelernten Abschätzungsgraphen. Ferner stammen die Beispiele häufig nicht vom Benutzer, sondern von einem Beispielgenerator. Damit ist hier eine Automatisierung der Problemlösung erreichbar, bei der lediglich Eingriffsmöglichkeiten für den Benutzer vorgesehen sind. Bei LEO ergibt sich die Integration von Lernen und Problemlösen (hier Regelung) durch die enge Kopplung von lernendem Optimierungssystem, Controller und zu regelndem Prozeß. Für alle vier Systeme gilt also, daß (ähnlich wie bei der Wahl der Strategieintegration) je nach den Gegebenheiten der Anwendung sehr unterschiedliche integrierte Lernarchitekturen einzusetzen sind.

Die von LIMES unterstützte globale Adaptierung ist eine bisher wenig beachtete, aber außerordentlich wichtige Phase im Lebenszyklus einer Wissensbasis. Durch sie kann erreicht werden, daß eine Wissensbasis auch einsetzbar bleibt nach Veränderungen in den Eigenschaften des Anwendungsgebietes, wie z.B. technologischen Entwicklungen, die ein stark verändertes Ein-/Ausgabeverhalten des Systems notwendig machen. Ohne die Möglichkeiten eines Adaptierungsverfahrens droht ein schnelles Veralten des repräsentierten Wissens, oder es muß eine sehr aufwendige manuelle Adaptierung durchgeführt werden. Beide Alternativen sind bei der Geschwindigkeit heutiger technologischer Weiterentwicklungen kaum tragbar.

Dieses Buch stellt einen ersten Ansatz für ein solches Adaptierungsverfahren vor. Es wird aber auch der Bedarf für umfangreiche weitere Forschungsarbeiten deutlich. Insbesondere die Adaptierung von komplexeren Wissensbasen, die strukturelle Beschreibungen enthalten, bleibt zu untersuchen. Ein weiterer Aspekt ist die Adaptierung an Sachbereiche, bei denen umfangreicheres, mächtigeres Hintergrundwissen zur Verfügung steht als bei den durch LIMES unterstützten Anwendungen.

Auch die Unterstützung der anderen Phasen des Lebenszyklus einer Wissensbasis muß noch weiter erforscht werden. Gerade bei der Wissensbasismodifikation sind weiterführende Ansätze zur Entdeckung und Behebung von Schwachstellen sowie zur Optimierung der Wissensbasis nötig, um qualitativ bessere Ergebnisse zu erzielen. Ähnliches gilt für die Restrukturierung und die Revision einer Wissensbasis. Nicht zuletzt ist die Entwicklung weiterer Integrationsformen für Lernstrategien ein wichtiges Forschungsziel. Gefragt sind insbesondere

Integrationsformen mit einer umfassenden Unterstützung des Lebenszyklus einer Wissensbasis unter Berücksichtigung verschiedener Anwendungsfelder.

In diesem Buch wurden vielfältige Einsatzmöglichkeiten des maschinellen Lernens aufgezeigt. Bei der Diskussion der verschiedenen Ansätze wurde ferner deutlich, daß maschinelles Lernen jedoch kein „Allheilmittel" ist, das für jede beliebige Anwendung eine vollständige Automatisierung sämtlicher Lebenszyklusphasen ermöglicht. Es bietet aber ein breites Anwendungspotential für die verschiedenen Phasen des Lebenszyklus einer Wissensbasis. Unter Berücksichtigung der jeweiligen Voraussetzungen für die Anwendbarkeit können Verfahren des maschinellen Lernens damit einen wichtigen Beitrag zur Entwicklung, Weiterentwicklung und Wartung und letztendlich zum erfolgreichen Einsatz eines wissensbasierten Systems leisten.

Anhang 1: Logische Terminologie

Im folgenden werden einige elementare Begriffe der Prädikatenlogik definiert. Eine umfassende Abhandlung hierzu findet sich z.B. in [Lloyd, 1987].

Term
: **Terme** sind Konstanten (a, b, c) oder Variablen (X, Y) oder Funktionssymbole über Termen ($f(a, X)$, $g(h(X, y), a, b)$).

Atom
: **Atome** sind Prädikatsymbole über Termen $(kalt(X), neben(a, b))$.

Literal
: **Literale** sind Atome und negierte Atome $(\neg größer(a, b))$.

Formel
: Anwendungen von $\forall, \exists, \wedge, \vee, \neg$ auf Atome sind **Formeln**.

Klausel
: Eine Formel $(x_1 \vee \ldots \vee x_n)$ ist eine **Klausel**. Dabei sind die x_i Literale.

Hornklausel
: Klauseln mit höchstens einem positiven Literal heißen **Hornklauseln**.
  Hornklauseln, die nur aus einem positiven Literal bestehen, heißen **Fakten**.
  Hornklausen mit einem positiven und mindestens einem negativen Literal heißen **Regeln**.
  Allgemeine Form einer Regel (die pi und q sind Prädikate):
  $p1(x_1, \ldots, x_n) \wedge \ldots \wedge pm(x_1, \ldots, x_n) \rightarrow q(x_1, \ldots, x_n)$
  Diese Form ist äquivalent zu $\neg p1(x_1, \ldots, x_n) \vee \ldots \vee$
  $\neg pm(x_1, \ldots, x_n) \vee q(x_1, \ldots, x_n)$

Substitution
: Eine **Substitution** ist eine endliche Menge von Paaren V/t mit V Variable und t Term. Sie dient dazu, in einem logischen Ausdruck Ersetzungen durchzuführen. Allgemeine Form:
  $\sigma = \{V_1/t_1, \ldots V_n/t_n\}$
  Beim Ausdruck $s\sigma$ (σ auf s angewandt) werden alle Variablen V_i in s durch die Terme t_i ersetzt. Beispiel:
  $s = f(Y, Z, a), \sigma = \{Y/X, Z/g(a)\}, s\sigma = f(X, g(a), a)$

Anhang 2: Optimierungsprozeß zu einem Fuzzy-Controller für das invertierte Pendel

Die Abfolge der einzelnen vom System LEO (s. Abschn. 8.6.1) durchgeführten Optimierungsoperationen, die zur Erzeugung des endgültigen Controllers für das invertierte Pendel geführt haben, wird vollständig angegeben. Operationen, die zu keiner Verbesserung der Controller-Eigenschaften führten und deshalb nicht weiterverfolgt wurden (also Sackgassen bei der Suche nach einem optimierten Controller darstellen), werden nicht aufgeführt.

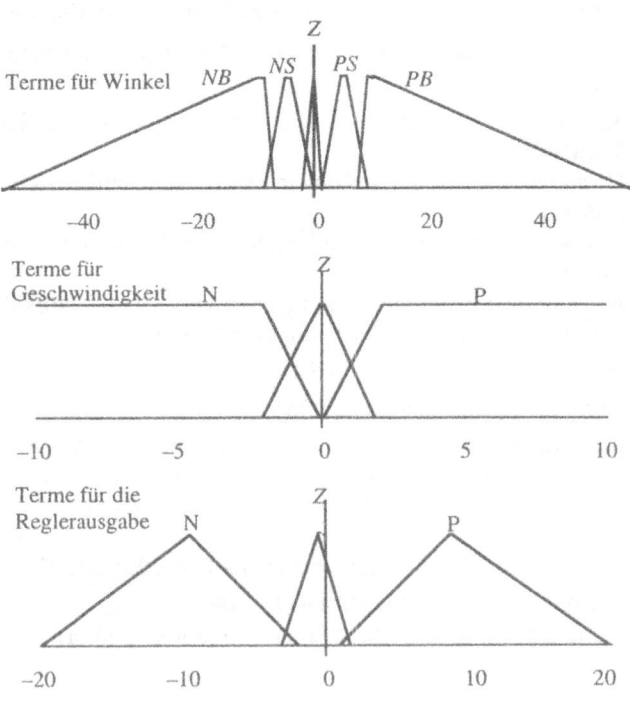

Abb. A2-1. Linguistische Terme für den noch nicht optimierten Controller

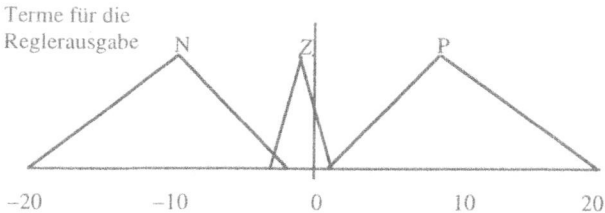

Abb. A2-2. Linguistische Terme für die Ausgabevariable des Controllers nach Optimierungsoperation 6

Die schrittweise Verbesserung der Bewertungskriterien bei diesem Optimierungsprozeß wurde bereits in Abb. 8-9 graphisch dargestellt. Die Sprungantwort des endgültigen Controllers ist in Abb. 8-8 zu sehen.

Abbildung A2-1 zeigt die linguistischen Terme für die beiden Eingangsvariablen und die Ausgangsvariable des Controllers.

Da einige der Operationen die linguistischen Terme nur um ein geringes Maß verändern, werden im folgenden nur solche Zwischenergebnisse graphisch dargestellt, bei denen die durchgeführten Änderungen erkennbar sind.

Optimierungsoperation 3. Die rechte Flanke des Dreiecks für den Term Z der Ausgabevariablen wird nach links verschoben, d.h. die Spitze und der rechte untere Punkt des Dreiecks wandert nach links.

Optimierungsoperation 6. Die rechte Flanke des Dreiecks für den Term Z der Ausgabevariablen wird nach links verschoben. Es wird also nochmals die gleiche Operation wie im obigen Schritt 3 ausgeführt. (Die Operationen 4 und 5 führten zu keiner Verbesserung des Controllers und werden deshalb nicht aufgeführt.) Das Resultat von Operation 6 ist in Abb. A2-2 zu sehen.

Optimierungsoperation 15. Der Grenzbereich zwischen den Termen Z und P der Eingabevariablen *Geschwindigkeit* wird modifiziert. Die beiden sich schneidenden Flanken werden gegeneinander geschoben. Damit vergrößert sich der Überlappungsbereich der beiden Terme, s. Abb. A2-3.

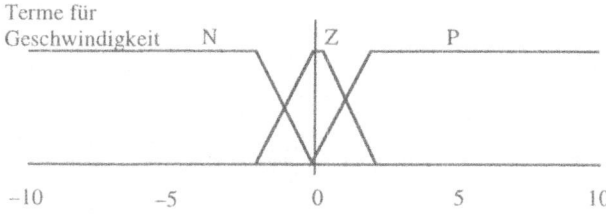

Abb. A2-3. Linguistische Terme für die Eingabevariable *Geschwindigkeit* des Controllers nach Optimierungsoperation 15

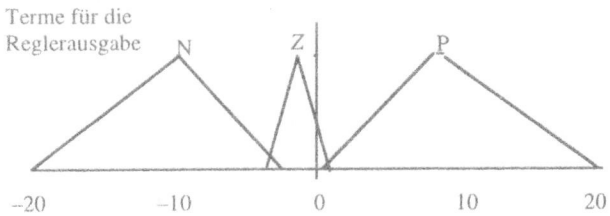

Abb. A2-4 Linguistische Terme für die Ausgabevariable des Controllers nach Optimierungsoperation 38

Optimierungsoperation 21. Die linke Flanke des Dreiecks für den Term Z der Ausgabevariablen wird schmaler gemacht, d.h. der linke untere Punkt des Dreiecks wandert nach rechts.

Optimierungsoperation 24. Die linke Flanke des Dreiecks für den Term P der Ausgabevariablen wird schmaler gemacht, d.h. der linke untere Punkt des Trapezes wandert nach rechts.

Optimierungsoperation 38. Alle Terme der Ausgabevariablen werden gleichmäßig nach links verschoben, s. Abb. A2-4.

Optimierungsoperation 50. Der Term N der Ausgabevariablen wird in zwei sich überlappende Terme aufgespalten, s. Abb. A2-5. Als Folge daraus ergeben sich notwendige Änderungen in den Konklusionen der Fuzzy-Regeln des Controllers. Hierfür wird eine Folge von Experimenten durchgeführt, innerhalb derer die Regeln durch wiederholte Anwendung des Operators zur Veränderung der Regelkonklusionen angepaßt werden.

Optimierungsoperation 61. Die Inferenzmethode wird nach MaxProd ausgetauscht.

Optimierungsoperation 67. Die linke Flanke des Dreiecks für den Term P der Ausgabevariablen wird nach links verschoben.

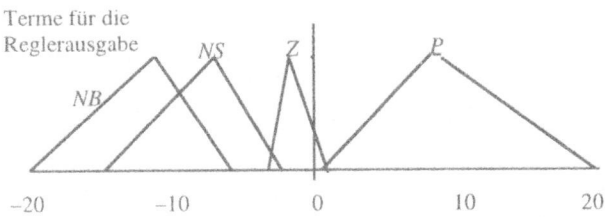

Abb. A2-5. Linguistische Terme für die Ausgabevariable des Controllers nach Optimierungsoperation 50

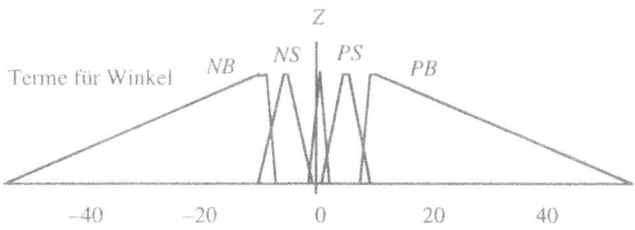

Abb. A2-6. Linguistische Terme für die Eingabevariable *Winkel* des Controllers nach Optimierungsoperation 158

Optimierungsoperation 69. Die linke Flanke des Dreiecks für den Term Z der Ausgabevariablen wird nach rechts verschoben.

Optimierungsoperation 70.
Die linke Flanke des Dreiecks für den Term NB der Ausgabevariablen wird nach links verschoben. Dadurch wird das Dreieck in ein Trapez umgeformt.

Optimierungsoperation 155. Das Dreieck für den Term Z bei der Eingabevariablen *Winkel* wird als ganzes nach rechts verschoben.

Optimierungsoperation 158. Das Dreieck für den Term Z bei der Eingabevariablen *Winkel* wird als ganzes nach rechts verschoben. Das Ergebnis ist in Abb. A2-6 zu sehen.

Optimierungsoperation 163. Alle Terme der Eingabevariablen *Winkel* werden gleichmäßig nach links verschoben.

Optimierungsoperation 168. Die linke Flanke des Dreiecks für den Term P der Ausgabevariablen wird verbreitert, d.h. der linke untere Punkt des Trapezes wandert nach links.

Optimierungsoperation 194. Alle Terme der Eingabevariablen *Winkel* werden gleichmäßig nach links verschoben.

Optimierungsoperation 195. Alle Terme der Eingabevariablen *Winkel* werden gleichmäßig nach links verschoben, s. Abb. A2-7.

Optimierungsoperation 316. Das Dreieck für den Term Z bei der Eingabevariablen *Winkel* wird als ganzes nach rechts verschoben.

Optimierungsoperation 317. Die linke Flanke des Dreiecks für den Term NS der Ausgabevariablen wird schmaler gemacht, d.h. der linke untere Punkt des Dreiecks wandert nach rechts.

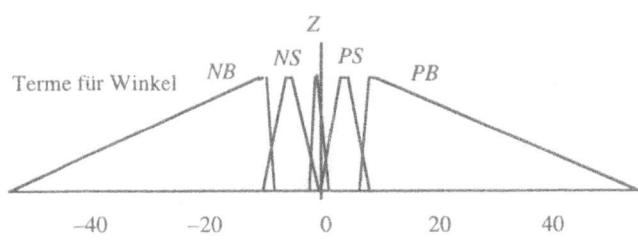

Abb. A2-7. Linguistische Terme für die Eingabevariable *Winkel* des Controllers nach Optimierungsoperation 195

Optimierungsoperation 320. Die linke Flanke des Dreiecks für den Term Z der Ausgabevariablen wird verbreitert, d.h. der linke untere Punkt des Trapezes wandert nach links.

Optimierungsoperation 322. Die linke Flanke des Dreiecks für den Term NB der Ausgabevariablen wird schmaler gemacht, d.h. der linke untere Punkt des Dreiecks wandert nach rechts.

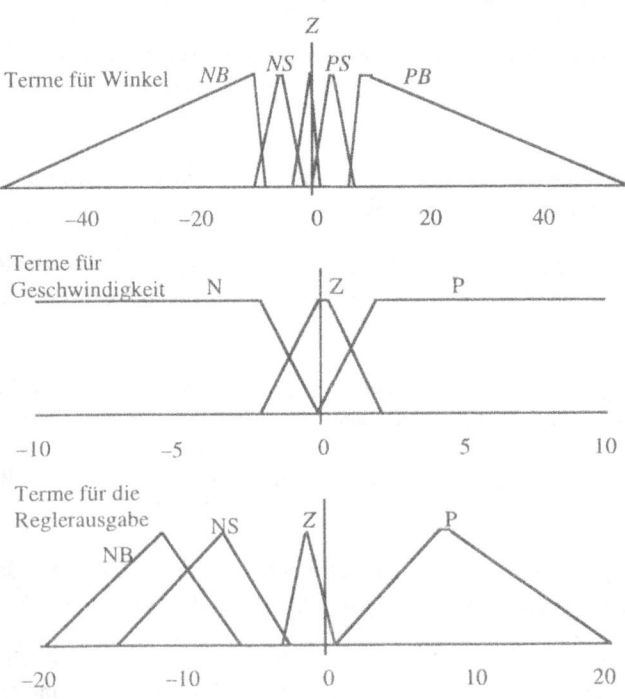

Abb. A2-8. Linguistische Terme für den resultierenden Controller (nach Optimierungs-schritt 323)

Optimierungsoperation 323. Alle Terme der Eingabevariablen *Winkel* werden gleichmäßig nach links verschoben. Die Operation führt damit zu einem Ergebnis, das gemäß allen Bewertungskriterien (s. Abschn. 8.6.1) gut ist. Dieses Endergebnis des Optimierungsprozesses ist in Abb. A2-8 zu sehen.

Literatur

[Ackermann, 1992] R. Ackermann. Entwicklung und Realisierung eines Konzeptes zur Regelspezialisierung für ein maschinelles Lernsystem mit der Anwendung Floorplanning, Diplomarbeit, Universität Dortmund, Fachbereich Informatik, 1992

[Alchourrón et al., 1985] C.E. Alchourrón, P. Gärdenfors und D. Makinson. On the Logic of Theory Change: Partial Meet Contraction und Revision Functions. The Journal of Symbolic Logic, 50:510–530, 1985

[Althoff et al., 1992] K.-D. Althoff, S. Wess, B. Bartsch-Spörl, D. Janetzko, F. Maurer und A. Voss. Fallbasiertes Schließen in Expertensystemen: Welche Rolle spielen Fälle für wissensbasierte Systeme? KI 4/1992, 14–21

[Anderson, 1986] J.R. Anderson. Knowledge Compilation, in: [Michalski et al., 1986]

[Angluin und Smith, 1983] D. Angluin und C.H. Smith. Inductive Inference: Theory and Methods, Computing Surveys, 15(3):237–269, 1983

[Angluin und Smith, 1990] D. Angluin und C.H. Smith. Inductive Inference, in: S.C. Shapiro (ed.), Encyclopedia of Artificial Intelligence, Vol. I, p. 409–418, 1990

[Assilian und Mamdani, 1974] S. Assilian und E.H. Mamdani. Learning Control Algorithms in Real Dynamic Systems, Proc. 4th Int. IFAC/IFIP Conf. on Digital Computer Applications to Process Control, 1974

[Bareiss et al., 1987] E.R. Bareiss, B.W. Porter und C.C. Wier. Protos: An Exemplar-Based Learning Apprentice, Proc. 4th Int. Workshop on Machine Learning, p. 12–23, 1987

[Bareiss et al., 1989] R. Bareiss, B.W. Porter, K.S. Murray. Supporting Start-to-Finish Development of Knowledge Bases, Machine Learning Journal, 4(3/4):259–283, 1989

[Baroglio et al., 1994] C. Baroglio, A. Giordana, G. Lo Bello und R. Piola. Learning Control Functions from Examples, Proc. ECML 94 Workshop on Machine Learning and Statistics, 1994

[Barker und O'Connor, 1989] V. Barker und D. O'Connor: Expert Systems for Configuration at DIGITAL: XCON and Beyond, Comm. of the ACM, 32(3):298–318, 1989

[Becker et al., 1991] B. Becker, E. Steven und S. Stohbach. Leitvorstellungen in der Wissensakquisitionspraxis — Diagnose und Kritik, Bericht Nr. 3 des Projekts WISSMOD, GMD, St. Augustin, 1991

[Beckmann und Herrmann, 1995] R. Beckmann und J. Herrmann. Endbericht der Projektgruppe SPEISE (Speichersynthese mit Hilfe von Constraint Logic Programming), Interner Bericht des Fachbereichs Informatik, Universität Dortmund, 1995

[Bergadano et al., 1988] F. Bergadano, A. Giordana und L. Saitta. Concept Acquisition in Noisy Environments. IEEE Transactions on Pattern Analysis and Machine Intelligence, PAMI-10(4):555–578, 1988

[Berry und Hart, 1990] D. C. Berry und A. E. Hart. Evaluating Expert Systems, Expert Systems, 7(4):199–207, November 1990

[Bisson, 1992] G. Bisson. Conceptual Clustering in a First Order Logic Representation, Proc. 10th European Conference on Artificial Intelligence, ECAI 1992

[Bisson, 1994] G. Bisson. Learning + Explanations = Knowledge Acquisition, Proc. ECAI 1994 Workshop on Integration of Knowledge Acquisition and Machine Learning, 1994

[Blumer et al., 1989] A. Blumer, A. Ehrenfeucht, D. Haussler und M.K. Warmuth. Learnability and the Vapnik-Chervonenkis Dimension. *JACM*, Vol. 36(4):929–965, 1989

[Bos et al., 1994] M. Bos, R. Brück, K. Hahn, L. Ladage und E. Migas. Technologieanpassung für analoge Layoutbibliotheken, 3. GME / ITG-Diskussionssitzung „Entwicklung von Analogschaltungen mit CAE-Methoden", Bremen, September 1994

[Boy, 1991] G. A. Boy. Intelligent Assistant Systems, Academic Press, London, 1991

[Brachman und Schmolze, 1985] R.J. Brachman und J.G. Schmolze. An Overview of the KL-ONE Knowledge Representation System, Cognitive Science 9:171–216, 1985

[Braae und Rutherford, 1979] M. Braae und D.A. Rutherford. Selection of Parameters for a Fuzzy Logic Controller, Fuzzy Sets and Systems, 2/1979

[Breiman et al., 1984] L. Breiman, J.H. Friedman, R.A. Olshen und C.J. Stone. Classification and Regression Trees. Belmont, CA: Wadsworth International Group, 1984

[Breuer, 1977] M.A. Breuer. A Class of min cut Placement Algorithms, Proc. 14th Design Automation Conference, 1977

[Brück, 1993] R. Brück. MIGRATION: A Model for Design by Modification, Proc. Symposium on Applied Computing, Indianapolis, 1993

[Buchanan, 1989] B.G. Buchanan. Can Machine Learning Offer Anything to Expert Systems? Machine Learning Journal, Vol. 4(3/4):251–254, 1989

[Buchanan et al., 1983] B.G. Buchanan, D. Barstow, R. Bechtel, J. Bennet, W. Clancey, C. Kulikowski, T. Mitchell und D.A. Waterman. Constructing an Expert System, in: F. Hayes-Roth, D.A. Waterman und D.B. Lenat (eds.), Building Expert Systems, Addision-Wesley, 1983

[Buhtz, 1994] A. Buhtz. Anwendung von Methoden des maschinellen Lernens zur Optimierung von Fuzzy-Controllern, Diplomarbeit, Universität Dortmund, Fachbereich Informatik, 1994

[Buntine, 1988] W. Buntine. Generalized Subsumption and Its Applications to Induction and Redundancy, Artificial Intelligence, 36:149–176, 1988

[Burkhardt und Bonisson, 1992] D.G. Burkhardt und P.P. Bonisson. Automated Fuzzy Knowledge Base Generation and Tuning, Proc. IEEE International Conference on Fuzzy Systems, 1992

[Carbonell, 1986] J.G. Carbonell. Derivational Analogy: A Theory of Reconstructive Problem Solving and Expertise Acquisition, in: [Michalski et al., 1986]

[Carbonell et al., 1983] J.G. Carbonell, R.S. Michalski, und T.M. Mitchell. An Overview of Machine Learning, in: [Michalski et al., 1983]

[Carbonell et al., 1992] J.G. Carbonell, C.A. Knoblock und A. Minton. PRODIGY: An Integrated Architecture for Planning and Learning, in: K. van Lehn (ed.), Architectures for Intelligence, p. 241–278, 1992

[Carbonell und Gil, 1990] J.G. Carbonell und Y. Gil. Learning by Experimentation: The Operator Refinement Method, in: [Kodratoff und Michalski, 1990]

[Castro et al., 1993] J.L. Castro, M. Delgado und F. Herrera. A Learning Method of Fuzzy Reasoning by Genetic Algorithms, Proc. First European Congress on Fuzzy and Intelligent Technologies, EUFIT 93, p. 804–809, Aachen, 1993

[Chandrasekaran, 1986] B. Chandrasekaran. Generic Tasks in Knowledge-Based Reasoning, High-Level Building Blocks for Expert System Design, IEEE Expert, Fall 1986, 23–30

[Chen et al., 1992] Y.-Y. Chen, K.-Z. Lin und S.-T. Hsu. A Self-Learning Fuzzy Controller, Proc. IEEE International Conference on Fuzzy Systems, 1992

[Chen und Bushnell, 1988] X. Chen und M.L. Bushnell. A Module Area Estimator for VLSI Layout, Proc. 25th Design Automation Conference, p. 54–59, 1988

[Chen und Gajski, 1990] G.-D. Chen und D.D. Gajski. An Intelligent Component Database for Behavioral Synthesis, Proc. 27th Design Automation Conference, p. 150–155, 1990

[Cohen und Feigenbaum, 1982] P.R. Cohen und E.A. Feigenbaum. The Handbook of Artificial Intelligence (Vol. 3), Morgan Kaufmann, Los Altos, Calif., 1982

[Compton und Janson, 1990] P. Compton und R. Janson. A Philosophical Basis for Knowledge Acquisition. Knowledge Acquisition, 2:241ff, 1990

[Craw et al., 1994] S. Craw, D. Sleeman, R. Boswell, L. Carbonara. Is Knowledge Refinement Different from Theory Revision? Proc. MLnet Workshop on Theory Revision and Restructuring in Machine Learning, p. 33–35, Catania, Italien, 1994

[Craw und Sleeman, 1990] S. Craw und D. Sleeman. Automating the Refinement of Knowledge-Based Systems, Proc. 9th European Conference on Artificial Intelligence, ECAI 1990, p. 167–172

[Crawford, 1990] S.L.Crawford. Extensions to the CART Algorithm, in: B.R. Gaines and J.H. Boose (eds.), Machine Learning and Uncertain Reasoning, Academic Press, London, 1990

[Davis, 1979] R. Davis. Interactive Transfer of Expertise, Artificial Intelligence, 12:121–157, 1979

[DeJong und Mooney, 1986] G. DeJong und R. Mooney. Explanation-Based Learning: An Alternative View, Machine Learning Journal, 1(2):145–176, 1986

[De Raedt, 1991] L. De Raedt. Interactive Concept Learning, PhD thesis, Katholische Universität Leuven, Belgien, 1991

[De Raedt und Bruynooghe, 1992] L. De Raedt und M. Bruynooghe. Interactive Concept Learning and Constructive Induction by Analogy, Machine Learning Journal, 8(2):107–150, 1992

[De Raedt und Bruynooghe, 1994] L. De Raedt und M. Bruynooghe. Interactive Theory Revision, in: [Michalski und Tecuci, 1994]

[Dietterich, 1994] T.G. Dietterich. Persönliche Mitteilung, 1994

[Dietterich und Michalski, 1983] T.G. Dietterich und R.S. Michalski. A Comparative Review of Selected Methods for Learning from Examples, in: [Michalski et al., 1983]

[Dißmann und Zurwehn, 1988] Software-Praktikum, B.G. Teubner Verlag, Stuttgart 1988

[Dosis, 1988] DACAPO-III Handbuch, Ausgabe Oktober. 88; Dosis GmbH, 1988.

[Eiter und Gottlob, 1992] T. Eiter und G. Gottlob. On the Complexity of Propositional Knowledge Base Revision, Updates and Counterfactuals, Artificial Intelligence, 57:227–270, 1992

[El Attar und Hamery, 1993] Mouna El Attar und Xavier Hamery. Machine Learning for Helicoptor Blade Repair, in [Kodratoff und Langley, 1993], p. 1–19, 1993

[Elio und Watanabe, 1991] R. Elio und L. Watanabe. An Incremental Deductive Strategy for Controlling Constructive Induction in Learning from Examples, Machine Learning Journal, 7:7–44, 1991

[Emde et al., 1983] W. Emde, C. Habel und C.-R. Rollinger. The Discovery of the Equator or Concept Driven Learning, Proc. 8th International Joint Conference on Artificial Intelligence, IJCAI 83, p. 455–458, Morgan Kaufmann, Kaiserslautern, 1983

[Everitt, 1980] B. Everitt. Cluster Analysis, Heinemann Educational, London, 1980

[Fei und Isik, 1992] J. Fei und C. Isik. Adaptive Fuzzy Control Via Modification of Linguisic Variables, Proc. IEEE International Conference on Fuzzy Systems, 1992

[Fikes et al., 1972] R.E. Fikes, P.E. Hart und N.J. Nilsson. Learning and Executing Generalized Robot Plans, Artificial Intelligence, 3:251–288, 1972

[Fisher, 1987] D.H. Fisher. Knowledge Acquisition via Incremental Conceptual Clustering. Machine Learning Journal, 2(2):103–138, 1987

[Flann und Dietterich, 1989] H. Flann und T. Dietterich. A Study of Explanation-Based Methods for Inductive Learning, Machine Learning Journal, 4(2):187–226, 1989

[Frawley et al., 1992] W. Frawley, G. Piatetsky-Shapiro, C. J. Matheus. Knowledge Discovery in Databases: An Overview, AI Magazine, Fall 1992, 57–70

[Fu, 1991] LiMin Fu. Knowledge Base Refinement by Backpropagation, Data & Knowledge Engineering, 7:35–46, 1991

[Fu und Buchanan, 1985] Li-Min Fu und B.G. Buchanan. Learning Intermediate Concepts in Constructing a Hierarchical Knowledge Base, Proc. 9th International Joint Conference on Artificial Intelligence, IJCAI 85, p. 659–666, Morgan Kaufmann, Los Angeles, Calif., 1985

[Gennari et al., 1989] J.H. Gennari, P. Langley und D. Fisher. Models of Incremental Concept Formation, Artificial Intelligence, 40(1–3):1–61, 1989

[Ginsberg, 1988] A. Ginsberg. Automatic Refinement of Expert System Knowledge Bases, Morgan Kaufmann, San Mateo, Calif., 1988

[Ginsberg, 1988a] A. Ginsberg. Knowledge-Base Reduction: A New Approach to Checking Knowledge Bases for Inconsistency & Redundancy, Proc. 7th National Conference on Artificial Intelligence, AAAI 88, p. 585–589, 1988

[Ginsberg, 1990] A. Ginsberg. Theory Reduction, Theory Revision and Retranslation, Proc. 8th National Conference on Artificial Intelligence. AAAI 90, p. 777–782, 1990

[Ginsberg et al., 1988] A. Ginsberg, S. M. Weiss und P. Politakis. Automatic Knowledge Base Refinement for Classification Systems, Artificial Intelligence, 35:197–226, 1988

[Gnörlich, 1995] C. Gnörlich. Modellierung und Akquisition von Floorplanning-Wissen mit dem Multistrategie-Lernsystem MOBAL, Diplomarbeit, Universität Dortmund, Fachbereich Informatik, 1995

[Gold, 1967] E.M. Gold. Language Identification in the Limit, IEEE Transactions on Computers, C-28:62–64, 1967

[Graner und Sleeman, 1993] N. Graner, D. Sleeman. A Multistrategy Knowledge Refinement and Acquisition Toolbox, in: [Plaza, 1993]

[Grogono et al., 1991] P. Grogono. A. Batarekh, A. Preece, R. Shinghal und C. Suen. Expert System Evaluation Techniques: A Selected Bibliography, Expert Systems, 8(4):227–239, 1991

[Guessoum und Lloyd, 1990] A. Guessoum und J.W. Lloyd. Updating Knowledge Bases, New Generation Computing, 8:71–89, 1990

[Gunsch, 1991] G.H. Gunsch. Opportunistic Constructive Induction: Using Fragments of Domain Knowledge to Guide Construction, PhD Thesis, University of Illinois at Urbana-Champaign, 1991

[Hammer und Kogan, 1993] P.L. Hammer und A. Kogan. Optimal Compression of Propositional Horn Knowledge Bases: Complexity and Approximation, Artificial Intelligence, 64:131–145, 1993

[Harrison und Ratcliffe, 1991] P.R. Harrison, P.A. Ratcliffe. Towards Standards for the Validation of Expert Systems, Expert Systems with Applications, 2:251–258, 1991

[Harrison und Rubinfeld, 1978] D. Harrison und D.L. Rubinfeld. Hedonic Prices and the Demand for Clean Air, Journal on Environment, Economics and Management, 5:81–102, 1978

[Haussler, 1989] D. Haussler. Learning Conjunctive Concepts in Structural Domains, Machine Learning Journal, 4(1):7–40, 1989

[Hayes-Roth und McDermott, 1977] F. Hayes-Roth und J. McDermott. Knowledge Acquisition from Structural Descriptions. Proc. 5th International Joint Conference on Artificial Intelligence, IJCAI 77, p. 356–362, Morgan Kaufmann, Cambridge, Mass., 1977

[Hecht et al., 1992] A. Hecht, H. Hellendoorn, A. Leufke und K. Storjohann. On Adaption and Acquisition Techniques for Fuzzy Systems, Forschungsbericht, Siemens Intelligent Control System Lab, 1992

[Herrera et al., 1995] F. Herrera, M. Lozano und J.L. Verdegay. Tuning Fuzzy Logic Controllers by Genetic Algorithms, International Journal of Approximate Reasoning, 12:299–315, 1995

[Herrmann, 1988] J. Herrmann. LIMES — Learning Module Estimations, 13th Euromicro Conference, erschienen in: Microprocessing and Microprogramming 23:81–86, 1988

[Herrmann, 1988a] J. Herrmann. A Machine Learning Approach to Estimation for IC Design, Proc. 8th European Conference on Artificial Intelligence, ECAI 1988

[Herrmann, 1989] J. Herrmann. Rechnergestützte Wissensakquisition für Werkzeuge zum Entwurf integrierter Schaltungen, Dissertation, Universität Dortmund, Fachbereich Informatik, März 1989

[Herrmann, 1991] J. Herrmann. Learning Analytical Knowledge about VLSI-Design from Observation, Proc. 8th International Machine Learning Conference, Evanston, 1991

[Herrmann, 1992] J. Herrmann. Lernen durch Beobachtung und Entdeckung mit dem Abschätzer LIMES. in: B. Reusch (ed.), 11. Workshop Interdisziplinäre Methoden der Informatik, Forschungsbericht Nr. 423 des Fachbereichs Informatik, Universität Dortmund, 1992

[Herrmann, 1994] J. Herrmann. Multiple Biases that Control the Different Learning Strategies in COSIMA, MLnet Workshop on Declarative Bias, Catania, Italien, April 1994

[Herrmann, 1994a] J. Herrmann. Skriptum zur Vorlesung Maschinelles Lernen, Universität Dortmund, Fachbereich Informatik, WS 93/94

[Herrmann, 1995] J. Herrmann. Machine Learning Methods for Intelligent Assistant Systems, Proc. 5th International Conference on Human-Computer-Interaction, Tokyo, 1995

[Herrmann, 1997] J. Herrmann. A Multistrategy Learning System that Supports the Different Phases of the Knowledge Base Lifecycle (eingereichter Zeitschriftenbeitrag), 1997

[Herrmann et al., 1994] J. Herrmann, R. Ackermann, J. Peters und D. Reipa. A Multistrategy Learning System and its Integration into an Interactive Floorplanning Tool, Proc. 7th European Conference on Machine Learning, Catania, Italien, 1994

[Herrmann et al., 1997] J. Herrmann, M. Kloth und F. Feldkamp. The Role of Explanations in an Intelligent Assistant System, (erscheint in:) Artificial Intelligence in Engineering, 1997

[Herrmann und Beckmann, 1989] J. Herrmann und R. Beckmann. Malefiz — A Learning Apprentice System that Acquires Geometrical Knowledge about a Complex Design Task, Proc. 3rd European Knowledge Acquisition Workshop, EKAW 89, p. 391–405, 1989

[Herrmann und Beckmann, 1992] J. Herrmann und R. Beckmann. LEFT — A Learning Tool for Early Floorplanning, Proc. 18th Euromicro Conference, p. 587–594, Paris, 1992

[Herrmann und Beckmann, 1994] J. Herrmann und R. Beckmann. LEFT — A System that Learns Rules about VLSI-Design from Structural Descriptions, in: Y. Kodratoff (Guest ed.), Applied Artificial Intelligence, 8(1), Special Issue on Real-World Applications of Machine Learning Techniques, 1994

[Herrmann und Buhtz, 1994] J. Herrmann und A. Buhtz. Einsatz von Entdeckungslernen für den Entwurf eines Fuzzy-Controllers, Tagungsband zum 7. Treffen der GI-Fachgruppe Maschinelles Lernen, 1994

[Herrmann und Franzke, 1988] J. Herrmann und H. Franzke. Requirements for Computer-Aided Knowledge Acquisition in an Ill-Structured Domain: A Case Study, Proc. 2nd European Knowledge Acquisition Workshop, EKAW 88, GMD-Studien Nr. 143, Bonn, 1988

[Herrmann und Kloth, 1993] J. Herrmann und M. Kloth. Supporting Instead of Replacing the Planner — An Intelligent Assistant System for Factory Layout Planning, Proc. 5th International Conference on Human-Computer-Interaction jointly with 9th Symposium on Human Interface, p. 796–801, 1993

[Herrmann und Reusch, 1987] J. Herrmann und B. Reusch. Combining Expert Systems and Machine Learning in CAD Systems for Micro Electronics, Proc. Int. Workshop on AI Applications to CAD Systems for Electronics, p. 229–242, 1987

[Herrmann und Temme, 1989] J. Herrmann und K.-H. Temme. An Architecture for a Knowledge-Based Design-Assistant, Proc. IJCAI Workshop on Concurrent Engineering Design, Detroit, 1989

[Herrmann und Witthaut, 1992] J. Herrmann und M. Witthaut. LEDA — A Learning Apprentice System that Acquires Design Plans for High-Level Synthesis of Integrated Circuits, Proc. 6th IEEE Int. Conference on Computer Systems and Software Engineering, CompEuro 92, Den Haag, p. 430–435, 1992

[Hinkelmann et al., 1994] K. Hinkelmann, M. Meyer und F. Schmalhöfer. Knowledge Base Evolution for Product and Production Planning, AI Communications, 7(2):98–113, Juni 1994

[Hoenen et al., 1992] M. Hoenen, M. Kloth und E. Steven. Verifikation oder Überprüfbarkeit? KI 4/1992, 67–70

[Hoppe, 1991] T. Hoppe. Maschinelles Lernen und Wissensvalidierung, KI 1/1991, 69–73

[Hoppe, 1994] Incremental Partial Deduction, Dissertation, Universität Dortmund, Fachbereich Informatik, 1994

[Hoppe und Mesguar, 1993] T. Hoppe und P. Mesguar. VVT Terminology: A Proposal, IEEE Expert, June 1993, 48–55

[Hoschka und Wißkirchen, 1990] P. Hoschka und P. Wißkirchen. Assistenzcomputer, in: GMD-Spiegel, 1/90, 20–25, 1990

[Hospital und Surray, 1988] W. Hospital und H. Surray. Analyse von Schaltungsbeschreibungen als Teil der Chip-Architekturplanung, Diplomarbeit, Universität Dortmund, Fachbereich Informatik, 1988

[Hunt et al., 1966] E.B. Hunt, J. Marin und P.T. Stone. Experiments in Induction, Academic Press, New York, 1966

[Jafar und Bahill, 1993] M. Jafar, A.T. Bahill. Interactive Verification of Knowledge-Based Systems, IEEE Expert, February 1993, 25–32

[Johnson, 1983] P.E. Johnson. What Kind of Expert Should a System Be? Journal of Medicine and Philosophy, 8:77–97, 1983

[Karbach et al., 1990] W. Karbach, M. Linster und A. Voss. Models, Methods, Roles and Tasks: Many Labels — One Idea? Knowledge Acquisition 2:279ff, 1990

[Karbach und Voss, 1993] W. Karbach und A. Voss. MODEL-K for Prototyping and Strategic Reasoning at the Knowledge Level, in: J.-M. David, J.-P. Krivine und R. Simmons (eds.), Second Generation Expert Systems, Springer-Verlag, Berlin, 1993, p. 721-745

[Karr, 1991] C. Karr. Genetic Algorithms for Fuzzy Controllers, AI Expert, March 1991, 26–33

[Khabaza, 1994] T. Khabaza. Data Mining with Clementine, Proc. MLnet Workshop on Industrial Applications of Machine Learning, Dourdan, 1994

[Katsuno und Mendelzon, 1991] H. Katsuno und A.O. Mendelzon. Propositional Knowledge Base Revision and Minimal Change, Artificial Intelligence, 52:263–294, 1991

[Kietz und Morik, 1994] J.U. Kietz und K. Morik. A Polynomial Approach to Constructive Induction of Structural Knowledge, Machine Learning Journal, 14(2):193–217, 1994

[Klingspor, 1994] V. Klingspor. GRDT: Enhancing Model-Based Learning for Its Application in Robot Navigation, Universität Dortmund, Informatik 8, Forschungsbericht LS8-Report 5, 1994

[Knoblock, 1990] C.A. Knoblock, Learning Abstraction Hierarchies for Problem Solving, Proc. 8th National Conference on Artificial Intelligence, AAAI 90, p. 923–928, 1990

[Kodratoff, 1994] Y. Kodratoff (ed.). Proc. MLnet Workshop on Industrial Applications of Machine Learning, Dourdan, 1994

[Kodratoff und Ganascia, 1986] Y. Kodratoff und J.-G. Ganascia. Improving the Generalization Step in Learning. in: [Michalski et al., 1986]

[Kodratoff und Langley, 1993] Y. Kodratoff und P. Langley (eds.). Proc. ECML-93 Workshop on Real-World Applications of Machine Learning, Wien, 1993

[Kodratoff und Michalski, 1990] Y. Kodratoff, R.S. Michalski (eds.). Machine Learning: An Artificial Intelligence Approach, Vol. III, Morgan Kaufmann, San Mateo, Calif., 1990

[Kolodner, 1983] J.L. Kolodner. Maintaining Organization in a Dynamic Long-Term Memory, Cognitive Science, 7:243–280, 1983

[Kolodner, 1983a] J.L. Kolodner. Reconstructive memory: A Computer Model, Cognitive Science, 7:281–328, 1983

[Korf, 1980] R.E. Korf. Toward a Model of Representation Changes, Artificial Intelligence, 14:41–78, 1980

[Kosko, 1992] B. Kosko. Neuronal Networks and Fuzzy Systems, Prentice Hall, Englewood Cliffs, New Jersey, 1992

[Kulkarni und Simon, 1988] D. Kulkarni und H.A. Simon. The Process of Scientific Discovery: The Strategy of Experimentation, Cognitive Science, 12:138–175, 1988

[Kurdahi und Parker, 1989] F.J. Kurdahi und A.C. Parker. Techniques for Area Estimation of VLSI Layouts, IEEE Transactions on Computer-Aided Design, CAD-8:81–92, 1989

[Kurdahi und Ramachandran, 1990] F.J. Kurdahi und C. Ramachandran. LAST: A Layout Area and Shape Function Estimator for High Level Applications, Technical Report No. ECE-90–23, VLSI Synthesis and Design Automation Laboratory, UC Irvine, 1990

[Laird, 1992] P. Laird. Dynamic Optimization, Proc. 9th International Machine Learning Conference, p. 263–272, 1992

[Laird et al., 1986] J.E. Laird, P.S. Rosenbloom, A. Newell. Chunking in Soar: The Anatomy of a General Learning Mechanism, Machine Learning Journal, 1(1): 11–16, 1986

[Langley et al., 1983] P. Langley, G.L. Bradshaw, H.A. Simon. Rediscovering Chemistry With the BACON System, in: [Michalski et al., 1983]

[Lebowitz, 1987] M. Lebowitz. Experiments with Incremental Concept Formation: UNIMEM. Machine Learning Journal, 2(2):103–138, 1987

[Lengauer, 1990] T. Lengauer. Combinatorial Algorithms for Integrated Circuit Layout, B.G. Teubner Verlag, Stuttgart, 1990

[Leo et al., 1994] P. Leo, D. Sleeman, A. Tsinakos. S-SALT: A Problem Solver Plus Knowledge Acquisition Tool Which Additionally Can Refine Its Knowledge Base, Proc. 8th European Knowledge Acquisition Workshop, EKAW 94, 1994

[Leung und Wong, 1991] K. S. Leung und M. L. Wong. Inducing and Refining Rule-Based Knowledge from Inexact Examples, Knowledge Acquisition, 3:291–315, 1991

[Levi, 1977] I. Levi. Subjunctives, Dispositions and Chances. Synthese, 34:423–455, 1977

[Lin und Levary, 1989] C. Y. Lin und R. R. Levary. Computer-Aided Software Development Process Design, IEEE Transactions on Software Engineering, 15(9), September 1989

[Lindner, 1994] G. Lindner. Logikbasiertes Lernen in relationalen Datenbanken, Forschungsbericht Nr. 12 des Lehrstuhls Informatik 8 der Universität Dortmund, 1994

[Lloyd, 1987] J. Lloyd. Foundations of Logic Programming, Springer-Verlag, Berlin, 2nd ed., 1987

[Loiseau, 1992] S. Loiseau. Refinement of Knowledge Bases Based on Consistency, Proc. 10th European Conference on Artificial Intelligence, ECAI 1992, p. 845–849

[Mahadevan et al., 1993] S. Mahadevan, T.M. Mitchell, J. Mostow, L. Steinberg, und P.V. Tadepalli. An Apprentice-Based Approach to Knowledge Acquisition, Artificial Intelligence, 64(1):1–52, 1993

[Marcus et al., 1988] S. Marcus, J. McDermott und T. Wang. VT: An Expert Evaluator Designer that Uses Knowledge-Based Backtracking, AI Magazine, Spring 1988, 95–112

[Martín und Cortés, 1993] M. Martín und U. Cortés. A Developmental Approach for Integrated Architectures, in: [Plaza, 1993]

[Matwin und Plante, 1994] S. Matwin und B. Plante. Theory Revision by Analyzing Explanations and Prototypes, in: [Michalski und Tecuci, 1994]

[Maurer, 1992] F. Maurer. Knowledge Base Maintenance and Consistency Checking in MOLTKE/HyDi, Proc. 6th European Knowledge Acquisition Workshop, EKAW 92, p. 337–352, 1992

[Michalski, 1983] R. S. Michalski. A Theory and Methodology of Inductive Learning, in: [Michalski et al., 1983]

[Michalski, 1986] R. S. Michalski. Understanding the Nature of Learning: Issues and Research Directions, in: [Michalski et al., 1986]

[Michalski, 1990] Learning Flexible Concepts: Fundamental Issues and a Method Based on Two-Tired Representation, in: [Kodratoff und Michalski, 1990]

[Michalski, 1993] R.S. Michalski. Inferential Theory of Learning as a Conceptual Basis for Multistrategy Learning, Machine Learning Journal, 11(2/3):111–152, 1993

[Michalski et al., 1983] R.S. Michalski, J.G. Carbonell und T.M. Mitchell (eds.). Machine Learning: An Artificial Intelligence Approach, Springer-Verlag, Berlin, 1983

[Michalski et al., 1986] R.S. Michalski, J.G. Carbonell und T.M. Mitchell (eds.), Machine Learning: An Artificial Intelligence Approach, Vol. II, Morgan Kaufmann, San Mateo, Calif., 1986

[Michalski und Kodratoff, 1990] R.S. Michalski und Y. Kodratoff. Research in Machine Learning; Recent Progress, Classification of Methods, and Future Directions, in: [Kodratoff und Michalski, 1990]

[Michalski und Stepp, 1983] R.S. Michalski und R.E. Stepp. Learning from Observation: Conceptual Clustering, in: [Michalski et al., 1983]

[Michalski und Tecuci, 1994] R.S. Michalski und G. Tecuci (eds.), Machine Learning: A Multistrategy Approach, Vol. IV, Morgan Kaufmann, San Francisco, Calif., 1994

[Mingers, 1989] J. Mingers. An Empirical Comparison of Selection Measures for Decision-Tree Induction, Machine Learning Journal, 3(4):319–342, 1989

[Minton, 1988] S. Minton. Quantitative Results Concerning the Utility of Explanation-Based Learning, Proc. 7th National Conference on Artificial Intelligence, AAAI 88, p. 564–569, 1988

[Mitchell et al., 1983] T.M. Mitchell, P.E. Utgoff und R. Banerji. Learning by Experimentation: Acquiring and Refining Problem-Solving Heuristics, in: [Michalski et al., 1983]

[Mitchell et al., 1985] T.M. Mitchell, S. Mahadevan und L. Steinberg. LEAP: A Learning Apprentice for VLSI Design, Proc. 9th International Joint Conference on Artificial Intelligence, IJCAI 85, p. 573–580, Morgan Kaufmann, Los Angeles, Calif., 1985

[Mitchell et al., 1986] T.M. Mitchell, R.M. Keller und S.T. Kedar-Cabelli. Explanation-Based Generalization: A Unifying View, Machine Learning Journal, 1(1):47–80, 1986

[Mooney und Ourston, 1994] R.J. Mooney und D. Ourston. A Multistrategy Approach to Theory Refinement, in: [Michalski und Tecuci, 1994]

[Morik, 1989] K. Morik. Sloppy Modeling, in: K. Morik (ed.), Knowledge Representation and Organization in Machine Learning, Springer-Verlag, Berlin, 1989

[Morik, 1991] K. Morik. Underlying Assumptions of Knowledge Acquisition and Machine Learning, Knowledge Acquisition 3:137–156, 1991

[Morik, 1992] K. Morik. Applications of Machine Learning, Proc. 6th European Knowledge Acquisition Workshop, EKAW 92, 1992

[Morik, 1993] K. Morik. Balanced Cooperative Modeling, Machine Learning Journal, 11(2/3):217–236, 1993

[Morik et al., 1993] K. Morik, S. Wrobel, J.-U. Kietz und W. Emde. Knowledge Acquisition and Machine Learning — Theory, Methods and Applications, Academic Press, London, 1993

[Mostow, 1985] J. Mostow. Toward Better Models of the Design Process, AI Magazine, Spring 1985, 44–57

[Mostow, 1989] J. Mostow. Design by Derivational Analogy, Artificial Intelligence 40(1–3):119–184, 1989

[Mostow und Barley, 1987] J. Mostow und M. Barley. Automated Reuse of Design Plans, Proc. Int. Conference on Engineering Design, ICED 87, p. 632–647, Boston, 1987

[Mostow und Bhatnagar, 1987] J. Mostow und N. Bhatnagar. Failsafe — A Floor Planner that Uses EBG to Learn from its Failures, Proc. 10th International Joint

Conference on Artificial Intelligence, IJCAI 87, p. 249-255, Mailand, Italien, Morgan Kaufmann, 1987

[Muggleton, 1987] S. Muggleton. DUCE, an Oracle Based Approach to Constructive Induction, Proc. 10th International Joint Conference on Artificial Intelligence, IJCAI 87, p. 287-292, Mailand, Italien, Morgan Kaufmann, 1987

[Muggleton, 1988] S. Muggleton. A Strategy for Constructing New Predicates in First-Order Logic, Proc. 3rd European Working Session on Learning, Pitman, London, 1988

[Muggleton und Buntine, 1988] S. Muggleton und W. Buntine. Machine Invention of First-Order Predicates by Inverting Resolution, Proc. 5th Machine Learning Workshop, Morgan Kaufmann, Los Altos, Calif., 1988

[Musen, 1989] M.A. Musen. Automated Support for Building and Extending Expert Models, Machine Learning, 4(3/4):347–375, 1989

[Nebel, 1990] B. Nebel. Reasoning and Revision in Hybrid Representation Systems, LNAI 422, Springer-Verlag, Berlin, 1990

[Nedellec und Cañamero, 1993] C. Nedellec und D. Cañamero. Learning and Problem Solving in APT, in: M. van Someren (ed.), Workshop Notes of the MLnet Workshop on Learning and Problem Solving, Blanes, September 1993

[Newell, 1980] A. Newell. Physical Symbol Systems, Cognitive Science, 4(2):135–183, 1980

[Nilsson, 1980] N.J. Nilsson. Principles of Artificial Intelligence, Springer-Verlag, Berlin, 1980

[Nutter, 1987] J. T. Nutter. Assimilation — A Strategy for Implementing Self-Organizing Knowledge Bases, Proc. 6th National Conference on Artificial Intelligence, AAAI 87, p. 449–453, 1987

[O'Keefe et al., 1987] R. M. O'Keefe, O. Balci und E.P. Smith. Validating Expert System Performance, IEEE Expert, Winter 1987, 81–90

[O'Leary et al., 1990] T.J. O'Leary, M. Goul, K.E. Moffitt und A.E. Radwan. Validating Expert Systems, IEEE Expert, June 1990, 51–58

[O'Neill und Morris, 1989] M. O'Neill und A. Morris. Expert Systems in the United Kingdom: An Evaluation of Development Methodologies, Expert Systems, 6(2):90–99, April 1989

[Pazzani, 1993] M. Pazzani. Learning Causal Patterns: Making a Transformation from Data-Driven to Theory-Driven Learning, Machine Learning Journal, 11(2/3):173–194, 1993

[Pazzani und Kibler, 1992] M. Pazzani und D. Kibler. The Role of Prior Knowledge in Inductive Learning, Machine Learning Journal, 9(1):57–94, 1992

[Peters, 1992] J. Peters. Entwicklung eines Abgleich- und Generalisierungsverfahrens für ein maschinelles Lernsystem mit der Anwendung Floorplanning, Diplomarbeit, Universität Dortmund, Fachbereich Informatik, 1992

[Pfeifer et al., 1992] R. Pfeifer, H. F. Hofmann, E. Vinkhuyzen und P. Rademakers. Problemlösende Systeme: Implikationen für Validierung — zum Beitrag „Verifikation oder Überprüfbarkeit", KI 4/1992, 71–73

[Piatetsky-Shapiro und Frawley, 1991] G. Piatetsky-Shapiro und W.J. Frawley. (eds.). Knowledge Discovery in Databases, AAAI Press, Meno Park, Calif., 1991

[Plaza, 1993] E. Plaza (ed.). Proc. ECML-93 Workshop on Integrated Learning, Wien, 1993

[Plaza et al., 1993] E.Plaza, A.Aamodt, A.Ram, W. van de Velde, M. van Someren. Integrated Learning Architectures, in: Pavel B. Brazdil (ed.), Proc. ECML-93, Wien, 1993

[Plaza und Arcos, 1993] E. Plaza und J.-L. Arcos. Using Reflection Principles in the Integration of Learning and Problem Solving, in: [Plaza, 1993]

[Plaza I Cervera, 1993] E. Plaza I Cervera. KBS Validation: From Tools to Methodology, IEEE Expert, June 1993, 45–47

[Plotkin, 1970] G. Plotkin. A Note on Inductive Generalization, in: B. Meltzer, D. Michie (eds.), Machine Intelligence 5, University Press, Edinburgh, 1970

[Plotkin, 1971] G. Plotkin. A Further Note on Inductive Generalization, in: B. Meltzer, D. Michie (eds.), Machine Intelligence 6, University Press, Edinburgh, 1971

[Polya, 1954] G. Polya. Induction and Analogy in Mathematics, University Press, Princeton, 1954

[Porter, 1984] B. Porter. Learning Problem Solving. Dissertation, University of California, Irvine, 1984

[Preece, 1990] A. D. Preece. Towards a Methodology for Evaluating Expert Systems, Expert Systems, 7(4):215–223, November 1990

[Preece, 1993] A.D. Preece. Specifications and Tools for Building Reliable Expert Systems, Int. Journal of Software Engineering and Knowledge Engineering, 3(1):17–52, 1993

[Quinlan, 1983] J.R. Quinlan. Learning Efficient Classification Procedures and Their Application to Chess End Games, in: [Michalski et al., 1983]

[Quinlan, 1986] J.R. Quinlan. Induction of Decision Trees, Machine Learning Journal, 1(1):81–106, 1986

[Quinlan, 1990] J.R. Quinlan. Learning Logical Definitions from Relations, Machine Learning Journal, 5(3):239–266, 1990

[Raho und Lu, 1993] R.B. Raho und S.C.-Y. Lu. A Knowledge-Based Equation Discovery System for Engineering Domains, IEEE Expert, August 1993, 37–42

[Ram und Cox, 1994] A. Ram und M. Cox. Introspective Reasoning Using Meta-Explanations for Multistrategy Learning, in: [Michalski und Tecuci, 1994]

[Reich, 1994] Y. Reich. Macro and Micro Perspectives of Multistrategy Learning, in: [Michalski und Tecuci, 1994]

[Reich und Fenves, 1991] Y. Reich und S.J. Fenves. The Formation and Use of Abstract Concepts in Design, in: D.H. Fisher, M.J. Pazzani und P. Langley (eds.), Concept Formation: Knowledge and Experience in Unsupervised Learning, Morgan Kaufmann, San Mateo, Calif., 1991

[Reipa, 1993] D. Reipa. Konstruktive Induktion für eine strukturelle Beschreibungssprache, Diplomarbeit, Universität Dortmund, Fachbereich Informatik, 1993

[Reusch, 1994] B. Reusch (ed.). Fuzzy Logic — Theorie und Praxis, Tagungsband der 4. Dortmunder Fuzzy-Tage, Springer-Verlag, Berlin, 1994

[Richards und Mooney, 1991] B.L. Richards und R.J. Mooney. First Order Theory Revision, Proc. 8th Int. Workshop on Machine Learning, p. 447–451, 1991

[Richards und Mooney, 1995] B.L. Richards und R.J. Mooney. Automated Refinement of First-Order Horn-Clause Domain Theories, Machine Learning Journal, 19(2):95–131, 1995

[Richter et al., 1993] M.M. Richter, S. Wess, K.-D. Althoff und F. Maurer (eds.), Proc. 1st European Workshop on Case-Based Reasoning, EWCBR-93, Kaiserslautern, 1993

[Rissland et al., 1989] E.L. Rissland, J.L. Kolodner und D. Waltz. Case-Based Reasoning from Darpa: Machine Learning Program Plan, in: K.J. Hammond (ed.), Proc. Case-Based Reasoning Workshop, Morgan Kaufmann, San Mateo, Calif., 1989

[Rosenblatt, 1958] F. Rosenblatt. The Perceptron: a Probabilistic Model for Information Storage and Organization in the Brain, Psychological Review, 65:386–407, 1958

[Sacerdoti, 1974] E.D. Sacerdoti. Planning in a Hierarchy of Abstraction Spaces, Artificial Intelligence, 5:115–135, 1974

[Saitta et al., 1993] L. Saitta, M. Botta und F. Neri. Multistrategy Learning and Theory Revision, Machine Learning Journal, 11(2/3):153–172, 1993

[Samuel, 1963] A.L. Samuel. Some Studies in Machine Learning Using the Game of Checkers, in: E.A. Feigenbaum und J. Feldman (eds.), Computers and Thought, McGraw-Hill, New York, 1963

[Schank, 1982] R.C. Schank. Dynamic Memory: A Theory of Learning in Computers and People, Cambridge University Press, New York, 1982

[Schlimmer, 1993] J.C. Schlimmer. Self-Modeling Databases — Learning and Applying Partial Integrity Constraints to Detect Database Errors, IEEE Expert, April 1993, 35–43

[Schreiber et al., 1993] G. Schreiber, B. Wielinga und J. Breuker (eds.). KADS — A Principled Approach to Knowledge-Based System Development, Academic Press, London, 1993

[Schwefel, 1981] H.-P. Schwefel. Numerical Optimization of Computer Models, Wiley, Chichester, 1981

[Scott und Markovitch, 1993] P.D. Scott und S. Markovitch. Empirical Selection and Problem Choice in an Exploratory Learning System, Machine Learning Journal, 12(1–3):49–67, 1993

[Segab und Schoenauer, 1992] M. Segab und M. Schoenauer. Learning to Control Inconsistent Knowledge, Proc. Proc. 10th European Conference on Artificial Intelligence, ECAI 1992, p. 479–483

[Shapiro, 1983] E.Y. Shapiro. Algorithmic Program Debugging, ACM Distinguished Doctoral Dissertations, MIT Press, Cambridge, Mass., 1983

[Shortliffe, 1976] E.H. Shortliffe. Computer-Based Medical Consultations: MYCIN, Elsevier, New York, 1976

[Shrager, 1987] J. Shrager. Theory Change via View Application in Instructionless Learning, Machine Learning Journal, 2(3):247–276, 1987

[Simon, 1993] H.U. Simon. Bounds on the Number of Examples Needed for Learning Functions, Forschungsbericht Nr. 501 des Fachbereichs Informatik, Universität Dortmund, 1993

[Sleeman et al., 1990] D. Sleeman, H. Hirsch, I. Ellery und I.-Y. Kim. Extending Domain Theories, Machine Learning Journal, 5(1):11–37, 1990

[Sommer, 1994] E. Sommer. Rulebase Stratification: An Approach to Theory Restructuring, Proc. 4th Int. Workshop on Inductive Logic Programming, ILP 94

[Sommerville, 1992] I. Sommerville. Software Engineering, International Computer Science Series, 4th ed., Addison-Wesley, Wokingham, 1992

[Sriram, 1987] D. Sriram. Knowledge-Based Approaches for Structural Design, Computational Mechanics Publications, Boston, 1987

[Stahl, 1995] The Appropriateness of Predicate Invention as Bias Shift Operation in ILP, Machine Learning Journal, 20(1–2):95–117, 1995

[Steels, 1990] L. Steels. Components of Expertise, AI Magazine, Summer 1990, 28–49

[Subramanian, 1990] D. Subramanian. A Theory of Justified Reformulations, in: P.D. Benjamin (ed.), Change of Representation and Inductive Bias, Kluwer, Boston, 1990

[Tausend, 1992] B. Tausend. Using and Adapting Schemes for Induction of Horn Clauses, ECAI 1992 Workshop on Logical Approaches to Machine Learning, Wien, 1992

[Tausend, 1994] B. Tausend. Representing Bias for Inductive Logic Programming, Proc. 7th European Conference on Machine Learning, Catania, Italien, 1994

[Tecuci, 1993] G. Tecuci. Plausible Justification Trees: A Framework for Deep and Dynamic Integration of Learning Strategies, Machine Learning Journal, 11(2/3):237–261, 1993

[Tecuci und Kodratoff, 1990] G. Tecuci und Y. Kodratoff. Apprenticeship Learning in Nonhomogeneous Domain Theories, in: [Kodratoff und Michalski, 1990]

[Temme, 1989] K. H. Temme. Chip-Architekturplanung nach dem Resonanzverfahren, Dissertation, Universität Dortmund, Fachbereich Informatik, 1989

[Temme et al., 1988] K.H. Temme, R. Felix und J. Herrmann. An Expert System for Chip-Architecture Planning, 13th Euromicro Conference, erschienen in: Microprocessing and Microprogramming, 23:47–50, 1988

[Temme und Markhof, 1991] K.H. Temme und I. Markhof. Chip-Architekturplanung für den VLSI-Entwurf, Endbericht der Projektgruppe CHARM II, Interner Bericht des Fachbereichs Infomatik, Universität Dortmund, 1991

[Terano und Muro, 1994] T. Terano und Z.-I. Muro. On-the-Fly Knowledge Base Refinement by a Classifier System, AICOM, 7(2):86–97, Juni 1994

[Tong und Franklin, 1989] C. Tong und P. Franklin. Tuning a Knowledge Base of Refinement Rules to Create Good Circuit Designs, Proc. 11th International Joint Conference on Artificial Intelligence, IJCAI 89, p. 1439–1445, Morgan Kaufmann, Detroit, Mi., 1989

[Ultsch, 1990] A. Ultsch (ed.). Kopplung deklarativer und konnektionistischer Wissensrepräsentation, Forschungsbericht Nr. 352 des Fachbereichs Informatik, Universität Dortmund, 1990

[Utgoff, 1986] P.E. Utgoff. Shifting of Bias for Inductive Concept Learning, in: [Michalski et al., 1986]

[Valiant, 1984] L.G. Valiant. A Theory of the Learnable, Communications of the ACM, 27(11):1134–1142, 1984

[van Harmelen und Bundy, 1988] F. van Harmelen und A. Bundy. Explanation-Based Generalization = Partial Evaluation, Artificial Intelligence, 36:401–412, 1988

[van Someren, 1993] M. van Someren (ed.). Workshop Notes of the MLnet Workshop on Learning and Problem Solving, Blanes, September 1993

[Veloso und Carbonell, 1994] M. Veloso und J. Carbonell. Case-Based Reasoning in Prodigy, in: [Michalski und Tecuci, 1994]

[Vere, 1980] S.A. Vere. Multilevel Counterfactuals for Generalizations of Relational Concepts and Productions, Artificial Intelligence, 14:139–164, 1980

[Walker und Thomas, 1985] R.A. Walker und D.E. Thomas. A Model for Design Representation and Synthesis, Proc. 22nd Design Automation Conference, 1985

[Watanabe, 1987] H. Watanabe. FLUTE — An Expert Floorplanner for Full-Custom VLSI Design, IEEE Design & Test, 32–41, 1987

[Watanabe und Rendell, 1990] L. Watanabe und L. Rendell. Effective Generalization of Relational Descriptions, Proc. 8th National Conference on Artificial Intelligence, AAAI 90, p. 987–881, 1990

[Wilkins, 1988] D.C. Wilkins. Knowledge Base Refinement Using Apprenticeship Learning Techniques, Proc. 7th National Conference on Artificial Intelligence, AAAI 88, p. 646–653, 1988

[Wilkins, 1990] D.C. Wilkins. Knowledge Base Refinement as Improving an Incorrect and Incomplete Domain Theory, in: [Kodratoff und Michalski, 1990]

[Wirth, 1989] R. Wirth. Lernverfahren zur Vervollständigung von Hornklauselmengen durch inverse Resolution, Dissertation, Universität Stuttgart, 1989

[Wirth und O'Rourke, 1991] R. Wirth und P. O'Rourke. Constraints for Predicate Invention, Proc. 8th Int. Conference on Machine Learning, Evanston, 1991

[Witthaut, 1990] M. Witthaut. Realisierung eines maschinellen Lernsystems zur Unterstützung der Chip-Architekturplanung, Diplomarbeit, Universität Dortmund, Fachbereich Informatik, 1990

[Wrobel, 1991] S. Wrobel. Die Umweltverankerung von Begriffsbildungsprozessen, KI 1/1991, 22–26

[Wrobel, 1993] S. Wrobel. Concept Formation and Knowledge Revision — A Demand Driven Approach to Concept Change, Dissertation, Universität Dortmund, Fachbereich Informatik, 1993

[Wrobel, 1994] S. Wrobel. Report on the MLnet Familiarization Workshop on Theory Revision and Restructuring in Machine Learning, MLnet News, 2(3)10–11, Mai 1994

[Wrobel, 1994a] S. Wrobel. Concept Formation During Interactive Theory Revision, Machine Learning Journal, 14(2):169–191, 1994

[Wrobel und Sommer, 1994] S. Wrobel und E. Sommer. Methoden und Systeme des Maschinellen Lernens zur Wartung von Wissensbasen — ein einführender Überblick, in: F. Lehner (ed.), Die Wartung von wissensbasierten Systemen, Hänsel-Hohenhausen, Egelsbach, 1994

[Zadeh, 1965] L.A. Zadeh. Fuzzy Sets, Information and Control, 8:338–353, 1965

[Zadeh, 1972] L.A. Zadeh. A Rationale for Fuzzy Control, J. Dynamic Systems, Measurement and Control, Series 6, 94:3–4, 1972

[Zadeh, 1973] L.A. Zadeh. Outline of a New Approach to the Analysis of Complex Systems and Decision Processes, IEEE Transactions on Systems, Man and Cybernetics, 3:28–44, 1973

[Zimmermann, 1988] G. Zimmermann. A New Area and Shape Function Estimation Technique for VLSI Layouts, Proc. 25th Design Automation Conference, p. 60–65, 1988

Sachverzeichnis

Abschätzung 193–199
Abschätzungsfunktion 195
Abschätzungsgraph 206
AKARS-1 151
aktives Experimentieren 215
ARGO 82
Assistenzsystem 68–69
Atom 249
Attributprioritäten 203
Auswendiglernen 16

BACON 120
Bias (s. Voreinstellung)
Bias Shift Problem 47
Bildung neuer Begriffe 43–45
BOGART 82

CARPER 103; 239–240
CART 236–237
Chip-Architekturplanung 197
Chunking 74
CLINT 47–49; 118
Closed Loop Learning (s.
geschlossener Lernkreislauf)
CLT 44
CLUSTER/2 238–239
COBWEB 239
Conceptual Clustering 43
Controller 128
COSIMA 155–192; 246–247

DACAPO 77
Datenpfadsynthese 76
Design-Plan 76

DUCE 41–43
dynamische Optimierung 89

Eigenmodell 70
EITHER 118
Entdeckungslernen 17; 91; 120;
132
— in Datenbanken 91–93
Entropie 54
Entscheidungsbaum 51–52
Erklärungsstruktur 87

fallbasiertes Schließen 90
FENDER 123–126
Floorplanning 155–156
FOIL 57–61
Fuzzy Control 128–130

Gärdenfors-Postulate 112
Generalisierung 161–171
geschlossener Lernkreislauf 37
globale Adaptierung 216–232

Hornklausel 249

ID3 51–57
Identifikation im Grenzwert 221
IE 240
INDUCE 170
induktive logische
Programmierung 57
INFER* 75–76
Informationsgewinn 54–55
integrierte Lernarchitektur 64–71

Inter-construction 41
Intra-construction 42

KADS 23–26
KBG 170
KEDS 240
Klausel 249
konstruktive Induktion 39–46;
160–161; 174; 178–179
KRT 114–118
KRUST 106–109

LAIR 171
LEAP 82
Lebenszyklus
— einer Wissensbasis 6–12
— eines Software-Systems 5
Lebenszyklus-orientierter
Integrationsansatz 20; 200–201;
240–243
LEDA 76–82; 245
LEO 127–141; 245–246
Lernaufgabe 18
Lernen (s. auch Maschinelles
Lernen)
— aus Beispielen 17
— durch Analogie 17
— durch Deduktion 16
— durch Entdeckung (s.
Entdeckungslernen)
— erklärungsbasiertes 85–89
— fallbasiertes 90–91; 149–151
— nach Anweisung 16
— neuer Deskriptoren 39–46
Lernziel 18
LEX 239
LIMES 193–244; 246–247
Literal 249

Malefiz 171
MALGEN 75–76
Maschinelles Lernen 15–17
mehrstufiger Abgleich 161–171
Metaebenen-Inferenz 70
Minimal Base Revision 113
MIS 118

MOBAL 31–38; 114–118; 153–
154; 185–188
Multistrategielernsystem (s.
Multistrategiesystem)
Multistrategiesystem 17–21
Multistrategiesysteme 148
MUSKAT 71

Objektbindung 162
Objektzuordnung 162–170
ODYSSEUS 110

Perturbation 216
PIXIE 75
Prädikatgewicht 164–167; 180
Prädikatvariable 34
PROTOS 149–151
Prototyping 6

Qualitätsfunktion 204–205

RDT 36–37
Regelmodell 34–35
Regressionsbaum 236
Repräsentationssprachklasse 26
Repräsentationsvoreinstellung 23;
46
Revision 96; 112–120; 142
RTLS 119
Rückwärtsverfolgung 88

S-SALT 111
Samuels Dameprogramm 73
SCALE 89
Schemata 49
SEEK2 110
selektive Induktion 39; 161
SOAR 74
SPEISE 82
Spezialisierung 171–174; 178–179
SPROUTER 170
Substitution 249

TEIRESIAS 99
Term 249
Theoriekontraktion 112
Theorierevision (s. Revision)

Topologie 34

ungenaue Modellierung 32–33

Voreinstellung 46; 178

Wasserfallmodell 5–6
WHY 151–153
Wissensakquisition 22–26
— Modellierungs-Sichtweise 23
— Transfer-Sichtweise 22
wissensbasiertes System 1; 6–12
Wissensbasis
— Aktualisierung 97
— Auswertung 101
— Evolution 120
— globale Adaptierung 11–12;
142–147
— Inkonsistenzen 97
— Optimierung 98
— Performanzverbesserung 98
— Redundanzen 97
— Restrukturierung 121–126
— Schlußfolgerungstiefe 121–
123

— Schwachstellen 213
— Testen 101
— Verfeinerung 106–112
— Verifikation und Validierung
100–104
— Verständlichkeit 98
Wissensbasiseinsatz 10; 64
Wissensbasiserweiterung 11; 72–74
Wissensbasisinitialisierung 10; 50–
51
Wissensbasismodifikation 11; 95–
100
Wissensbasispflege 12–14
Wissensebene 71
Wissensmodellierung 10; 22–26
— für maschinelle Lernsysteme
26–31
— kooperative 31–38
Wissensverfeinerung 96

Zwischengeneralisierung 163
Zwischenkonzept 42; 121

Made in the USA
Las Vegas, NV
10 November 2024

11368569R00157